Befristung wissenschaftlichen Personals im Spannungsfeld von Arbeitnehmerschutz und Wissenschaftsfreiheit

Zivilrechtliche Schriften

Beiträge zum Wirtschafts-, Bank- und Arbeitsrecht

Herausgegeben von Arnd Arnold, Dorothee Einsele, Jan Lieder und Hartmut Oetker

Begründet von Peter Kreutz und Dieter Reuter

Band 73

PETER LANG

Susanne Hans

Befristung wissenschaftlichen Personals im Spannungsfeld von Arbeitnehmerschutz und Wissenschaftsfreiheit

PETER LANG

Bibliografische Information der Deutschen Nationalbibliothek
Die Deutsche Nationalbibliothek verzeichnet diese Publikation in der Deutschen Nationalbibliografie; detaillierte bibliografische Daten sind im Internet über http://dnb.d-nb.de abrufbar.

Zugl.: Kiel, Univ., Diss., 2019

Umschlaggestaltung: © Olaf Gloeckler, Atelier Platen, Friedberg

D 8
ISSN 0941-147X
ISBN 978-3-631-78947-6 (Print)
E-ISBN 978-3-631-79037-3 (E-PDF)
E-ISBN 978-3-631-79038-0 (EPUB)
E-ISBN 978-3-631-79039-7 (MOBI)
DOI 10.3726/b15633

Peter Lang – Berlin · Bern · Bruxelles · New York · Oxford · Warszawa · Wien

Diese Publikation wurde begutachtet.

www.peterlang.com

Vorwort

Die vorliegende Arbeit wurde im Wintersemester 2018/19 von der Rechtswissenschaftlichen Fakultät der Christian-Albrechts-Universität zu Kiel als Dissertation angenommen. Rechtsprechung und Literatur konnten bis einschließlich Januar 2019 berücksichtigt werden.

Sehr herzlich bedanke ich mich bei Herrn Univ.-Prof. Dr. Hartmut Oetker für die hervorragende Betreuung dieser Arbeit während meiner Tätigkeit als wissenschaftliche Mitarbeiterin an seinem Lehrstuhl. Mein Dank gilt ebenfalls dem gesamten Lehrstuhlteam für die herzliche Zusammenarbeit.

Herrn Univ.-Prof. Dr. Timo Fest danke ich vielmals für die zügige Erstellung des Zweitgutachtens. Bei den Herausgebern der „Zivilrechtlichen Schriften zum Wirtschafts-, Bank- und Arbeitsrecht“ bedanke ich mich für die freundliche Aufnahme in die Schriftenreihe.

Für die stete Diskussionsbereitschaft, die kritische Durchsicht des Manuskripts und wertvolle Anmerkungen möchte ich mich bei Frau Dr. Mareen Katt und bei Frau Anne Gehrmann herzlich bedanken.

Ganz persönlich bedanke ich mich bei meiner Familie, insbesondere bei meinem Großvater, Herrn Uwe Hans, für die liebevolle Unterstützung. Seinem Andenken ist diese Arbeit gewidmet.

Kiel, im März 2019 — Susanne Hans

Inhaltsverzeichnis

§ 1 Einführung

A. Einleitung und Gang der Untersuchung

„Innovation durch Fluktuation“[1] – ist das ausschlaggebende Stichwort, wenn es um die Rechtfertigung einer Befristung nach dem Wissenschaftszeitvertragsgesetz[2] geht. Grundanliegen ist die Förderung der Wissenschaft durch den Nachwuchs und dessen neue Ideen. Der gesteigerten personellen Mobilität kommt folglich ein besonders hoher Stellenwert zu, da sie eine Blockade neuer Forschungsvorhaben verhindern soll. Als Mittel hierfür dient an staatlich (anerkannten) Hochschulen und Forschungseinrichtungen das WissZVG, das gegenüber dem TzBfG erweiterte Tatbestände mit längeren Befristungszeiträumen für wissenschaftliches und künstlerisches Personal vorsieht. Der „Erfolg“ des Gesetzes manifestiert sich in der Befristungsquote, die bei wissenschaftlichen Mitarbeitern in diesem Sektor rund 90 %[3] beträgt. Der Regelfall des unbefristeten Arbeitsverhältnisses wird für die Arbeitnehmerkategorie wissenschaftlichen und künstlerischen Personals im Wege des WissZVG faktisch ausgehebelt.[4] Resultat ist ein geringeres Schutzniveau der Betroffenen gegenüber Arbeitnehmern gleicher Qualifikation aus der freien Wirtschaft,[5] die nach allgemeinem Befristungsrecht und somit vorwiegend nach dem strengeren § 14 TzBfG befristet beschäftigt werden: Die sachgrundlose Höchstbefristungsdauer beträgt hier grundsätzlich zwei Jahre, § 14 Abs. 2 TzBfG, während nach § 2 Abs. 1 S. 1, 2 WissZVG eine Maximalbefristungsdauer von zwölf bzw. fünfzehn Jahren in der Medizin ohne Sachgrund möglich ist.

Seit der Novelle des WissZVG im Jahre 2016[6] scheinen jedoch auch hier die Anforderungen an die Befristung angehoben worden zu sein. So darf die Höchstbefristung nur noch *angemessen* im Verhältnis zur angestrebten

---

1 HK-TzBfG/*Joussen*, § 2 WissZVG Rn. 2.

2 Im Folgenden „WissZVG“.

3 Stand 2010, *BuWiN*, Konsortium Bundesbericht Wissenschaftlicher Nachwuchs (2013), S. 184; BT-Drs. 17/13670, S. 44.

4 Kritisch insbesondere *Lakies*, ZTR 2002, 250, 251; *ders.*, Leitfaden, Rn. 403; K/Z/D/H/*ders.*, § 114 Rn. 309: Befristung als Quasi-Regelfall; weitergehend bereits *Lieb*, in: FS Hilger/Stumpf, 409, 425 f.: Befristung naturgemäß zwingend als Regelfall.

5 So auch *Hirdina*, NZA 2009, 712.

6 Erstes Gesetz zur Änderung des Wissenschaftszeitvertragsgesetzes v. 11.3.2016, BGBl. I S. 442.

wissenschaftlichen bzw. künstlerischen *Qualifizierung* erfolgen. Der deutsche Gesetzgeber orientiert die Befristung demzufolge nicht mehr ausschließlich an starren (Höchst-) Befristungszeiträumen, sondern strebt eine – jedenfalls in Grenzen bestehende – flexible und individuell anpassbare Zeitkomponente ohne konkrete bundesgesetzliche Vorgaben an.[7]

Über die tatbestandliche Ausfüllung der Begriffe *angemessen* und *Qualifizierung* hüllt sich der Gesetzgeber in Schweigen und hat damit kontroverse Stellungnahmen hervorgerufen. Doch nicht nur diese Begrifflichkeiten sind federführend im Diskurs um das WissZVG. Problematisiert wird (noch immer) die Gesetzgebungskompetenz des Bundes, die insbesondere für das Verhältnis und die Zulässigkeit von Hochschulregelungen der Länder ausschlaggebend ist. Auch die Vereinbarkeit mit dem das Arbeitsrecht prägenden Unionsrecht ist seit Einführung des WissZVG umstritten. Da die Reform des Jahres 2016 den Anwendungsbereich des WissZVG weitgehend unangetastet ließ, zählt dieser nach wie vor zu den umstrittensten Aspekten. Nicht zuletzt stellt sich das Problem der rechtlichen und praktischen Auswirkungen, die eine unangemessene Befristung nach sich zieht und inwieweit Wünsche der Arbeitnehmer hierbei Berücksichtigung finden können.

Die vorliegende Arbeit geht diesen Fragen auf den Grund. Nach einem kurzen historischen Überblick soll ausgehend von dem Rahmen, den das nationale höherrangige Recht (§ 2) und das Unionsrecht stecken (§ 3), die Konformität der Bestimmungen des WissZVG mit diesem analysiert werden. An dieser Stelle ist, unter Würdigung der Gesetzgebungszuständigkeit des Bundes, die verbleibende Kompetenz der Länder und die Wirksamkeit ihrer derzeit bestehenden Regelungen zu untersuchen, da hier ein Spannungsfeld zwischen dem in der Hand des Bundesgesetzgebers liegendem Arbeitsrecht (Art. 74 Abs. 1 Nr. 12 GG) und dem Hochschulrecht, das der Kompetenz des Landesgesetzgebers untersteht (*arg. e contrario* aus Art. 74 Abs. 1 Nr. 33 GG), besteht. Bezüglich des Unionsrechts ist darüber hinaus zu überprüfen, inwieweit die Bestimmungen des WissZVG vor und nach der Novellierung im Jahre 2016 den Anforderungen der maßgebenden Befristungsrichtlinie 1999/70/EG[8] entsprechen und gegebenenfalls über die Maxime einer unionsrechtskonformen Auslegung einer Modifikation bedürfen.

7 BT-Drs. 18/6489, S. 10.

8 Richtlinie 1999/70/EG des Rats v. 28.6.1999 zu der EGB-UNICE-CEEP-Rahmenvereinbarung über befristete Arbeitsverträge, ABl. 1999 L 175, S. 43, im Folgenden: „BefristungsRL".

Anschließend wird erörtert, unter welchen Voraussetzungen der Anwendungsbereich des Gesetzes eröffnet ist (§ 4). Das besondere Augenmerk liegt dabei auf dem einbezogenen Personenkreis „wissenschaftlichen bzw. künstlerischen Personals" in Abgrenzung zu wissenschaftlichen und künstlerischen Hilfstätigkeiten mit Studierenden nach § 6 S. 1 WissZVG. Naturgemäß bringt die Vagheit dieser grundrechtlich geprägten Formulierung bereits seit Einführung des WissZVG Unsicherheiten und Diskussionen mit sich. Da die personellen Anforderungen jedoch entscheidend für die Legitimation der Befristung sind, ist eine Untersuchung unentbehrlich. Ist der Anwendungsbereich des WissZVG somit abgesteckt, werden im weiteren Verlauf die Befristungstatbestände im Einzelnen (§ 5) gewürdigt. Gegenstand der Analyse ist in diesem Zusammenhang die durch die Novellierung eingeführte „neue" Anforderung an die Befristung in Gestalt der Qualifizierung. Problematisch sind nicht nur die Begrifflichkeit als solche, sondern auch die damit einhergehenden praktischen Schwierigkeiten. Darüber hinaus wird kritisch herausgearbeitet, welche Auswirkungen die Novellierung der Anforderung auf die dogmatische Einordnung des § 2 Abs. 1 WissZVG hat. Daneben ist die Erweiterung des Drittmittelbefristungstatbestands nach § 2 Abs. 2 WissZVG zu vertiefen. Hinsichtlich des nunmehr an der Projektdauer orientierten Befristungszeitraums sind die in Betracht kommenden Abweichungsmöglichkeiten sowie die Rechtsfolgen eines Verstoßes gegen die Voraussetzungen des Tatbestands zu untersuchen. Weiterhin ist auf die Einbeziehung des Arbeitnehmerwunschs und die neben dem WissZVG in Betracht kommenden Befristungen nach § 14 Abs. 1 und 2 TzBfG einzugehen.

Anschließend ist die Befristungsdauer des § 2 Abs. 1 und des § 2 Abs. 2 WissZVG zu erörtern (§ 6). Insbesondere sind hier die Angemessenheit der Dauer sowie die Erweiterungs- und Verlängerungstatbestände des WissZVG zu untersuchen. In § 7 werden die unionsrechtlich entstandenen Begrenzungen für Kettenbefristungen, die das BAG bereits für das TzBfG im Wege einer institutionellen Rechtsmissbrauchskontrolle umgesetzt hat,[9] genauer beleuchtet. Diesbezüglich ist zu überprüfen, ob die einschlägigen Rechtsprechungsgrundsätze des EuGH für das WissZVG ebenso zur Anwendung gelangen. Darüber hinaus ist zu untersuchen, ob und in welchem Umfang die vom BAG mittels einer Missbrauchskontrolle entwickelten Grenzen zum TzBfG auf das WissZVG

9 Grundlegend BAG 18.7.2012, NZA 2012, 1351 Rn. 38; 18.7.2012, NZA 2012, 1359 Rn. 33; 12.11.2014, NZA 2015, 379 Rn. 27; 29.4.2015, NZA 2015, 928 Rn. 24; 7.10.2015, NZA 2016, 354 Rn. 14; 26.10.2016, NZA 2017, 382 Rn. 23.

übertragen werden können oder ob es eines neuen bzw. modifizierten Missbrauchskonzepts bedarf.

Ausgehend von den in § 2 erzielten Ergebnissen folgt eine vertiefende Auseinandersetzung mit den verbleibenden „Dispositionsmöglichkeiten". Trotz der Eigenschaft des WissZVG als zwingendes Gesetzesrecht soll sich die Bearbeitung hier im Kern auf Gestaltungsfreiräume der betroffenen Parteien für individual- und kollektivarbeitsrechtliche Mittel sowie potentielle Instrumente auf Landes- bzw. Hochschulebene konzentrieren, die das WissZVG bei der Befristung wissenschaftlichen Personals lässt (§ 8).

Nachfolgend sind die Rechtsfolgen einer sachlich nicht gerechtfertigten Befristung im Sinne des WissZVG zu untersuchen (§ 9), wobei hier schwerpunktmäßig herauszuarbeiten ist, inwieweit eine Entfristung nach § 16 TzBfG für die einzelnen Unwirksamkeitsgründe der Befristungen nach dem WissZVG statthaft ist sowie welche andere Rechtsfolge bei einer sachlich nicht gerechtfertigten Befristung gilt. In § 10 wird untersucht, ob trotz sachlich gerechtfertigter Befristung ein Anspruch auf Verlängerung bestehen kann, wenn die Qualifizierung oder das Drittmittelprojekt nicht erreicht wird.

Ausgehend von den aufgezeigten Problemen des WissZVG werden Gesetzesvorschläge zur Behebung derselben diskutiert (§ 11). In § 12 schließt die Untersuchung mit einer Zusammenfassung in Thesen.

B. Historischer Überblick zur Befristung wissenschaftlichen Personals

Ursprung für die Schaffung des WissZVG war das Bedürfnis nach einer rechtssicheren Befristung aus Angst, die Forschung würde „ohne den laufenden Zustrom junger Wissenschaftler und neuer Ideen" erstarren[10]. Da eine tarifvertragliche Regelung scheiterte, wurde der Gesetzgeber selbst tätig.[11]

I. Hochschulrahmengesetz

Den Grundstein der Sondervorschriften für staatlich (anerkannte) Hochschulen und Forschungseinrichtungen legte mit Wirkung zum 30. Januar 1976 das Hochschulrahmengesetz[12]. Maßgebend für das Sonderbefristungsrecht waren

10 BT-Drs. 10/2283, S. 6; BT-Drs. 14/6853, S. 20.

11 *Buchner*, RdA 1985, 258, 262; dennoch wurde die Möglichkeit einer begrenzten tarifvertraglichen Regelung in § 1 Abs. 2 WissZVG kodifiziert.

12 Ursprüngliche Fassung v. 26.1.1976, BGBl. I S. 185.

die §§ 57a bis f HRG, die 1985 durch Art. 1 des HFVG[13] eingefügt wurden und die allgemeinen Befristungsgrundsätze ablösten[14]. Diese blieben sodann trotz einer Vielzahl von Änderungsgesetzen bis zum Jahre 2007 im Kern erhalten. Sie verfolgten den Zweck, die Leistungsfähigkeit der betroffenen Institutionen zu stärken, die Rahmenbedingungen einer aus Drittmitteln finanzierten Forschung zu verbessern, den wissenschaftlichen Nachwuchs zu fördern und nachfolgenden Generationen eine Chance zur Qualifizierung gewähren.[15] Auch sollte die Qualifizierungsphase der Nachwuchswissenschaftler im Rahmen des befristeten Beschäftigungsverhältnisses zügig vorangetrieben werden.[16] Summa summarum war ein den Besonderheiten der Wissenschaft angepasstes Befristungssystem das Ziel.

Entscheidend war dabei die Reform von 2002. Mit ihr zog ein Paradigmenwechsel einher, der auf den Vorschlägen von *Dieterich* und *Preis* basierte: In einem Gutachten zeigten sie die gesetzgeberischen Gestaltungsmöglichkeiten im Lichte höherrangigen Rechts auf[17] und lösten die Sachgrundbefristung zu Gunsten von Rechtssicherheit und Transparenz durch überwiegend sachgrundlose, zeitbezogene Befristungen ab, die nach Qualifizierungsphasen unterteilt waren.[18] Das HRG befand sich im Zuge der Nichtigerklärung des fünften Änderungsgesetzes durch das BVerfG im Jahre 2004 weiter im Wandel,[19] im Wesentlichen blieb es jedoch erhalten.

II. WissZVG vom 18. April 2007

Im Zuge der Föderalismusreform nutzte der Bund seine Gesetzgebungskompetenz für das Arbeitsrecht nach Art. 74 Abs. 1 Nr. 12 GG, um eine umfassende bundeseinheitliche Befristungsregelung im Wissenschaftsbereich zu erzielen. Ergebnis war das WissZVG, das am 12. April 2007[20] erlassen wurde und die §§ 57a bis f des HRG ablöste.[21]

---

13 Gesetz über befristete Arbeitsverträge mit wissenschaftlichem Personal an Hochschulen und Forschungseinrichtungen v. 14.6.1985, BGBl. I S. 1065.

14 *Lakies*, Leitfaden, Rn. 401.

15 BT-Drs. 10/3119, S. 1.

16 BT-Drs. 14/6853, S. 32.

17 Dieterich/Preis/*Preis*, S. 42 ff.; ErfK/*Müller-Glöge*, § 1 WissZVG Rn. 3.

18 Dieterich/Preis/*dies.*, S. 50 ff.; 5. Änderung des HRG v. 16.2.2002, BGBl. I S. 693: Insbesondere Kettenbefristungen bis ins Rentenalter sollen vermieden werden, S. 28 ff.

19 BVerfG 27.7.2004, BVerfGE 111, 226, ausführlich hierzu unter § 2 A III 1.

20 BGBl. I S. 506, in Kraft getreten am 18.4.2007.

21 M/H/H/*Herms*, § 23 TzBfG Rn. 25.

Die oben genannten Ziele sollten weiter das Grundkonzept des Gesetzes ausmachen,[22] allerdings mit mehreren Reformen: Neu ausgestaltet wurde infolge des Kompetenzverlusts des Bundes zunächst der personelle Geltungsbereich, da die Personalkategorien als Teil des Hochschulrechts in den Zuständigkeitsbereich der Länder übergingen. Dieser erfasste keine statusorientierten Bezeichnungen mehr, sondern gemäß § 1 Abs. 1 S. 1 WissZVG „wissenschaftliches bzw. künstlerisches Personal". Eingefügt wurde darüber hinaus in § 2 Abs. 2 WissZVG ein Drittmittelbefristungstatbestand für (nicht-) wissenschaftliches Personal sowie in § 2 Abs. 1 S. 4 WissZVG die zweijährige Erweiterung der Gesamtbefristungsdauer bei Betreuung eines Kindes. Hintergrund dieser Neuerungen war einerseits, die Motivation zur Drittmittelforschung zu erhöhen[23] sowie andererseits der Kinderlosigkeit wissenschaftlich tätiger Arbeitnehmer entgegenzuwirken[24]. Eine weitere Veränderung war die Abschaffung des Sonderbefristungstatbestands für studentische Hilfskräfte, den das HRG vorsah.

III. Änderungen der Reform des WissZVG im Jahre 2016[25]

Durch die Gesetzesnovellierung des Jahres 2016 sollen nunmehr die im Wege der Evaluation festgestellten unsachgemäße Kurzbefristungen[26] mittels höherer Befristungsanforderungen vereitelt und gleichzeitig der Weg für eine adäquate Nachwuchsentwicklung in der Wissenschaft geebnet werden.[27] Der Anwendungsbereich und die Befristungstatbestände des WissZVG als solche sind im Kern identisch geblieben, dem gesetzgeberischen Ziel sollen folgende Änderungen dienen:

Die Höchstbefristung erfolgt nur noch zwecks Förderung der eigenen wissenschaftlichen bzw. künstlerischen Qualifizierung und muss zu dieser in angemessenem Verhältnis stehen, § 2 Abs. 1 S. 3 WissZVG. Von einer Mindestbefristungsdauer sieht das WissZVG dennoch ab. Gleiches gilt für Drittmittelbefristungen wissenschaftlichen Personals, welche sich gemäß § 2 Abs. 2 S. 1 WissZVG am bewilligten Projektzeitraum orientieren sollen. Nichtwissenschaftliches Personal ist von der Drittmittelbefristung und somit vom WissZVG

22 BT-Drs. 16/3438, S. 2.
23 BT-Drs. 16/3438, S. 10.
24 BT-Drs. 16/3438, S. 8 f.
25 Hierzu im Einzelnen *Anton*, ZTR 2016, 432 ff.; *Düwell*, jurisPR-ArbR 2/2016 Anm.1.
26 Die Laufzeiten betrugen weniger als ein Jahr, BT-Drs. 18/7038, S. 2, 7.
27 BT-Drs. 18/6489, S. 7; BT-Drs. 18/7038, S. 2.

insgesamt ausgenommen worden.[28] „Studentische Hilfskräfte"[29] haben mit § 6 WissZVG wie zu Zeiten des HRG wieder einen eigenen Befristungstatbestand erhalten. Weiterhin neu ist die Erweiterungsmöglichkeit der Befristungshöchstdauer auf Grund einer Behinderung oder schwerer chronischer Erkrankung, § 2 Abs. 1 S. 6 WissZVG, sowie infolge der Betreuung von Stief- bzw. Pflegekindern, § 2 Abs. 1 S. 5 WissZVG. Neben diesen Neuerungen wurde in § 8 WissZVG eine Gesetzesevaluation für das Jahr 2020 vorgesehen, die ebenfalls für das WissZVG a. F. erfolgt ist.

Insgesamt manifestiert die Gesetzesnovellierung das vom Gesetzgeber intendierte höhere Schutzniveau der betroffenen Arbeitnehmer und macht deutlich, dass auch die Berücksichtigung von sozialen Aspekten gewollt ist. Die Inbezugnahme der angestrebten Qualifizierung für die Bemessung der Befristungsdauer soll sachwidrige Kurzbefristungen verhindern. Allerdings deutet gerade dieses Angemessenheitsverhältnis auf mögliche Probleme bei der Rechtsanwendung hin, zumal das WissZVG die Begrifflichkeit weder definiert noch konkretisiert.[30]

IV. Anpassung zum 1. Januar 2018

Eine weitere Änderung des WissZVG folgte durch Art. 6 Abs. 4 des Gesetzes zur Neuregelung des Mutterschutzrechts vom 23. Mai 2017[31] und trat am 1. Januar 2018 in Kraft. Darin wurden jedoch lediglich die Verweise der Verlängerungskomponente des § 2 Abs. 5 S. 1 Nr. 3 WissZVG an das novellierte MuSchG angepasst. Die Auswirkungen bleiben daher auf die Arbeitsbedingungen begrenzt, eine inhaltliche Änderung des Verlängerungstatbestands als solchem geht damit nicht einher.

---

28 § 2 Abs. 3 WissZVG a. F. ermöglichte eine Drittmittelbefristung für nichtwissenschaftliches Personal.

29 § 6 WissZVG n. F. nennt diese wegen der fehlenden bundesstaatlichen Gesetzgebungskompetenz für das Hochschulrecht und die davon erfassten Personalkategorien nicht ausdrücklich („wissenschaftliche oder künstlerische Hilfstätigkeiten mit Studierenden").

30 In diese Richtung auch *Maschmann/Konertz*, NZA 2016, 257, 258.

31 BGBl. I S. 1228, 1241.

§ 2 Verfassungsrechtliche Rahmenbedingungen für die Befristung wissenschaftlichen Personals

A. Gesetzgebungszuständigkeit für das Befristungsrecht

Von entscheidender Bedeutung für die gesetzlichen Regelungen des WissZVG ist der verfassungsrechtliche Rahmen, den das Grundgesetz der Bundesrepublik Deutschland steckt. Ein hiergegen verstoßendes Gesetz ist *ipso iure* nichtig, §§ 78, 95 Abs. 3 BVerfGG. Infolge der Gesetzgebungskompetenz der Länder für das Hochschulrecht findet sich auch in den Landeshochschulgesetzen ein buntes Potpourri an Vorschriften über Hochschulpersonal, dessen Rechtswirksamkeit von der Gesetzgebungskompetenz abhängt. Gemäß Art. 31 GG bricht Bundesrecht Landesrecht, sodass gegen bundesrechtliche Normen verstoßende Regelungen – und damit einhergehend auch die hierauf gestützten Befristungsvereinbarungen – unwirksam sind.[32] Jedoch erfordert Art. 31 GG eine von der Kompetenz des Landesgesetzgebers getragene Regelung,[33] sodass es auf eine inhaltliche Kollision von vornherein nicht ankommt und die Normen bereits mangels Gesetzgebungskompetenz nichtig sind.[34] Dies gilt ebenso im Verhältnis von bereits bestehendem Landesrecht zu zeitlich später erlassenem Bundesrecht.[35]

---

32 BAG 14.2.1996, NZA 1996, 1095, 1098 zu § 44 Abs. 5 BerlHG (Die Entscheidungskompetenz oblag dem BAG nur, da das Landesrecht älter als das Bundesrecht war, im Übrigen läge das Verwerfungsmonopol beim BVerfG, vgl. dazu A III 3); BAG 14.8.2002, BeckRS 2003, 40197 (hier keine Vorlage erforderlich, da Entscheidung unabhängig von Wirksamkeit gleich); 21.6.2006, NZA 2007, 209 Rn. 16 ff.; *Dörner*, Befristeter Arbeitsvertrag, Rn. 611; *Haratsch/Holljesiefken*, NZA 2008, 207, 210; Müko-BGB/*Hesse*, § 23 TzBfG Rn. 45; ErfK/*Müller-Glöge*, § 1 WissZVG Rn. 18; *Oetker*, in: FS v. Hoyningen-Huene, 335, 345.

33 BVerfG 30.7.2008, BVerfGE 121, 317, 348; BVerwG 13.12.2010, NVwZ 2011, 752 Rn. 7; HK-GG/*Wolff*, Art. 31 GG Rn. 1.

34 BVerfG 4.6.1969, BVerfGE 26, 116, 135; 5.6.1998, BVerfGE 98, 145, 159; Sachs/*Degenhart*, Art. 72 GG Rn. 38; v. Münch/Kunig/*Kunig*, Art. 72 GG Rn. 8; Epping/Hillgruber/*Seiler*, Art. 72 GG Rn. 3; M/K/S/*Oeter*, Art. 72 GG Rn. 87; Jarass/Pieroth/*Pieroth*, Art. 72 GG Rn. 11.

35 v. Münch/Kunig/*Kunig*, Art. 72 GG Rn. 8.

I. Kompetenzkonflikt zwischen Bund und Ländern

Die Gesetzgebungsbefugnis liegt nach Art. 30, 70 GG grundsätzlich bei den Ländern, soweit das Grundgesetz sie nicht nach Maßgabe der Art. 71 ff. GG dem Bund überträgt.[36] Eine ausschließliche Rechtsetzungskompetenz nach Art. 71, 73 GG kommt für das WissZVG offenkundig nicht in Betracht, weshalb im Wege der Verfassungsexegese zu untersuchen ist, ob hier eine konkurrierende Gesetzgebungszuständigkeit gegeben ist und inwieweit der Bund jene genutzt hat. Konsequenz eines abschließenden Kompetenzgebrauchs durch den Bund ist eine Sperrwirkung zu Lasten sämtlicher Landesgesetze.[37]

Die Rahmengesetzgebungskompetenz für das Hochschulwesen aus Art. 75 Abs. 1 Nr. 1a GG a. F. entfiel im Zuge der Föderalismusreform.[38] Seither obliegt dem Bund nach Art. 74 Abs. 1 Nr. 33 GG im Hochschulbereich nur noch die konkurrierende Gesetzgebungszuständigkeit für Hochschulzulassung und Abschlüsse. Hieraus folgt *e contrario*, dass die Rechtsetzungskompetenz für die übrigen Hochschulangelegenheiten bei den Ländern liegt. Das WissZVG betrifft weder die Hochschulzulassung noch Abschlüsse, sondern ausschließlich die Befristung von Arbeitsverhältnissen auf *Hochschulebene*, sodass sich die einschlägige Kompetenzzuweisung aus dem Arbeitsrecht im Sinne des Art. 74 Abs. 1 Nr. 12 GG ergeben kann.

II. Praktische Relevanz des Spannungsfelds

Praktische Relevanz entfaltet das Spannungsfeld zwischen den Gesetzgebungskompetenzen hinsichtlich der Rechtswirksamkeit der Landeshochschulgesetze. Besonders verbreitet sind in den Bundesländern Regelungen zur Einordnung des wissenschaftlichen Personals sowie solche, die befristungsrechtliche Komponenten beinhalten.

1. Definition wissenschaftlicher Mitarbeiter

Charakteristikum aller Landeshochschulgesetze ist zunächst die Definition wissenschaftlicher Mitarbeiter über ihre Tätigkeitsverpflichtung zu wissenschaftlichen Dienstleistungen.[39] Daran anknüpfend wird von Land zu Land

---

36 Jarass/Pieroth/*Pieroth*, Art. 30 GG Rn. 4.

37 Vgl. Art. 72 Abs. 1 GG; BVerfG 11.10.1966, BVerfGE 20, 238, 248 m. w. N.; S/H/H/*Sannwald*, Art. 72 GG Rn. 27; Dreier/*Stettner*, Art. 72 GG Rn. 39.

38 Änderungsgesetz des GG v. 28.6.2006, in Kraft getreten am 1.9.2006, BGBl. I S. 2034.

39 § 52 Abs. 1 S. 1 LHG BW; Art. 21 Abs. 1 S. 1 BayHSchPG; § 110 Abs. 1 BerlHG; § 49 Abs. 1 S. 1 i. V. m. § 49 Abs. 4 S. 1 BbgHG; § 23a Abs. 1 S. 2 BremHG; § 65 Abs. 1 S. 1

unterschiedlich vorgeschrieben, was zu den wissenschaftlichen Dienstleistungen gehört. Als Teil dieser nennen einige Landesgesetze die Vermittlung von Fachwissen und praktischen Fertigkeiten an Studierende sowie deren Unterweisung in wissenschaftliche Methoden.[40] Fast alle Regelungen sehen darüber hinaus vor, dass die betroffenen Mitarbeiter ihren jeweiligen Leitern gegenüber weisungsgebunden sind[41] und ihnen nur in begründeten Fällen die selbständige Wahrnehmung von Aufgaben in Lehre und Forschung übertragen wird.[42] Dies resultiert aus der noch fehlenden Befähigung zur eigenständigen Tätigkeit.[43] Ein Hochschulabschluss ist dennoch regelmäßig Einstellungsvoraussetzung.[44]

2. Regelungen über die Befristung wissenschaftlichen Personals

Einige Bundesländer sehen ausschließlich befristete Beschäftigungsverhältnisse für wissenschaftliches Personal vor,[45] wohingegen andere diese nur als Regelfall

---

HessHG; § 27 Abs. 1 S. 1 HmbHG; § 66 Abs. 1 S. 1 LHG M-V; § 31 Abs. 1 S. 1 NHG; § 44 Abs. 1 S. 1 HG NRW; § 56 Abs. 1 S. 1 HochSchG RheinPf; § 42 Abs. 1 S. 1 HSG LSA; § 71 Abs. 1 S. 1 SächsHG; § 44 Abs. 1 S. 1 SHSG; § 68 Abs. 1 S. 1 HSG SH; § 91 Abs. 1 S. 1 ThürHG.

40 § 110 Abs. 3 S. 1 BerlHG; § 23a Abs. 1 S. 3 BremHG; § 65 Abs. 1 S. 2 HessHG; § 66 Abs. 1 S. 2 LHG M-V; § 31 Abs. 1 S. 2 NHG; § 44 Abs. 1 S. 4 HG NRW; § 56 Abs. 1 S. 2 HochSchG RheinPf; § 42 Abs. 1 S. 2 HSG LSA; § 71 Abs. 2 S. 1 SächsHG; § 91 Abs. 1 S. 2 ThürHG.

41 § 52 Abs. 1 S. 4 LHG BW; § 49 Abs. 1 S. 8 i. V. m. § 49 Abs. 4 S. 1 BbgHG; § 23a Abs. 1 S. 2 BremHG; § 65 Abs. 1 S. 6 HessHG; § 27 Abs. 1 S. 2, Abs. 3 HmbHG; § 66 Abs. 1 S. 4 LHG M-V; § 31 Abs. 1 S. 1 NHG; § 44 Abs. 1 S. 2 HG NRW; § 42 Abs. 1 S. 5 HSG LSA; § 71 Abs. 1 S. 2 SächsHG; § 44 Abs. 3 SHSG; § 68 Abs. 2 S. 1 HSG SH.

42 § 52 Abs. 1 S. 6 LHG BW; § 110 Abs. 2 BerlHG; § 23a Abs. 1 S. 4 BremHG; § 65 Abs. 1 S. 3 HessHG; § 27 Abs. 1 S. 3 HmbHG; § 66 Abs. 1 S. 4 LHG M-V; § 44 Abs. 2 HG NRW; § 56 Abs. 1 S. 4 HochSchG RheinPf; § 44 Abs. 1 S. 3 SHSG; § 42 Abs. 5 S. 2 HSG LSA; § 71 Abs. 1 S. 3 SächsHG; § 68 Abs. 2 S. 2 HSG SH; § 91 Abs. 1 S. 4 ThürHG.

43 *Raab*, Persönlicher Anwendungsbereich, S. 34 ff. (Lehre), S. 38 (Forschung).

44 § 52 Abs. 3 LHG BW; Art. 22 Abs. 2 S. 2 BayHSchPG; § 110 Abs. 5 BerlHG; § 49 Abs. 3 S. 1 BbgHG; § 23a Abs. 2 BremHG; § 65 Abs. 4 S. 1 HessHG; § 66 Abs. 3 LHG M-V; § 31 Abs. 1 S. 3 NHG; § 44 Abs. 4 S. 1 HG NRW; § 56 Abs. 2 Nr. 1 HochSchG RheinPf; § 44 Abs. 5 S. 1 SHSG; § 71 Abs. 3 SächsHG; § 42 Abs. 4 HSG LSA; § 68 Abs. 5 Nr. 1 HSG SH; § 91 Abs. 5 S. 1 ThürHG; dies ist seit Einführung des § 6 WissZVG auch für eine Befristung nach § 2 Abs. 1 S. 1 WissZVG erforderlich, ebenso *Preis/Ulber*, § 2 WissZVG Rn. 21.

45 § 57 S. 3 LHG BW; Art. 22 Abs. 2 S. 1 BayHSchPG; § 28 Abs. 1 S. 1 HmbHG; § 33 Abs. 2 S. 1 NHG; § 44 Abs. 5 S. 1 HG NRW; § 42 Abs. 9 S. 3 HSG LSA; in diese Richtung wohl auch § 68 Abs. 3 HSG SH (zwar sind beide Beschäftigungsformen in § 68 Abs. 4 S. 1

(„insbesondere“) bestimmen[46]. Dies ist insoweit problematisch, als nach Bundesrecht eine Abweichung der Hochschulen zugunsten unbefristeter Beschäftigungsverhältnisse ausdrücklich möglich ist, § 1 Abs. 2 WissZVG. Zwar dürfte die praktische Relevanz gering sein, da nur ein geringer Teil der Wissenschaftler unbefristet beschäftigt wird.[47] Dennoch ist das unbefristete Beschäftigungsverhältnis immer noch der Regelfall im Arbeitsrecht, sodass es einer näheren Untersuchung der Rechtswirksamkeit bedarf.

3. Zusätzliche Anforderungen an die unbefristete Einstellung

Weitergehend stellen einige Bundesländer zusätzliche Anforderungen an die unbefristete Einstellung von Arbeitnehmern.[48] Sofern eine (qualifizierte) Promotion erforderlich ist, verlagert sich die Möglichkeit einer unbefristeten Beschäftigung entgegen dem bundesrechtlichen § 1 Abs. 2 WissZVG auf die Post-Doc-Phase und scheidet in der Pre-Doc-Phase aus. Auch hier ist die Kompetenzfrage für die Rechtswirksamkeit entscheidend.

4. Regelungen über die Qualifikation wissenschaftlicher Mitarbeiter

Die landesrechtlichen Vorschriften sehen allesamt vor, dass wissenschaftlichen Mitarbeitern auf Qualifikationsstellen Gelegenheit zu eigener wissenschaftlicher Arbeit wie der Promotion gegeben werden soll, nicht einheitlich bestimmt ist dagegen der zeitliche Umfang.[49] Auch unterscheiden sich die Normen

---

HSG SH vorgesehen, allerdings ist nur für befristete wissenschaftliche Mitarbeiter die Möglichkeit vorgesehen, innerhalb der Dienstzeit Gelegenheit zur Qualifizierung zu erhalten, was jedoch prägend für § 2 Abs. 1 S. 1 WissZVG ist); ebenso § 23 Abs. 1 S. 1 BremHG; § 65 Abs. 2 S. 3 HessHG.

46 § 44 Abs. 4 S. 3 SHSG; § 91 Abs. 3 S. 2 ThürHG; weniger weit § 66 Abs. 2 S. 1 LHG M-V; § 56 Abs. 4 HochSchG RheinPf und § 71 Abs. 1 SächsHG (kann); überhaupt keine diesbezügliche Regelung trifft demgegenüber § 110 BerlHG; § 49 Abs. 1 S. 2 BbgHG (verweist ausdrücklich auf befristete und unbefristete Beschäftigungsverhältnisse nach dem WissZVG).

47 *Knopp/Gutheil*, NJW 2002, 2828, 2833 „illusorisch“.

48 § 65 Abs. 4 S. 2, 3 HessHG; § 44 Abs. 4 S. 1 HG NRW; § 56 Abs. 2 Nr. 2 und Abs. 3 S. 5 HochSchG RheinPf; § 44 Abs. 5 S. 2, 3 SHSG; § 68 Abs. 5 Nr. 2 HSG SH; § 91 Abs. 5 S. 2 ThürHG.

49 § 52 Abs. 2 S. 2 LHG BW (ausreichend); Art. 22 Abs. 1 S. 2 BayHSchPG (ausreichend); § 110 Abs. 4 S. 1 BerlHG (für Qualifikationsstellen mindestens ein Drittel, S. 1; im Übrigen ausreichend Zeit, S. 3); § 49 Abs. 2 S. 2 BbgHG (mindestens ein Drittel der jeweiligen Arbeitszeit); § 23 Abs. 1 S. 3 BremHG (mindestens ein Drittel); § 28 Abs. 1 S. 4 HmbHG (mindestens ein Drittel); § 65 Abs. 2 S. 4 HessHG (ein Drittel); § 66

hinsichtlich ihrer dogmatischen Ausgestaltung, zumal nicht alle Regelungen den Qualifizierungsraum innerhalb der Arbeitszeit zwingend vorsehen.[50] Das WissZVG schreibt demgegenüber keinen konkreten Rahmen vor, es sieht in § 2 Abs. 1 S. 1 lediglich vor, dass die Befristung zur Qualifizierung erfolgen soll. Ob damit ein Freiraum der Länder zur Regelung besteht oder eine Mindestvorgabe für die Befristungsdauer gemeint ist, bleibt unklar.

III. Bundesstaatliche Kompetenzzuweisung – Art. 74 Abs. 1 Nr. 12 GG

Nach herrschender Ansicht erstreckt sich Art. 74 Abs. 1 Nr. 12 GG auf die Befristung von Arbeitsverhältnissen auf Hochschulebene.[51] Der Wortlaut bezieht sich

---

Abs. 2 S. 2 LHG M-V (ausreichend Zeit); § 31 Abs. 4 S. 2 NHG (Gelegenheit zu selbständiger vertiefter wissenschaftlicher Arbeit); §§ 44 Abs. 1 S. 4, Abs. 3 S. 2 HG NRW (ausreichend bzw. angemessen bei Befristung); § 56 Abs. 4 S. 2 HochSchG RheinPf (ausreichend Gelegenheit); § 44 Abs. 4 S. 4 SHSG (mindestens ein Drittel); § 71 Abs. 2 S. 3 SächsHG (mindestens ein Drittel der Arbeitszeit); § 42 Abs. 2 S. 2 HSG LSA (Gelegenheit); differenzierend Schleswig-Holstein: Grundsätzlich bei befristeter Einstellung § 68 Abs. 3 HSG SH (Gelegenheit), aber § 68 Abs. 4 S. 4 HSG SH (mindestens ein Drittel bei Promotion oder vergleichbarer Qualifikation); § 91 Abs. 4 S. 1 ThürHG (mindestens ein Drittel).

50 § 110 Abs. 4 S. 1 BerlHG; § 49 Abs. 2 S. 2 BbgHG; § 23 Abs. 1 S. 3 BremHG; § 28 Abs. 1 S. 4 HmbHG; § 65 Abs. 2 S. 4 HessHG; § 31 Abs. 4 S. 2 NHG; § 56 Abs. 4 S. 2 HochSchG RheinPf; § 44 Abs. 4 S. 4 SHSG; § 71 Abs. 2 S. 1 SächsHG; § 68 Abs. 4 S. 4 HSG SH; § 91 Abs. 4 S. 1 ThürHG; im Übrigen bloße Ausgestaltung als Kann- bzw. Soll-Vorschrift.

51 So schon BT-Drs. 10/2283, S. 1 (HFVG); BT-Drs. 14/6853, S. 21 (HRG); BT-Drs. 16/3438, S. 2 (WissZVG); BVerfG 24.4.1996, BVerfGE 94, 268, 284; BAG 30.3.1994, NZA 1995, 70 f.; 14.2.1996, NZA 1996, 1095, 1096; 28.1.1998, NZA 1998, 1120, 1122; 21.6.2006, NZA 2007, 209 Rn. 9; *Adamietz/Künne*, Drittmittelbefristungen, S. 31; JurisPK FuB/*Beetz*, Kap. 10 Rn. 7; NK-GA/*Boemke*, § 1 WissZVG Rn. 3; Brüggen/*Brüggen/Birkenbusch*, Rn. 1531; *Buchner*, RdA 1985, 258, 278; *Dallinger*, NZA 1985, 648, 649; *Dieterich/Preis*, NZA 2004, 1241, 1244; *Ennuschat/Ulrich*, VBlBW 2007, 121, 125; *Geis*, F&L 2004, 478, 480; *Gronemeyer*, RdA 2016, 24, 26; *Haratsch/Holljesiefken*, NZA 2008, 207, 208; *Hauck-Scholz*, RdA 2016, 262, 267; *Hirdina*, NZA 2009, 712; *Jobs/Bader*, DB 1981, Beilage Nr. 21, 1, 5; *Kiel*, JbArbR 54 [2017], 51, 62; *Kortstock*, ZTR 2007, 2, 4; Geis/*Krause*, § 1 WissZVG Rn. 6, 8; *Lohfeld*, Befristung an Hochschulen, S. 107 f.; *Lindner*, NVwZ 2007, 180 f.; *Lübbert*, WissR 1985, 141, 149; *Morgenroth*, DÖD 2016, 61, 62; ErfK/*Müller-Glöge*, § 1 WissZVG Rn. 2; D/D/Z/*Nebe*, § 1 WissZVG Rn. 4; *Ossenbühl*, WissR 1983, 201, 218 (sowohl Art. 74 Abs. 1 Nr. 12 GG als auch Art. 75 Abs. 1 Nr. 1a GG, doppelter Kompetenztitel); *Preis/Hausch*, NJW 2002, 927; *ders./Ulber*, § 1 WissZVG Rn. 9 f.; *dies.*, in: FS Otto, 391, 394; *dies.*, AP WissZeitVG § 1

auf „das Arbeitsrecht einschließlich der Betriebsverfassung, des Arbeitsschutzes und der Arbeitsvermittlung sowie die Sozialversicherung einschließlich der Arbeitslosenversicherung". Als Spezialrecht der Arbeitnehmer sind das individuelle und das kollektive Arbeitsrecht ebenso einbezogen wie das private und das öffentliche – kurz: Sämtliche Tätigkeiten, die in abhängiger Arbeit geleistet werden.[52] Da der Begriff des Arbeitsrechts weit zu verstehen ist,[53] ist die umfassende Organisation der Rechtsbeziehungen zwischen Arbeitnehmer und Arbeitgeber und damit einhergehend die Möglichkeit, Befristungsregelungen für Arbeitsverhältnisse zu treffen, erfasst.[54] Das WissZVG normiert eben solche Befristungsregelungen, sodass Art. 74 Abs. 1 Nr. 12 GG *prima facie* die einschlägige bundesstaatliche Kompetenzzuweisung ist.

1. Spannungsverhältnis zwischen Arbeits- und Hochschulrecht

Problematisch ist jedoch die Tatsache, dass die in Frage stehenden befristeten Arbeitsverhältnisse auf Hochschulebene angelegt sind und letzteres im Zuständigkeitsbereich der Länder liegt.[55] Würde der Bund nun uneingeschränkt auf diesem Gebiet Regularien schaffen, droht die Gefahr, dass hochschulrechtliche Besonderheiten nicht hinreichend berücksichtigt werden.

Nr. 1; *Raab*, Persönlicher Anwendungsbereich, S. 18, 71; *Reich*, HRG, § 1 WissZVG Rn. 1; *Richardi*, DB 1981, 1461, 1466; Schmidt-Bleibtreu/Klein/*Sannwald*, 10. Aufl., Art. 74 GG Rn. 105; A/P/S/*Schmidt*, § 1 WissZVG Rn. 35; HK-GG/*Schnapauff*, Art. 74 GG Rn. 11; *Tettinger*, RdA 1981, 351, 356; KR/*Treber*, § 1 WissZVG Rn. 26; *Wiedemann*, RdA 1977, 85, 92; *Zimmermann*, Drittmittelfinanzierung, S. 43 f.; *Zimmerling*, ZTR 1998, 15, 16; **a. A.** *Löwisch*, NZA 2004, 1065, 1070; *ders.*, NZA 2007, 479, 480 f.; zumindest kritisch Maunz/Dürig/*Maunz*, Art. 74 GG Rn. 167 (Länder können Sonderbefristungstatbestände schaffen); M/H/H/*Herms*, § 23 TzBfG Rn. 29; *Rambach/Feldmann*, ZTR 2009, 286, 288; *Scheel/Schonk*, ZTR 2004, 614, 615 f. (Art. 74 Abs. 1 Nr. 12 GG ist im Lichte der beschränkten Normgebungskompetenz für das Hochschulrecht zu interpretieren und den Ländern ist infolgedessen mehr Raum zu lassen als sonst); *Walter*, DÖV 1983, 925, 927 ff. (Die Länder sind zur Regelung befugt, einzig der bundesgesetzliche Kündigungsschutz findet Berücksichtigung).

52 BVerfG 22.4.1958, BVerfGE 7, 342, 351; BK/*Axer*, Art. 74 Nr. 12 GG Rn. 16; Sachs/*Degenhart*, Art. 74 GG Rn. 53; M/K/S/*Oeter*, Art. 74 GG Rn. 101; S/H/H/*Sannwald*, Art. 74 GG Rn. 144; *Tettinger*, RdA 1981, 351, 352.

53 BVerfG 22.4.1958, BVerfGE 7, 342, 351; 15.12.1987, BVerfGE 77, 308, 329; 24.10.2002, BVerfGE 106, 62, 132 f.; BK/*Axer*, Art. 74 Nr. 12 GG Rn. 16.

54 BAG 21.6.2006, NZA 2007, 209 Rn. 22; 6.12.2006, AP HRG § 57a Nr. 8 Rn. 12; Sachs/*Degenhart*, Art. 74 GG Rn. 54; ErfK/*Müller-Glöge* § 1 WissZVG Rn. 2.

55 Vgl. v. Münch/Kunig/*Kunig*, Art. 74 GG Rn. 124.

a) *Meinungsstand*

aa) *Literatur*

Der überwiegende Teil der Literatur geht trotz hochschulrechtlicher Tangenten von einer uneingeschränkten Gesetzgebungskompetenz auf Grundlage des Art. 74 Abs. 1 Nr. 12 GG aus, sodass der Bund für Befristungsregelungen vom Anwendungsbereich bis hin zur Befristungsdauer vollumfänglich zuständig ist, ohne dass den Ländern eine Normsetzungsbefugnis verbleibt.[56] Andernfalls würde eine Vielzahl von Arbeitsverhältnissen nicht von der Kompetenz des Bundes erfasst und ein einheitliches Arbeitsrecht vereitelt.[57] Konsequenterweise bewirke auch die Länderkompetenz über die *Hochschulpersonalstruktur* nicht, dass die Länder den Anwendungsbereich des WissZVG festlegen können, da bereits die *vorrangige Gesetzgebungskompetenz* aus Art. 74 Abs. 1 Nr. 12 GG greife.[58] Von dieser habe der Bund durch die Festsetzung des personellen Anwendungsbereichs abschließend Gebrauch gemacht.[59]

Vereinzelte Stimmen in der Literatur bewerten die uneingeschränkte Kompetenz kritisch und wollen den Ländern mehr Raum lassen.[60] Vorreiter der Gegenauffassung ist *Löwisch*, der die Bundeskompetenz aufgrund des hochschulrechtlichen Zusammenhangs für begrenzt hält und eine Auflösung im Wege *praktischer Konkordanz* fordert.[61] Bezogen auf das WissZVG würde daraus folgen, dass der Bund zwar Befristungsregelungen für wissenschaftliches Personal gestalten kann, es aber den Ländern obliegen würde zu bestimmen, welche Arbeitnehmer unter die Kategorie wissenschaftlichen Personals fallen.[62] *Meißner* nimmt demgegenüber an, dass die Beurteilung der Wissenschaftlichkeit einer

---

56 *Dörner*, Befristeter Arbeitsvertrag, Rn. 534; Staudinger/*Preis*, § 620 BGB Rn. 280; A/P/S/*Schmidt*, § 1 WissZVG Rn. 6

57 BK/*Axer*, Art. 74 Nr. 12 GG Rn. 18 (exemplarisch für Presse und Rundfunk).

58 *Raab*, Persönlicher Anwendungsbereich, S. 72; KR/*Treber*, § 1 WissZVG Rn. 35.

59 KR/*Treber*, § 1 WissZVG Rn. 35.

60 Vgl. oben, Fn. 51.

61 *Löwisch*, NZA 2004, 1065, 1070 (unter Verweis auf BVerfG 27.7.2004, BVerfGE 111, 226); *ders.*, NZA 2005, 321, 322 f.; AR/*ders.*, § 1 WissZVG Rn. 1; *ders.*, in: FS Würtenberger, 1165, 1169.

62 AR/*Löwisch*, § 1 WissZVG Rn. 1; *ders.*, in: FS Würtenberger, 1165, 1169; *ders.*, NZA 2007, 479, 480; so auch A/G/*Rambach* § 1 WissZVG Rn. 3 f.; *Rambach/Feldmann*, ZTR 2009, 286, 288.

Tätigkeit – unabhängig von Personalkategorien – Ländersache sei[63] und gelangt damit zum gleichen Ergebnis.

Zur weiteren Begründung knüpft *Löwisch* an das Urteil des BVerfG zur Juniorprofessur vom 27. Juli 2004[64] an, in dem das Gericht ein Überschreiten der Begrenzungen aus Art. 75 Abs. 1 Nr. 1a GG durch den Bundesgesetzgeber bejahte. Dies müsse sinngemäß auf Art. 74 Abs. 1 Nr. 12 GG übertragen werden, sodass die Personalkategorien Ländersache blieben.[65] Im Einzelnen betrachtet sieht *Löwisch* daher auch die begrenzten Dispositionsmöglichkeiten der Tarifvertragsparteien in § 1 Abs. 1 S. 3 und § 1 Abs. 1 S. 4 WissZVG als Kompetenzüberschreitung an, da die Entscheidung über das Bestehen eines Bedürfnisses für andere Regelungen einzelner Fachrichtungen und Forschungsbereiche eine „genuin hochschulrechtliche Frage" sei.[66] Von der arbeitsrechtlichen Zuständigkeit aus Art. 74 Abs. 1 Nr. 12 GG sei dies gerade nicht erfasst.[67] Schlussendlich bleibt dem Bundesgesetzgeber nur die Kompetenz für die Festlegung von Höchstdauer und Sachgrund, die übrige Ausgestaltung stünde den Ländern zu.[68] Praktische Konsequenz ist nach *Löwisch*, dass den Ländern die Befugnis zukommt, Sachgründe zu konkretisieren und im Rahmen der Höchstbefristungsdauer die Zeitabschnitte unter Berücksichtigung wissenschaftlicher Aspekte festzulegen.[69] Personell betrachtet würden sich insbesondere Auswirkungen für die noch zu erörternden Lehrkräfte mit besonderen Aufgaben, vornehmlich die Lektoren, ergeben, da die Wissenschaftlichkeit ihrer Tätigkeit heftig umstritten ist.[70] Infolgedessen unterfielen diese unabhängig von ihrer konkreten Tätigkeit dem Anwendungsbereich des WissZVG, sofern landesrechtliche Bestimmungen sie zur Kategorie wissenschaftlichen bzw. künstlerischen Personals zählten[71].

---

63 *Mandler/Meißner*, OdW 2016, 33, 33 und OdW 2016, 127, 128; *Meißner*, Hochschulbefristungsrecht, S. 136.

64 BVerfG 27.7.2004, BVerfGE 111, 226.

65 *Löwisch*, in: FS Würtenberger, 1165, 1170.

66 *Löwisch*, NZA 2007, 479, 481; *ders.*, NZA 2005, 321, 323.

67 AR/*Löwisch*, 8. Aufl., § 1 WissZVG Rn. 8; *ders.*, NZA 2005, 321, 323; *ders.*, NZA 2007, 479, 480; *ders.*, in: FS Würtenberger, 1165, 1171; *ders./Rieble*, Tarifvertragsrecht, Rn. 84; offen A/G/*Rambach*, § 1 WissZVG Rn. 24 („Zweifelhaft […] Da es bisher aber keine entsprechenden tarifvertraglichen Regelungen gibt, wirkt sich eine eventuelle Verfassungswidrigkeit praktisch nicht aus").

68 *Dieterich/Preis*, NZA 2004, 1241, 1242.

69 *Löwisch*, NZA 2004, 1065, 1070.

70 Hierzu unter § 4 B III 1 bb).

71 HSchR/*Löwisch/Wertheimer*, Kap. X Rn. 225.

bb) Rechtsprechung

Eine Entscheidung des BVerfG über die formelle Verfassungsmäßigkeit des WissZVG ist noch nicht ergangen. Im Jahr 2004 erklärte das BVerfG die Vorgängerregelung, das fünfte Änderungsgesetz des HRG, wegen einer Überschreitung der Gesetzgebungskompetenz für verfassungswidrig.[72] Abgesprochen wurde dem Bund im Kern die Regelungskompetenz für die Neuregelung der Personalkategorien in Gestalt der Juniorprofessur, da hiermit die Qualifikation des wissenschaftlichen Nachwuchses wesentlich umgestaltet wurde und Organisation und Aufbau der Hochschulen betroffen waren.[73] Im Zuge der Föderalismusreform folgte jedoch der Wegfall der Rahmengesetzgebungskompetenz (Art. 75 Abs. 1 Nr. 1a GG), die die Gesetzgebungskompetenz aus Art. 74 Abs. 1 Nr. 12 GG als *lex specialis* eingrenzte.[74] Infolgedessen liegt dem danach erlassenen WissZVG eine andere Ausgestaltung der Kompetenzen zugrunde. Es basiert nicht mehr auf einer Rahmenzuständigkeit, sondern auf dem zur Vollkompetenz des Bundes erstarkten Art. 74 Abs. 1 Nr. 12 GG[75]. Eine Eingrenzung durch Art. 72 Abs. 2 GG ist ebenso wenig statthaft. Die Entscheidung des BVerfG lässt daher keine Rückschlüsse mehr auf die formelle Verfassungsmäßigkeit zu.

Das BAG ist zwar infolge des Verwerfungsmonopols des BVerfG nach Art. 100 Abs. 1 GG nicht für die Beurteilung der formellen Verfassungsmäßigkeit zuständig, hat aber deutlich gemacht, dass es von dieser ausgeht[76]. Die bundesgesetzlichen Bestimmungen sind nach Auffassung des BAG explizit auch dann maßgebend, wenn sie an „hochschulrechtliche Besonderheiten anknüpfen".[77] Resultat sei vor allem die selbständige und abschließende Festlegung des persönlichen Geltungsbereichs durch den Bund, wodurch den Ländern keine Kompetenz zur Festlegung der hierunter fallenden Arbeitnehmer bleibe.[78]

---

72 BVerfG 27.7.2004, BVerfGE 111, 226, 258 ff.

73 BVerfG 27.7.2004, BVerfGE 111, 226, 258 ff.; zu den Auswirkungen *Kortstock*, ZTR 2004, 558 ff.

74 Durch Art. 1 Nr. 8 des Gesetzes zur Änderung des Grundgesetzes v. 28.8.2006, in Kraft getreten am 1.9.2006, BGBl. I S. 2034; BVerfG 27.7.2004, BVerfGE 111, 226, 247; Schmidt-Bleibtreu/Klein/*Sannwald*, 10. Aufl., Art. 75 GG Rn. 37, 46.

75 Dreier/*Stettner*, Art. 72 GG Rn. 6; grundsätzlich auch *Maurer*, StaatsR I, § 17 Rn. 41.

76 BAG 1.6.2011, NZA 2011, 1280 Rn. 24 ff.; 11.9.2013, NZA 2013, 1352 Rn. 25; 20.1.2016, NZA 2016, 824 Rn. 28 (Einordnung nach Landesrecht irrelevant).

77 BAG 11.9.2013, NZA 2013, 1352 Rn. 21.

78 BAG 1.6.2011, NZA 2011, 1280 Rn. 26; 29.4.2015, BeckRS 2015, 71411 Rn. 20.

cc) Stellungnahme

Das in erster Linie von *Löwisch* vertretene Konzept der eingeschränkten Gesetzgebungszuständigkeit ist abzulehnen. Die im WissZVG normierte Befristungsproblematik, insbesondere dessen persönlicher Anwendungsbereich, ist eindeutig als Teil des Arbeitsrechts und folglich als von Art. 74 Abs. 1 Nr. 12 GG erfasst anzusehen. Es wird die Befristung von Personen, die weisungsgebunden unterstützende Dienstleistungen erbringen, geregelt, sodass es sich um die konkrete Ausgestaltung des Arbeitsverhältnisses als Kernstück des Arbeitsrechts handelt. Hierunter fällt insbesondere die Festlegung des Anwendungsbereichs. Das Hochschulrecht als solches beinhaltet lediglich die Ordnung des Studiums, das Prüfungswesen, die Forschung, die Organisation der Hochschulen sowie deren Selbstverwaltung.[79] Eine arbeits- bzw. befristungsrechtliche Komponente lässt sich dem nicht entnehmen, sodass die Länderzuständigkeit von vornherein nicht beeinträchtigt werden kann. Auch *Meißner* berücksichtigt nicht, dass das Hochschulwesen nicht die Zuständigkeit über die Definition von Wissenschaftlichkeit erfasst und der Bund den persönlichen Anwendungsbereich infolge seiner arbeitsrechtlichen Kompetenz autonom festsetzen darf. Eine bloße Tangente zur Hochschultätigkeit reicht nicht aus, um die Gesetzgebungszuständigkeit auf Landesebene zu verlagern. Das WissZVG hat darüber hinaus nicht nur hochschulrechtliche Berührungspunkte, sondern insbesondere grundrechtliche: Es gründet auf einer Abwägung zwischen Bestandsschutz des Arbeitsverhältnisses und Integrität der freien Wissenschaft. Dieses Abwägungsergebnis würde durch eigene Regelungen der Länder entwertet.[80]

Ebenso ist die von *Löwisch* vorgeschlagene Anwendung praktischer Konkordanz im Rahmen der Gesetzgebungskompetenzen abzulehnen,[81] da sie grundlegenden staatsrechtlichen Prinzipien zuwiderläuft. Das Institut der praktischen Konkordanz dient einzig dazu, Grundrechte in Einklang zu bringen, nicht dagegen Gesetzgebungszuständigkeiten einzuschränken. Das Grundgesetz kennt weder eine Beschränkung für einen Gesetzgebungstatbestand noch eine Doppelzuständigkeit jenseits des Art. 72 Abs. 2 GG.[82] Dem Kompetenzkatalog

---

79 *Haratsch/Holljesiefken*, NZA 2008, 207, 208; diese müssten grundlegend verändert werden, BAG 21.6.2006, NZA 2007, 209 Rn. 24.

80 Vgl. *Preis/Ulber*, in: FS Otto, 391, 397.

81 *Dieterich/Preis*, NZA 2004, 1241, 1242 unter Verweis auf BVerfG 18.4.1989, BVerfGE 79, 311, 342; 22.5.1990, BVerfGE 81, 310, 338 (keine Kompetenzbeschränkung im innerdeutschen Staatsorganisationsrecht von Verfassung wegen außer der Pflicht zu bundesfreundlichem Verhalten).

82 BVerfG 24.10.2002, BVerfGE 106, 62, 105 ff. (Kompetenzen sind im Zweifel über die Auslegung zuzuordnen); *Dieterich/Preis*, NZA 2004, 1241, 1243.

nach Art. 70 Abs. 2 GG wohnt vielmehr eine *Abgrenzungsfunktion* inne,[83] eine Erweiterung oder Begrenzung wäre damit unvereinbar. Nur für die seit der Föderalismusreform entfallenen Tatbestände der Rahmengesetzgebungskompetenz des Art. 75 GG war eine Einschränkung statthaft,[84] welche jedoch insgesamt abgeschafft wurde[85]. Im Unterschied zur Rahmengesetzgebungskompetenz zwingt die konkurrierende Gesetzgebungskompetenz nach Art. 74 Abs. 1 Nr. 12 GG gerade nicht dazu, den Ländern eine Gestaltungsmöglichkeit von substantiellem Gewicht zu überlassen,[86] es handelt sich um eine „umfassende" Kompetenz.[87] Selbst unter der Prämisse der Anwendbarkeit praktischer Konkordanz lägen die Voraussetzungen eines Ausgleichs nicht vor, zumal schon eine Kollisionslage hinsichtlich der Kompetenz der Länder fehlt. Der Bund beschränkt sich bei der Ausgestaltung des personellen Anwendungsbereichs auf das arbeitsrechtlich Unerlässliche und enthält sich ganz bewusst der Bezugnahme auf mögliche Personalkategorien der Länder. Da diese somit unangetastet bleiben und den Ländern keine Kompetenz für hochschulrechtliche Arbeitsverhältnisse zusteht, werden die Befugnisse der Landesgesetzgebung gar nicht beeinträchtigt. Hier eine Beschränkung zuzulassen gliche einer bloßen Fiktion. Weiterhin gehören die Vorgaben für die Tarifvertragsparteien zum Kern des Arbeitsrechts und unterliegen vollumfänglich der Gesetzgebungskompetenz des Bundes,[88] zumal dieser keine konkreten Anforderungen an bestimmte Fachrichtungen bzw. Forschungsbereiche stellt und den Ländern und Hochschulen insoweit einen Gestaltungsfreiraum lässt.

Folglich ergeben sich die Regelungsbefugnisse mitsamt ihrer Begrenzungen einzig aus dem Kompetenztitel Nr. 12 des Art. 74 Abs. 1 GG: Der Zusammenhang zum Hochschulrecht rechtfertigt keine anderweitige Betrachtung. Dass einzelne Kompetenztitel gemeinsame Berührungspunkte mit Angelegenheiten haben, die in den Zuständigkeitsbereich der Länder fallen, liegt in der Natur der Sache und ist unvermeidbar – würde daraus stets eine anderweitige Betrachtungsweise

---

83 BVerfG 28.11.1973, BVerfGE 36, 193, 203; 24.10.2002, BVerfGE 106, 62, 114; BK/*Axer*, Art. 74 GG Rn. 15.

84 v. Münch/Kunig/*Kunig*, 5. Aufl., Art. 75 GG Rn. 2, 23; Schmidt-Bleibtreu/Klein/*Sannwald*, 10. Aufl., Art. 75 GG Rn. 37, 46; *Tettinger*, RdA 1981, 351, 353.

85 M/K/S/*Oeter*, Art. 72 GG Rn. 49.

86 BVerfG 27.7.2004, BVerfGE 111, 226, 248; ausführlich *Häde*, JZ 2006, 930, 931 f.

87 Schmidt-Bleibtreu/Klein/*Sannwald*, 10. Aufl., Art. 74 GG Rn. 10; restriktiver Dreier/*Stettner*, Art. 72 GG Rn. 12 (zieht eine Begrenzung über die Verhältnismäßigkeit bzw. den Subsidiaritätsgrundsatz zumindest in Erwägung).

88 Geis/*Krause*, WissZVG Einf. Rn. 9; Epping/Hillgruber/*Seiler*, Art. 74 GG Rn. 47.1.

der Gesetzgebungskompetenzen resultieren, wäre nahezu der gesamte Kompetenzkatalog des Grundgesetzes hinfällig.

b) *Abschließender Gebrauch der Gesetzgebungskompetenz – Art. 72, 74 GG*

Inwieweit der Gebrauch von der Gesetzgebungskompetenz durch den Bund *abschließend* war und sich eine Sperrwirkung zu Lasten landesgesetzlicher Bestimmungen entfaltet, Art. 72 Abs. 1 GG, richtet sich nach den getroffenen Regelungen. Überwiegend wird für das WissZVG angenommen, dass infolge des umfassenden Befristungsregimes ein abschließender Kompetenzgebrauch des Bundes vorliegt.[89]

Gebrauch machen im Sinne des Grundgesetzes erfordert entweder eine ausdrückliche Regelung oder einen „absichtsvollen Regelungsverzicht“[90], kann aber auch bei „beredtem Schweigen“[91] gegeben sein. Das Bestehen eines Bundesgesetzes als solches lässt noch nicht die Interpretation einer abschließenden Regelung zu,[92] vielmehr darf sachlogisch kein Raum mehr für eine landesgesetzliche Regelung bestehen[93]. Ebenso lässt eine Lücke noch nicht eindeutig auf eine offen gebliebene Kompetenz für den Landesgesetzgeber schließen, da hier primär Auslegung und gesetzesimmanente Rechtsfortbildung zur Anwendung gelangen.[94] Möglich ist auch die Festlegung expliziter Vorbehalte, die durch Landesrecht auszufüllen sind.[95] Inwieweit das WissZVG abschließend ist, ist im Wege der Auslegung zu ermitteln.

---

89 BAG 11.9.2013, NZA 2013, 1352 Rn. 18 ff.; *Gronemeyer*, RdA 2016, 24, 28; *Lehmann-Wandschneider*, Sonderbefristungsrecht, S. 220; *Lenk*, WissR 2009, 50, 57 f.; *Löwisch*, NZA 2007, 479, 480; ErfK/*Müller-Glöge*, § 1 WissZVG Rn. 11; *Oetker*, in: FS v. Hoyningen Huene, 335, 347; *Preis/Ulber*, § 1 WissZVG Rn. 10, 66; *dies.*, in: FS Otto, 391, 396 f.; *Reich*, HRG, § 1 WissZVG Rn. 1; Geis/*Waldeyer*, § 57e HRG Rn. 24.

90 BVerfG 27.10.1998, BVerfGE 98, 265, 300; AK-GG/*Bothe*, Art. 72 GG Rn. 5; *Gronemeyer*, RdA 2016, 24, 26.

91 BVerwG, 25.8.1999, BVerwGE 109, 272, 278 f.; Sachs/*Degenhart*, Art. 72 GG Rn. 25; Epping/Hillgruber/*Seiler*, Art. 72 GG Rn. 4.

92 BVerfG 10.2.2002, BVerfGE 109, 190, 229 m. w. N.; *Lübbert*, Arbeitsverhältnisse im Hochschulbereich, S. 87; M/K/S/*Oeter*, Art. 72 GG Rn. 70; *Tettinger*, RdA 1981, 351, 356.

93 *Gronemeyer*, RdA 2016, 24, 26; Sachs/*Degenhart*, Art. 72 Rn. 27; v. Münch/Kunig/*Kunig*, Art. 72 GG Rn. 9; M/K/S/*Oeter*, Art. 72 GG Rn. 73; *Raab*, Persönlicher Anwendungsbereich, S. 73.

94 Maunz/Dürig/*Maunz*, Art. 74 GG Rn. 36; v. Münch/Kunig/*Kunig*, Art. 72 GG Rn. 9.

95 AK-GG/*Bothe*, Art. 72 GG Rn. 5b; v. Münch/Kunig/*Kunig*, Art. 72 GG Rn. 11; M/K/S/*Oeter*, Art. 72 GG Rn. 59.

aa) Auslegung des WissZVG

Bei der Auslegung ist zwischen den verschiedenen Anknüpfungspunkten, die Raum für eine landesgesetzliche Regelung lassen könnten, zu differenzieren. Ein ausdrücklicher Bezug auf Landesnormen ist nur in § 4 WissZVG für den institutionellen Anwendungsbereich, also staatlich anerkannte Hochschulen, normiert. Hier liegt offenkundig kein Kompetenzgebrauch vor, im Übrigen bedarf es jedoch einer genaueren Analyse.

(1) Regelungen hinsichtlich des personellen Anwendungsbereichs

(a) Abschließende Festlegung von Personalkategorien

In personeller Hinsicht könnte zunächst Raum für die Festsetzung der Personalkategorien auf Landesebene bestehen. Der Gesetzgeber verwendet für den personellen Anwendungsbereich in grammatikalischer Hinsicht die weite Formulierung „wissenschaftliches bzw. künstlerisches Personal", die durch die Länder ausgefüllt werden könnte; allerdings gelten hier vorrangig konkretisierende Maßnahmen auf Bundesebene. Erst wenn diese nicht möglich sind, obliegt die Lückenschließung dem Landesgesetzgeber.[96]

Der Wortlaut zeigt, dass das Gesetz nur hinsichtlich des institutionellen Anwendungsbereichs auf die Wissenschaftsinstitutionen *nach Landesrecht* verweist, wohingegen ein ausdrücklicher Verweis auf Landeskategorien beim persönlichen Anwendungsbereich gerade fehlt.[97] Zudem ergibt sich aus der Gesetzessystematik, dass das WissZVG diesen selbst abschließend abgesteckt hat, indem es zwischen einzelnen Personalkategorien wie (nicht-)wissenschaftlichem Personal und Hochschullehrern differenziert;[98] im Übrigen geht es von der materiellen Bestimmung des wissenschaftlich tätigen Personals aus. Zwar ließe sich dieses systematische Argument im Wege der historischen Auslegung entkräften, da in der ursprünglichen Gesetzesfassung die jeweiligen Personalkategorien im Gegensatz zu den erfassten Wissenschaftsinstitutionen explizit genannt wurden, sodass ein Verweis entbehrlich war.[99] Dieser Schluss ist aber

---

96 Vgl. ausführlich dazu *Leonhardt*, Konkurrierende Gesetzgebung, S. 64; *Tettinger*, RdA 1981, 351, 357.

97 BAG 1.6.2011, NZA 2011, 1280 Rn. 27; unter Bezugnahme hierauf *Raab*, Persönlicher Anwendungsbereich, S. 88; *Preis/Ulber*, in: FS Otto, 391, 395 f.; Geis/*Krause*, § 1 WissZVG Rn. 7.

98 BAG 1. 6. 2011, NZA 2011, 1280 Rn. 28; Geis/*Krause*, § 1 WissZVG Rn. 7; mit der Novellierung 2016 ist die Differenzierung entfallen.

99 *Raab*, Persönlicher Anwendungsbereich, S. 88.

nicht zwingend.[100] Insbesondere vor dem Hintergrund, dass die zu Zeiten des HRG herrschende Rechtssicherheit wiederhergestellt werden sollte, hätte es eines Verweises bedurft.[101] Historisch betrachtet zeigt die offene Begriffswahl somit vielmehr, dass sich der Bundesgesetzgeber bewusst gegen eine dynamische Bezugnahme entschieden hat.[102] Auch die in § 1 Abs. 1 S. 2 WissZVG normierte Eigenschaft als *ius cogens*, von der nur im durch das WissZVG selbst vorgegebenen Rahmen abgewichen werden kann, spricht gegen eine Ergänzungsbefugnis der Länder und indiziert einen abschließenden Kompetenzgebrauch, zumal der personelle Anwendungsbereich gerade nicht von den normierten Abweichungsmöglichkeiten erfasst ist, vgl. §§ 1 Abs. 1 S. 3, 1 Abs. 2 WissZVG.

Weiter bekräftigt die Überschrift „Gesetz über befristete Arbeitsverhältnisse in der Wissenschaft" eine materielle Betrachtungsweise, die unabhängig von landesrechtlichen Bestimmungen erfolgt.[103] Zudem streitet das Gesetzestelos für einen abschließenden Kompetenzgebrauch, da eine *einheitliche Regelung* geschaffen und die Befristungsdauern den Wissenschaftsverhältnissen angepasst werden sollten.[104] Die unterschiedliche Normierung des Anwendungsbereichs von Land zu Land würde demgegenüber eine Rechtszersplitterung bewirken. Ad absurdum geführt käme bei Übertragung der Landesregelungen die Anwendbarkeit des WissZVG nicht in Betracht, sofern diese die Kategorie wissenschaftlicher Mitarbeiter nicht kennen – dies kann nicht vom Gesetzgeber beabsichtigt worden sein.[105] Auch die Vorgängerregelungen der §§ 57a ff. HRG, die im Grundsatz beibehalten werden sollten, bezweckten ein einheitliches Befristungsregime[106] und sahen keine Öffnungsklausel zugunsten der Landesgesetzgeber vor. Dies verdeutlicht die bewusste Entscheidung gegen einen landesrechtlichen Gestaltungsfreiraum. Ferner beruht insbesondere der personelle Anwendungsbereich des Befristungsregimes auf einer verfassungsrechtlichen Abwägung zwischen arbeitsrechtlichem Bestandsschutz und Funktionsfähigkeit des Wissenschaftsbetriebs, da die Befristung nur im Hinblick auf wissenschaftliches Personal gerechtfertigt ist. Durch landesrechtliche Bestimmungen droht

100 *Raab*, Persönlicher Anwendungsbereich, S. 89.
101 *Raab*, Persönlicher Anwendungsbereich, S. 88.
102 BAG 1.6.2011, NZA 2011, 1280 Rn. 31.
103 *Preis/Ulber*, in: FS Otto, 391, 396; *dies.*, § 1 WissZVG Rn. 10, 68.
104 Vgl. BT-Drs. 16/3438, S. 16.
105 BAG 1.6.2011, NZA 2011, 1280 Rn. 29 (Dies wäre für NRW der Fall, sodass nur eine Befristung nach dem TzBfG möglich wäre).
106 BAG 14.2.1996, NZA 1996, 1095, 1097; ErfK/*Müller-Glöge*, § 1 WissZVG Rn. 2.

diese unterlaufen zu werden,[107] sodass hinsichtlich der Personalkategorien ein abschließender Kompetenzgebrauch des Bundes vorliegt.

(b) Keine Bestimmungen für Hochschullehrer

In Betracht kommt weiterhin Raum für Regelungen über Hochschullehrer Raum auf Landesebene. Für befristete Arbeitsverhältnisse von Hochschullehrern trifft das WissZVG explizit keine Regelungen, was ebenfalls noch keinen eindeutigen Schluss zulässt. Es kann sowohl für einen bewussten Regelungsverzicht sprechen[108] als auch für die Zulässigkeit einer landesgesetzlichen Vorschrift[109]. Zudem deutet die Ausnahme der Hochschullehrer von §§ 2, 3 WissZVG – nicht dagegen von §§ 4, 5 WissZVG – darauf hin, dass der Bundesgesetzgeber eine bewusste Nichtregelung getroffen hat.[110] Der Regelungsverzicht durch das WissZVG als solches zwingt nicht zur Annahme eines vollständigen Regelungsverzichts auf Bundesebene, vielmehr liegt mangels Ausschlusses eine Anwendung des TzBfG als *lex generalis* des Bundes nahe.[111] Die äußere Gesetzessystematik zeigt gerade, dass der Bund die Befristung mit dem WissZVG, dem TzBfG und Einzelnormen wie § 21 BEEG umfassend und in sich geschlossen geregelt hat. Es bleibt kein Raum für ergänzende oder weitergehende landesrechtliche Bestimmungen. So geht auch § 62 Abs. 1 S. 1 HSG SH explizit davon aus, dass eine Befristung möglich ist, trifft jedoch keine eigenständige Befristungsregelung. Daher ist trotz

---

107 Geis/*Krause*, § 1 WissZVG Rn. 7.

108 BAG 11.9.2013, NZA 2013, 1352 Rn. 26; *Gronemeyer*, RdA 2016, 24, 28 f. (TzBfG maßgebend); HK-TzBfG/*Joussen*, § 1 WissZVG Rn. 8; *Preis/Ulber*, in: FS Otto, 391, 395; Geis/*Krause*, § 1 WissZVG Rn. 7.

109 So Brüggen/*Brüggen/Birkenbach*, Rn. 1544; *Kiel*, JbArbR 54 [2017], 51, 78; Geis/*Linder*, Hochschulrecht im Freistaat Bayern, Rn. 287; *Meißner*, Hochschulbefristungsrecht, S. 136 („Der Bundesgesetzgeber hat mit der Formulierung des wissenschaftlichen Personals Raum für Regelungen der Länder gelassen"); *Rambach/Feldmann*, ZTR 2009, 286, 288; A/G/*Rambach*, § 1 WissZVG Rn. 21.

110 *Preis/Ulber*, in: FS Otto, 391, 396; *dies.*, § 1 WissZVG Rn. 10, 68.

111 Ebenso noch BAG 28.1.1998, NZA 1998, 1120, 1122; *Adamietz/Künne*, Drittmittelbefristungen, S. 22; *Dörner*, Befristeter Arbeitsvertrag, Rn. 532; *Gronemeyer*, RdA 2016, 24, 28 f.; *Preis/Ulber*, in: FS Otto, 391, 399 ff.; *dies.*, § 1 WissZVG Rn. 66 ff.; **a. A.** BAG 11.9.2013, NZA 2013, 1352 Rn. 30 ff.; A/P/S/*Backhaus*, § 23 TzBfG Rn. 1b; HK-TzBfG/*Joussen*, § 1 WissZVG Rn. 5; *Kortstock*, ZTR 2007, 350, 352; *Lenk*, WissR 2009, 50, 56; *Löwisch*, NZA 2007, 479, 480; AR/*ders.*, § 1 WissZVG Rn. 5; HSchR/*ders./Wertheimer*, Kap. X Rn. 156; M/H/H/*Herms*, § 23 TzBfG Rn. 28; ErfK/*Müller-Glöge*, § 1 WissZVG Rn. 10b; A/G/*Rambach*, § 23 TzBfG Rn. 60 ff.; L/S/*Schlachter*, § 23 TzBfG, Anh. 2, § 1 WissZVG Rn. 1; A/P/S/*Schmidt*, § 1 WissZVG Rn. 6.

fehlender Regelung im WissZVG selbst von einem abschließenden Kompetenzgebrauch durch den Bund auszugehen.

(2) Regelungen hinsichtlich der Befristungsdauer

(a) Grundsätzliches zur Dauer

Die Normierung der Befristungsdauer nach § 2 Abs. 1 S. 1 WissZVG als Höchstbefristungsdauer könnte für einen Ausgestaltungsspielraum der Länder hinsichtlich einzelner Befristungsabschnitte streiten, sofern sie als bloße Zielsetzung oder Rahmenvorgabe zu verstehen ist.[112] *Linder* vertritt diesbezüglich, dass der Bundesgesetzgeber nur die Regelungskompetenz für die Höchstdauer nach § 2 Abs. 1 S. 1 WissZVG innehat, sodass es zur Disposition der Länder stünde, inwieweit die Höchstbefristungsdauern *ausgeschöpft* würden.[113] Zwar ergibt sich aus der Natur der vom Bund selbst gewählten *Höchstbefristungsdauer*, dass *a maiore ad minus* eine kürzere Befristung unproblematisch möglich ist. Dies verdeutlicht auch der Gesetzgeber in § 2 Abs. 1 S. 7 WissZVG, der Verlängerungen im Rahmen dieser Dauer für zulässig erklärt.

Allerdings ist die Befristungsdauer durch das in § 2 Abs. 1 S. 2 WissZVG eingefügte Angemessenheitserfordernis bereits bundesgesetzlich konkretisiert. Dass zwischen Qualifizierungsziel und Vertragslaufzeit ein „angemessenes Verhältnis" bestehen soll, ist zwar konkretisierungsbedürftig, aus den Gesetzesmaterialien ergibt sich jedoch, dass dies durch die Leitlinien betroffener Wissenschaftsinstitutionen und nicht durch die Länder erfolgen soll.[114] Weiterhin ist die Ausgestaltung der Qualifizierungsprozesse – und damit einhergehend gerade die Bestimmung der Befristungsdauer – „ureigene Aufgabe[n] der Hochschulen und wissenschaftlichen Einrichtungen", nicht jedoch Aufgabe der Länder.[115] Eine landesgesetzliche Festsetzung von Befristungszeiträumen könnte darüber hinaus die in der Wissenschaft erforderliche Dynamik und Flexibilität bei Arbeitsverhältnissen beeinträchtigen.[116] Folglich liegt eine in sich geschlossene

112 Hier bleibt Raum für eine landesgesetzliche Regelung, M/K/S/*Oeter*, Art. 72 GG Rn. 84.

113 Geis/*Linder*, Hochschulrecht im Freistaat Bayern, Rn. 289, 294 Fn. 332 (Beschränkung der Befristungsdauer auf 10 Jahre nach Art. 22 Abs. 6 BayHSchPG zulässig).

114 BT-Drs. 18/6489, S. 11.

115 BT-Drs. 18/6489, S. 11.

116 BT-Drs. 18/6489, S. 1, 24 (bezüglich der Ablehnung einer 24monatigen Mindestbefristungsdauer).

Befristungsdauer vor und den Ländern verbleibt keine Regelungskompetenz für nähere Ausgestaltungen.[117]

Das Gleiche gilt für die Drittmittelbefristung nach § 2 Abs. 2 WissZVG. Hier ist zwar keine Höchstgrenze festgelegt, die Befristungsdauer wird jedoch durch das neu eingefügte Kongruenzerfordernis zwischen Drittmittelprojekt und Befristungsdauer bestimmt. Infolgedessen besteht keine Einflussmöglichkeit auf Landesebene.

(b) Sonderproblem der Mindestbefristungsdauer

Zwecks Vermeidung unsachgemäßer Kurzbefristungen ist an die landesrechtliche Festsetzung einer Mindestbefristungsdauer zu denken, zumal das WissZVG die Anzahl der zulässigen Verlängerungsverträge nicht normiert und die Höchstbefristungsdauer bei einer solchen gewahrt werden kann, sodass *prima facie* kein Konflikt zur bundesrechtlichen Befristungsdauer besteht. Darüber hinaus könnten so sachwidrige Kurzbefristungen und gleichzeitig eine zu starre Regelung vermieden werden.

(aa) Grammatikalische Auslegung

Der Wortlaut des § 2 Abs. 1 S. 3 WissZVG spricht von einer Befristungsdauer, die so zu bemessen ist, „dass sie der angestrebten Qualifizierung angemessen ist". Damit ist grammatikalisch betrachtet eine Mindestbefristungsdauer nicht zwingend ausgeschlossen. Dem Wortlaut zufolge kann eine Mindestbefristungsdauer also zulässig sein, wenn sie der angestrebten Qualifizierung angemessen ist.[118]

(bb) Systematische Auslegung

Die systematische Gesetzesauslegung spricht gegen die Festlegung einer Mindestbefristungsdauer auf Landesebene: In § 1 Abs. 1 S. 3 WissZVG ist ausschließlich zugunsten der Tarifvertragsparteien eine Öffnungsklausel vorgesehen, die

117 Zutreffend *Oetker*, in: FS v. Hoyningen-Huene, 335, 347 (für studentsche Hilfskräfte; nichts anderes kann jedoch für wissenschaftliche Mitarbeiter gelten, da der Gesetzgeber auch hier eine abschließende Regelung treffen wollte); *Preis/Ulber*, § 2 WissZVG Rn. 25; **a. A.** *Kortstock*, ZTR 2008, 350, 353; Geis/*Krause*, § 2 WissZVG Rn. 95 (abweichende temporale Bestimmungen sind organisatorische Vorschriften; verkennt, dass die Dauer untrennbarer Aspekt der Befristung und Kern des WissZVG ist); *Löwisch*, NZA 2007, 479, 480; *ders.*, in: FS Otto 2008, 317, 322; AR/*ders.*, 8. Aufl. § 2 WissZVG Rn. 5; L/S/*Schlachter*, § 23 TzBfG Anh. 2, § 2 WissZVG Rn. 19; zu den Auswirkungen auf bestehende Regelungen sogleich unter § 2 III 3.

118 *Hauck-Scholz*, RdA 2016, 262, 268 (bei einer Promotion mindestens drei Jahre, da diese selten unter drei Jahren vollendet werde).

im Wege von begrenzten Vertragsverlängerungsmöglichkeiten Mindestbefristungsdauern erfasst.[119] Im Umkehrschluss ist die Mindestbefristungsdauer gerade nicht grundsätzlich dispositiv zu Gunsten der Länder, sondern von dem Abweichungsverbot erfasst.[120] Auch in § 2 Abs. 2 WissZVG wurde mit der Novellierung des Jahres 2016 bewusst die Entscheidung für eine Orientierung am Projektzeitraum und gegen eine Mindestbefristungsdauer getroffen.

(cc) Teleologische Auslegung

Zweck der Änderung des § 2 Abs. 1 WissZVG war die Vermeidung von unsachgemäßen Kurzbefristungen bei gleichzeitiger Wahrung von Dynamik und Flexibilität.[121] Eine durch Landesrecht normativ verankerte Mindestbefristungsdauer wäre zwar eine einfache Lösung zur Vermeidung unsachgemäßer Kurzbefristungen. Die Mindestbefristungsdauer lässt zwar insoweit einen Gestaltungsfreiraum, als bei umfangreicheren Qualifizierungsprozessen Abweichungen nach oben, also längere Befristungszeiträume flexibel möglich sind. Umgekehrt besteht jedoch das Problem, dass bei Qualifizierungsprozessen kürzerer Dauer – trotz der Erfüllung des Angemessenheitskriteriums – keine Unterschreitung der Dauer möglich ist. Dies lässt sich mit dem wesentlichen Interesse der Wissenschaft an Dynamik und Flexibilität nicht in Einklang bringen. Auch soll § 2 Abs. 1 S. 1 WissZVG die angemessene Befristungsdauer für sowohl formelle als auch materielle Qualifizierungen festlegen, sodass einer Mindestbefristungsdauer die praktische Problematik entgegensteht, dass sich aufgrund der Vielgestaltigkeit möglicher Qualifizierungsziele kaum ein für alle angemessener Befristungszeitraum normativ verankern lässt. Bereits die erforderlichen Dauern für formelle Qualifizierungsziele divergieren untereinander stark, sodass dies *erst Recht* für die materiellen Qualifizierungsziele gilt. Auch die teleologische Auslegung streitet folglich gegen die Verankerung einer Mindestbefristungsdauer.

(dd) Historische Auslegung

Historisch betrachtet zeigt die Entwicklung des WissZVG spätestens seit der Novellierung, dass der Bund die Befristungsdauer erkennbar abschließend geregelt und sich in § 2 Abs. 1 S. 1 WissZVG bewusst gegen eine Mindestbefristungsdauer entschieden hat. Dies wird in der Ablehnung des Vorschlags des Bundesrats zu einer zweijährigen Mindestbefristungsdauer deutlich.[122] Als Begründung

119 Dazu § 8 C III.

120 Im Ergebnis ebenso *Adamietz/Künne*, Drittmittelbefristungen, S. 54.

121 BT-Drs. 18/6489, S. 1, 16.

122 BT-Drs. 18/6489, S. 24.

wurde angeführt, dass die Ausgestaltung der Qualifizierungsprozesse „ureigene" Angelegenheit der betroffenen Wissenschaftsinstitution sei,[123] nicht dagegen Ländersache. Zwar bliebe bei längeren Qualifizierungsverfahren ein Gestaltungsfreiraum von Hochschulen und Forschungseinrichtungen, nicht jedoch bei kürzeren. Darüber hinaus entzieht sich die Angemessenheit der Befristungsdauer im Einzelfall einer gesetzlichen Festlegung.[124] Dies bekräftigt insbesondere der Verweis der Gesetzesbegründung auf Leitlinien von Hochschulen und Forschungseinrichtungen, jedoch gerade nicht auf Landesregelungen.[125] Gemeint ist damit nicht nur die Festlegung eines starren Befristungszeitraums, sondern auch die Normierung von Mindestzeiträumen, da die für die Wissenschaft erforderliche Flexibilität und Dynamik hier ebenso wenig gewahrt werden.

(ee) Ergebnis

Die Kompetenz für die Normierung einer landesrechtlichen Mindestvertragslaufzeit ist somit insgesamt abzulehnen.[126]

(c) Verlängerungs- und Nichtanrechnungstatbestände

Hinsichtlich der Nichtanrechnungstatbestände des § 2 Abs. 5 WissZVG könnte auf Landesebene die Schaffung weiterer anrechnungsfreier Zeiträume möglich sein.

(aa) Grammatikalische Auslegung

Der Wortlaut des § 2 Abs. 5 WissZVG ist offen und lässt weder auf einen Regelungsspielraum zugunsten der Länder noch auf eine abschließende Bundesregelung schließen.

(bb) Systematische Auslegung

In systematischer Hinsicht zeigt sich, dass das WissZVG die Befristungszeiträume mitsamt potentieller Verlängerungen (§ 2 Abs. 1 S. 4 ff. WissZVG, § 2 Abs. 5 WissZVG) und nicht anzurechnender Zeiträume (§ 2 Abs. 3 WissZVG) detailliert geregelt hat. Es liegt ein in sich geschlossenes System vor.[127] Auch zugunsten der Tarifvertragsparteien ist keine Abweichung von den Nichtanrechnungstatbeständen des § 2 Abs. 5 WissZVG zulässig, § 1 Abs. 1 S. 3 WissZVG.

---

123 BT-Drs. 18/6489, S. 11, 24.

124 BT-Drs. 18/6489, S. 11.

125 BT-Drs. 18/6489, S. 11.

126 Ebenso *Hauck-Scholz*, RdA 2016, 262, 267; *Kiel*, JbArbR 54 [2017], 51, 62; ErfK/*Müller-Glöge*, § 1 WissZVG Rn. 4a; zumindest zweifelnd *Adamietz/Künne*, Drittmittelbefristungen, S. 54.

127 So für das HRG: BAG 14.2.1996, NZA 1996, 1095, 1097.

Ein Regelungsfreiraum der Länder ergibt sich aus der systematischen Auslegung folglich nicht.

(cc) Teleologische Auslegung

Zweck der Verlängerungsregelung in § 2 Abs. 5 WissZVG ist, einen Ausgleich für die zusätzliche Arbeitsbelastung zu gewähren, sodass das betroffene Personal die Qualifizierung gleichwohl abschließen kann.[128] Die jeweiligen Tatbestände bewirken bei Zustimmung des Arbeitnehmers einen Kontrahierungszwang des Arbeitgebers,[129] sodass es legitim ist, nur eine begrenzte Anzahl an Ausnahmen mit entsprechend hohen Anforderungen zuzulassen. Wäre eine landesrechtliche Normierung weiterer Fälle zulässig, könnten die Ausnahmebestimmungen zum Regelfall deklariert und die Befristungshöchstgrenzen damit einhergehend ausgehebelt werden.

(dd) Historisches Auslegung

Schon im Gesetzgebungsverfahren zur Novellierung des § 57 Abs. 6 HRG, der wie § 2 Abs. 5 WissZVG für bestimmte Tatbestände die Nichtanrechnung von Zeiten auf das Arbeitsverhältnis regelte, wurde der Vorschlag des Bundesrats abgelehnt, zusätzliche Erweiterungstatbestände auf Landesebene regeln zu lassen.[130] Da auch im Zuge der weiteren Entwicklung des Befristungsrechts für den Hochschulbereich keine Erweiterungsmöglichkeit zugunsten der Länder geschaffen wurde, ist davon auszugehen, dass diese nicht beabsichtigt ist.

(ee) Ergebnis

Hinsichtlich der Nichtanrechnungstatbestände des § 2 Abs. 5 WissZVG hat der Bund abschließend von seiner Kompetenz Gebrauch gemacht,[131] sodass landesrechtliche Normen, die eine hiervon abweichende Regelung treffen, rechtsunwirksam sind.

---

128 So für das HRG: BAG 14.2.1996, NZA 1996, 1095, 1097.

129 Statt aller A/P/S/*Schmidt*, § 2 WissZVG Rn. 68, zur dogmatischen Ausgestaltung unter § 6 E.

130 Vgl. BT-Drs. 11/7984, S. 7; darauf verweist auch BAG 14.2.1996, NZA 1996, 1095, 1097.

131 BAG 14.2.1996, NZA 1996, 1095, 1096 (für § 57c Abs. 6 HRG); *Dörner*, Befristeter Arbeitsvertrag, Rn. 611; Müko-BGB/*Hesse*, § 23 TzBfG Rn. 45; Geis/*Krause*, § 2 WissZVG Rn. 113; A/T/*Kühn*, § 23 TzBfG Rn. 205; D/D/Z/*Nebe*, § 2 WissZVG Rn. 37; *Preis/Ulber*, § 2 WissZVG Rn. 182; A/P/S/*Schmidt*, § 2 WissZVG Rn. 71; KR/*Treber*, § 2 WissZVG Rn. 81.

(d) Zwischenergebnis

Bezüglich der Befristungsdauer liegt daher insgesamt ein abschließender Kompetenzgebrauch vor.

(3) Regelungen hinsichtlich einer unbefristeten Beschäftigung

Gemäß § 1 Abs. 2 WissZVG steht es den Hochschulen frei, die dem WissZVG unterfallenden Arbeitnehmer in unbefristeten Arbeitsverhältnissen oder nach Maßgabe des TzBfG befristet zu beschäftigen. Hier hat der Bund ausdrücklich einen Gestaltungsfreiraum zugunsten der Hochschulen gelassen, sodass weder die Anwendung eines bestimmten WissZVG Tatbestands noch des Gesetzes als solchem zwingend ist.

(4) Regelungen hinsichtlich der Qualifizierungsphasen

(a) Qualifizierung als solche

Hinsichtlich des neu eingefügten Befristungsgrunds „wissenschaftliche bzw. künstlerische Qualifizierung" könnte eine Konturierungsbefugnis auf Länderseite bestehen. Unabhängig davon, ob die eigene Qualifizierung als Sachgrund oder als formelle Anwendungsvoraussetzung behandelt wird, ist sie unentbehrlich für den Befristungstatbestand. Der Begriff ist bewusst weit gefasst,[132] sodass nur hinsichtlich des Qualifizierungsumfangs eine Regelungszuständigkeit möglich erscheint. Inwieweit die Qualifizierung im Rahmen des Arbeitsverhältnisses vorangetrieben werden soll, ergibt sich weder aus dem Wortlaut noch der Systematik.[133] Der Bund hat insoweit einen Ausgestaltungsfreiraum zugunsten der Länder gelassen.

(b) Promotionsdauer

Eine weitere Einflussmöglichkeit der Länder könnte sich über den Verlängerungstatbestand des § 2 Abs. 1 S. 2 WissZVG ergeben, der für die jeweiligen Qualifizierungsphasen an die Promotion anknüpft. Da das WissZVG bezüglich Beginn und Abschluss der Promotion schweigt, erscheint ein Nichtgebrauch der Kompetenz zugunsten der Länder möglich. Im WissZVG finden sich weder in grammatikalischer noch in systematischer Hinsicht Anhaltspunkte für Kriterien, die die Promotion temporär determinieren. Historisch-teleologisch lässt sich anführen, dass der Gesetzgeber die Vorgängerregelungen und so gleichermaßen § 57b Abs. 1 HRG im Kern unverändert übernehmen wollte, sodass hierauf

132 Dazu ausführlich unter § 5 B I.

133 Für den Wortlaut Staudinger/*Preis*, § 620 BGB Rn. 282b; **a. A.** *Maschmann/Konertz*, NZA 2016, 257, 259; ErfK/*Müller-Glöge*, § 2 WissZVG Rn. 2b; A/P/S/*Schmidt*, § 2 WissZVG Rn. 5.

abzustellen sein könnte.[134] Die Norm regelte ebenso wenig, wann eine Promotion begann bzw. abgeschlossen war. § 21 Abs. 1 HRG bestimmte demgegenüber, dass Doktoranden an der jeweiligen Hochschule eingeschrieben wurden, an der sie promoviert werden wollten, und auch § 18 Abs. 2 S. 1 HRG bezog sich für die Verleihung von Hochschulgraden auf Landesrecht.[135] Üblich war und ist daher, für die zeitliche Festlegung auf das Landesrecht und die jeweilige Promotionsordnung der Universität abzustellen.

Hieraus folgt, wenn auch marginal, ein mittelbarer Einfluss auf die Befristungsdauer in der Post-Doc-Phase, da der Promotionsabschluss nach § 2 Abs. 1 S. 7 WissZVG maßgebend ist.[136] Mit dem Rückgriff auf bestimmte Stadien der Promotion, werden der Regelungsbefugnis jedoch zugleich enge Schranken gesetzt, da eine Normierung von Anhaltspunkten ohne sachlichen Bezug dem Zweck des WissZVG zuwider liefe. Somit ist an dieser Stelle ein Gestaltungsfreiraum des Landesgesetzgebers bzw. der Hochschulen eröffnet.

(5) Regelungen hinsichtlich der Drittmittelbefristungen, § 2 Abs. 2 WissZVG

Hinsichtlich der Drittmittelbefristungen hat der Bund geregelt, dass nur wissenschaftliches Personal den Anforderungen genügt und die Befristungsdauer sich nach der Projektdauer bemisst. Es liegt daher ein abschließender Kompetenzgebrauch bezüglich des personellen Anwendungsbereichs und wie bereits festgestellt auch hinsichtlich der Befristungsdauer als solcher vor. Wenngleich die Befristungsdauer normiert ist, hat der Gesetzgeber nicht festgelegt, ob diese Erweiterungstatbeständen gegenüber zugänglich ist.

Die Verlängerungsmöglichkeiten des WissZVG in §§ 2 Abs. 1 S. 4 ff., 2 Abs. 5 WissZVG erstrecken sich explizit nur auf Qualifizierungsbefristungen nach § 2 Abs. 1 S. 1 WissZVG, hinsichtlich der auf § 2 Abs. 2 WissZVG fußenden Drittmittelbefristungen könnte somit ein Gestaltungsfreiraum zu Gunsten der Landesgesetzgeber bestehen. Da die Vertragsdauer sich bei Drittmittelbefristungen an dem Projektzeitraum orientiert, würden Verlängerungen der Kongruenz zuwiderlaufen. Darüber hinaus erfolgt die Finanzierung des Beschäftigten zumindest überwiegend aus Drittmitteln für ein zeitlich begrenztes Projekt, sodass eine Finanzierungsgrundlage für den Verlängerungszeitraum fehlen würde. Entsprechend wird auch eine analoge Anwendung

134 *Kiel*, JbArbR 54 [2017], 51, 63.
135 *Kiel*, JbArbR 54 [2017], 51, 63.
136 *Dörner*, Befristeter Arbeitsvertrag, Rn. 571; A/P/S/*Schmidt*, § 2 WissZVG Rn. 21.

der Qualifikationsverlängerungsmöglichkeiten auf § 2 Abs. 2 WissZVG abgelehnt.[137] Für eine absichtsvolle Nichtregelung spricht weiterhin die Gesetzessystematik: Der Gesetzgeber hat in Kenntnis der besonderen Umstände einer Drittmittelbefristung bereits den Tatbestand des § 2 Abs. 2 WissZVG einer tarifvertraglichen Regelung gegenüber vollständig verschlossen, wohingegen die Qualifizierungsbefristung des § 2 Abs. 1 WissZVG zumindest teilweise tarifdispositiv ist, § 1 Abs. 1 S. 3 WissZVG.[138] *A maiore ad minus* kann der Tatbestand folglich nicht von den einzelnen Ländern geregelt werden.

Auch eine historische Überlegung bekräftigt dieses Auslegungsergebnis, da zumindest § 2 Abs. 5 und § 2 Abs. 1 S. 4 WissZVG bereits vor der Gesetzesnovellierung drittmittelbefristetes Personal ausschlossen und der Gesetzgeber trotz Kenntnis der Kontroverse keine Erweiterung normiert hat. Der Gesetzgeber hat drittmittelbefristetes Personal also bewusst von den Verlängerungstatbeständen ausgeklammert, sodass auch diesbezüglich ein abschließender Kompetenzgebrauch vorliegt. Eine Ausnahme kann sich lediglich insoweit ergeben, als der Landesgesetzgeber beim Erlass der Regelung die Abhängigkeit zum Drittmittelprojekt hinreichend berücksichtigt, sodass das Problem der fehlenden Finanzierung, das vom WissZVG vermieden werden soll, nicht eintritt. Möglich wären demzufolge Regelungen, die die Verlängerung ins Ermessen des Drittmittelgebers stellen oder anderweitige Finanzierungsmittel hierfür reservieren. Somit liegt ein überwiegend abschließender Kompetenzgebrauch für die Verlängerung drittmittelbefristeter Arbeitnehmer nach § 2 Abs. 2 WissZVG vor, der nur in sehr engen Grenzen einer landesrechtlichen Ausgestaltung zugänglich ist.

bb) Ergebnis

Die Auslegungsergebnisse streiten mit Ausnahme der Befristungsgrundlage als solcher und der Promotionsvorschriften gegen einen Gestaltungsspielraum der Landesgesetzgeber, sodass weitgehend ein abschließender Kompetenzgebrauch durch den Bund vorliegt.

---

137 *Preis/Ulber*, § 2 WissZVG Rn. 173.

138 A/P/S/*Schmidt*, § 1 WissZVG Rn. 29; Geis/*Krause*, WissZVG Einf. Rn. 18 m. w. N; **a. A.** wohl *Preis/Ulber*, § 1 WissZVG Rn. 100.

c) Auswirkungen auf die Landesregelungen im Überblick

aa) Definition wissenschaftlicher Mitarbeiter

Die Festlegung des personellen Anwendungsbereichs des WissZVG erfolgt – wie auch bei den Hochschulregelungen der Länder – tätigkeitsbezogen über die wissenschaftliche Dienstleistung. Was darunter genau fällt, bestimmt das BAG einzelfallabhängig anhand der Definition von Wissenschaftlichkeit.[139] Die beispielhaften Aufzählungen der Landesgesetze müssen die von der Rechtsprechung geforderten Kriterien erfüllen, andernfalls sind Arbeitnehmer, unabhängig von ihrer nach Landesrecht für wissenschaftlich erachteten Tätigkeiten, nicht vom Anwendungsbereich des WissZVG erfasst.

Grundsätzlich ist von der Verfassungsmäßigkeit derartiger Regelungen auszugehen, da sie sich auf die Personalkategorien auf Hochschulebene beziehen und der Kompetenz der Länder unterliegen. Für die Befristung nach dem WissZVG sind sie indes unerheblich, da es den personellen Anwendungsbereich eigenständig und abschließend regelt. Insbesondere problematisch dürfte hier die Einordnung der Wissensvermittlung sein, auf die im Rahmen des personellen Anwendungsbereichs[140] en détail einzugehen ist.

bb) Befristung wissenschaftlichen Personals

Mit § 1 Abs. 2 WissZVG lässt der Bundesgesetzgeber das *Recht der Hochschulen* zum Abschluss unbefristeter Verträge oder befristeter Verträge nach dem TzBfG unberührt. Damit einhergehen könnte *e contrario* die Befugnis, auf unbefristete und befristete Verträge nach dem TzBfG zu verzichten.[141] Dies ließe sich sowohl in Einklang mit dem Wortlaut als auch mit dem Telos bringen, da bei ausschließlich befristeten Arbeitsverhältnissen das Fluktuationsvolumen an Arbeitnehmern und folglich die Innovation erhöht wird. Problematisch ist jedoch, dass die Regelungen der Feder der Länder entstammen, nicht derjenigen der betroffenen Hochschulen. Ob die Länder die Kompetenz haben, unbefristete Arbeitsverhältnisse *qua lege* auszuschließen, hängt maßgeblich davon ab, ob die Befristung als Teil der Personalhoheit anzusehen ist. Andernfalls läge ein nicht

---

139 Grundlegend: BAG 1.6.2011, NZA 2011, 1280 Rn. 35.

140 Hierzu unter § 4 B III.

141 Müko-BGB/*Hesse*, § 23 TzBfG Rn. 33; Geis/*Krause*, § 1 WissZVG Rn. 46; *Preis/Ulber*, § 1 WissZVG Rn. 120; KR/*Treber*, § 1 WissZVG Rn. 68; **kritisch:** *Dieterich/Preis*, NZA 2004, 1241, 1245; *Lehmann-Wandschneider*, Sonderbefristungsrecht, S. 219; *Reich*, HRG, § 1 WissZVG Rn. 7.

zu rechtfertigender Eingriff in die von Art. 5 Abs. 3 S. 1 GG geschützte Personalhoheit der Hochschulen vor.

(1) Personalhoheit

Als Teil der Auftragsverwaltung für die Länder[142] stellt die Personalhoheit eine Ausnahme von der Vermutung der Allzuständigkeit der Hochschulen dar. Somit unterliegt sie grundsätzlich der Rechts- und Fachaufsicht und infolgedessen auch den Weisungen des jeweiligen Landesministeriums. Das Weisungsrecht muss jedoch weichen, sofern die von Art. 5 Abs. 3 S. 1 GG geschützte institutionelle Garantie der Selbstverwaltung der Hochschulen berührt wird,[143] zumal die Selbstverwaltung eine weisungsfreie Entscheidungsmöglichkeit und eigene Zweckmäßigkeitskriterien voraussetzt[144]. Dies folgt bereits aus dem Begriff der Freiheit im Sinne des Grundgesetzes, da diese naturgemäß die Überlassung der Ziele sowie die hierfür erforderlichen Mittel erfasst.[145] Unter das Selbstverwaltungsrecht der Hochschulen fallen insbesondere die Organisation von Forschung und Lehre sowie die Nachwuchsförderung.[146] Erfasst ist auch die Personalhoheit. Allerdings ist das Selbstverwaltungsrecht als solches in jedweder Komponente begrenzt auf den „Kernbereich des Unerlässlichen".[147]

(2) Befristung als tendenzbezogene Entscheidung

Das BVerfG nimmt eine Betroffenheit des Kernbereichs bei wissenschaftsrelevanten Entscheidungen an, die unmittelbar mit Forschung und Lehre verknüpft sind.[148] An dieser Stelle sind auch Personalentscheidungen über Hochschullehrer und wissenschaftliches Personal zu verorten. Erfasst sein können demgemäß Auswahl, Einstellung, Beförderung oder Beendigung des Arbeitsverhältnisses mit dem wissenschaftlich tätigen Arbeitnehmer, sofern der Entscheidung ein Tendenzbezug innewohnt.[149]

---

142 Explizit geregelt in § 6 Abs. 2, 4 HmbHG.

143 Epping/Hillgruber/*Kempen*, Art. 5 GG Rn. 192.

144 *Groß*, DVBL 2006, 721, 722; Friauf/Höfling/*v. Coelln*, Art. 5 GG (3. Teil) Rn. 92 m. w. N.

145 *Alexy*, Theorie der Grundrechte, S. 198 ff.

146 *Groß*, DVBL 2006, 721, 723.

147 Epping/Hillgruber/*Kempen*, Art. 5 GG Rn. 192; v. Münch/Kunig/*Wendt*, Art. 5 GG Rn. 112; Dreier/*Pernice*, 2. Aufl., Art. 5 III GG (Wissenschaft) Rn. 35; ablehnend Maunz/Dürig/*Scholz*, Art. 5 III GG Rn. 168 („kein verfassungsrechtlicher Vorbehalt zugunsten einer universitätseigenen Personalhoheit").

148 BVerfG 29.5.1973, BVerfGE 35, 79, 123.

149 *Thieme*, Deutsches Hochschulrecht, Rn. 587; *Adamietz/Künne*, Drittmittelbefristungen, S. 49; grundsätzlich für Erfordernis der Einwirkung auf die Wissenschaft: Friauf/Höfling/*v. Coelln*, Art. 5 GG (3. Teil) Rn. 90.

Ob die Befristung hierunter zu subsumieren ist, bleibt offen. *Brüggen* betont ausdrücklich, dass es sich bei „Fragen, nach Maßgabe welcher Bestimmungen und Konditionen im Sinne des WissZeitVertG Nachwuchswissenschaftler an der Hochschule beschäftigt werden“[150] um Angelegenheiten der reinen Personal- und nicht der Selbstverwaltung handelt, sodass ihm zufolge eine Auftragsverwaltung mit Weisungsbefugnis besteht.[151]

Dem ist zuzustimmen. Zwar hat das WissZVG mit der Nachwuchsförderung eine wissenschaftsbezogene Zielsetzung, ohne die die Befristung nicht gerechtfertigt wäre. Es besteht jedoch bei der Entscheidung, einen Arbeitnehmer befristet oder unbefristet einzustellen keine untrennbare Verknüpfung zur Wissenschaftsfreiheit. Die Befristung ist ohne Frage eine Entscheidung, die Einstellung und (antizipierte) Beendigung des Arbeitsverhältnisses wissenschaftlichen Personals zugleich betrifft,[152] dennoch reicht die Betroffenheit des wissenschaftlichen Personals nicht aus. Maßgebend ist vielmehr, ob die Entscheidung selbst wissenschaftsbezogen erfolgt. Die Befristung als solche ist *wissenschaftsneutral*, einzig die Beurteilung der Befristungsdauer lässt sich an Aspekten der Wissenschaft festmachen. Über die Befristungsdauer treffen die Landesregelungen aber keine Entscheidung. Diese bemisst sich nach dem WissZVG, welches bereits *eo ipso* einen Bezug zur Wissenschaft beinhaltet und die Qualifizierungsdauern hinreichend berücksichtigt. Letztendlich stellt auch das WissZVG auf die Leitlinien der Hochschulen ab und lässt diesen einen Freiraum. Daher ist keine wissenschaftsbezogene Einstellung betroffen und von einer weisungsgebundenen Auftragsverwaltung mit Rechts- und Fachaufsicht des jeweiligen Landesministeriums auszugehen.

(3) Ergebnis

Die Befristung eines Arbeitsverhältnisses stellt nach hier vertretener Auffassung keine tendenzbezogene Entscheidung dar und ist somit nicht vom Selbstverwaltungsrecht der Hochschulen im Sinne des Art. 5 Abs. 3 S. 1 GG erfasst. Konsequenterweise steht es den Ländern frei, über die Befristung zu disponieren.[153] Der Verweis in § 1 Abs. 2 WissZVG auf die Hochschulen ist dahingehend zu verstehen, dass die Hochschulen nicht insgesamt frei entscheiden, sondern

150 Brüggen/*Brüggen*, Rn. 104; für eine einzelfallabhängige Bestimmung der Ausprägung der Personalhoheit: *Adamietz/Künne*, Drittmittelbefristungen, S. 49.

151 Ohne nähere Begründung Brüggen/*Brüggen.*, Rn. 104.

152 Wertung als Teil der Einstellung *Adamietz/Künne*, Drittmittelbefristungen, S. 51, 67.

153 Im Ergebnis ebenso *Preis/Ulber*, § 1 WissZVG Rn. 120.

innerhalb des landesgesetzlichen Rahmens und der Auftragsverwaltung als zuständiges Organ frei agieren können.

cc) Zusätzliche Anforderungen an die unbefristete Einstellung

Unter der Prämisse, dass die Personalhoheit der betroffenen Institutionen bei der Befristung nicht tangiert wird, können Länder den von § 1 Abs. 2 WissZVG geschaffenen Freiraum nicht nur dahingehend nutzen, unbefristete Beschäftigungen zu versagen, sondern *a maiore ad minus* auch dahingehend, diese an weitere Voraussetzungen zu knüpfen. Die betroffenen Hochschulgesetze sind folglich insoweit von der Gesetzgebungsbefugnis der Länder getragen.

dd) Regelungen über die Qualifikation wissenschaftlicher Mitarbeiter

Dem WissZVG entsprechend zeigt sich an den Landesregelungen, die wissenschaftlichen Mitarbeitern einen Teil der Arbeitszeit zur Qualifikation zugestehen, dass die befristeten Beschäftigungsverhältnisse durch das Vorantreiben der Qualifizierung gekennzeichnet sind.[154] Nach dem WissZVG a. F. war die Gelegenheit zur Vorbereitung einer Promotion nicht Voraussetzung für die Befristung, sodass eine Beschäftigung, die nicht einer spezifischen Qualifikation diente, zulässig war.[155] Insoweit stand es den Landesgesetzgebern also frei, diesbezüglich gesonderte Bestimmungen zu treffen. Seit der WissZVG Novellierung ist in § 2 Abs. 1 S. 1 WissZVG die Verknüpfung zur Qualifikation jedoch normativ verankert, sodass die Regelungen, die Gelegenheit zur Qualifizierung während der Arbeitszeit geben, nicht mehr nur zulässig, sondern vielmehr erforderlich sind.

Das WissZVG verlangt, dass die Qualifizierung Zweck der Befristung ist. Daran knüpft sich das Problem an, ob ein Mindestmaß an Arbeitszeit auf die Qualifizierung entfallen muss. Aus dem Zweck des WissZVG ergibt sich, dass die Tätigkeit wissenschaftlich geprägt und somit zeitlich überwiegen (mindestens 50,1 % der Arbeitszeit) muss. Daraus resultiert indes keine Verpflichtung, dass die überwiegende Arbeitszeit auf die Qualifizierung selbst entfällt. Es reicht aus, wenn *irgendeine* wissenschaftliche Tätigkeit ausgeübt wird. Ein Mindestmaß an Arbeitszeit für die Qualifizierung ist bundesgesetzlich gerade nicht festgeschrieben, sodass den Ländern mangels weiterer Anhaltspunkte für eine Konkretisierung auf Bundesebene ein eigener Gestaltungsspielraum zusteht. Eine immanente Untergrenze ist jedoch im Zweck der Qualifizierung zu sehen: Diese trägt den Befristungstatbestand und sollte infolgedessen prägend

154 *Adamietz/Künne*, Drittmittelbefristungen, S. 29.
155 *Lakies*, Leitfaden, Rn. 415.

für das Arbeitsverhältnis sein.[156] Die Länder sind nur insoweit gesetzgebungsbefugt, als ihre Regelungen die Prägung der Qualifizierung nicht aushebeln. Da die Normen allesamt die Qualifizierung hinreichend berücksichtigen, teilweise sogar nur Mindestmaße vorsehen und meist einen Wertungsspielraum lassen, sind sie von der Landesgesetzgebungskompetenz erfasst und damit einhergehend rechtswirksam.

2. Regelungen der Bundesländer im Einzelnen

a) Baden-Württemberg

§ 57 LHG BW normiert einen Befristungszwang für wissenschaftliche und studentische Hilfskräfte. Da sich der Begriff wissenschaftlich hier ausweislich des § 57 S. 1 LHG BW auf Arbeitnehmer mit einem Hochschulabschluss bezieht, ist potentiell nicht nur Personal im Sinne des § 6 S. 1 WissZVG erfasst, sondern auch das im Sinne des § 1 Abs. 1 S. 1 WissZVG. Nach § 57 S. 3 LHG BW *ist* die Befristungsdauer bis zu sechs Jahren zulässig. Für wissenschaftliche Hilfskräfte wird die Befristungsdauer des § 2 Abs. 1 S. 1 WissZVG damit trotz fehlender Kompetenz verkürzt, zumal der Arbeitnehmer nach Bundesrecht sowohl Pre-, als auch Post-Doc-Phase als wissenschaftliche Hilfskraft beschäftigt werden kann. Die Norm ist daher nicht von der Kompetenz des Landes gedeckt.

b) Bayern

In den Art. 22 Abs. 6 i. V. m. Art. 22 Abs. 3 S. 1, Abs. 4 S. 1, Abs. 5 S. 1 und 2 BayHSchPG sind Befristungshöchstdauern von drei Jahren in der Post-Doc-Phase vorgesehen. Zwar besteht eine Verlängerungsmöglichkeit von weiteren drei Jahren, das WissZVG sieht dergleichen aber nicht vor, sondern normiert einen sechsjährigen Befristungsrahmen in der Post-Doc-Phase mit einer am Qualifizierungsvorhaben orientierten Befristungsdauer. Das Festschreiben einer pauschalen dreijährigen Befristungsdauer steht demgegenüber aufgrund des eindeutigen Wortlauts nicht in Bezug zur Dauer der angestrebten Qualifizierung. Das BayHSchPG besagt zwar in Art. 22 Abs. 6 2. HS, dass die Vorschriften des WissZVG unberührt bleiben, sieht aber keine Ausnahmeregelungen der Drei-Jahres-Vorschrift vor.[157] Es liegt daher eine Kompetenzüberschreitung vor, sodass die genannten Normen verfassungswidrig sind.

---

156 Im Ergebnis ebenso *Maschmann/Konertz*, NZA 2016, 257, 259; ErfK/*Müller-Glöge*, § 2 WissZVG Rn. 2b; Staudinger/*Preis*, § 620 BGB Rn. 282b; A/P/S/*Schmidt*, § 2 WissZVG Rn. 5.

157 Die Kollision bejahend ebenso *Adamietz/Künne*, Drittmittelbefristungen, S. 31.

c) Berlin

Das BerlHG trifft keine gesonderten befristungsrechtlichen Vorschriften für wissenschaftliches Personal, es finden sich lediglich solche für Hochschullehrer, die das WissZVG seinerseits nicht erfasst.

d) Brandenburg

Gemäß § 49 Abs. 1 S. 2 BbgHG bemessen sich die Arbeitsverhältnisse der wissenschaftlichen Mitarbeiter nach dem WissZVG. In S. 3 findet sich eine Sonderregelung für akademischen Mitarbeiter,[158] welche die Aufgaben eines wissenschaftlichen Mitarbeiters übernehmen: Ihre Vertragslaufzeit soll zwei Jahre erfassen. Eine derartige Bestimmung ist mit dem WissZVG insoweit nicht vereinbar, als es keine Mindestbefristungsdauer vorsieht. Wie dargelegt[159] will das WissZVG bewusst auf feste Vertragslaufzeiten verzichten und den Ländern keinen Gestaltungsfreiraum hierfür lassen. Zwar handelt es sich bei § 49 Abs. 1 S. 2 BbgHG um eine bloße *Sollvorschrift*, die Ausnahmen zulässt, es fehlt aber schon an der Regelungskompetenz, weshalb eine bundesrechtskonforme Auslegung unmöglich ist. Auch der deklaratorische Verweis in § 49 Abs. 1 S. 7 BbgHG, der klarstellt, dass die Regelungen des WissZVG unberührt bleiben, schafft infolge der offenkundigen Divergenzen keinen Einklang, sodass § 49 Abs. 1 S. 3 BbgHG nichtig ist.

In § 49 Abs. 1 S. 6 BbgHG fordert der brandenburgische Gesetzgeber dazu auf, dass Gebrauch von der familienpolitischen Komponente gemacht wird. Durch den Verweis in § 49 Abs. 1 S. 7 BbgHG auf das WissZVG wird jedoch deutlich, dass nicht nur die familienpolitische Erweiterung, sondern auch die übrigen Verlängerungstatbestände zur Anwendung gelangen. An der Rechtswirksamkeit dieser Regelung bestehen daher keine Zweifel.

Die Sonderregelungen für Drittmittelbefristungen in § 49 Abs. 1 S. 4, 5 BbgHG entsprechen § 2 Abs. 2 WissZVG, der ebenfalls ein Entsprechungserfordernis für Projekt- und Befristungsdauer vorsieht. Da es sich im WissZVG um eine Sollvorschrift handelt, besteht wie in § 49 Abs. 1 S. 5 BbgHG Raum für eine Abweichung in begründeten Ausnahmefällen, sodass die Norm verfassungsmäßig ist.

---

158 Bloße terminologische Differenzierung nach dem mitgliedschaftlichen Verhältnis, die für die Tätigkeit ohne Relevanz ist (dazu *Raab*, Persönlicher Anwendungsbereich, S. 29).

159 Vgl. § 2 A III 1.b. (2).

e) Bremen

In Bremen gelten gemäß § 21c S. 1 BremHG für befristet beschäftigte wissenschaftliche und künstlerische Arbeitnehmer im Angestelltenverhältnis die gleichen Vorschriften wie für diejenigen im Beamtenverhältnis. Der einschlägige § 119 Abs. 3 S. 1 spricht den betroffenen Arbeitnehmern über das WissZVG hinausgehend einen Verlängerungsanspruch zu. Allerdings begrenzt § 21c S. 2 BremHG die familiäre Verlängerungsmöglichkeit entgegen § 2 Abs. 1 S. 4 f. WissZVG auf ein Jahr, bei zwei oder mehr Kindern auf zwei Jahre und gewährt damit nicht die vorgesehenen zwei Jahre Verlängerung pro Kind. § 21c BremHG erfasst jedoch nur diejenigen Arbeitnehmer, die basierend auf einem überregionalen Förderungsprogramm beschäftigt sind. Gemeint sind demnach ausschließlich Drittmittelbeschäftigte, die weder von § 2 Abs. 1 S. 4 f. WissZVG noch von § 2 Abs. 5 WissZVG erfasst sind.[160] Darin ist jedoch eine insoweit abschließende Entscheidung des Bundes zu sehen, als für Drittmittelbeschäftigte keine Verlängerungsmöglichkeit bestehen soll. Hintergrund ist die Abhängigkeit der Befristungsdauer und der Finanzierungsgrundlage vom Drittmittelprojekt. Das BremHG begrenzt die Verlängerungsmöglichkeit allerdings auf einen vom Projekt zugelassenen Rahmen und stellt diese zur Disposition des Drittmittelgebers. Damit bestehen die Probleme, die das WissZVG mit der Nichtverlängerung zu verhindern sucht, nicht. Die Sperrwirkung erfasst somit § 21c BremHG nicht, sodass die Norm verfassungsmäßig ist.

f) Hamburg

Nach § 28 Abs. 1 HmbHG sollen in der Qualifizierung befindliche wissenschaftliche Mitarbeiter mit einer Regelbefristungsdauer von drei Jahren beschäftigt werden. Wissenschaftliche Mitarbeiter, die zusätzliche wissenschaftliche bzw. künstlerische Leistungen erbringen, sind gemäß § 28 Abs. 2 S. 1 HmbHG ebenso mit drei Jahren zu befristen, wobei die Vertragslaufzeit sich nach § 28 Abs. 2 S. 2 HmbHG um weitere drei Jahre verlängern lässt. Derartig konkretisierte Befristungsdauern können mangels Gesetzgebungszuständigkeit von den Ländern nicht festgelegt werden,[161] sodass die Regelungen nichtig sind. Unerheblich ist dabei die Verlängerungsmöglichkeit in § 28 Abs. 2 S. 2 HmbHG, zumal das WissZVG den zulässigen Gesamtbefristungszeitraum festlegt, nicht jedoch die Verlängerungsanzahl, § 2 Abs. 1 S. 7 WissZVG. Aus § 28 Abs. 3 S. 1 HmbHG ergibt sich für die übrigen wissenschaftlichen Mitarbeiter die Möglichkeit

160 Vgl. § 2 A III 1 b) (5).
161 Vgl. § 2 A III 1.b) (2).

sowohl befristeter als auch unbefristeter Beschäftigungsverhältnisse, wobei letztere für Daueraufgaben vorzusehen sind. Dies entspricht dem WissZVG und ist daher lediglich deklaratorischer Natur.

g) Hessen

In § 65 Abs. 2 S. 2 HessHG ist eine Höchstbefristungsdauer von zwölf Jahren für wissenschaftliche Mitarbeiter im Beamtenverhältnis auf Zeit vorgesehen, die infolge der Betreuung eines Kindes um jeweils zwei Jahre verlängert und durch eine bereits ausgeübte Tätigkeit als wissenschaftlicher Mitarbeiter um die jeweilige Zeitspanne verringert wird. § 2 Abs. 1 S. 1 WissZVG sieht zwar ebenfalls eine Höchstbefristungsdauer von zwölf Jahren vor. Hier besteht jedoch die Möglichkeit der Erweiterung um drei Jahre im Bereich der Medizin, die § 65 Abs. 2 S. 2 HessHG nicht normiert und vom eindeutigen Wortlaut („darf nicht") nicht zulässt. Demgemäß ist § 65 Abs. 2 S. 2, 1. HS HessHG keine bloße Inkorporation des Bundesrechts, sondern eine hiergegen verstoßende und nicht von der Kompetenz getragene Landesregelung, die als nichtig anzusehen ist.

Der Ausnahmetatbestand für die Kinderbetreuung entspricht dem Inhalt der familienpolitischen Komponente des § 2 Abs. 1 S. 4 WissZVG und ist folglich bloß deklaratorischer Natur. Die Anrechnungsbestimmung über vorangegangene (un-)befristete Arbeitsverhältnisse als wissenschaftlicher Mitarbeiter nähert sich der Bestimmung des § 2 Abs. 3 S. 1, 2 WissZVG an. Diese gelangt ausschließlich für befristete Arbeitsverhältnisse, die ein Viertel der regelmäßigen Arbeitszeit übersteigen, zur Anwendung. Ausgenommen sind Arbeitsverhältnisse vor Studienabschluss und solche mit anderen Arbeitgebern als einer deutschen Hochschule oder einer Forschungseinrichtung nach § 5 WissZVG. Das HessHG bezieht sich in § 65 Abs. 2 S. 2 zwar auf wissenschaftliche Mitarbeiter und erfasst daher konkludent vor dem Studienabschluss liegende Arbeitsverhältnisse nicht, sodass diesbezüglich kein Widerspruch besteht. Problematisch ist jedoch, dass auch unbefristete Arbeitsverhältnisse angerechnet werden sowie solche, die weniger als ein Viertel der üblichen Arbeitszeit erfassen. Das hessische Hochschulgesetz rechnet demzufolge mehr Beschäftigungsverhältnisse auf die Höchstbefristungsdauer an als das WissZVG, es restringiert dessen Anwendungsbereich. Allerdings stellt § 1 Abs. 2 WissZVG die Anwendung der Befristungsregelungen gerade in das Ermessen der Hochschulen. Wenn also weniger Arbeitsverhältnisse hierauf basierend geschlossen werden, könnte die Norm von der Befugnis des Landesgesetzgebers getragen sein. Hiergegen spricht wiederum, dass nicht nur der Anwendungsbereich des WissZVG modifiziert wird, sondern auch, dass den Beschäftigten die Befristungsdauer im Qualifikationszeitraum in unzulässiger Weise verkürzt wird. Mangels Gesetzgebungskompetenz ist § 65 Abs. 2 S. 2, 2. HS HessHG ebenfalls nichtig.

h) Mecklenburg-Vorpommern

Das LHG M-V trifft keine befristungsrelevanten Regelungen für wissenschaftliches Personal.

i) Niedersachsen

Für befristete Arbeitsverhältnisse mit Qualifizierungsziel bestimmt § 31 Abs. 4 S. 3 NHG eine Laufzeitdauer, die die angestrebte Qualifizierung ermöglichen soll, während bei einer Qualifizierung aus Drittmittelbeständen dessen Bewilligungszeitraum zu berücksichtigen ist. Dies entspricht seit der Novellierung 2016 dem WissZVG, das die Vertragsdauer ebenfalls in ein angemessenes Verhältnis zur anvisierten Qualifizierung setzt, § 2 Abs. 1 S. 3 WissZVG, und bei der Drittmittelbefristung nach § 2 Abs. 2 WissZVG auf den bewilligten Projektzeitraum abstellt. Demnach ist § 31 Abs. 4 S. 3 NHG inhaltsgleich zum WissZVG und lediglich deklaratorischer Natur.

j) Nordrhein-Westfalen

Das HG NRW sieht keine besonderen befristungsrechtlichen Vorschriften für wissenschaftliches Personal vor.

k) Rheinland-Pfalz

Nach § 56 Abs. 4 HochSchG RheinPf können wissenschaftliche Mitarbeiter an Universitäten mit einer Höchstdauer von sechs Jahren mit Aufgaben, welche der Erbringung zusätzlicher wissenschaftlicher Leistungen förderlich sind, beschäftigt werden. Damit wird die vom WissZVG vorgesehene Höchstdauer von 12 bzw. 15 Jahren unterlaufen und eine eigene Befristungsdauer festgesetzt.[162] Die Norm sieht weder eine Differenzierung zwischen Pre- und Post-Doc-Phase noch eine Ausnahmeregelung vor („höchstens"). Mithin ist § 56 Abs. 4 HochSchG RheinPf nicht vom Zuständigkeitsbereich des Landesgesetzgebers erfasst.

l) Saarland

In § 44 Abs. 4 S. 5 SHSG ist eine reguläre Mindestvertragslaufzeit von einem Jahr normiert. Diese gilt für wissenschaftliche Mitarbeiter, die mit dem Ziel einer

162 Die Kollision bejahend ebenso *Adamietz/Künne*, Drittmittelbefristungen, S. 31.

Promotion oder der Erbringung zusätzlicher wissenschaftlicher Leistungen beschäftigt sind. Eine konkrete Verknüpfung zur verfolgten Qualifizierung wird nicht hergestellt. Eine derartige pauschale Mindestbefristungsdauer konterkariert die flexible Zeitkomponente des WissZVG und unterläuft den gesteckten Rahmen. Die Regelung ist somit nicht von der Gesetzgebungskompetenz des Landes getragen und verfassungswidrig.

m) Sachsen

Im SächsHG finden sich keine weiteren befristungsrelevanten Normen für wissenschaftliches Personal.

n) Sachsen-Anhalt

Das HSG LSA normiert in § 42 Abs. 8, dass TzBfG und WissZVG unberührt bleiben und trifft mit Ausnahme der bereits erörterten Befristung bei Qualifikationsstellen keine weiteren befristungsrechtlichen Vorschriften.

o) Schleswig-Holstein

Das HSG SH sieht in § 68 Abs. 4 S. 2 pauschal und ohne Bezug zur angestrebten Qualifizierung vor, dass die Befristungsdauer der ersten Anstellung drei Jahre betragen soll. Darüber hinaus lässt S. 3 bei behinderungsbedingter Verzögerung des Abschlusses eine „angemessene Überschreitung um bis zu 18 Monate" zu. Das WissZVG kennt keine fixe Befristungsdauer von drei Jahren, sondern lediglich die Höchstbefristungsdauer in Pre- und Post-Doc-Phase von sechs Jahren. Für die Festsetzung eines Befristungszeitraums besteht keine Gesetzgebungszuständigkeit der Länder, da diesbezüglich ein abschließender Kompetenzgebrauch durch den Bund vorliegt.[163] Zwar handelt es sich um eine bloße Sollvorschrift und damit eine nicht zwingende Norm, die begründete Ausnahmefälle zulässt, allerdings ist der Landesgesetzgeber infolge der Sperrwirkung auch nicht befugt, einen vermeintlichen Regelfall festzulegen. Damit ist § 68 Abs. 4 S. 2 HSG SH nichtig.

Die soziale Verlängerungskomponente im Fall einer Behinderung oder schwerwiegend chronischer Erkrankung ist in § 2 Abs. 1 S. 6 WissZVG auf zwei Jahre begrenzt. Die Verkürzung durch den schleswig-holsteinischen Landesgesetzgeber um ein halbes Jahr auf 18 Monate widerspricht den abschließend normierten Verlängerungs- und Erweiterungstatbeständen in §§ 2 Abs. 1 S. 4 ff.

---

163 Vgl. § 2 A III 1.b) (2).

und Abs. 5 WissZVG. Es besteht kein Gestaltungsspielraum zur Modifikation auf Landesebene, sodass § 68 Abs. 4 S. 3 HSG SH ebenso verfassungswidrig ist.

p) Thüringen

Über § 97 Abs. 6 ThürHG gelangt § 97 Abs. 4 ThürHG zur Anwendung und gesteht wissenschaftlichen Mitarbeitern einen Verlängerungsanspruch für die aufgezählten Sondertatbestände von bis zu zwei Jahren zu. Diese entsprechen weitgehend § 2 Abs. 5 WissZVG, wobei letzterer weitere Sondertatbestände erfasst. Allerdings wird die Geltendmachung der Erweiterungstatbestände des WissZVG auch nicht ausgeschlossen, vielmehr wird über die Bundesnorm hinausgehend ein Anspruch zugunsten der Arbeitnehmer festgeschrieben. Es bestehen folglich keine Zweifel an der Verfassungsmäßigkeit.

q) Zwischenergebnis

Die soeben erörterten Regelungen in § 57 S. 1 LHG BW, Art. 22 Abs. 6 i. V. m. Art. 22 Abs. 3 S. 1, Abs. 4 S. 1, Abs. 5 S. 1 und 2 BayHSchPG, § 49 Abs. 1 S. 2 BbgHG, § 28 Abs. 2 und 3 HmbHG, § 65 Abs. 2 S. 2 HessHG, § 56 Abs. 4 HochSchG RheinPf, § 44 Abs. 4 S. 5 SHSG, § 68 Abs. 4 S. 2 und 3 HSG SH sind verfassungswidrig. Von der Gesetzgebungskompetenz der Länder erfasst sind demgegenüber die Regelungen in § 49 Abs. 1 S. 4 ff. BbgHG, § 21c BremHG i. V. m. § 119 Abs. 3 S. 2 Nr. 5 BremHG sowie § 28 Abs. 3 S. 1 HmbHG, § 31 Abs. 4 S. 3 NHG, und § 97 Abs. 6 ThürHG.

3. Anwendbarkeit abweichender Regelungen

a) Anwendbarkeit bis zur Nichtigerklärung durch das BVerfG

Die (Teil-)Nichtigkeit der landesrechtlichen Regelungen tritt *ipso iure* ein,[164] wobei hiervon die Kompetenz der Nichtanwendung, also der Verwerfung einer Norm, zu unterscheiden ist[165]. Wegen des Verwerfungsmonopols des BVerfG kann die rechtsverbindliche (Teil-)Nichtigerklärung nur durch dieses erfolgen, sodass die in Frage stehende Norm bis zu seiner Entscheidung rechtswirksam und infolgedessen auch *weiterhin anwendbar* ist. Grundgedanke des Verwerfungsmonopols ist die Vermeidung von Rechtszersplitterung und Rechtsunsicherheit, die durch die Konzentration in der Hand des BVerfG und die an dessen

164 *Maurer*, StaatsR I, § 20 Rn. 84; *Schlaich/Korioth*, Bundesverfassungsgericht, Rn. 379 m. w. N.

165 Starck/*Bettermann*, BVerfG und GG, 323, 326.

Entscheidung geknüpften Wirkungen des § 31 BVerfGG erreicht wird.[166] Bis zur Entscheidung des BVerfG verfügt jedes Instanzgericht aber zumindest über die Kompetenz der *vorübergehenden* Nichtanwendbarkeit.[167]

Zum BVerfG gelangt die jeweilige Regelung meist über das Verfahren der konkreten Normenkontrolle nach Art. 100 Abs. 1 GG, § 13 Nr. 11, §§ 80 ff. BVerfGG. Sofern das zuständige staatliche Gericht von der Verfassungswidrigkeit überzeugt und die Wirksamkeit der Vorschrift entscheidungserheblich ist, legt es die Norm vor, Art. 100 Abs. 1 S. 1 GG.[168] Der Prüfungsmaßstab der Kontrolle erstreckt sich bei landesrechtlichen Normen gemäß Art. 100 Abs. 1 S. 2 GG nicht nur auf das Grundgesetz, sondern auch auf das Bundesrecht. Das Verfahren ist bis zur Entscheidung auszusetzen, Art. 100 Abs. 1 GG.

Einen weiteren Weg zur Überprüfung durch das BVerfG stellt die abstrakte Normenkontrolle nach Art. 93 Abs. 1 Nr. 2, 2. Alt. GG, § 13 Nr. 6, §§ 76 ff. BVerfGG dar. Für die Zulässigkeit des Antrags bedarf es hier nicht der Überzeugung von der Verfassungswidrigkeit, vielmehr genügen in Abgrenzung zu Art. 100 Abs. 1 S. 2 Alt. 2 GG explizit „Meinungsverschiedenheiten oder Zweifel". Die Antragstellung erfolgt nicht gerichtlich von Amts wegen, sondern durch ein Viertel der Mitglieder des Bundestags oder durch die Bundes- bzw. Landesregierung. Tauglicher Verfahrensgegenstand können nicht nur Gesetze im formellen Sinn, sondern auch Rechtsverordnungen und Satzungen von Bund und Ländern sein.[169] Wie im Rahmen der konkreten Normenkontrolle erfolgt bei landesrechtlichen Vorschriften eine Überprüfung hinsichtlich der Vereinbarkeit mit Bundesrecht und mit dem Grundgesetz, vgl. Art. 93 Abs. 1 GG.

Sollte das BVerfG im Tenor seiner Entscheidung feststellen, dass die jeweilige Norm „mit dem Grundgesetz unvereinbar ist",[170] kommt es in der Folge zur Nichtigerklärung ex tunc, § 78 S. 1 BVerfGG. Die Konsequenzen für auf den

---

166 BVerfG 20.3.1952, BVerfGE 1, 184, 199 f.; 17.1.1957, BVerfGE 6, 55, 63; 29.11.1967, BVerfGE 22, 373, 378; 24.3.1976, BVerfGE 42, 42, 49 f.; 15.4.1980, BVerfGE 54, 47, 51; 8.2.1983, BVerfGE 63, 131, 141; 21.12.1997, BVerfGE 97, 117, 122; *Schlaich/Korioth*, Bundesverfassungsgericht, Rn. 138; HStR/*Löwer*, § 70 Rn. 79; Dreier/*Wieland*, Art. 100 GG Rn. 13; ausführlich: *Reil*, Richtervorlagen, S. 18 ff.

167 Starck/*Bettermann*, BVerfG und GG, 323, 326 f.; zustimmend HStR/*Löwer*, § 70 Rn. 79.

168 Jarass/Pieroth/*Pieroth*, Art. 100 GG Rn. 5, 10 f.

169 *Maurer*, StaatsR I, § 20 Rn. 77; *Schlaich/Korioth*, Bundesverfassungsgericht, Rn. 126 ff.

170 BVerfG 12.10.1951, BVerfGE 1, 14, 37; 19.10.1982, BVerfGE 61, 149, 151; 15.12.1983, BVerfGE 65, 1, 3; 9.10.1984, BVerfGE 67, 299; 8.1.1985, BVerfGE 68, 384, 385; 26.1.1994, BVerfGE 89, 346, 347; 14.7.1999, BVerfGE 101, 54, 55.

nichtigen Normen beruhenden Rechtsakten normiert § 79 BVerfGG, im Übrigen ist von der Rechtswidrigkeit der hierauf beruhenden Verträge auszugehen.[171] Die Rückabwicklung erfolgt unter der Berücksichtigung von Treu und Glauben, § 242 BGB, sodass die Unwirksamkeit der in Frage stehenden Regelung nicht zwingend eintreten muss.[172] Die Entscheidungswirkung bemisst sich derweil nach § 31 BVerfGG: Gemäß § 31 Abs. 1 BVerfGG werden durch die Entscheidung nicht nur Verfassungsorgane von Bund und Land gebunden, sondern auch sämtliche Gerichte und Behörden. Ihr kommt damit die Bindungswirkung eines Bundesgesetzes zu.[173] Der bei Normenkontrollverfahren anwendbare § 31 Abs. 2 BVerfGG schreibt darüber hinausgehend vor, dass der Entscheidung des BVerfG Allgemeinverbindlichkeit zukommt und die Norm somit auch gegenüber Privaten keinerlei Wirkung mehr entfaltet.[174]

b) Umfang des Verwerfungsmonopols

In Abgrenzung zum abstrakten Normkontrollverfahren ist das Verwerfungsmonopol bei der konkreten Normenkontrolle nicht umfassend. Das Verwerfungsmonopol erstreckt sich nur auf formelle, nachkonstitutionelle Gesetze sowie auf zeitlich vor dem Bundesrecht erlassene Landesnormen.[175] Zwar ergibt sich diese Einschränkung des Prüfungsmaßstabs nicht aus dem Wortlaut des Art. 100 Abs. 1 GG, die Norm ist jedoch dahingehend teleologisch zu reduzieren[176]. Der Schutzzweck, den das Verwerfungsmonopol verfolgt, wird bei *leges posteriores* nicht beeinträchtigt: Es soll den Gerichten nicht die Kompetenz zur Prüfung der Normen entziehen,[177] sondern vielmehr die Autorität des Gesetzgebers bewahren, indem sich die Gerichte nicht über den Willen des an die

171 *Maurer*, StaatsR I, § 20 Rn. 89.

172 *Maurer*, StaatsR I, § 20 Rn. 89.

173 BeckOK-BVerfGG/*Von Ungern-Sternberg*, § 31 BVerfGG Rn. 43.

174 BeckOK-BVerfGG/*Von Ungern-Sternberg*, § 31 BVerfGG Rn. 49.

175 Grundlegend für formelle Gesetze: BVerfG 20.3.1952, BVerfGE 1, 184, 195 ff.; für vorkonstitutionelles Recht: 24.2.1953, BVerfGE 2, 124, 128 ff.; für Landesrecht: 6.10.1959, BVerfGE 10, 124, 127 f.

176 *Benda/Klein*, Verfassungsprozessrecht, § 24 Rn. 755 f.

177 Sonst könnte es nicht zum Ergebnis der Verfassungs- bzw. Bundesrechtswidrigkeit kommen: BVerfG 20.3.1952, BVerfGE 1, 184, 197 f.; 6.10.1959, BVerfGE 10, 124, 128; *Benda/Klein*, Verfassungsprozessrecht, § 24 Rn. 753; Starck/*Bettermann*, BVerfG und GG, 323, 327; HStR/*Löwer*, § 70 Rn. 79; Dreier/*Wieland*, Art. 100 GG Rn. 11.

Verfassung gebundenen Gesetzgebers hinwegsetzen können.[178] Im Umkehrschluss muss dem Gesetzgeber also vorwerfbar sein, dass er nicht berücksichtigt hat, was zu berücksichtigen gewesen wäre.[179] Andernfalls ist er vor einer Desavouierung zu schützen.[180] Bei vorkonstitutionellem Recht kann dieser Vorwurf nicht erhoben werden. Dies gilt *erst Recht* hinsichtlich des Rangverhältnisses von Landesrecht zu später erlassenem Bundesrecht, da hier der Einwand, die komplexe Auslegungsstruktur der Verfassung gebiete eine Überprüfung durch das BVerfG, gerade nicht greift, zumal es auf beiden Seiten um die Auslegung einfacher Gesetze geht.[181]

Die Einschränkung des Verwerfungsmonopols ist in der Literatur vielfach auf Kritik gestoßen, insbesondere wird dem BVerfG vorgeworfen, damit dem von Art. 100 Abs. 1 GG verfolgten Zweck der Vermeidung von Rechtszersplitterung nicht gerecht zu werden, wenn die Instanzgerichte unabhängig voneinander die rechtliche Wirksamkeit der Normen beurteilen können.[182] Dieser Gefahr kann jedoch mit dem Institut der abstrakten Normenkontrolle nach Art. 93 Abs. 1 Nr. 2 GG begegnet werden, bei der sämtliche Rechtssätze überprüft werden können.[183] *Ultima ratio* kann also eine zusätzliche Überprüfung der Norm stattfinden. In Abgrenzung zur konkreten Normenkontrolle tritt hier die Funktion des BVerfG als Hüter der Verfassung in den Vordergrund.[184] Eine Nichtanwendung durch ein Instanzgericht ist darüber hinaus „schonender" zur Wahrung der Autorität des Gesetzgebers, da die Entscheidung nicht die in § 31 BVerfGG geregelten Folgen eines BVerfG Urteils nach sich zieht.[185] Etwas anderes ergibt sich auch nicht aus dem Systemzusammenhang des BVerfGG oder der

---

178 BVerfG 20.3.1952, BVerfGE 1, 184, 197; 24.2.1953, BVerfGE 2, 124, 129; 1.3.1978, BVerfGE 48, 40, 44f.; 21.12.1997, BVerfGE 97, 117, 122; 27.9.2005, BVerfGE 114, 303, 310; S/H/H/*Müller-Terpitz*, Art. 100 GG Rn. 3.

179 *Benda/Klein*, Verfassungsprozessrecht, § 24 Rn. 755; *Pestalozza*, Verfassungsprozessrecht, § 13 Rn. 12.

180 *Reil*, Richtervorlagen, S. 27.

181 BVerfGE 24.2.1953, BVerfGE 2, 124, 130 f.; 6.10.1959, BVerfGE 10, 124, 128; BK/*Stern*, Art. 100 GG Rn. 91.

182 Maunz/Dürig/*Dederer*, Art. 100 GG Rn. 96 (Autorität des früheren Gesetzgebers wird nicht gewahrt); *Pestalozza*, Verfassungsprozessrecht, § 13 Rn. 12 (drohende Rechtszersplitterung); *Huh*, Normenkontrolle, S. 113 ff. (Ausklammerung systemfremd, BVerfG stets als „Hüter der Verfassung"); HStR/*Löwer*, § 70 Rn. 79.

183 BVerfG 20.3.1952, BVerfGE 1, 184, 199; 24.2.1953, BVerfGE 2, 124, 131.

184 BVerfG 20.3.1952, BVerfGE 1, 184, 197; **a. A.** *Huh*, Normenkontrolle, S. 113 ff.

185 *Reil*, Richtervorlagen, S. 28.

Entstehungsgeschichte von Art. 100 GG.[186] Weiterhin wird in praktischer Sicht das BVerfG entlastet und die betroffenen Verfahren mangels Vorlage beschleunigt. Der Einschränkung des Verwerfungsmonopols des BVerfG ist im Rahmen der konkreten Normenkontrolle folglich zuzustimmen.

c) Rechtsfolgen

In der Rechtsfolge sind demnach alle (Instanz-)Gerichte befugt, die Nichtigkeit einer Norm festzustellen, von deren Verfassungs- bzw. Bundesrechtswidrigkeit sie überzeugt sind,[187] wenn das Bundes- oder Verfassungsrecht zeitlich später in Kraft getreten ist[188]. In Abgrenzung zu einer Verwerfung durch das BVerfG kommt den instanzgerichtlichen Urteilen jedoch nicht die in § 31 BVerfGG normierte Wirkung zu. Es fehlt an einer allgemeinverbindlichen Verwerfung der Norm und damit einhergehend an einer Präjudizierung bezüglich weiterer Sachverhalte, auf welche die in Frage stehende Norm Anwendung findet.[189] Eine konkrete Normenkontrolle beim BVerfG ist indes *unzulässig*, da die Regelungen nicht der Kontrolle des BVerfG unterliegen.[190]

d) Auswirkungen auf die jeweiligen Landeshochschulgesetze

Daraus ergibt sich, dass das Landeshochschulgesetz für eine Vorlage beim BVerfG nach dem Bundesgesetz geschaffen worden sein muss.[191] Eine der bundesgesetzlichen Regelung vorangegangene Norm kann auch von den Arbeitsgerichten für *in casu* nicht anwendbar erklärt werden. In zeitlicher Hinsicht ist somit bei den Auswirkungen der abweichenden Regelungen dahingehend zu differenzieren, ob die Norm vor oder nach Bundesrecht in Kraft getreten ist. Maßgeblich ist demnach der abschließende Kompetenzgebrauch des Bundes bezüglich der in Frage stehenden Norm. Regelmäßig dürfte daher auf das Inkrafttreten des WissZVG, also den 18. April 2007 oder auf das Inkrafttreten der Novellierung am 17. März 2016 abzustellen sein. Im Einzelfall ist jedoch noch früher anzusetzen, sofern bereits ein Kompetenzgebrauch durch den Bund durch das HRG

186 *Benda/Klein*, Verfassungsprozessrecht, § 24 Rn. 756.

187 BVerfG 21.12.1997, BVerfGE 97, 117, 122; Dreier/*Wieland*, Art. 100 GG Rn. 12 m. w. N.

188 BVerfG 24.2.1953, BVerfGE 2, 124, 128; für Landesrecht: 6.10.1959, BVerfGE 10, 124, 128.

189 Starck/*Bettermann*, BVerfG und GG, 323, 329 f.

190 BVerfG 20.3.1952, BVerfGE 1, 184, 185; 24.2.1953, BVerfGE 2, 124; 23.7.1958, BVerfGE 8, 99; 6.10.1959, BVerfGE10, 124; 1.3.1978; BVerfGE 48, 40; 21.12.1997, BVerfGE 97, 117, 118; 27.9.2005, BVerfGE 114, 303.

191 BVerfG 6.10.1959, BVerfGE 10, 124, 128; 6.12.1983, BVerfGE 65, 359, 373.

vorlag. So erklärte das BAG in einer Entscheidung vom 14. Februar 1996[192] § 44 Abs. 5 BerlHG für nichtig, da die Norm gegen den später in Kraft getretenen § 57c Abs. 6 HRG verstieß.

aa) Baden-Württemberg

§ 57 S. 3 LHG BW ist in Bezug auf den sechsjährigen Befristungszeitraum seit dem 24. November 2007 in Kraft.[193] Der Kompetenzgebrauch durch den Bund für die zwölfjährige Höchstbefristungsdauer wissenschaftlicher Hilfskräfte erfolgte mit Einführung des WissZVG zum 18. April 2007, sodass das baden-württembergische Hochschulgesetz die *lex posterior* darstellt. Die Norm bleibt folglich anwendbar und ist zwecks Verwerfung dem BVerfG vorzulegen.

bb) Bayern

Die Regelungen zur dreijährigen Befristungsdauer in Art. 22 Abs. 6 i. V. m. Art. 22 Abs. 3 S. 1, Abs. 4 S. 1, Abs. 5 S. 1 und 2 BayHSchPG sind seit 1. Juni 2006 in Kraft.[194] Ein abschließender Kompetenzgebrauch durch den Bund zur Befristungsdauer lag erst mit Inkrafttreten der Novelle des WissZVG vom 17. März 2016 vor, da § 2 Abs. 1 S. 1 WissZVG a. F. einen bloßen Maximalrahmen von sechs Jahren vorsah, der durch die Bestimmungen in Art. 22 BayHSchPG gewahrt wurde. Folglich ist das Landesrecht älter und es liegt bei den Arbeitsgerichten, die Norm für unanwendbar zu erklären.

cc) Brandenburg

§ 49 Abs. 1 S. 3 BbgHG entstammt der ursprünglichen Landeshochschulgesetzfassung vom 28. April 2014.[195] Die fehlende Regelungskompetenz des Landesgesetzgebers für die Konkretisierung der Befristungsdauer ist erst mit der Novellierung des WissZVG einhergegangen, sodass dieses zeitlich später in Kraft getreten ist und die Instanzgerichte zuständig sind.

dd) Hamburg

Die Regelung der dreijährigen Befristungsdauer in § 28 Abs. 1 und 2 HmbHG besteht bereits seit der ursprünglichen Fassung vom 28. Juli 2001,[196] also länger

192 BAG 14.2.1996, NZA 1996, 1095, 1098.

193 Gesetz v. 20.11.2007, GBl. 2007, S. 505 ff.

194 Gesetz v. 23.5.2006, GVBl. 2006, S. 230, BayRS 2030-1-2-K.

195 Gesetz v. 28.4.2014, GVBl. I/14, Nr. 18, S. 36.

196 Gesetz v. 18.7.2001, HmbGVBl. 2001, S. 171.

als das WissZVG. Auch hier muss die Norm folglich nicht vom BVerfG verworfen werden, sondern kann durch ein Arbeitsgericht unangewendet bleiben.

ee) Hessen

Am 1. Januar 2010 ist § 65 HessHG in Kraft getreten.[197] Die dreijährige Erweiterung des Befristungsfensters im Bereich der Medizin, die im Landesrecht fehlt, war bereits im WissZVG a. F. normiert ebenso wie in § 57b Abs. 1 HRG, sodass diesbezüglich das BVerfG über die Nichtanwendbarkeit entscheidet. Gleiches gilt für die unwirksame Anrechnungsbestimmung in § 65 Abs. 2 S. 2 HessHG, da diese sowohl im WissZVG a. F., als auch in § 57b Abs. 2 HRG festgelegt war.

ff) Rheinland-Pfalz

Die Befristungsdauer des § 56 Abs. 4 HochSchG RheinPf vom 19. November 2010[198] verstieß bereits gegen § 57b Abs. 1 HRG, der den zwölfjährigen Maximalbefristungszeitraum gleichermaßen vorsah wie § 2 Abs. 1 S. 1 WissZVG a. F. und § 2 Abs. 1 S. 1 WissZVG n. F. Die Norm bleibt folglich anwendbar, bis eine Verwerfung durch das BVerfG erfolgt.

gg) Saarland

Die von § 44 Abs. 4 S. 5 vorgesehene einjährige Mindestbefristung gilt seit dem 6. Dezember 2016[199] und ist älter als § 2 Abs. 1 S. 1 WissZVG n. F. Die Entscheidungskompetenz über die Nichtanwendbarkeit liegt somit beim BVerfG.

hh) Schleswig-Holstein

§ 68 HSG SH gilt in seiner aktuellen Fassung seit dem 5. Februar 2016.[200] Hinsichtlich der Festlegung der Befristungsdauer fehlt dem Landesgesetzgeber seit dem 17. März 2016 die Regelungskompetenz, sodass hier die Zuständigkeit der Nichtigerklärung bei den Arbeitsgerichten liegt. Bezüglich der Verlängerungskomponenten ist dagegen zu differenzieren: Die behinderungsbedingte Befristungsverlängerung wurde erst mit dem WissZVG n. F., also zum 17. März 2016 eingeführt, sodass die schleswig-holsteinische Regelung älter ist und von den

197 Gesetz v. 14.12.2009, GVBl. I 2009, S. 466.
198 Gesetz v. 1.9.2010, GVBl. 2010, S. 464.
199 Gesetz v. 30.11.2016, Amtsblatt I 2016, S. 1080.
200 Gesetz v. 11.1.2016, GVOBl. 2016, S. 39.

Instanzgerichten für nicht anwendbar erklärt werden kann. Dies gilt jedoch nicht in Bezug auf die familienpolitische Komponente, da diese bereits im WissZVG a. F., also seit dem 18. April 2007 vorlag.

IV. Ergebnis

Insgesamt bleibt festzuhalten, dass das WissZVG in formeller Hinsicht unbeschränkt auf Art. 74 Abs. 1 Nr. 12 GG fußt und zumindest weitgehend ein abschließender Kompetenzgebrauch durch den Bund vorliegt. Die soeben aufgezeigten Landesregelungen, welche die Befristung wissenschaftlichen Personals gesondert zu regeln versuchen, sind infolge einer Kompetenzüberschreitung des Landesgesetzgebers größtenteils nicht verfassungsgemäß, bleiben aber dennoch anwendbar, bis das zuständige Arbeitsgericht bzw. das BVerfG über die Rechtswirksamkeit entscheidet.

B. Grundrechtliche Rahmendaten

Der materielle Verfassungsrahmen ist geprägt durch die Berufsfreiheit aus Art. 12 Abs. 1 GG, die Wissenschaftsfreiheit aus Art. 5 Abs. 3 S. 1 GG, der von Art. 9 Abs. 3 GG gewährleisteten Tarifautonomie sowie dem Gleichheitssatz in Art. 3 Abs. 1 GG.

I. Vereinbarkeit mit Art. 12 Abs. 1 GG

1. Freiheit der Arbeitsplatzwahl

a) Vereinbarkeit der Befristung als solcher mit der Freiheit der Arbeitsplatzwahl

Eine gesetzliche *Befristungsmöglichkeit* verhindert nicht den Abschluss von Dauerarbeitsverhältnissen und stellt folglich keinen Eingriff in die von Art. 12 Abs. 1 GG geschützte Berufsfreiheit als solche dar. Der Verlust des Arbeitsplatzes durch Arbeitgeberentscheidungen wird von Art. 12 Abs. 1 GG nicht geschützt.[201] Es handelt sich aber um einen Eingriff in dessen Schutzfunktion, die sich aus der Zusammenschau mit dem Sozialstaatsprinzip ergibt, Art. 20 Abs. 1, Art. 28 Abs. 1 GG, und ein Mindestmaß arbeitsrechtlichen Bestandsschutzes erfasst, sodass dem Arbeitnehmer nicht willkürlich gekündigt werden

---

201 BVerfG 6.6.2018, BeckRS 2018, 11032 Rn. 47; 24.4.1991, BVerfGE 84, 133, 146; 27.1.1998, BVerfGE 97, 169, 178; *Lakies*, ZTR 2002, 250, 251; *ders.*, Leitfaden, Rn. 405.

kann.[202] Der Bestandsschutz kann sowohl für Kündigungen als auch für Befristungen, die den Kündigungsschutz abbedingen,[203] im Interesse anderer grundrechtlich geschützter Werte begrenzt werden[204]. Hierbei steht dem Gesetzgeber ein umfassender Gestaltungsspielraum zu,[205] da er den Mindestschutz schon im Wege des KSchG und des TzBfG normativ verankert hat[206]. Das WissZVG als *lex specialis* gegenüber dem TzBfG stellt eine bloße Ausgestaltung des befristeten Arbeitsverhältnisses zu Gunsten der Funktionsfähigkeit der Wissenschaftsfreiheit aus Art. 5 Abs. 3 S. 1 GG dar. Diese stellt wiederum ein überragend wichtiges Gemeinschaftsgut dar, sodass der Eingriff gerechtfertigt ist.[207] Darüber hinaus ist zu berücksichtigen, dass die Berufswahlfreiheit aus Art. 12 Abs. 1 GG den Staat gleichzeitig dazu verpflichtet, Arbeitsplatzsuchenden Gelegenheit zu geben, in diesem Bereich tätig zu werden, sodass keine „Zugangssperre" entsteht.[208] Auch dieses Ziel wird mit den Befristungsnormen verfolgt, sodass grundsätzlich eine umfassende Rechtfertigung des Eingriffs in die Berufsausübungsfreiheit gegeben

---

202 BT-Drs. 10/2283, S. 9; BVerfG 6.6.2018, BeckRS 2018, 11032 Rn. 48, 53; 18.2.2000, AP GG Art. 5 Abs. 1 Rundfunkfreiheit Nr. 9; BAG 11.7.2007, BeckRS 2009, 68411; 24.8.2011, NZA 2012, 385 Rn. 29; Dieterich/Preis/*Dieterich*, S. 96; *Dörner*, Befristeter Arbeitsvertrag, Rn. 528; *Lehmann-Wandschneider*, Sonderbefristungsrecht, S. 17; *Zimmermann*, Drittmittelfinanzierung, S. 91.

203 *Raab*, Persönlicher Anwendungsbereich, S. 75.

204 *Dörner*, Befristeter Arbeitsvertrag, Rn. 528; *Gronemeyer*, RdA 2016, 24, 29; *Lehmann-Wandschneider*, Sonderbefristungsrecht, S. 17; A/P/S/*Schmidt*, § 1 WissZVG Rn. 36 (Grenze: Ungeeignetheit).

205 *Dörner*, Befristeter Arbeitsvertrag, Rn. 528; *Gronemeyer*, RdA 2016, 24, 29; *Papier*, RdA 2000, 1, 4.

206 Grundlegend BVerfG 6.6.2018, BeckRS 2018, 11032 Rn. 47; 24.4.1991, BVerfGE 84, 133, 147; 27.1.1998, BVerfGE 97, 169, 178; BAG 11.7.2007, BeckRS 2009, 68411; *Buchner*, RdA 1985, 258, 263, 278, Knopp/Gutheil/*Henrici*, S. 37; *Lakies*, ZTR 2002, 250, 251; *Lehmann-Wandschneider*, Sonderbefristungsrecht, S. 17; für das TzBfG *Raab*, Persönlicher Anwendungsbereich, S. 78; *Thüsing/Fütterer/Thieken*, ZfA 2014, 3, 18; *Zimmermann*, Drittmittelfinanzierung, S. 91.

207 BAG 11.7.2007, BeckRS 2009, 68411; Geis/*Krause*, WissZVG Einf. Rn. 15; *Lehmann-Wandschneider*, Sonderbefristungsrecht, S. 18; kritisch D/D/Z/*Nebe*, Vorb. WissZVG Rn. 6 (verfassungskonforme Interpretation); *Zimmermann*, Drittmittelfinanzierung, S. 94.

208 *Buchner*, RdA 1985, 258, 279; *Beyer*, AuR 1985, 150, 152 f. (unter Verweis auf LAG Schleswig-Holstein 28.2.1983, BeckRS 1983, 30709817 und LAG Köln 14.9.1983 5 Sa 535/83 (n. v.)); *Zimmermann*, Drittmittelfinanzierung, S. 90 f.; zur Rundfunkfreiheit BVerfG 13.1.1982, BVerfGE 59, 231 (infolge der Güterabwägung zugunsten des Schutzes des freien Wissenschaftsbetriebes übertragbar auf die Wissenschaftsfreiheit).

ist.[209] Ob auch die Eingriffe der jeweiligen Befristungstatbestände gerechtfertigt sind, ist eine Frage der Verhältnismäßigkeit im Einzelfall.

b) Verhältnismäßigkeit der Befristung nach § 2 Abs. 1 S. 1 WissZVG

aa) Legitimer Zweck

Der Qualifizierungstatbestand des § 2 Abs. 1 S. 1 WissZVG soll die Innovation der Wissenschaft durch Personalfluktuation im Wege einer möglichst flexiblen Arbeitsvertragsgestaltung im Hochschulbereich und an staatlichen Forschungseinrichtungen sichern.[210] Dem Arbeitnehmer soll einerseits ausreichend Zeit zur Qualifizierung gegeben werden, wobei diese andererseits durch den begrenzten Rahmen zügig vorangetrieben werden soll.[211] Dieser Zweck dient der Wahrung der Wissenschaftsfreiheit nach Art. 5 Abs. 3 S. 1 GG und ist deshalb legitim.

bb) Geeignetheit

Für die Geeignetheit eines Mittels reicht die bloße Möglichkeit der Förderung des Ziels.[212] Darüber hinaus kommt dem Gesetzgeber eine Einschätzungsprärogative zu.[213] Der Befristungstatbestand des § 2 Abs. 1 S. 1 WissZVG ermöglicht die Vereinbarung eines individuellen Befristungszeitraums bis zum Erreichen der Qualifizierung oder der Höchstbefristungsdauer und sichert damit die Nachwuchsförderung in der Wissenschaft. Der Befristungstatbestand ist folglich geeignet.

cc) Erforderlichkeit

§ 2 Abs. 1 S. 1 WissZVG ist zur Erreichung des legitimen Ziels erforderlich, da kein Mittel ersichtlich ist, das den Grundrechtsbeeinträchtigten bei gleicher Wirksamkeit weniger belastet[214]. Der Abschluss unbefristeter Arbeitsverhältnisse scheidet aus, da diese nicht gleich geeignet sind, die Innovation der Wissenschaft

---

209 Ebenso: NK-GA/*Boemke*, § 1 WissZVG Rn. 3; *Dörner*, Befristeter Arbeitsvertrag, Rn. 528; Müko-BGB/*Hesse*, § 23 TzBfG Rn. 26; *Kersten*, DÖV 2002, 682, 689; *Lakies*, Leitfaden, Rn. 405; *Löwisch*, NZA 2007, 479, 483; KR/*Treber*, § 1 WissZVG Rn. 24.

210 BT-Drs. 18/6489, S. 10, 16; BT-Drs. 15/4132, S. 17; *Preis*, AusDrs. 18 (18) 143a, S. 2.

211 A/P/S/*Schmidt*, § 2 WissZVG Rn. 1.

212 Maunz/Dürig/*Grzeszick*, Art. 20 GG VII Rn. 112; BVerfG 6.6.2018, BeckRS 2018, 11032 Rn. 49 m. w. N.

213 BVerfG 6.6.2018, BeckRS 2018, 11032 Rn. 49 m. w. N.

214 BVerfG 6.6.2018, BeckRS 2018, 11032 Rn. 50 m. w. N.; Maunz/Dürig/*Grzeszick*, Art. 20 GG VII. Rn. 113; Sachs/*Sachs*, Art. 20 GG Rn. 152.

durch Nachwuchsförderung zu sichern. Eine Befristung nach den Sachgründen des § 14 Abs. 1 S. 2 TzBfG kommt zwar in Betracht, ist aber nicht den Bedürfnissen der Wissenschaft angepasst und ermöglicht daher keine ebenso rechtssichere Befristung wie der Tatbestand des § 2 Abs. 1 S. 1 WissZVG. Darüber hinaus ist zweifelhaft, ob eine Befristung nach § 14 Abs. 1 S. 2 TzBfG einen weniger belastenden Grundrechtseingriff darstellt, da der Befristungszeitraum nicht der Höhe nach begrenzt ist. Ein milderes Mittel in Gestalt der sachgrundlosen Befristung nach § 14 Abs. 2 TzBfG scheidet ebenso aus: Anders als hier soll keine „Brücke zur Dauerbeschäftigung"[215] gebaut werden, sondern die betroffenen Arbeitnehmer sollen im Zuge ihrer Qualifizierung die Wissenschaft bereichern und zur Innovation beitragen. Dies erfordert meist einen längeren Befristungszeitraum als zwei Jahre. Die Erforderlichkeit ist folglich gewährleistet.

dd) Angemessenheit

Die staatliche Maßnahme darf nicht außer Verhältnis zu dem mit ihr verfolgten Zweck stehen, die grundrechtlich geschützten Belange müssen in einen angemessenen Ausgleich gebracht werden, sodass die Betroffenen nicht übermäßig belastet sind.[216] Die Beeinträchtigung der betroffenen Arbeitnehmer in ihrem Bestandsschutz ist von einigem Gewicht, jedoch in Abwägung mit den Interessen an einer funktionierenden, von Innovation geprägten Wissenschaft nicht unzumutbar. Die Funktionsfähigkeit der Wissenschaft ist von Art. 5 Abs. 3 S. 1 GG geschützt, sodass der mit dem Grundrechtseingriff verfolgte Zweck ebenfalls Verfassungsrang hat. Die Schwere des Eingriffs in Art. 12 Abs. 1 GG i. V. m. Art. 28 Abs. 1, Art. 20 Abs. 1 GG ist von geringer Intensität: Der Befristungstatbestand des § 2 Abs. 1 S. 1 WissZVG knüpft die Befristung an hohe Voraussetzungen, da neben der zeitlichen Höchstgrenze zusätzlich das Erfordernis der angestrebten Qualifizierung besteht. Der Arbeitnehmer ist vor einer willkürlichen Befristung geschützt, da der Zeitraum angemessen im Verhältnis zu der von ihm angestrebten Qualifizierung sein muss. Es besteht also nicht nur ein Sachgrunderfordernis, sondern zudem ein begrenztes Zeitfenster, das Kettenbefristungen zu verhindern sucht. Demgegenüber wiegt der Zweck der Nachwuchsförderung in der Wissenschaft schwer. Ohne spezifische und rechtssichere Befristungsregelungen würde die dauerhafte Beschäftigung wissenschaftlichen Personals und damit das Erstarren der Forschung drohen.[217] Ein angemessener

215 BT-Drs. 14/4374, S. 14; BVerfG 6.6.2018, BeckRS 2018, 11032 Rn. 48.

216 BVerfG 6.6.2018, BeckRS 2018 11032 Rn. 54; 7.3.2017, BVerfGE 145, 20 Rn. 165; BeckOK-GG/*Huster/Rux*, Art. 20 GG Rn. 197; Sachs/*Sachs*, Art. 20 GG Rn. 154 m. w. N.

217 BT-Drs. 10/2283, S. 6; BT-Drs. 14/6853, S. 20.

Ausgleich der grundrechtlich geschützten Belange ist daher gesichert, sodass die Regelung des § 2 Abs. 1 S. 1 WissZVG verhältnismäßig ist.

c) Verhältnismäßigkeit der Nichtanrechnung befristeter Beschäftigungsverhältnisse nach § 2 Abs. 3 WissZVG

aa) Legitimer Zweck

Aus der Anrechnungsfreiheit der in § 2 Abs. 3 WissZVG genannten Beschäftigungsverhältnisse ergibt sich das Problem, dass für die betroffenen Arbeitnehmer keine Befristungsobergrenze mehr besteht.[218] Die Nichtanrechnungsklausel des § 2 Abs. 3 WissZVG bezweckt, dass Beschäftigungsverhältnisse, die nicht geeignet sind, die wissenschaftliche Qualifizierung voranzubringen, bei der Berechnung des Qualifizierungszeitraums außer Acht bleiben, damit die betroffenen Arbeitnehmer den vollen Rahmen ausschöpfen können.[219] Da das Befristungsfenster des § 2 Abs. 1 S. 1 WissZVG an der für die Qualifizierung erforderlichen Dauer ausgerichtet ist und die Arbeitnehmer sonst durch vorherige Beschäftigungen ohne Relevanz für die Qualifizierung benachteiligt würden, verfolgt die Nichtanrechnung einen legitimen Zweck.

bb) Geeignetheit

Wenn geringfügige Beschäftigungsverhältnisse nicht auf den Qualifizierungsrahmen angerechnet werden, kann der Arbeitnehmer grundsätzlich über den gesamten Befristungszeitraum des § 2 Abs. 1 S. 1 WissZVG für die angestrebte Qualifizierung beschäftigt werden. Die Geeignetheit ist zu bejahen.

cc) Erforderlichkeit

Als milderes Mittel kommt eine Höchstbegrenzung nicht anzurechnender Beschäftigungsverhältnisse, die die Befristungshöchstdauer nur verlängert, sie aber nicht insgesamt aushebelt, in Betracht. Hierdurch würden Kettenbefristungen weiter eingegrenzt und die Grundrechtsbeeinträchtigung verringert. Aus der Zusammenschau mit § 6 WissZVG ergibt sich für Studierende eine Obergrenze, sodass der Befristungszeitraum auf maximal 18 Jahre erweitert ist und ein milderes Mittel nicht in Frage kommt. Für geringfügige Beschäftigungsverhältnisse besteht jedoch keine Begrenzung. Würde die Anrechnungsfreiheit hier begrenzt,

---

218 *Hedermann*, ZESAR 2015, 109, 111; L/S/*Schlachter*, § 23 TzBfG, Anh. 2, § 2 WissZVG Rn. 19; *Stumpf*, NZA 2015, 326, 328.

219 BT-Drs. 16/3438, S. 11.

wäre der Erhalt des Befristungszeitraums zwecks Qualifizierung nicht in allen Fällen sichergestellt, sondern nur überwiegend, sodass keine gleiche Eignung vorläge. Die Nichtanrechnung nach § 2 Abs. 3 WissZVG ist daher erforderlich.

dd) Angemessenheit

Durch die Anrechnungsfreiheit kann das unbefristete Beschäftigungsverhältnis als Regelfall ausgehebelt werden, sodass in das Bestandsschutzinteresse des Arbeitnehmers mit mittlerer Schwere eingegriffen wird. Die Fachgerichte können jedoch bei missbräuchlicher Handhabung der Nichtanrechnungsregelung über die Kontrolle des institutionellen Rechtsmissbrauchs die Rechtswirksamkeit der befristeten Beschäftigung verneinen, sodass sich die Schwere des Eingriffs erheblich vermindert und der Grundrechtseingriff nur von geringer Intensität ist. Auch wird das Befristungsfenster einerseits zu Gunsten des Arbeitnehmers erhalten, damit dieser die Qualifizierung erreichen kann und andererseits zur Innovation der Wissenschaft beitragen kann. Die Förderung der Wissenschaft durch den erfolgreichen Abschluss einer Qualifizierung ist von mittlerer Schwere, sodass der Eingriff nicht außer Verhältnis zum damit verfolgten Zweck steht.

d) Verhältnismäßigkeit der Befristung nach § 2 Abs. 2 WissZVG

aa) Legitimer Zweck

Zweck des Drittmittelbefristungstatbestands ist, die Bereitschaft zur Drittmittelforschung durch rechtssichere und transparente Befristungsmöglichkeiten zu stärken, die die mit Drittmittelprojekten einhergehenden Flexibilisierungsinteressen hinreichend berücksichtigen.[220] Das unbefristete Arbeitsverhältnis soll gleichwohl der Regelfall bleiben, die Gesetzesbegründung geht von einem verantwortungsvollen Umgang mit dem Befristungsgrund aus.[221]

bb) Geeignetheit

Kann der Arbeitnehmer flexibel nach der Dauer des Drittmittelprojekts befristet beschäftigt werden, so fördert dies die Bereitschaft zur Forschung durch Drittmittel, da ein unbefristetes Beschäftigungsverhältnis für die Besonderheiten der zeitlichen Begrenzung finanzieller Mittel und der Endlichkeit des Projekts keine

220 Vgl. BT-Drs. 16/3438, S. 8, 10.
221 BT-Drs. 16/3438, S. 10.

adäquate Lösung bietet. Die Befristung nach § 2 Abs. 2 ist daher geeignet, die Drittmittelforschung zu stärken.

cc) Erforderlichkeit

Eine auf § 14 Abs. 2 S. 1 TzBfG gestützte Befristung könnte zwar wegen der möglicherweise geringeren Befristungsdauer als mildere Maßnahme in Betracht kommen, ist jedoch nicht gleich geeignet, da sie auf einen Zeitraum von zwei Jahren begrenzt ist und zuvor kein Beschäftigungsverhältnis mit demselben Arbeitgeber bestanden haben darf,[222] was die Flexibilität bei der Arbeitnehmerwahl erheblich einschränken kann. Eine Sachgrundbefristung nach § 14 Abs. 1 S. 2 TzBfG stellt keinen Eingriff geringerer Intensität dar, zumal auch hier eine grenzenlos wiederholte Befristung des Arbeitnehmers bei Vorliegen des Tatbestands möglich ist. Als milderes Mittel käme jedoch die Einführung einer Obergrenze der auf § 2 Abs. 2 WissZVG gestützten Beschäftigungsmöglichkeiten in Betracht, damit das Missbrauchspotential eingegrenzt und das unbefristete Arbeitsverhältnis als Regelfall gewahrt wird. Eine Höchstbegrenzung ist jedoch nicht gleich geeignet zur Förderung der Drittmittelforschung, da die Drittmittelgeber nach Ausschöpfung der Höchstbefristungsdauer in ihrer Auswahl der Arbeitnehmer begrenzt werden.

dd) Angemessenheit

Der Eingriff in den Bestandsschutz der Arbeitnehmer wiegt leicht, da der Befristungstatbestand einen Sachgrund beinhaltet und auch die Befristungsdauer an diesen angepasst sein muss, sodass die Gefahr einer willkürlichen Befristung stark eingegrenzt ist. Kettenbefristungen werden zwar von § 2 Abs. 2 WissZVG nicht verhindert, allerdings können die Arbeitsgerichte eine hierauf gestützte Befristungsvereinbarung im Wege der Missbrauchskontrolle für rechtsunwirksam erklären, sofern diese im Gesamtbild für den Arbeitnehmer unzumutbar ist. Damit wird das Risiko der Aufhebung des Bestandsschutzes deutlich minimiert. Auf Seiten der Rechtfertigung des Eingriffs wiegt der Zweck, Drittmittelprojekte zu fordern, schwer, da diese maßgeblich für die Förderung von Wissenschaft und Forschung im Sinne des Art. 5 Abs. 3 S. 1 GG sein können. Der Eingriff steht nicht außer Verhältnis zum Eingriff, sodass auch § 2 Abs. 2 WissZVG verhältnismäßig ist.

222 Dazu grundlegend BVerfG 6.6.2018, BeckRS 2018, 11032.

e) *Ergebnis*

Nicht nur die Befristung als solche, sondern auch die Eingriffe der einzelnen Befristungstatbestände in Art. 12 Abs. 1 GG i. V. m. Art. 20 Abs. 1 GG, 28 Abs. 1 GG sind gerechtfertigt.

2. Freiheit der Berufswahl

a) *Vereinbarkeit der langen Befristungsdauer*

Schmalenberg vertritt die Auffassung, dass ein Konflikt zwischen der Zulässigkeit einer einmaligen sechsjährigen Befristung auf Grundlage des § 2 Abs. 1 S. 1 WissZVG und der Freiheit der Berufswahl aus Art. 12 Abs. 1 GG besteht.[223] Die in § 624 BGB und § 15 Abs. 4 TzBfG enthaltenen Wertungen zeigten, dass der Arbeitnehmer vor einer zu langen Bindungsdauer an denselben Arbeitgeber zu schützen sei.[224] Diese Ansicht ist – unabhängig davon, dass eine sechsjährige Befristungsdauer der seltene Ausnahmefall sein dürfte – abzulehnen.

b) *Rechtfertigung durch Qualifizierungserfordernis*

Zum einen lässt sich nach § 15 Abs. 3 TzBfG i. V. m. § 1 Abs. 1 S. 5 WissZVG eine Kündigungsmöglichkeit vereinbaren. Zum anderen sind sechs Jahre nicht als unverhältnismäßig lang zu werten. Sie sind nicht willkürlich gewählt, sondern vielmehr an der erforderlichen Qualifizierungsdauer orientiert, und bestehen zu Gunsten des Arbeitnehmers, damit diesem während der Qualifizierung ein hinreichender Zeitraum zur Verfügung steht, in welchem er zwecks Finanzierung des Lebensunterhalts zugleich ein Beschäftigungsverhältnis mit der Hochschule führen kann. Ein Eingriff in die Freiheit der Berufswahl ist mithin ebenso abzulehnen.

3. Ergebnis

Somit liegt kein Verstoß gegen Art. 12 Abs. 1 GG vor.

II. Vereinbarkeit mit Art. 5 Abs. 3 S. 1 GG

Art. 5 Abs. 3 S. 1 GG schützt Wissenschaft, Forschung und Lehre. Hiervon erfasst ist „Alles, was nach Inhalt und Form als ernsthafter planmäßiger Versuch der

---

223 Tschöpe/*Schmalenberg*, 9. Aufl. Teil 1, E, XI Rn. 204.
224 Tschöpe/*Schmalenberg*, 9. Aufl. Teil 1, E, XI Rn. 204.

Ermittlung der Wahrheit anzusehen ist".[225] Der Schutz der Wissenschaftsfreiheit greift im Wege eines Dualismus: Er erstreckt sich nicht nur auf den Schutz der einzelnen Arbeitnehmer, sondern auch auf den der wissenschaftlichen Institutionen.

1. Wissenschaftsfreiheit des Arbeitnehmers

Sofern für den Grundrechtsschutz des einzelnen Arbeitnehmers auf das sachfernere Grundrecht aus Art. 5 Abs. 3 S. 1 GG und nicht auf den näher liegenden Art. 12 Abs. 1 GG abgestellt wird,[226] ist zu beachten, dass von Art. 5 Abs. 3 S. 1 GG nicht nur die objektive Wertentscheidung, welche die Hochschulen zur Kultivierung der Wissenschaft verpflichtet,[227] geschützt wird, sondern auch ein subjektives Abwehrrecht des einzelnen Wissenschaftlers vor staatlichen Eingriffen in den Prozess ihrer wissenschaftlichen Erkenntnis[228]. Allerdings erfolgt die Befristung von Arbeitsverhältnissen – der *vermeintliche* Grundrechtseingriff – ohne Bezug zur konkreten Wissenschaftstätigkeit und damit „wissenschaftsneutral"[229]. Die Befristung erfolgt umfassend für wissenschaftliches Personal und ist nicht nach „spezifischen Forschungsinhalten"[230] ausgerichtet. Sofern entgegen der hier vertretenen Auffassung dennoch ein Eingriff angenommen wird,[231] ist dieser im Wege praktischer Konkordanz zu Gunsten der Integrität der Wissenschaft aufzulösen: Durch das WissZVG werden gerade erst die Rahmenbedingungen für die Funktionsfähigkeit einer Wissenschaftseinrichtung geschaffen.[232] Darüber hinaus ist das Argument, eine vom Arbeitnehmer angestrebte Nachfolgebefristung würde der Arbeitgeber von inhaltlichen Kriterien, also den Erkenntnisprozessen, abhängig machen,[233] fernliegend, da sich eine mögliche

---

225 BVerfG 29.5.1973, BVerfGE 35, 79, 113; 1.3.1978, BVerfGE 47, 327, 367; 11.1.1994, BVerfGE 90, 1, 12; v. Münch/Kunig/*Wendt* Rn. 100.

226 Konkurrenzlösung des BVerfG 10.12.1992, BVerfGE 85, 360, 382; Dieterich/Preis/*Dieterich*, S. 91; Knopp/Gutheil/*Henrici*, S. 37; *Lehmann-Wandschneider*, Sonderbefristungsrecht, S. 17; *Thüsing/Fütterer/Thieken*, ZfA 2014, 3, 18 (der Eingriff ist neutral und nicht wissenschaftsbezogen).

227 HK-GG/*Antoni*, Art. 5 GG Rn. 34.

228 *Zimmermann*, Drittmittelfinanzierung, S. 91.

229 Dieterich/Preis/*Dieterich*, S. 90; für die Drittmittelbefristung: *Zimmermann*, Drittmittelfinanzierung, S. 86 f.

230 Geis/*Krause*, WissZVG Einf. Rn. 12.

231 *Lohfeld*, Befristung an Hochschulen, S. 281; wohl auch *Plander*, Arbeitsplatz Hochschule, Rn. 435 f.

232 Geis/*Krause*, WissZVG Einf. Rn. 12.

233 *Lohfeld*, Befristung an Hochschulen, S. 281.

Anschlussbefristung viel eher nach den verfügbaren Kapazitäten bemisst. Auch handelt es sich bei der Problematik einer Anschlussbefristung um einen generell problematischen Aspekt der Befristung und kein wissenschaftsbezogenes Phänomen.[234] Ein Verstoß gegen Art. 5 Abs. 3 S. 1 GG scheidet unter diesem Gesichtspunkt folglich aus.

2. Wissenschaftsfreiheit der betroffenen Institutionen

Die Wissenschaftsfreiheit der betroffenen Hochschulen bzw. Forschungseinrichtungen äußert sich vornehmlich im akademischen Selbstverwaltungsrecht, das gleichermaßen die Personalhoheit erfasst[235]. Teilweise wird daraus gefolgert, dass den betroffenen Institutionen äquivalent zu ihrer geistigen Flexibilität auch eine vollumfängliche arbeitsvertragliche Flexibilität zukommt.[236] Die „innovatorische Unruhe“ rechtfertige die Befugnis der Institutionen, im Angesicht neuer Erkenntnisse, belebter Diskussion und schneller Problemfindungen entsprechend flexible Arbeitsverhältnisse auszugestalten.[237] Von Art. 5 Abs. 3 S. 1 GG werden jedoch keine bestimmten Mittel geschützt, sondern nur die Eigenheiten der Wissenschaftsinstitutionen.[238] Als Bestandteil dieser ist zwar die Nachwuchsförderung durch die Befristung von Stellen wissenschaftlicher Mitarbeiter angesehen,[239] nicht jedoch die uneingeschränkte arbeitsvertragliche Gestaltungsfreiheit. Letztere wird durch das WissZVG nicht beschränkt, sondern gegenüber dem allgemeinen Befristungsrecht lediglich *erweitert.*[240] Auch

---

234 Ebenso *Zimmermann*, Drittmittelfinanzierung, S. 87.

235 M/K/S/*Starck/Paulus*, Art. 5 III GG Rn. 507; v. Münch/Kunig/*Wendt*, Art. 5 GG Rn. 112; Friauf/Höfling/*v. Coelln*, Art. 5 GG (3. Teil) Rn. 87 m. w. N.; **a. A.** wohl Maunz/Dürig/*Scholz*, Art. 5 III GG Rn. 168 („kein verfassungsrechtlicher Vorbehalt zugunsten einer universitätseigenen Personalhoheit“).

236 *Lieb*, in: FS Hilger/Stumpf, 409, 425 f.; *Löwisch*, WissR 1992, 56, 58 ff.; in diese Richtung auch *Kewenig/Thomashausen*, NJW 1981, 417, 423 ff.

237 *Lieb*, in: FS Hilger/Stumpf, 409, 425 f.; *Löwisch*, WissR 1992, 56, 58 ff.; *Lübbert*, Arbeitsverhältnisse im Hochschulbereich, S. 64 ff.; *Kewenig/Thomashausen*, NJW 1981, 417, 423 ff.

238 Geis/*Krause*, WissZVG Einf. Rn. 13 f.

239 BVerfG 24.4.1996, BVerfGE 94, 268, 285 f.; BK/*Fehling*, Art. 5 III GG (Wissenschaftsfreiheit) Rn. 212; *Geis*, Die Verwaltung (34) 2001, 543, 553 f.; *Groß*, DVBL 2006, 721, 723; M/K/S/*Starck/Paulus*, Art. 5 III GG Rn. 507; v. Münch/Kunig/*Wendt*, Art. 5 GG Rn. 105.

240 So bereits für das HRG: Dieterich/Preis/*Dieterich*, S. 91.

im Verhältnis zu den betroffenen Institutionen wirkt das Regelungssystem „*wissenschaftsneutral*“.[241]

Der einzig mögliche Anknüpfungspunkt für einen Grundrechtseingriff könnte demzufolge in einer nicht ausreichenden Befristungsmöglichkeit liegen und korreliert mit der Frage einer „Unzulänglichkeitsgrenze“, mit der sich das BVerfG im Rahmen der vergleichbaren[242] Rundfunkfreiheit bereits beschäftigt hat[243]. In Abgrenzung zum Rundfunk ist im Wissenschaftsbereich jedoch eine langfristigere Planung möglich, da kein Abhängigkeitsverhältnis zur Nachfrage des Publikums besteht und der wissenschaftliche Diskurs vielmehr global stattfindet, sodass ein Interdependenzverhältnis zum Arbeitsplatz des einzelnen Wissenschaftlers fehlt.[244] Darüber hinaus findet sich im Rundfunk eine „Masse der Rundfunkjournalisten“[245] während in der Wissenschaft die Auswahl der Arbeitnehmer im Lichte der Qualifizierung komplexe Strukturen aufweist und entscheidend für den Fortschritt der Wissenschaft ist[246]. Der Flexibilisierungsbedarf ist im Rundfunkbereich folglich stärker als im Wissenschaftssektor. Aus den gleichwohl vorhandenen Besonderheiten resultiert die Pflicht des Staates in Gestalt des Gesetzgebers, ein an diese angepasstes „Arbeitsvertragsrecht“ zur Verfügung zu stellen.[247]

Das WissZVG gewährt jedoch Befristungsmöglichkeiten, die den betroffenen Institutionen hinreichend Freiraum zur Auswahl, Förderung und Qualifizierung der Arbeitnehmer lassen.[248] Eine weitergehende oder gar unbeschränkte

---

241 Dieterich/Preis/*Dieterich*, S. 91.

242 Die Vergleichbarkeit ergibt sich aus der äquivalenten Pflicht des Staates, die Funktionsfähigkeit der Institution Rundfunk zu gewährleisten und damit einhergehend bei der Ausgestaltung der Beschäftigungsverhältnisse den Besonderheiten entsprechend Rechnung zu tragen, vgl. BVerfG 13.1.1982, BVerfGE 59, 231.

243 Dieterich/Preis/*Dieterich*, S. 91 unter Bezugnahme auf BVerfG 13.1.1982, BVerfGE 59, 231.

244 Dieterich/Preis/*Dieterich*, S. 93 ff.; **a. A.** *Kewenig/Thomashausen*, NJW 1981, 417, 423 ff.; *Lieb*, in: FS Hilger/Stumpf, 409, 425 f.; *Löwisch*, WissR 1992, 56, 58f.; *Lübbert*, Arbeitsverhältnisse im Hochschulbereich, S. 63 ff. (keine wesentlichen Unterschiede zur Rundfunkfreiheit bezüglich der Flexibilität von Arbeitsverhältnissen).

245 Dieterich/Preis/*Dieterich*, S. 93.

246 *Kewenig/Thomashausen*, NJW 1981, 417, 423 ff.; *Lübbert*, Arbeitsverhältnisse im Hochschulbereich, S. 64; ähnlich Dieterich/Preis/*Dieterich*, S. 93.

247 Dieterich/Preis/*Dieterich*, S. 94; weitergehend *Lieb*, in: FS Hilger/Stumpf, 409, 425 f. (Befristung als Regelfall); *Lübbert*, Arbeitsverhältnisse im Hochschulbereich, S. 66 ff.

248 Dieterich/Preis/*Dieterich*, S. 94; ähnlich *Lehmann-Wandschneider*, Sonderbefristungsrecht, S. 18.

Dispositionsfreiheit der Institutionen wird auch von Art. 5 Abs. 3 S. 1 GG nicht geschützt.[249] Die Begrenzung der Befristungen in zeitlicher Hinsicht ist in Anbetracht der Einschätzungsprärogative des Gesetzgebers ebenfalls gerechtfertigt, da es den Hochschulen freisteht, den Arbeitnehmer unbefristet zu beschäftigen.[250] Die Gestaltungsfreiheit der Hochschulen wird somit hinreichend gewahrt.[251]

III. Vereinbarkeit mit Art. 9 Abs. 3 GG

In Betracht kommt weiterhin ein Verstoß des WissZVG gegen die von Art. 9 Abs. 3 GG geschützte Tarifautonomie. Diese beinhaltet nicht nur den Kernbereich der koalitionsmäßigen Betätigung, sondern sämtliche koalitionsspezifische Verhaltensweisen und die Möglichkeit der Tarifvertragsparteien, eigenständige Regelungen für den Bereich des Arbeitslebens zu treffen,[252] sodass die Befristung von Arbeitsverhältnissen erfasst ist.[253] Ihre Grenzen findet die Tarifautonomie im Schutz anderer Grundrechte und in sonstigen Rechtsgütern von Verfassungsrang, also auch in der Wissenschafts- und Forschungsfreiheit aus Art. 5 Abs. 3 S. 1 GG.[254] Durch die Tarifsperre in § 1 Abs. 1 S. 2 WissZVG wird die Tarifautonomie eingeschränkt. Damit einher geht das Problem, ob die beschränkte Öffnungsklausel in § 1 Abs. 1 S. 3 WissZVG ihrem Schutz genügt.

1. Judikatur des BVerfG

Das BVerfG erachtete in seiner Entscheidung vom 24. April 1996 zum im Wesentlichen inhaltsgleichen HFVG, das nicht einmal einen Erlaubnisvorbehalt vorsah, den Eingriff als verhältnismäßig und gerechtfertigt.[255] Zur Begründung führte es aus, der Kern tarifvertraglicher Regelungsgegenstände wie Arbeitsentgelt und materielle Arbeitsbedingungen sei nicht tangiert und nur ein geringer Arbeitnehmerkreis sei betroffen.[256] Im Übrigen rechtfertige die Sicherung

---

249 Keine „Universalkompetenz“ der Hochschulen, BK/*Fehling*, Art. 5 III GG (Wissenschaftsfreiheit) Rn. 206; Maunz/Dürig/*Scholz*, Art. 5 III GG Rn. 138.

250 Vgl. § 1 Abs. WissZVG, dazu BK/*Fehling*, Art. 5 III GG (Wissenschaftsfreiheit) Rn. 212; *Kersten*, DÖV 2002, 682, 686 ff.

251 NK-GA/*Boemke*, § 1 WissZVG Rn. 3; Preis/Dieterich/*Dieterich*, S. 91; *Thüsing/Fütterer/Thieken*, ZfA 2014, 3, 19.

252 Sachs/*Höfling*, Art. 9 GG Rn. 87, 90 m. w. N.

253 BVerfG 24.4.1996, BVerfGE 94, 268, 285.

254 BVerfG 24.4.1996, BVerfGE 94, 268, 284 (kein Normsetzungsmonopol der Tarifvertragsparteien); soweit auch *Plander*, ZTR 1988, 365, 369 f.

255 BVerfG 24.4.1996, BVerfGE 94, 268, 285 ff.

256 BVerfG 24.4.1996, BVerfGE 94, 268, 285.

der Leistungsfähigkeit der Wissenschaft durch den Nachwuchs den Eingriff, da der Gesetzgeber aus der objektiven Wertentscheidung des Art. 5 Abs. 3 S. 1 GG hierzu verpflichtet sei und der nachfolgenden Generation Zugang verschaffen müsse.[257] Eben hierfür diene das Befristungsregime wissenschaftlichen Personals.[258]

Auch in der nachfolgenden Judikatur verfolgte das BVerfG diese Linie weiter. Grundrechte Dritter und Schutzgüter mit Verfassungsrang können demnach weiterhin Eingriffe in die Tarifautonomie rechtfertigen.[259] Insbesondere aus dem Sozialstaatsprinzip im Sinne des Art. 20 Abs. 1 GG hat das BVerfG seither legitimierende Sachgründe abgeleitet.[260] Damit einhergegangen ist zunächst eine erhebliche Erweiterung potentieller Rechtfertigungsgründe von Einschränkungen der Koalitionsfreiheit.[261] Darüber hinausgehend hat das BVerfG in diesem Rahmen jedoch auch, weiter als noch im Hochschulurteil, Eingriffe in die Kernbereiche tariflicher Arbeit in Gestalt von Arbeitsentgelt und Urlaub für gerechtfertigt erachtet.[262] Infolge dieser Rechtsprechungslinie wird nicht nur die begrenzte Tariföffnungsklausel, sondern auch eine vollständige Tarifsperre des WissZVG in der Literatur für verfassungsrechtlich zulässig erachtet.[263]

2. Stellungnahme

Der Entscheidung des BVerfG ist uneingeschränkt zuzustimmen,[264] weil Wissenschaftspflege und Fluktuation in diesem Bereich gefährdet würden, sofern

---

257 BVerfG 29.5.1973, BVerfGE 35, 79, 114 f.; 24.4.1996, BVerfGE 94, 268, 285.

258 BVerfG 24.4.1996, BVerfGE 94, 268, 285.

259 *Löwisch/Rieble*, Tarifvertragsgesetz, Grundl. Rn. 145 f.

260 BVerfG 27.4.1999, BVerfGE 100, 271, 284; 3.4.2001, BVerfGE 103, 293, 307 ff.; 29.12.2004, NZA 2005, 153, 154.

261 Kritisch: Kempen/Zachert/*Kempen*, TVG, Grundl. Rn. 155 ff.; *Löwisch/Rieble*, Tarifvertragsgesetz, Grundl. Rn. 145 ff.; *Steiner*, NZA 2005, 657, 660 f.

262 BVerfG 27.4.1999, BVerfGE 100, 271, 287; 3.4.2001, BVerfGE 103, 293, 309; 29.12.2004, NZA 2005, 153, 154.

263 ErfK/*Müller-Glöge*, § 3 ÄArbVtrG Rn. 10; A/P/S/*Schmidt*, § 3 ÄArbVtrG Rn. 11; KR/*Treber*, §§ 1–3 ÄArbVtrG Rn. 11.

264 Ebenso die wohl h. M: Dreier/*Bauer*, Art. 9 GG Rn. 99; NK-GA/*Boemke*, § 1 WissZVG Rn. 3; schon zuvor *Buchner*, MittHV 1984, 230, 236 f.; Dieterich/Preis/*Dieterich*, S. 104; Müko-BGB/*Hesse*, § 23 TzBfG Rn. 26; M/K/S/*Kemper*, Art. 9 III GG Rn. 152; Geis/*Krause*, WissZVG Einf. Rn. 9; *Lakies*, Leitfaden, Rn. 405; *Löwisch/Rieble*, Tarifvertragsgesetz, Grundl. Rn. 206; A/G/*Rambach*, § 1 WissZVG Rn. 23; *Reich*, HRG, § 1 WissZVG Rn. 2; **a. A.** *Gröbing*, ZTR 1987, 49, 52; *Hammer*, PersR 1997, 104, 109 ff.; *Hirdina*, NZA 2009, 712, 714; Kempen/Zachert/*Kempen*, TVG, Grundl. Rn. 152 ff.;

die Befristung im Wissenschaftsbereich insgesamt zur Disposition der Tarifvertragsparteien gestellt würde. Sie lässt sich ohne Weiteres auf das WissZVG übertragen, da es die gleichen Ziele wie das HFVG verfolgt. Auch an der Verfassungsmäßigkeit der Öffnungsklausel für die Tarifvertragsparteien bestehen keine Zweifel. Wenn schon die vollständige Tarifsperrklausel gerechtfertigt ist, so steht eine beschränkte Öffnungsklausel zugunsten der Parteien *a maiore ad minus* im Einklang mit der Verfassung. Der Gesetzgeber macht sich damit im Rahmen des für die Wissenschaftsfreiheit Verträglichen die besondere Fachkenntnis und Sachnähe der Tarifvertragsparteien zu Nutze.[265] Den Tarifvertragsparteien kommt, wie Art. 74 Abs. 1 Nr. 12 GG zeigt, gerade kein Normsetzungsmonopol, sondern ein bloßes Normsetzungsrecht zu.[266] Darüber hinaus ist die konkrete Betroffenheit des Art. 5 Abs. 3 S. 1 GG eine taugliche Legitimation von einigem Gewicht und nicht, wie in der Literatur teilweise kritisiert eine „einfache Gemeinwohlerwägung"[267], die das BVerfG im Laufe seiner Judikatur aus dem Sozialstaatsprinzip „veredelt"[268] hat. Auch liegt kein besonders zu rechtfertigender Eingriff in den Kernbereich tarifvertraglicher Regelungen, also Arbeitsentgelt und Urlaub vor, obgleich selbst dieser nach der auf das Hochschulurteil folgenden Judikatur des BVerfG gerechtfertigt sein kann. Summa summarum ist daher ein Verstoß gegen Art. 9 Abs. 3 GG, insbesondere unter Berücksichtigung der nachfolgenden Rechtsprechung des BVerfG, abzulehnen.

3. Auswirkungen der Tarifeinheit

Das vom BVerfG überwiegend für verfassungsgemäß erachtete[269] Tarifeinheitsgesetz vom 3. Juli 2015[270] gelangt gleichermaßen wie das TVG als solches im öffentlichen Dienst zur Anwendung[271]. Konsequenterweise kann für ein

---

Nagel, RdA 1997, 351, 352 ff.; D/D/Z/*Nebe*, § 1 WissZVG Rn. 16; zuvor bereits: *Lohfeld*, Befristung an Hochschulen, S. 149 ff., 211; *Peiseler*, NZA 1985, 238, 242; *Plander*, AuR 1986, 65, 72; *ders.*, ZTR 1988, 365, 369 f.

265 BT-Drs. 14/6853, S. 20; Dieterich/Preis/*Dieterich*, S. 11 f.; *Dörner*, Befristeter Arbeitsvertrag, Rn. 541; *Lakies*, ZTR 2002, 250, 251 f.; *ders.*, DB 1997, 1078 ff.; KR/*Treber*, § 1 WissZVG Rn. 25; kritisch *Löwisch/Rieble*, Tarifvertragsgesetz, Grundl. Rn. 206 („Aufweichung in § 1 Abs. 1 Satz 3 WissZeitVG nicht geboten"); *Meißner*, Hochschulbefristungsrecht, S. 144.

266 HK-GG/*Wolff*, Art. 9 GG Rn. 25.

267 *Löwisch/Rieble*, Tarifvertragsgesetz, Grundl. Rn. 145.

268 *Löwisch/Rieble*, Tarifvertragsgesetz, Grundl. Rn. 145.

269 BVerfG 11.7.2017, BeckRS 2017, 116172.

270 Art. 1 Tarifeinheitsgesetz v. 3.7.2015, BGBl. I S. 1130.

271 *Löwisch/Rieble*, Tarifvertragsgesetz, § 4a TVG Rn. 113.

Arbeitsverhältnis nur ein Tarifvertrag gelten, vgl. § 4a Abs. 1 TVG. Dabei ist zu berücksichtigen, dass die Arbeitsgerichte seit dem Urteil des BVerfG bis zur Nachbesserung durch den Gesetzgeber eine Verdrängung nur insoweit annehmen dürfen, als die Interessen der Berufsgruppen der Minderheitengewerkschaft hinreichend von der Mehrheitsgewerkschaft berücksichtigt werden.[272]

Derzeit bestehen keine Tarifverträge, die das WissZVG ausgestalten, vielmehr nehmen die Tarifverträge des öffentlichen Diensts das wissenschaftliche und künstlerische Personal von ihrem Anwendungsbereich aus,[273] und sind darüber hinaus weder forschungs- noch fachspezifisch, sodass sie, ebenso wie der vorher geltende SR 2y BAT, den Anforderungen der Öffnungsklausel des § 1 Abs. 1 S. 3 WissZVG nicht genügen[274]. Denkbar sind für das WissZVG jedoch nicht nur künftige Tarifverträge mit dem jeweiligen Land, sondern auch Haustarifverträge[275] mit der Hochschule. Für letztere ist erforderlich, dass die Hochschule als Arbeitgeber[276] im Sinne des § 2 Abs. 1 TVG tariffähig ist.[277] Diese Stellung ist von der Personalhoheit der Hochschulen im Sinne des Art. 5 Abs. 3 S. 1 GG nicht erfasst und muss damit einfachgesetzlich normiert sein.[278] Die meisten Landeshochschulgesetze sehen jedoch nicht die Hochschule als Arbeitgeber vor, sondern sehen das Personal als im Landesdienst stehend an.[279] Wenngleich das Konkurrenzproblem damit bereits eingedämmt ist, kann es künftig zu einer Kollisionslage zwischen Haustarifvertrag und Tarifvertrag des öffentlichen Diensts kommen. Gemäß § 4a Abs. 2 S. 2 TVG gelangt dann der Tarifvertrag zur

---

272 BVerfG 11.7.2017, BeckRS 2017, 116172 Rn. 217 f.

273 So § 30 Abs. 1 S. 2 TVöD-AT für die Bestimmungen des § 30 Abs. 2–5 TVöD-AT bzw. § 1 Abs. 3b TV-L für Bestimmungen des § 30 TV-L.

274 D/D/Z/*Nebe*, § 1 WissZVG Rn. 20; *Preis/Ulber*, § 1 WissZVG Rn. 97; A/P/S/*Schmidt*, § 1 WissZVG Rn. 30; KR/*Treber*, § 1 WissZVG Rn. 74.

275 Geis/*Krause*, § 1 WissZVG Rn. 40; ErfK/*Müller-Glöge*, § 1 WissZVG Rn. 19; *Preis/Ulber*, § 1 WissZVG Rn. 94; A/P/S/*Schmidt*, § 1 WissZVG Rn. 29; **a. A.** *Lakies*, ZTR 2002, 250, 253.

276 § 2 Abs. 4 BerlHG; § 2 Abs. 3 HG NRW; für wissenschaftliche Mitarbeiter § 12 Abs. 1 SHSG.

277 Geis/*Krause*, § 1 WissZVG Rn. 40; *Preis/Ulber*, § 1 WissZVG Rn. 94; KR/*Treber*, § 1 WissZVG Rn. 74; **a. A.** *Lakies*, ZTR 2002, 250, 253.

278 *Löwisch/Rieble*, Tarifvertragsgesetz, § 1 TVG Rn. 831.

279 § 11 Abs. 1 LHG BW; Art. 4 Abs. 1 BayHSchPG; § 14 Abs. 1 S. 1 BremHG; § 7 Abs. 1 HmbHG; § 60 Abs. 1 HessHG; § 2 Abs. 4 LHG M-V; § 48 Abs. 3 S. 1 NHG; § 43 Abs. 1 HochSchG RheinPf; § 78 Abs. 1 SächsHG; § 33 Abs. 1 S. 2 HSG LSA; § 71 Abs. 1 HSG SH; § 96 Abs. 1 ThürHG; *Preis/Ulber*, § 1 WissZVG Rn. 94; *Hauck-Scholz*, öAT 2018, 114, 116.

Anwendung, der eine Mehrheit von Gewerkschaftsmitgliedern im Betrieb verzeichnen kann, der andere Tarifvertrag wird verdrängt.[280] Hierfür muss jedoch nicht nur eine räumliche, persönliche, sondern insbesondere auch eine fachliche Überschneidung vorliegen,[281] was infolge der spezifischen Ausrichtung nach Forschungsbereich und Fachrichtung wiederum das Kollisionspotential eingrenzt.

4. Ergebnis

Der Eingriff in die Tarifautonomie nach Art. 9 Abs. 3 GG ist auch unter Berücksichtigung der auf das Hochschulurteil folgenden Judikatur des BVerfG gerechtfertigt. Das Tarifeinheitsgesetz gelangt grundsätzlich zur Anwendung, ist jedoch derzeit mangels bestehenden Tarifvertrags von geringer praktischer Relevanz. Konsequenterweise entfaltet auch das Urteil des BVerfG derzeit keinerlei Auswirkungen auf das WissZVG.

IV. Vereinbarkeit mit Art. 3 Abs. 1 GG

Eine Beeinträchtigung des Gleichheitssatzes aus Art. 3 Abs. 1 GG ist in der Ungleichbehandlung vergleichbarer oder der Gleichbehandlung nicht vergleichbarer Sachverhalte durch dieselbe verantwortliche Stelle zu sehen.[282] Die Vergleichsgruppen müssen dabei im Wesentlichen gleich sein.[283]

1. Vergleichsgruppe staatliche/private Wissenschaftsinstitutionen, sonstige Arbeitgeber

Das Befristungsregime des WissZVG gilt nur für staatlich (anerkannte) Hochschulen und Forschungseinrichtungen, nicht dagegen für private Hochschulen bzw. private Forschungseinrichtungen oder sonstige Arbeitgeber.

a) Andere Arbeitgeber

Der Hintergrund dieser Ungleichbehandlung ist in dem Telos der Befristungsregelungen zu sehen: Die Sicherung der Nachwuchs- und Qualifikationsförderung sowie die Innovation in Forschung und Lehre.[284] Nur eine Institution, die Forschungs- und Wissenschaftsfreiheit im Sinne des Art. 5 Abs. 3 GG selbst

---

280 Ausführlich dazu M/K/S/*Kemper*, Art. 9 III GG Rn. 156.

281 ErfK/*Franzen*, § 4a TVG Rn. 6.

282 Jarass/Pieroth/*Jarass*, Vorb. Art. 1 GG Rn. 31, Art. 3 GG Rn. 10, 13.

283 Jarass/Pieroth/*Jarass*, Art. 3 GG Rn. 11.

284 BT-Drs. 15/4132, S. 17.

gewährleistet, ist befugt, von den Befristungsregelungen Gebrauch zu machen, da hier der Zweck sichergestellt ist. Infolgedessen erfasst der Anwendungsbereich des Gesetzes auch nur wissenschaftliches Personal. Die Ungleichbehandlung ist somit von einem sachlichen Grund gegenüber sonstigen Arbeitgebern getragen.[285] Darüber hinaus haben Hochschulen und staatlich (finanzierte) Forschungseinrichtungen gegenüber privaten Institutionen durch den hohen Anteil an Drittmittelfinanzierungen einen exorbitant schwankenden Personalbedarf, der die Befristung auf Grundlage des § 2 Abs. 2 WissZVG legitimiert.[286] Ein Verstoß gegen Art. 3 Abs. 1 GG liegt innerhalb dieser Vergleichsgruppe nicht vor.

b) Private Wissenschaftsinstitutionen

Auch private Wissenschaftsinstitutionen können solche des tertiären Bildungssektors sein, sind jedoch infolge der verringerten Befristungsmöglichkeiten des TzBfG schlechter gestellt. Diesen obliegt indes nicht die Verpflichtung zur Nachwuchsförderung nach Art. 5 Abs. 3 S. 1 GG wie den staatlichen Institutionen, sodass auch hier ein sachlicher Grund für die Ungleichbehandlung vorliegt.

2. Vergleichsgruppe Teil-/Vollzeitarbeitnehmer

Durch die Nichtanrechnung von befristeten Arbeitsverhältnissen mit weniger als einem Viertel der Arbeitszeit (grundsätzlich 9,625 Stunden bei Angestellten im öffentlichen Dienst, 10 Stunden bei Beamten) auf die Höchstbefristungsdauer gemäß § 2 Abs. 3 S. 1 WissZVG entsteht eine Ungleichbehandlung geringfügig Beschäftigter und jener Beschäftigter, die mehr Stunden arbeiten.[287] Grund der Ungleichbehandlung ist der Umfang, in dem die Qualifizierung vorangetrieben werden kann, zumal geringfügige Beschäftigungsverhältnisse hierfür nach Auffassung des Gesetzgebers nicht geeignet sind.[288] Die Verkürzung der Höchstbefristungsdauer bei geringfügig tätigen Arbeitnehmern wäre daher nicht legitim. Im Unterschied dazu könnten Arbeitnehmer mit einem höheren Arbeitsumfang

---

285 Für die Forschungsfreiheit BAG 19.3.2008, NZA 2009, 84 Rn. 32; Müko-BGB/*Hesse*, § 23 TzBfG Rn. 26; Schaub/*Koch*, § 39 Rn. 26 Fn. 55; A/P/S/*Schmidt*, § 1 WissZVG Rn. 39; **a. A.** *Hirdina*, NZA 2009, 712, 715 („zur besseren Arbeitskostenkalkulation [...] sachwidrig privilegiert").

286 *Preis/Ulber*, Einl. Rn. 1.

287 Für einen Verstoß gegen Art. 3 Abs. 1 GG: *Lehmann-Wandschneider*, Sonderbefristungsrecht, S. 137; ErfK/*Müller-Glöge*, § 2 WissZVG Rn. 14; **a. A.** Geis/*Krause*, § 2 WissZVG Rn. 87.

288 BT-Drs. 16/3438, S. 11.

ihre Qualifizierung fördern, sodass eine Anrechnung an dieser Stelle gerechtfertigt ist. Dass dem Arbeitnehmer in seiner Freizeit mehr Zeit zum Vorantreiben der Qualifizierung bleibt, ist dabei unbeachtlich, da als Maßstab allein der vertraglich gewährleistete Rahmen zur Förderung der Qualifizierung dient.[289] Die Ungleichbehandlung ist daher sachlich gerechtfertigt.[290]

3. Vergleichsgruppe wissenschaftliches/nicht wissenschaftliches Personal

Die unterschiedliche Befristungsmöglichkeit für wissenschaftliches und nicht wissenschaftliches Personal ist durch die Sicherung der Funktionsfähigkeit der Wissenschaft nach Art. 5 Abs. 3 S. 1 GG gerechtfertigt.[291] Das wissenschaftliche Personal ist prägend für Wissenschaft und Forschung, sodass Unterschiede von solcher Art und solchem Gewicht bestehen, die eine Differenzierung rechtfertigen. Dies gilt sowohl gegenüber nicht wissenschaftlichen Arbeitnehmern innerhalb als auch außerhalb von Hochschulen und Forschungseinrichtungen.[292] Darüber hinaus besteht hinsichtlich der Erlangung von Kündigungsschutz keine gleichheitswidrige Privilegierung wissenschaftlichen Personals: Befristet beschäftigte Arbeitnehmer erhalten den gleichen Schutz, eben dieser Kündigungsschutz bewahrt jedoch nicht vor der Beendigung des Arbeitsverhältnisses durch Zeitablauf.[293] In dieser Vergleichsgruppe liegt ebenfalls kein Verstoß gegen Art. 3 Abs. 1 GG vor.

4. Vergleichsgruppe Personal im Sinne der §§ 57a ff. HRG/ wissenschaftliches Personal

Durch das WissZVG wurde der personelle Anwendungsbereich weiter gefasst als zu Zeiten des § 57a HRG, der die Personalkategorien enumerativ festlegte.[294] Konsequenz ist, dass auch Personal mit vermeintlich geringerem Bezug zur

---

289 Geis/*Krause*, § 2 WissZVG Rn. 90 f.

290 Ebenso Geis/*Krause*, § 2 WissZVG Rn. 87; **a. A.** *Lehmann-Wandschneider*, Sonderbefristungsrecht, S. 137; ErfK/*Müller-Glöge*, § 2 WissZVG Rn. 14.

291 BAG 14.2.1996, NZA 1996, 1095, 1096; *Zimmermann*, Drittmittelfinanzierung, S. 95.

292 *Buchner*, RdA 1985, 258, 279.

293 BAG 11.7.2007, BeckRS 2009, 68411; *Lübbert*, WissR 1985, 141, 153 f.

294 Schaub/*Koch*, § 39 Rn. 27 (insbesondere der Eingriff bei Lehrkräften mit besonderen Aufgaben sei mangels Bedürfnisses für ein besonderes Befristungsrecht nicht von Art. 5 Abs. 1 GG gerechtfertigt); **a. A.** *Löwisch*, NZA 2007, 479.

Wissenschaft als das von § 57a HRG vorgesehene dem Befristungsregime des WissZVG unterfällt.

Die grundsätzliche Legitimation des Eingriffs in Art. 3 Abs. 1 GG ergibt sich aus der zugunsten der Hochschulen bestehenden Wissenschaftsfreiheit nach Art. 5 Abs. 3 S. 1 GG. Infolgedessen verlangt das BAG für die Eröffnung des personellen Anwendungsbereichs stets eine wissenschaftliche Tätigkeit.[295] Dies verdeutlichen die umstrittenen Lehrkräfte für besondere Aufgaben, insbesondere die Lektoren, bei denen der Anwendungsbereich nur insoweit eröffnet ist, als sie eine wissenschaftliche Tätigkeit ausüben.[296] Damit besteht stets ein Gleichlauf von eröffnetem personellen Anwendungsbereich und Wissenschaftsfreiheit, sodass auch der Eingriff in Art. 3 Abs. 1 GG für den weiter ausgestalteten Anwendungsbereich gerechtfertigt ist. Der Gleichlauf manifestiert sich zudem normativ, weil nicht wissenschaftliches Personal seit der Novellierung 2016 nicht mehr von der Drittmittelbefristung des § 2 Abs. 2 WissZVG erfasst ist.

V. Ergebnis

An der Verfassungskonformität des WissZVG bestehen auch in materieller Hinsicht keine Bedenken. Sämtliche Eingriffe in Grundrechte sind durch die Wissenschaftsfreiheit nach Art. 5 Abs. 3 S. 1 GG gerechtfertigt.

295 BAG 1.6.2011, NZA 2011, 1280 Rn. 45.

296 BAG 1.6.2011, NZA 2011, 1280 Rn. 45; näher hierzu § 4 B III 1 b) bb).

§ 3 Vereinbarkeit der Befristung nach dem WissZVG mit Unionsrecht

Die unionsrechtlichen Vorgaben haben das deutsche Befristungsrecht maßgeblich beeinflusst. Das Verhältnis von Unionsrecht zu nationalem Recht ist gekennzeichnet durch dessen Anwendungsvorrang, demzufolge mitgliedstaatliches Recht, das gegen europarechtliche Vorschriften verstößt, unanwendbar ist.[297] Damit wird die Durchsetzung des *effet utile* Grundsatzes aus Art. 4 Abs. 3 EUV, also die Verleihung praktischer Wirksamkeit des Unionsrechts, ermöglicht.[298] Dieser Grundsatz erfährt in der praktischen Umsetzung bei Richtlinien jedoch eine Einschränkung, die – aufgrund der hohen Befristungsrelevanz der Richtlinien – unter D zu beleuchten ist. Eine Untersuchung des unionsrechtlichen Fundaments ist somit von elementarer Bedeutung.

A. Die Arbeitnehmerfreizügigkeit nach Art. 45 AEUV

Die Arbeitnehmerfreizügigkeit verbietet gemäß Art. 45 Abs. 2 AEUV eine auf der Staatsangehörigkeit basierende unterschiedliche Behandlung hinsichtlich Beschäftigung, Entlohnung und sonstigen Arbeitsbedingungen. Eine unzulässige mittelbare Diskriminierung nahm der EuGH für die Fremdsprachenlektorenregelung des § 57b Abs. 3 HRG von 1985 an, da diesem zu Folge die Tätigkeit als solche für eine Befristung des Arbeitsverhältnisses reichte und Fremdsprachenlektoren üblicherweise eine fremde Nationalität hatten.[299] Das WissZVG stellt jedoch keinerlei Verknüpfung zur Nationalität der Beschäftigten her und verstößt daher nicht gegen den Grundsatz der Arbeitnehmerfreizügigkeit aus Art. 45 AEUV.[300]

---

297 Riesenhuber/*Köndgen*, Europäische Methodenlehre, § 6 Rn. 11; Calliess/Ruffert/*Ruffert*, Art. 1 EUV Rn. 19.

298 Calliess/Ruffert/*Kahl/Puttler*, Art. 4 EUV Rn. 97.

299 EuGH 20.10.1993 – C-272/92 (*Spotti*), ECLI:EU:C:1993:848 = BeckEuRS 1993, 198144 Rn. 21; 2.8.1993 – C-259/91 (*Allué*), ECLI:EU:C:1993:333 = BeckEuRS 1993, 197879 Rn. 21 zum vorigen Art. 48 EWG.

300 So auch *Raab*, Persönlicher Anwendungsbereich, S. 84.

B. Die Vorgaben der BefristungsRL (RL 1999/70/EG)

I. Regelungsgehalt und Relevanz für das WissZVG

Federführend für das Befristungsrecht ist der Anhang der BefristungsRL, die der Umsetzung einer von den Sozialpartnern EGB, UNICE und CEEP geschlossenen Rahmenvereinbarung dient. Ausgangspunkt der BefristungsRL ist der Sichtweise des EuGH entsprechend[301] das unbefristete Arbeitsverhältnis als Regelfall, wohingegen es sich bei der befristeten Beschäftigung um eine hiervon zulässige Ausnahme handelt.[302] Die Richtlinie bezweckt die Verbesserung der Qualität befristeter Arbeitsverhältnisse zum Schutz betroffener Arbeitnehmer und soll einen Missbrauch durch Kettenbefristungen verhindern.[303]

Gemäß § 2 Nr. 1 Anh. BefristungsRL erstreckt sich der persönliche Anwendungsbereich aus- schließlich auf befristet beschäftigte Arbeitnehmer. Trotz der Besonderheiten im Hochschulbereich und in staatlichen Forschungseinrichtungen findet sich kein Ausnahmetatbestand für Arbeitnehmer des Hochschulbereichs in der BefristungsRL, sodass die Richtlinie auch für diesen Sektor vom Grundsatz des unbefristeten Arbeitsverhältnisses ausgeht. Das befristete Beschäftigungsverhältnis selbst definiert § 3 Nr. 1 Anh. BefristungsRL als ein Arbeitsverhältnis, „dessen Ende durch objektive Bedingungen wie das Erreichen eines bestimmten Datums, die Erfüllung einer bestimmten Aufgabe oder das Eintreten eines bestimmten Ereignisses" gekennzeichnet ist. Die qualitative Verbesserung soll durch das in § 4 Anh. BefristungsRL verankerte Diskriminierungsverbot, das die Schlechterstellung befristet Beschäftigter untersagt, erzielt werden. Kettenbefristungen sollen durch die in § 5 Nr. 1 Anh. BefristungsRL getroffene Verpflichtung der Mitgliedstaaten, aufeinander folgende Beschäftigungsverhältnisse durch das Erfordernis eines *Sachgrunds*, einer *Höchstbefristungsdauer* oder einer *Höchstanzahl* von Befristungen eingegrenzt werden. Nr. 2 des § 5 Anh. BefristungsRL enthält diesbezüglich die Maßgabe, dass die Länder selbst festlegen dürfen, wann „aufeinander folgende" Arbeitsverhältnisse vorliegen. Die Umsetzung eines der drei Mittel ist ausreichend.[304] Der EuGH hat

---

301 EuGH 4.7.2006 – C-212/04 (*Adeneler*), ECLI:EU:C:2006:443 = NZA 2006, 909 Rn. 61; 10.3.2011 – C-109/09 (*Kumpan*), ECLI:EU:C:2011:129 = NZA 2011, 397 Rn. 30; 26.1.2012 – C- 586/10 (*Kücük*), ECLI:EU:C:2012:39 = NZA 2012, 315 Rn. 37; 26.11.2014 – C-22/13, C-61/13, C-62/13, C-63/13, C-418/13 (*Mascolo u. a.*), ECLI:EU:C:2014:2401 = NZA 2015, 153 Rn. 100.

302 Präambel Nr. 6 BefristungsRL.

303 Vgl. § 1 Anh. BefristungsRL, Erwägungsgrund 14 BefristungsRL.

304 L/S/*Schlachter*, § 23 TzBfG, Anh. 2, § 1 WissZVG Rn. 13; H/S/W/*Wank*, § 18 Rn. 275.

darüber hinausgehend in seiner Rechtsprechung das Kriterium der Geeignetheit des Mittels zur Missbrauchsverhinderung hinzugefügt.[305]

Die §§ 6 und 7 des Anhangs der BefristungsRL legen Informations- und Förderungspflichten für den Arbeitgeber fest. In Ergänzung zu Art. 288 Abs. 3 AEUV, Art. 153 AEUV und Art. 2 BefristungsRL bestimmt § 8 des Anhangs der Richtlinie schließlich die Umsetzungsmodalitäten,[306] wobei insbesondere das in § 8 Nr. 1 Anh. BefristungsRL verankerte Günstigkeitsprinzip zu berücksichtigen ist.

Die Umsetzung ins deutsche Recht erfolgte hauptsächlich durch das TzBfG,[307] für den Wissenschaftsbereich im Wege des WissZVG. Zweifelhaft ist, ob die hierin enthaltenen Bestimmungen den Anforderungen der Richtlinie genügen. Zu differenzieren ist zwischen dem ursprünglichen WissZVG vom 18. April 2007 und der seit dem 17. März 2016 geltenden Fassung.

II. Richtlinienkonformität des WissZVG a. F.

Ausgangspunkt des WissZVG ist wie im Unionsrecht das unbefristete Arbeitsverhältnis als Regelfall und das befristete Arbeitsverhältnis als Ausnahme.[308] In der Literatur wird überwiegend die Unionsrechtskonformität des WissZVG vor dem Gesichtspunkt, dass mit der Drittmittelbefristung nach § 2 Abs. 2 WissZVG ein Sachgrund und mit § 2 Abs. 1 WissZVG auch eine Höchstbefristungsdauer festgelegt wurde, bejaht.[309] Die beiden Tatbestände sind getrennt voneinander auf ihre Unionsrechtskonformität hin zu analysieren.

---

305 *Raab*, Persönlicher Anwendungsbereich, S. 81 (unter Verweis auf die vom EuGH geforderte Eignung der gewählten Maßnahme: EuGH 26.1.2012 – C-586/10 (*Kücük*), ECLI:EU:C:2012:39 = NZA 2012, 135 Rn. 26; 3.7.2014 – C-362/16 (*Fiamingo*), ECLI:EU:C:2014:2044 = BeckEuRS 2014, 421917 Rn. 56; 26.11.2014 – C-22/13, C-61/13, C-62/13, C-63/13, C-418/13 (*Mascolo u. a.*), ECLI:EU:C:2014:2401 = NZA 2015, 153 Rn. 74 ff.; EUArbR/*Krebber* Art. 4 RL 1999/70/EG Rn. 14.

306 EUArbR/*Krebber*, Art. 4 RL 1999/70/EG Rn. 14 f.

307 H/S/W/*Wank*, § 18 Rn. 268.

308 Kritisch *Absenger*, ifo Schnelldienst 18/2015, 3.

309 BT-Drs. 16/3438, S. 13; NK-GA/*Boemke*, § 1 WissZVG Rn. 4; *Dörner*, Befristeter Arbeitsvertrag, Rn. 587; Müko-BGB/*Hesse*, § 23 TzBfG Rn. 26; AR/*Löwisch*, § 2 WissZVG Rn. 12; *ders.*, NZA 2007, 479, 482; ErfK/*Müller-Glöge*, § 1 WissZVG Rn. 4; *Preis/Ulber*, § 2 WissZVG Rn. 83; A/P/S/*Schmidt*, § 1 WissZVG Rn. 40; **a. A.** *Hedermann*, ZESAR 2015, 109, 111 ff.; *Hirdina*, NZA 2009, 712, 716; *Raab*, Persönlicher Anwendungsbereich, S. 83; L/S/*Schlachter*, § 23 TzBfG, Anh. 2, § 1 WissZVG Rn. 13 sowie § 2 WissZVG Rn. 19; KR/*Treber*, § 1 WissZVG Rn. 20.

1. Höchstbefristungstatbestand, § 2 Abs. 1 S. 1 WissZVG

a) Regelungskonzept der Norm

Der deutsche Gesetzgeber hat sich mit der Höchstbefristungsdauer einem Mittel zur Missbrauchsbekämpfung im Sinne der BefristungsRL bedient, § 5 Nr. 1 lit. b Anh. BefristungsRL. Das WissZVG sieht in § 2 Abs. 1 S. 1 einen Befristungszeitraum von sechs Jahren vor der Promotion (S. 1) und weiteren sechs Jahren nach der Promotion vor (S. 2). Insgesamt ergibt sich ein Höchstbefristungsfenster von 12 Jahren, das im Bereich der Medizin auf 15 Jahre erweitert wird. Sofern der Maximalzeitraum in der Pre-Doc-Phase nicht vollständig ausgeschöpft wurde, lässt sich die Befristungsdauer in der Post-Doc-Phase entsprechend verlängern. Der Tatbestand normiert eine sachgrundlose Befristung, die Voraussetzung des wissenschaftlichen und künstlerischen Personals dient lediglich dazu, den Anwendungsbereich zu definieren.[310]

§ 2 Abs. 1 S. 1 WissZVG ist bezüglich der Höchstbefristungsdauer jedoch nicht abschließend, sondern steht in einem Wechselwirkungsverhältnis zu den Anrechnungsbestimmungen des § 2 Abs. 3 WissZVG. Gemäß § 2 Abs. 3 S. 2 WissZVG sind die auf Grundlage anderer Rechtsvorschriften abgeschlossenen befristeten Arbeitsverhältnisse zur *Absicherung der Höchstdauer* grundsätzlich anzurechnen. Sofern der Höchstbefristungszeitraum bereits ausgeschöpft ist, bleibt nur die Möglichkeit einer Befristung nach dem TzBfG. Nicht hierauf anzurechnen sind demgegenüber solche Beschäftigungen, deren vertragsmäßiger Umfang ein Viertel der regelmäßigen Arbeitszeit nicht übersteigt (§ 2 Abs. 3 S. 1 WissZVG) sowie vor dem Studienabschluss liegende Beschäftigungszeiten (§ 2 Abs. 3 S. 3 WissZVG). Erstere sind nach Ansicht des Gesetzgebers zu geringfügig, als dass sie der Erreichung einer wissenschaftlichen bzw. künstlerischen Qualifizierung dienen könnten.[311] Vor dem Studienabschluss liegende Beschäftigungsverhältnisse seien mangels hinreichend ausgebildeter Sachkompetenz ebenso wenig geeignet die Qualifikation voranzutreiben.[312] Durch diese Beschäftigungsverhältnisse soll der Befristungszeitraum des § 2 Abs. 1 S. 1 WissZVG nach gesetzgeberischer Intention nicht eingeschränkt werden, da dieser nach der erforderlichen Dauer für die Qualifikationsmöglichkeit ausgerichtet

---

310 *Haratsch/Holljesiefken*, NZA 2008, 207, 209; *Hedermann*, ZESAR 2015, 109, 110; HK-TzBfG/*Joussen*, § 2 WissZVG Rn. 1; ErfK/*Müller-Glöge*, § 2 WissZVG Rn. 1; *Preis/Ulber*, § 1 WissZVG Rn. 19; A/P/S/*Schmidt*, § 2 WissZVG Rn. 2.

311 BT-Drs. 16/3438, S. 11.

312 BT-Drs. 14/6853, S. 30.

ist.[313] Unabhängig von dieser im Kern nachvollziehbaren Zielsetzung ergibt sich jedoch das Problem, dass durch die Nichtanrechnung für die betroffenen Arbeitnehmer keine Befristungsobergrenze mehr besteht.[314] Infolgedessen läuft die Höchstbefristungsdauer vollständig leer.[315]

Aus der Zusammenschau mit der Nichtanrechnungsbestimmung des § 2 Abs. 3 S. 3 WissZVG ergeben sich daher Zweifel an der Verhinderung des Missbrauchs und somit auch an der Unionsrechtskonformität.[316] Praktische Konsequenz ist, dass die Nichtanrechnungsbestimmungen zur Vermeidung von Entfristungsklagen bereits nicht mehr zur Anwendung gelangen.[317]

b) Ansicht der Rechtsprechung

Das BAG vertrat bereits für das HRG die Auffassung, dass sich der nationale Gesetzgeber „durch die Regelung in § 57b Abs. 1 HRG [...] für das Erfordernis einer Höchstbefristungsdauer (§ 5 Abs. 1 lit. b der Rahmenvereinbarung) entschieden“ hat.[318] Ebenso begründet das BAG die Richtlinienkonformität der Höchstbefristungsdauer nach § 2 Abs. 1 S. 1 WissZVG damit, dass es sich um ein Mittel handelt, welches „den Anforderungen von § 5 Abs. 1 lit. b der Rahmenvereinbarung“ entspricht.[319] Nähere Ausführungen hierzu sind seither jedoch unterblieben.[320] Die Anrechnungsbestimmung des § 2 Abs. 3 WissZVG hält das BAG für ein „der rechtsmissbräuchlichen Inanspruchnahme der Sonderbefristungstatbestände nach dem WissZVG“ entgegenwirkende Maßnahme.[321] Zu den anrechnungsfreien Beschäftigungen hat das BAG indes noch nicht gesondert Stellung bezogen.[322] Es ist davon auszugehen, dass das BAG diese ebenfalls für

---

313 BT-Drs. 16/3438, S. 11.

314 *Hedermann*, ZESAR 2015, 109, 111; L/S/*Schlachter*, § 23 TzBfG, Anh. 2, § 2 WissZVG Rn. 19; *Stumpf*, NZA 2015, 326, 328.

315 *Stumpf*, NZA 2015, 326, 329.

316 L/S/*Schlachter*, § 23 TzBfG, Anh. 2, § 2 WissZVG Rn. 19; *Stumpf*, NZA 2015, 326, 328 (Widerspruch zum Richtlinienziel).

317 *Stumpf*, NZA 2015, 326.

318 BAG 21.6.2006, NZA 2007, 209 Rn. 47; 11.7.2007, BeckRS 2009, 68411; 19.3.2008, NZA 2009, 84 Rn. 42, 44; 23.3.2016, NZA 2016, 954 Rn. 33.

319 BAG 21.6.2006, NZA 2007, 209 Rn. 46; 11.7.2007, BeckRS 2009, 65946; 19.3.2008, NZA 2009, 84 Rn. 44 (für § 57b Abs. 1 HRG); 24.8.2011, NZA 2012, 385 Rn. 35; 23.3.2016, NZA 2016, 954 Rn. 33.

320 BAG 9.12.2015, NZA 2016, 552 Rn. 43; 23.3.2016, NZA 2016, 954 Rn. 33.

321 BAG 24.8.2011, NZA 2012, 385 Rn. 35; 23.3.2016, NZA 2016, 954 Rn. 33.

322 Offen gelassen BAG 8.6.2016, NZA 2017, 189 Rn. 23; 27.9.2017, BeckRS 2017, 139333 Rn. 19.

unionsrechtskonform erachtet, da es sich bei der Anrechnung implizit auf § 2 Abs. 3 WissZVG insgesamt bezogen hat.[323]

c) Ansicht der Literatur

In der Literatur werden abhängig vom jeweiligen Nichtanrechnungstatbestand und der Betrachtungsweise unterschiedliche Ansichten vertreten. Teilweise wird aber auch ohne Differenzierung zwischen den verschiedenen Nichtanrechnungsvorschriften eine Vereinbarkeit mit Unionsrecht angenommen.[324] *Lakies* kritisiert unabhängig von der Anrechnung, dass durch den langen Zeitraum das unbefristete Arbeitsverhältnis als Regelfall ausgehebelt würde, und kommt so allein auf Grundlage des § 2 Abs. 1 S. 1 WissZVG zu einer Unionsrechtswidrigkeit.[325]

aa) Nichtanrechnung geringfügiger Beschäftigungsverhältnisse, § 2 Abs. 3 S. 1 WissZVG

Die Nichtanrechnung der Beschäftigungszeiten, deren vertragsmäßiger Umfang ein Viertel der regelmäßigen Arbeitszeit nicht übersteigt, sei „verbindlich und pauschal“[326] und umgehe mangels zusätzlicher Begrenzung die Höchstbefristungsdauer. Aufeinanderfolgende, sachgrundlose Befristungen werden hierdurch nicht verhindert, sondern faktisch grenzenlos ermöglicht. Befristungen seien somit nach vereinzelt vertretener Auffassung nicht nur schrankenlos,

---

323 BAG 24.8.2011, NZA 2012, 385 Rn. 35; 23.3.2016, NZA 2016, 954 Rn. 33.

324 Zu § 57a Abs. 1 S. 1 HRG *Kersten*, DÖD 2002, 682, 684; *Kortstock*, ZTR 2007, 2, 10; wohl EUArbR/*Krebber*, Anh. § 5 RL 1999/70/EG Rn. 51; *Lakies*, ZTR 2002, 250, 251; *Preis/Hausch*, NJW 2002, 927, 928; Dieterich/Preis/*Preis*, S. 42 ff.; zum WissZVG: Müko-BGB/*Hesse*, § 23 TzBfG Rn. 26 (allerdings kritisch bezüglich § 2 Abs. 3 S. 1 WissZVG: „zeitliche Begrenzung [ ] unterlaufen werden kann“); Geis/*Krause*, WissZVG Einf. Rn. 22; A/P/S/*Schmidt*, § 1 WissZVG Rn. 40; KR/*Treber*, § 1 WissZVG Rn. 18.

325 *Lakies*, ZTR 2002, 250, 251; *ders.*, Leitfaden, Rn. 404; in diese Richtung auch D/D/Z/*Nebe*, WissZVG Vorb. Rn. 8a („Ob von einer durch die Richtlinie 1999/70/EG gewollten Begrenzung noch die Rede sein kann, wenn der fragliche Zeitraum ein Drittel oder gar die Hälfte des Arbeitslebens der Betroffenen ausmacht“); zweifelnd auch *Hirdina*, NZA 2009, 712, 715; Geis/*Krause*, WissZVG Einf. Rn. 22 (i. E. aber wegen der großzügigen unionsrechtlichen Vorgaben nicht unzulässig); so bereits *Bauschke*, ZTR 1998, 49, 54.

326 *Hedermann*, ZESAR 2015, 109, 111; *Stumpf*, NZA 2015, 326, 329; **a. A.** *Reich*, HRG, § 2 WissZVG Rn. 9 („Müssen nicht angerechnet werden, können es aber, weil es in Satz 1 um die Verhinderung der Überschreitung einer Höchstgrenze geht“).

sondern auch grundlos[327] möglich. Daher wird vertreten, dass ein Verstoß gegen die BefristungsRL vorliegt.[328]

Vereinzelt wird in Erwägung gezogen, dass dennoch Einklang mit der Richtlinie hergestellt werden könnte, indem angenommen wird, dass die BefristungsRL selbst eine solche Ausnahmeregelung zulasse.[329] Die Richtlinie sieht für geringfügige Beschäftigungen zwar keine explizite Sonderregelung vor, lässt aber in § 8 Nr. 1 Anh. BefristungsRL als Umsetzungsmodalität „günstigere Bestimmungen" für den Arbeitnehmer zu. *Prima facie* könnte es günstiger für die betroffenen Arbeitnehmer sein, dass ihnen – unabhängig von ihrer geringfügigen oder studentischen Tätigkeit – die vollen sechs Jahre für die Qualifizierung verbleiben. Eine derartige Auslegung divergiert jedoch mit den Zielen der BefristungsRL, die lange, aufeinanderfolgende sachgrundlose Befristungen zu verhindern sucht. Dies wird hier vom deutschen Gesetzgeber nicht berücksichtigt, sondern ganz im Gegenteil noch erleichtert. Folglich ist die Regelung nicht günstiger für den Arbeitnehmer.

---

327 *Mandler/Meißner*, OdW 2016, 33, 46 (Die vermeintliche Rechtfertigung, die Qualifizierung könne nicht signifikant vorangetrieben werden erscheine fragwürdig, zumal gerade bei einem geringen Arbeitsumfang mehr Freiraum zur Qualifizierung bleibt; dem ist entgegenzuhalten, dass der Gesetzgeber von dem gesetzlich verankerten Anteil der Arbeitszeit für die Qualifizierung ausgeht, dieser ist bei bspw. 1/3 von 40 Arbeitsstunden deutlich geringer als bei 1/3 von 10 Arbeitsstunden, sodass die Begründung insoweit nicht zu beanstanden ist); *Preis/Ulber*, § 2 WissZVG Rn. 138 (wendet gegen eine derartige Einzelfallbetrachtung die Rechtsunsicherheit ein); Ausnahme Beginn der Promotion, *Preis/Ulber*, § 2 WissZVG Rn. 137, 149 (für studentische Mitarbeiter).

328 *Hedermann*, ZESAR 2015, 109, 111; *Kortstock*, ZTR 2007, 350, 353, 355 (erhebliche Zweifel); Geis/*Krause*, § 2 WissZVG Rn. 92 (Ausnahme: Nebenbeschäftigungen als besondere Arbeitnehmerkategorie der BefristungsRL); *Lehmann-Wandschneider*, Sonderbefristungsrecht, S. 141; *Meißner*, Hochschulbefristungsrecht, S. 126; ErfK/*Müller-Glöge*, § 2 WissZVG Rn. 14; D/D/Z/*Nebe*, § 2 WissZVG Rn. 22; *Preis/Ulber*, § 2 WissZVG Rn. 139 (bedenklich, aber richtlinienkonforme Auslegung möglich); L/S/*Schlachter*, § 23 TzBfG, Anh. 2, § 2 WissZVG Rn. 19; *Stumpf*, NZA 2015, 326, 329; bedenklich KR/*Treber*, § 2 WissZVG Rn. 68 (aber unionrechtskonforme Anwendung von § 2 Abs. 3 S. 1 WissZVG möglich); **a. A.** AR/*Löwisch*, § 2 WissZVG Rn. 6 (trägt besonderen Anforderungen einer Arbeitnehmerkategorie im Sinne der Richtlinie Rechnung); wohl auch A/G/*Rambach*, § 1 WissZVG Rn. 17, § 2 WissZVG Rn. 35 (im Zusammenhang mit den vor der Novellierung hierunter fallenden studentischen Hilfskräften „praktisch aber wohl keine oder nur in extremen Ausnahmefällen Auswirkungen", da Entfristungsklagen hier praktisch keine Rolle spielten); offen BAG 8.6.2016, NZA 2017, 189 Rn. 23.

329 *Stumpf*, NZA 2015, 326, 329.

Die befristete Beschäftigung könnte aber im Verhältnis zur Arbeitslosigkeit einen günstigeren Zustand darstellen. Eine Subsumtion der Befristung als günstigere Bestimmung würde allerdings jede irgendwie geartete Befristung rechtfertigen, es entfiele schlussendlich jeglicher Schutz des Arbeitnehmers vor Missbrauch.[330] Dagegen spricht weiterhin, dass bezüglich der Günstigkeit eine rechtliche Betrachtungsweise und keine tatsächliche maßgeblich ist,[331] sodass § 2 Abs. 3 S. 1 WissZVG weder den Richtlinienanforderungen genügt noch als günstigere Bestimmung im Sinne des § 8 Nr. 1 Anh. BefristungsRL zulässig ist. Die Norm ist folglich mit Unionsrecht nicht vereinbar.

Möglich bleibt nach *Preis* eine dahingehende „richtlinienkonforme Auslegung", die Anwendung der Norm zu versagen, sofern dadurch europarechtswidrige Ergebnisse hervorgerufen werden.[332]

Stumpf erwägt zur Herstellung von Unionsrechtskonformität eine Anrechnung über tatsächlich geleistete Stundenzahlen bei Arbeitnehmern eines geringfügigen Arbeitsverhältnisses.[333] Er lehnt diese aber unter Verweis auf die Ziele der BefristungsRL, die hierdurch konterkariert würden, selbst ab: Ad absurdum geführt könnte ein Arbeitnehmer, der eine von 40 Wochenstunden arbeitet 40 Jahre befristet beschäftigt werden, bevor er die Höchstbefristungsgrenze erreicht.[334]

bb) Nichtanrechnung studienbegleitender Beschäftigungsverhältnisse, § 2 Abs. 3 S. 3 WissZVG[335]

Die Nichtanrechnung der vor dem Studienabschluss liegenden Beschäftigungszeiten ist ebenso verbindlich und pauschal wie der Tatbestand des § 2 Abs. 3 S. 1 WissZVG und verhindert keine aufeinanderfolgenden, sachgrundlos befristeten Beschäftigungsverhältnisse, sodass auch hier die Unionsrechtswidrigkeit nahe

---

330 *Hedermann*, ZESAR 2015, 109, 111; *Preis/Ulber*, § 2 WissZVG Rn. 140; *Stumpf*, NZA 2015, 326, 329; H/S/W/*Wank*, § 18 Rn. 279 (für § 14 Abs. 3 TzBfG).

331 *Hedermann*, ZESAR 2015, 109, 111.

332 *Preis/Ulber*, § 2 WissZVG Rn. 141; ihm folgend *Lehmann-Wandschneider*, Sonderbefristungsrecht, S. 147; ebenso KR/*Treber*, § 2 WissZVG Rn. 68; **a. A.** TK-TzBfG/*Sievers*, Anh. 7 Rn. 49: Anrechnung stets unabhängig vom Arbeitsumfang.

333 *Stumpf*, NZA 2015, 326, 329.

334 *Stumpf*, NZA 2015, 326, 329.

335 Obgleich kaum ein eigenständiger Anwendungsbereich besteht, da all jene bereits von § 2 Abs. 3 S. 1 WissZVG erfasst sind, erübrigt sich die mögliche Unionsrechtswidrigkeit nicht, vgl. *Hedermann*, ZESAR 2015, 109, 111; *Preis/Ulber*, § 2 WissZVG Rn. 145; *Stumpf*, NZA 2015, 326, 330.

liegt. Es werden allerdings, je nach Betrachtungsweise, verschiedene Auffassungen in der Literatur vertreten.

(1) Vertretene Sichtweisen

Vertreten wird einerseits, dass § 2 Abs. 3 S. 3 WissZVG die befristeten Arbeitsverhältnisse aus dem Anwendungsbereich des § 2 Abs. 1 S. 1 WissZVG herausnimmt (sog. ex ante Perspektive),[336] und andererseits, dass § 2 Abs. 3 S. 3 WissZVG eine reine Nichtanrechnungsklausel darstellt (sog. ex post Perspektive oder „6+6+6er-Modell")[337]. Die vorherrschend von *Preis* vertretene ex ante Perspektive geht davon aus, dass die sechsjährige Höchstbefristungsdauer vor Studienabschluss von vornherein (daher die Bezeichnung „ex ante") *nicht in Gang gesetzt* wird, sodass faktisch betrachtet eine endlose Befristung möglich und die Norm unionsrechtswidrig ist. Durch die damit einhergehende Nichtanwendbarkeit der Norm verkürze sich die Qualifizierungsphase und stelle studentische Hilfskräfte schlechter.[338]

Die Gegenauffassung geht davon aus, dass die Sechsjahresdauer des § 2 Abs. 1 S. 1 WissZVG aufgrund des eröffneten Anwendungsbereichs zu laufen beginnt und § 2 Abs. 3 S. 3 WissZVG erst *nach* Fristablauf zur Anwendung gelangt und sodann die Nichtanrechnung bewirkt.[339] Hierdurch verlängere sich die Höchstbefristungsdauer auf 18 Jahre, es bleibt bei einem wirksamen Mittel im Sinne der Richtlinie, sodass die Unionsrechtskonformität gewährleistet ist.[340]

(2) Stellungnahme

(a) Grammatikalische Auslegung

Der Wortlaut des § 2 Abs. 1 S. 1 WissZVG unterscheidet nur zwischen promoviertem und nicht promoviertem Personal, Raum für eine dritte Kategorie („vor

336 *Hedermann*, ZESAR 2015, 109, 112; *Preis*, § 2 WissZVG Rn. 111; *ders./Ulber*, § 2 WissZVG Rn. 140 ff.; *Lehmann-Wandschneider*, Sonderbefristungsrecht, S. 146.

337 NK-GA/*Boemke*, § 2 WissZVG Rn. 39; *Haratsch/Holljesiefken*, NZA 2008, 207, 210; MüKo-BGB/*Hesse*, § 23 TzBfG Rn. 43; *Kortstock*, ZTR 2007, 350, 353 („Zäsur"); Geis/*Krause*, § 2 WissZVG Rn. 95; AR/*Löwisch*, § 2 WissZVG Rn. 7; *ders.*, NZA 2007, 479, 480; ErfK/*Müller-Glöge*, § 2 WissZVG Rn. 13; D/D/Z/*Nebe*, § 1 WissZVG Rn. 11a (teleologische Reduktion der Nichtanrechnungsregel); *Oetker*, in: FS v. Hoyningen-Huene, 335, 342 ff.; *Raab*, Persönlicher Anwendungsbereich, S. 82; A/P/S/*Schmidt*, § 2 WissZVG Rn. 49; *Stumpf*, NZA 2015, 326, 330; KR/*Treber*, § 2 WissZVG Rn. 68; nunmehr auch *Preis/Ulber*, § 2 WissZVG Rn. 146.

338 *Preis*, § 2 WissZVG Rn. 122.

339 Statt aller *Haratsch/Holljesiefken*, NZA 2008, 207, 210.

340 Statt aller *Haratsch/Holljesiefken*, NZA 2008, 207, 210.

Studienabschluss“) scheint hier nicht zu sein, was eine ex-ante Betrachtung stützt.[341] Allerdings kann der Betroffene die erste Phase zwei Mal in Anspruch nehmen, sodass das zweistufige Modell ausreicht und eine dritte Kategorie von vornherein nicht erforderlich ist.[342] Der Ausdruck „*vor* dem Abschluss eines Studiums“ indiziert, dass der betroffene Arbeitnehmer zur Anrechnungszeit bereits das Studium abgeschlossen hat und begünstigt somit eine ex post Betrachtungsweise,[343] andernfalls hätte der Gesetzgeber die Formulierung „während“ nehmen müssen[344]. Auch der Verweis auf die „nach Absatz 1 zulässige Befristungsdauer“ zeigt, dass die Befristung studentischer Hilfskräfte vom Gesetzgeber vorausgesetzt wird.[345] Der Wortsinn des Anrechnungsbegriffs selbst spricht ebenfalls für die ex post Sichtweise, da diese logisch betrachtet erst möglich ist, wenn eine Frist bereits in Gang gesetzt wurde.[346] Die grammatikalische Auslegung stützt folglich überwiegend die ex post Betrachtung.

(b) Systematische Auslegung

Systematisch betrachtet hat der Gesetzgeber im WissZVG diverse Ausnahmeregelungen wie die längere Höchstbefristungsdauer in der Medizin, § 2 Abs. 1 S. 2 WissZVG oder die Anrechnungsfreiheit geringfügiger Beschäftigungsverhältnisse in § 2 Abs. 3 S. 1 WissZVG geschaffen. Hätten studentische Hilfskräfte dem Fristenregime des § 2 Abs. 1 WissZVG entzogen werden sollen, so wäre zu erwarten gewesen, dass der Gesetzgeber dies im Wege einer weiteren Ausnahme explizit geregelt hätte.[347] Mangels Sonderregelung für studentische Hilfskräfte ist jedoch davon auszugehen, dass diese dem § 2 Abs. I WissZVG als wissenschaftliches Personal unterfallen sollen, sodass die Systematik ebenfalls für die ex post Betrachtung spricht.

(c) Teleologische Auslegung

Der Zweck der Nichtanrechnung des § 2 Abs. 3 WissZVG, die Erhaltung des gesamten Qualifizierungsrahmens, wird wegen des Anwendungsvorrangs des

341 *Hedermann*, ZESAR 2015, 109, 112; *Preis*, § 2 WissZVG Rn. 110; soweit auch *Stumpf*, NZA 2015, 326, 331.

342 *Stumpf*, NZA 2015, 326, 331.

343 *Haratsch/Holljesiefken*, NZA 2008, 207, 210; *Stumpf*, NZA 2015, 326, 331.

344 *Stumpf*, NZA 2015, 326, 331.

345 *Haratsch/Holljesiefken*, NZA 2008, 207, 210.

346 *Stumpf*, NZA 2015, 326, 331.

347 *Haratsch/Holljesiefken*, NZA 2008, 207, 210; *Stumpf*, NZA 2015, 326, 332 (verweist auf die bewusste Inbezugnahme studentischer Hilfskräfte in den Anwendungsbereich des § 2 Abs. 1 WissZVG); vgl. BT-Drs. 16/4043, S. 5.

Unionsrechts nur durch die ex post Sichtweise erreicht. Telos des WissZVG war weiterhin, im Einklang mit der Richtlinie Kettenbefristungen zu verhindern und Höchstbefristungsdauern für das gesamte wissenschaftliche Personal unterhalb der Hochschullehrerebene festzusetzen. Dies würde mit der ex ante Perspektive ebenso wenig erreicht, da der Gesetzgeber dann selbst vorsähe, dass studentische Hilfskräfte vom Sonderbefristungsrecht ausgenommen wären.[348] Daher streitet auch die teleologische Auslegung für die nachträgliche sechsjährige Anrechnung.

(d) Historische Auslegung

Aus dem rechtsgeschichtlichen Zusammenhang ergibt sich, dass der Gesetzgeber das Regelungskonzept der Vorgängerregelung im HRG für studentische Hilfskräfte aufrechterhalten[349] und nur im Rahmen des Erforderlichen[350] modifizieren wollte. Zuvor bestanden separat ein Befristungstatbestand und eine Nichtanrechnungsbestimmung für studentische Hilfskräfte in § 57b Abs. 1 HRG a. F.[351] Dies spricht dafür, dass der Gesetzgeber den Befristungstatbestand nur auf § 2 Abs. 1 S. 1 WissZVG verlagert hat und eine 18-jährige Höchstbefristungsdauer infolge der Nichtanrechnung erreichen wollte. Hiergegen lässt sich wiederum einwenden, dass der Gesetzgeber möglicherweise *bewusst* auf eine derartige Regelung verzichtet hat.[352] Schließlich ist aber für eine ex post Betrachtungsweise vorzubringen, dass der Gesetzgeber eine richtlinienkonforme Regelung anstrebte[353] und damit keine grenzenlose Nichtanrechnung gewollt haben kann.

(e) Ergebnis

Die Auslegung spricht trotz des vermeintlich offenen Wortlauts für die ex post Betrachtungsweise. Die Nichtanrechnungsklausel des § 2 Abs. 3 S. 3 WissZVG bewirkt mithin eine Modifikation der Höchstbefristungsdauer von 12 auf 18 Jahre, sodass keine unionsrechtskonforme Auslegung erforderlich ist, da § 5 Nr. 1 lit. b Anh. BefristungsRL keine absolute Obergrenze für eine Höchstbefristungsdauer

---

348 *Stumpf*, NZA 2015, 326, 332.

349 *Preis/Ulber*, § 2 WissZVG Rn. 140 ff.; *Stumpf*, NZA 2015, 326, 332.

350 Infolge der BVerfG Entscheidung 27.7.2004, BVerfGE 111, 226; aber auch bzgl. des Bedürfnisses nach adäquater Drittmittelbefristung.

351 Gemeint ist die Fassung des HRG v. 27.12.2004.

352 *Hedermann*, ZESAR 2015, 109, 112; **a. A**: *Haratsch/Holljesiefken*, NZA 2008, 207, 210; *Löwisch*, NZA 2007, 470, 480.

353 *Haratsch/Holljesiefken*, NZA 2008, 207, 210.

festgelegt. Die Regelung des § 2 Abs. 1 S. 1 WissZVG i. V. m. § 2 Abs. 3 S. 3 WissZVG genügt demnach den Anforderungen der Richtlinie.[354]

d) Abschließende Stellungnahme

Die Höchstbefristungsdauer des § 2 Abs. 1 S. 1 WissZVG als solche ist mit dem Unionsrecht vereinbar. Die BefristungsRL liefert selbst keine konkreten Anhaltspunkte oder Einschränkungen für diese und zieht nur hinsichtlich der absoluten Ungeeignetheit des Mittels und beim Rechtsmissbrauch eine Grenze. Das große Zeitfenster des WissZVG basiert nicht auf Willkür, sondern auf Erfahrungswerten der Qualifikationsdauer aus Wissenschaft und Forschung.[355] Insbesondere begrüßenswert ist die Anrechnungsbestimmung befristeter Arbeitsverhältnisse des § 2 Abs. 3 S. 1 WissZVG, welche die Höchstbefristung absichert. Die ebenso in § 2 Abs. 3 S. 1 WissZVG enthaltene Nichtanrechnung geringfügiger Beschäftigungsverhältnisse ist zwar von der Zielsetzung her nachvollziehbar, unterläuft aber in der konkreten Ausgestaltung ohne jegliche Grenzziehung die Höchstbefristungsdauer und ist infolgedessen unionsrechtswidrig. Die von *Preis* vertretene „unionsrechtskonforme Auslegung" des § 2 Abs. 3 S. 1 WissZVG ist abzulehnen, da sie die Grenze der richtlinienkonformen Auslegung überschreitet. Diese ist im durch Wortlaut und Telos zu ermittelnden Wortsinn zu sehen.[356] Der Vorschlag stellt keine konforme Auslegung im eigentlichen Sinn dar, sondern generiert ergebnisorientiert die Anwendung. Auch die von *Stumpf* in Erwägung gezogene stundenweise Anrechnung befristeter Beschäftigungsverhältnisse ist infolge der kuriosen Ergebnisse abzulehnen.

In Abgrenzung zu § 2 Abs. 3 S. 1 WissZVG ist die Nichtanrechnung studienbegleitender Beschäftigungen nach § 2 Abs. 3 S. 3 WissZVG dahingehend auszulegen, dass der Gesetzgeber nur die Höchstbefristungsdauer auf 18 Jahre erweitern wollte. Die von *Preis* aufgezeigte Benachteiligung studentischer Hilfskräfte infolge der durch Unionsrechtswidrigkeit bedingten Nichtanwendbarkeit der Norm kann vom Gesetzgeber nicht beabsichtigt worden sein. Die Höchstbefristungsdauer ist somit nur teilweise für unionsrechtskonform zu erachten.[357]

---

354 I. E. ebenso *Stumpf*, NZA 2015, 326, 332 (analoge Anwendung von § 2 Nr. 2 des Anhangs der BefristungsRL Studierende aufgrund der vergleichbaren Stellung zu Auszubildenden als Ausnahme, sodass die Unionsrechtskonformität vorliegt).

355 Ebenso KR/*Treber*, § 1 WissZVG Rn. 19.

356 BVerfG 1.7.1980, BVerfGE 54, 277, 299 f.; Riesenhuber/*Roth/Jopen*, Europäische Methodenlehre, § 13 Rn. 46.

357 Zu den Auswirkungen unter § 3 D.

2. Drittmittelbefristung, § 2 Abs. 2 WissZVG a. F.

In § 2 Abs. 2 WissZVG a. F. war die Befristung wissenschaftlichen und nicht wissenschaftlichen Personals an das Erfordernis der Drittmittelfinanzierung, also einen Sachgrund, gebunden. Voraussetzung eines Drittmittels war und ist immer noch, dass es der Institution zweckgebunden von Dritten für einen begrenzten Zeitraum zur Verfügung gestellt[358] und der Arbeitnehmer hieraus vergütet wird[359]. Erforderlich war und ist weiter die „hinlängliche Gewissheit" über dessen Fortfall[360] sowie eine dem Zweck des Drittmittelprojekts entsprechende Beschäftigung, die das Arbeitsverhältnis prägt[361]. Eine Begrenzung der Anzahl hierauf gestützter Verträge sah das Gesetz ebenso wenig vor wie eine temporale Einschränkung des Befristungszeitraums.

a) Meinungsstand

Als Sachgrund im Sinne des § 5 Nr. 1 lit. a Anh. BefristungsRL wird die Drittmittelbefristung von der ganz herrschenden Literatur für unionsrechtskonform erachtet.[362] Teilweise werden dennoch insoweit Bedenken vorgebracht, als die Gefahr von Kettenbefristungen bei weiterer Drittmittelakquise besteht, da die Vertragsanzahl unbegrenzt ist.[363]

Eine ausführliche höchstrichterliche Stellungnahme zur Drittmittelbefristung nach § 2 Abs. 2 WissZVG ist bislang nicht erfolgt. Das BAG geht zwar

---

358 *Preis/Ulber*, § 2 WissZVG Rn. 102 ff.; näher hierzu § 5 C III 1.

359 ErfK/*Müller-Glöge*, § 2 WissZVG Rn. 11; *Hedermann*, ZESAR 2015, 109, 111.

360 BAG 13.2.2013, NZA 2013, 1271 Rn. 32.

361 Vgl. § 2 Abs. 2 WissZVG „überwiegend der Zweckbestimmung entsprechend"; statt aller A/P/S/*Schmidt*, § 2 WissZVG Rn. 34.

362 BAG 13.2.2013, NZA 2013, 1271 Rn. 33; Brüggen/*Brüggen/Birkenbusch*, Rn. 1580; *Hedermann*, ZESAR 2015, 109, 112; *Kortstock*, ZTR 2007, 2, 10; *Löwisch*, NZA 2007, 479, 482; AR/*ders.*, § 2 WissZVG Rn. 12; wohl D/D/Z/*Nebe*, Vorb. WissZVG Rn. 7; *Preis/Ulber*, § 2 WissZVG Rn. 83 (dennoch restriktive Interpretation im Lichte des Unionsrechts); *Thüsing/Fütterer/Thieken*, ZfA 2014, 3, 12, 26.

363 *Brose*, EuZA 2017, 256, 258, 263; *Dörner*, Befristeter Arbeitsvertrag, Rn. 529; *Hirdina*, NZA 2009, 712, 715 („bis zu seiner Pensionierung weiterbeschäftigt"); Geis/*Krause*, WissZVG Einf. Rn. 23, § 2 WissZVG Rn. 61 („problematisch ist nicht die einzelne Drittmittelbefristung, sondern die Grenzenlosigkeit in zeitlicher Hinsicht"); wohl auch A/G/*Rambach*, § 2 WissZVG Rn. 53; KR/*Treber*, § 1 WissZVG Rn. 20; EUArbR/*Krebber*, Anh. § 5 RL 1999/70/EG Rn. 51; *ders.*, EuZA 2017, 3, 19 (unionsrechtswidrig, da Drittmittel aus staatlichen Haushalten erfasst sind und das Unionsrecht den Mitgliedstaat umfassend ohne diesbezügliche Differeinzierungen versteht).

in ständiger Rechtsprechung[364] von der Richtlinienkonformität des WissZVG aus, äußert sich hierzu jedoch nur beiläufig. Für die Befristungsregelungen in §§ 57b Abs. 1, 57d, 57f Abs. 2 S. 1 HRG bezog das BAG wie folgt Stellung: „Die hochschulrahmenrechtlichen Befristungsvorschriften sind nicht gemeinschaftswidrig. Sie sind mit den Richtlinien 1999/70/EG und 2000/78/EG vereinbar".[365] Zum Drittmittelbefristungstatbestand des WissZVG im Besonderen hat sich das BAG allerdings nur dahingehend geäußert, dass eine zu weite Auslegung des § 2 Abs. 2 S. 1 WissZVG dem Richtlinienziel der Missbrauchsverhinderung nicht gerecht wird.[366] Dieser Aussage lässt sich der Umkehrschluss einer *grundsätzlichen* Unionsrechtskonformität entnehmen, die somit nur im Ausnahmefall der zu weiten Auslegung nicht gilt.

b) Stellungnahme

Das WissZVG bedient sich mit der Drittmittelbefristung zwar eines der von der Richtlinie vorgesehenen Mittels, daraus bereits die Konformität der Norm zu folgern, würde aber insbesondere in Anbetracht des Geeignetheitserfordernisses des EuGH zu kurz greifen. Erforderlich ist daher die Ermittlung der konkreten Anforderungen an die Missbrauchsbekämpfung im Wege der *Richtlinienauslegung.*

In grammatikalischer Hinsicht ist die Richtlinie auf die von ihr selbst vorgegebenen Mittel begrenzt und schweigt bezüglich ihrer Tauglichkeit. Dem Schweigen zu anderen Befristungsmitteln als *rechtliches Nullum* könnte kein Erklärungsgehalt innewohnen, sofern der europäische Gesetzgeber den Mitgliedstaaten bewusst einen Gestaltungsspielraum lassen wollte. Unter Würdigung der historischen und teleologischen Aspekte steht insbesondere die Verhinderung von Kettenbefristungen im Vordergrund. Dies legitimiert es, im Lichte des *effet utile Grundsatzes* weitere Anforderungen an den Sachgrund zu stellen, sodass das unbefristete Arbeitsverhältnis als übliche Beschäftigungsform nicht ausgehebelt wird. Konsequenterweise verlangt der EuGH für den Sachgrund „konkrete Umstände, die eine bestimmte Tätigkeit kennzeichnen und daher in diesem speziellen Zusammenhang die Verwendung aufeinanderfolgender

---

364 BAG 24.8.2011, NZA 2012, 385 Rn. 35; 9.12.2015, NZA 2016, 552 Rn. 43; 23.3.2016, NZA 2016, 954 Rn. 33; 8.6.2016, NZA 2016, 1463 Rn. 37; 8.6.2016, NZA 2017, 189 Rn. 21.

365 BAG 21.6.2006, NZA 2007, 209 Rn. 47; 11.7.2007, BeckRS 2009, 68411; 19.3.2008, NZA 2009, 84 Rn. 42, 44; 23.3.2016, NZA 2016, 954 Rn. 33.

366 BAG 13.2.2013, NZA 2013, 1271 Rn. 33.

befristeter Arbeitsverträge rechtfertigen können".[367] Kurz: Es muss ein innerer Zusammenhang zwischen Sachgrund und Befristungserfordernis bestehen.[368] Insgesamt betrachtet ist der EuGH jedoch mild,[369] da das Konnexitätserfordernis nicht zwingend ist, es aber „vor allem" die Inanspruchnahme des befristeten Arbeitsverhältnisses rechtfertigt[370]. Zumindest gibt der EuGH eine zwingende Untergrenze vor, die erst erreicht ist, wenn überhaupt keine konkreten Gründe vorliegen.[371] Auch der Richtlinie sind keine weiteren Anhaltspunkte mehr zu entnehmen, sodass als Maßstab auf die Rechtsprechung des EuGH abzustellen ist.

Die Drittmittelbefristung stellt einen konkreten Grund für die Befristung dar, der den vom EuGH gestellten Anforderungen an die Tauglichkeit des Mittels grundsätzlich genügt. Dass es ausreicht, wenn der betroffene Arbeitnehmer zu 50,1 % am Drittmittelprojekt beschäftigt ist,[372] während er zu 49,9 % für anderweitige Daueraufgaben eingesetzt werden kann, ist dennoch als kritisch zu bewerten. Damit ist zwar dem Gesetzeswortlaut Genüge getan, die Anforderungen an den Sachgrund liegen dennoch verhältnismäßig niedrig, sodass die Kettenbefristungsgefahr nicht hinreichend eingedämmt sein könnte.[373] Weder der

---

367 EuGH 4.7.2006 – C-212/04 (*Adeneler*), ECLI:EU:C:2006:443 = NZA 2006, 909 Rn. 69; 23.4.2009 – C-378, 379, 380/07 (*Angelidaki*), ECLI:EU:C:2007:675 = BeckRS 2009, 70428 Rn. 96; 26.1.2012 – C-586/10 (*Kücük*), ECLI:EU:C:2012:39 = NZA 2012, 135 Rn. 27; 26.11.2014 – C-22/13, C-61/13, C-62/13, C-63/13, C-418/13 (*Mascolo u. a.*), ECLI:EU:C:2014:2401 = NZA 2015, 153 Rn. 87; 14.9.2016 – C-16/15 (*Pérez López*), ECLI:EU:C:2016:679 = NZA 2016, 1265 Rn. 38.

368 EUArbR/*Krebber*, RL 1999/70/EG Anh. § 5 Rn. 17; *ders.*, EuZA 2017, 3, 8.

369 EuGH 22.11.2005 – C-144/04 (*Mangold/Helm*), ECLI:EU:C:2005:709 = NZA 2005, 1345 Rn. 54 (Trotz Altersdiskriminierung kein Verstoß gegen die BefristungsRL, lediglich gegen RL 2000/78/EG, Rn. 65); 26.1.2012, – C-586/10 (*Kücük*), ECLI:EU:C:2012:39 = NZA 2012, 135 Rn. 56 (kein Verstoß trotz dauerhaften Vertretungsbedarfs); anders: 26.11.2014 – C-22/13, C-61/13, C-62/13, C-63/13, C-418/13 (*Mascolo u. a.*), ECLI:EU:C:2014:2401 = NZA 2015, 153 Rn. 120; *Thüsing/Fütterer/Thieken*, ZfA 2014, 3, 4.

370 EuGH 4.7.2006 – C-212/04 (*Adeneler*), ECLI:EU:C:2006:443 = NZA 2006, 909 Rn. 75; *Löwisch*, NZA 2007, 479, 482.

371 EuGH 4.7.2006 – C-212/04 (*Adeneler*), ECLI:EU:C:2006:443 = NZA 2006, 909 Rn. 74; 23.4.2009 – C-378, 379, 380/07 (*Angelidaki*), ECLI:EU:C:2007:675 = BeckRS 2009, 70428 Rn. 100; 26.11.2014, – C-22/13, C-61/13, C-62/13, C-63/13, C-418/13 (*Mascolo u. a.*), ECLI:EU:C:2014:2401 = NZA 2015, 153 Rn. 88; 14.9.2016, – C-16/15 (*Pérez López*), ECLI:EU:C:2016:679 = NZA 2016, 1265 Rn. 39; *Thüsing/Fütterer/Thieken*, ZfA 2014, 3, 5.

372 BAG 8.6.2016, NZA 2016, 1463 Rn. 20.

373 Ähnlich *Brose*, EuZA 2017, 256, 258.

BefristungsRL noch der EuGH Rechtsprechung kann ein konkretes Erfordernis der sachgrundentsprechenden Beschäftigung entnommen werden, insbesondere die Untergrenze des EuGH wird bei einem durch das Drittmittelprojekt geprägten Arbeitsverhältnis stets eingehalten. Folglich ist hierin keine unionsrechtswidrige Ausgestaltung des Sachgrunds zu sehen.

Kritisch zu beurteilen ist darüber hinaus, dass es allein in der Hand des Drittmittelgebers liegt, ob das Sachgrunderfordernis gegeben ist oder nicht. Kettenbefristungen werden somit faktisch zu dessen Disposition gestellt. Das WissZVG sieht keine weitere Einschränkung vor, sodass alle nicht aus Haushaltsmitteln Beschäftigte, wissenschaftlich tätig oder nicht, beliebig oft „bis zur Pensionierung“[374] aufeinander folgend befristet angestellt werden können.[375] Die Gefahr von Kettenbefristungen wohnt allerdings naturgemäß jedem Sachgrund inne.[376] Allein diese kann nicht maßgebend für die Unionsrechtswidrigkeit sein, da die Richtlinie selbst den Sachgrund als taugliches Mittel zur Verhinderung von missbräuchlichen Befristungen vorsieht, ohne hieran weitere Anforderungen zu stellen.[377] Die vom EuGH geforderte Begrenzung wird durch die Rechtsprechung nationaler Gerichte umgesetzt – hier wird auf eine enge Auslegung des Drittmittelbegriffs geachtet und dessen überwiegender Zusammenhang zur Tätigkeit des Arbeitnehmers sichergestellt. Etwaige Intentionen des Drittmittelgebers sind unerheblich, zumal eine rein objektive, projektbezogene Betrachtung stattfindet. Die Kettenbefristungsgefahr ist eine davon unabhängige Frage des Gestaltungsmissbrauchs im Einzelfall, auf die unter § 6 D. einzugehen ist.[378]

---

374 *Hirdina*, NZA 2009, 712, 715.

375 *Dörner*, Befristeter Arbeitsvertrag, Rn. 587; *Hirdina*, NZA 2009, 712, 715; L/S/*Schlachter*, § 23 TzBfG, Anh. 2 § 1 WissZVG Rn. 13.

376 *Hedermann*, ZESAR 2015, 109, 112; L/S/*Schlachter*, § 14 Abs. 1 TzBfG Rn. 17 f. (trotz steigender Anforderungen für den Arbeitgeber); *Thüsing/Fütterer/Thieken*, ZfA 2014, 3, 5.

377 So auch *Thüsing/Fütterer/Thieken*, ZfA 2014, 3, 5.

378 Unter diesem Gesichtspunkt begrenzt das LAG Köln 6.11.2013, BeckRS 2014, 65322 (14 Jahre, 23 Drittmittelbefristungen); in diese Richtung auch LAG Berlin-Brandenburg 15.3.2013, BeckRS 2013, 68268 (prüft zwar den Gestaltungsmissbrauch, verweist aber auf eine fehlende Grenze im WissZVG und Weiterbeschäftigung im Interesse des Arbeitnehmers); **a. A.** AR/*Löwisch*, § 2 WissZVG Rn. 17 (kein Missbrauch, sondern Charakteristikum der Drittmittel, Grenze ist ein „Rechtsmissbrauch durch bewusstes und gewolltes Zusammenwirken mit Dritten bei der Vertragsgestaltung“); so für § 14 Abs. 2 TzBfG: BAG 9.3.2011, NZA 2011, 1147 Rn. 21; 15.5.2013, NZA 2013, 1213 Rn. 17; zu § 1 Abs. 3 S. 1 BeschFG BAG 25.4.2001, NZA 2001, 1384, 1385 f.

3. Verknüpfung von Höchstbefristungsdauer und Drittmittelbefristung

Weiterhin stellt sich das Problem der Unionsrechtskonformität der in Betracht kommenden sukzessiven Verknüpfung von sachgrundloser Befristung (Höchstbefristungsdauer, § 2 Abs. 1 S. 1 WissZVG) und Sachgrundbefristung (Drittmittelbefristung, § 2 Abs. 2 WissZVG). Grundsätzlich ist eine kumulative Anwendung der von der Richtlinie vorgesehenen Mittel möglich.[379] Diese Ausgestaltungsmöglichkeit ist jedoch dahingehend zu verstehen, dass Höchstbefristungsdauer und Sachgrund in einem Tatbestand kumulativ und nicht sukzessiv vorliegen. Zu Anschlussbefristungen und den Verknüpfungserfordernissen verschiedener Befristungstatbestände schweigt die Richtlinie. Problematisch ist, dass hierdurch nach Ausschöpfen der Höchstbefristungsdauer noch eine Befristung mittels Sachgrunds möglich ist, sodass der betroffene Arbeitnehmer sein gesamtes Erwerbsleben über in der Wissenschaft befristet beschäftigt werden kann.[380] Allerdings gewährt die bloße Möglichkeit einer Anschlussbeschäftigung auf Grundlage einer anderen Befristung nicht den Freischein für eine grenzenlose Kettenbefristung. Vielmehr unterliegt die Sachgrundbefristung stets eigenständigen Voraussetzungen.[381] Da die Richtlinie keine weiteren Anforderungen diesbezüglich stellt, ist von der grundsätzlichen Zulässigkeit der sukzessiven Verwendung mehrerer Befristungstatbestände auszugehen. Das hieraus folgende Gesamtbild ist einzelfallabhängig im Rahmen der Kettenbefristungsproblematik (vgl. § 7) auf seine Wirksamkeit zu untersuchen. Die Verknüpfungsmöglichkeit als solche ist jedoch grundsätzlich als unionsrechtskonform zu bewerten.[382]

4. Zwischenergebnis

Trotz des zulässigen Grundkonzepts von Sachgrund und sachgrundloser Höchstbefristungsdauer war das WissZVG in seiner ursprünglichen Fassung nicht mit Unionsrecht vereinbar, da die grenzenlose Anrechnungsfreiheit

---

379 § 5 Nr. 1 Anh. BefristungsRL „eine *oder* mehrere der Maßnahmen".

380 In diese Richtung gehend auch *Brose*, EuZA 2017, 256, 263; *Dörner*, Befristeter Arbeitsvertrag, Rn. 587; *Hedermann*, ZESAR 2015, 109, 112; *Hirdina*, NZA 2009, 712, 715; Geis/*Krause*, WissZVG Einf. Rn. 23.

381 BAG 13.2.2013, NZA 2013, 1271 Rn. 24 ff.; ausführlich *Thüsing/Fütterer/Thieken* ZfA 2014, 3, 20 f.

382 § 5 Nr. 1, 4. HS Anh. BefristungsRL; **a. A.** *Hirdina*, NZA 2009, 712, 715 f., (verweist auf „extreme Befristungszeiträume" und den „Geist der Richtlinie").

geringfügiger Beschäftigungsverhältnisse die Höchstbefristungsgrenze des § 2 Abs. 1 WissZVG faktisch außer Kraft setzte.

III. Richtlinienkonformität des WissZVG 2016

1. Änderungen hinsichtlich der Höchstbefristungsdauer

a) Änderungen des Qualifizierungstatbestands als solchem

Der Höchstbefristungstatbestand des § 2 Abs. 1 S. 1 WissZVG ist unverändert auf eine Dauer von 12 bzw. 15 Jahren begrenzt. Neu eingefügt worden sind demgegenüber die Verknüpfung der Befristung mit der Förderung der eigenen wissenschaftlichen bzw. künstlerischen Qualifizierung sowie das Erfordernis eines angemessenen Verhältnisses zwischen dieser und der Befristungsdauer. Die Befristungsdauer bleibt unverändert unionsrechtskonform.[383] Mit den Novellierungen wurde ein zusätzliches, zumindest sachgrundähnliches Erfordernis[384] eingefügt, das Missbrauch vorbeugen und insbesondere Kurzbefristungen eindämmen soll. Selbst unter der Annahme, dass durch den großzügigen Befristungszeitraum keine Einschränkung mehr im Sinne der BefristungsRL gegeben ist, lässt sich nunmehr durch den faktischen Sachgrund eine Unionsrechtskonformität nicht mehr bestreiten. Auch eine Kombination aus Höchstbefristungsdauer und Sachgrunderfordernis ist unionsrechtlich nach § 5 Anh. BefristungsRL ausdrücklich zulässig.[385] Unabhängig davon, ob das Qualifizierungserfordernis als Sachgrund ausgelegt wird oder nicht, ist demnach zweifelsohne von der Unionsrechtskonformität des § 2 Abs. 1 S. 1 WissZVG als solchem auszugehen.

b) Nichtanrechnung geringfügiger Beschäftigungsverhältnisse

Die Anrechnungsfreiheit geringfügiger befristeter Beschäftigungsverhältnisse nach § 2 Abs. 3 S. 1 WissZVG ist unverändert geblieben. Demnach ist die Aushebelung der konkreten Höchstbefristungsdauer *qua lege* immer noch unbegrenzt möglich und § 2 Abs. 3 S. 1 WissZVG bleibt mit der hier vertretenen Auffassung unionsrechtswidrig.[386]

---

383 *Hauck-Scholz*, RdA 2016, 262 Fn. 6; kritisch *Brose*, EuZA 2017, 256, 263.

384 Dazu unter § 5 A I.

385 *Hauck-Scholz*, RdA 2016, 262 Fn. 6.

386 I. E. ebenso Geis/*Krause*, § 2 WissZVG Rn. 92; ErfK/*Müller-Glöge*, § 2 WissZVG Rn. 14; D/D/Z/*Nebe*, § 2 WissZVG Rn. 22a; *Preis*/*Ulber*, § 2 WissZVG Rn. 139; TK-TzBfG/*Sievers*, Anh. 7 Rn. 49; *Stumpf*, NZA 2015, 326, 329; zumindest Bedenken *Hippler* (HRK), AusDrs. 18 (18) 143d, S. 3.

c) *Nichtanrechnung studienbegleitender Beschäftigungsverhältnisse*

Aufgrund der Einführung des neuen § 6 WissZVG wird i. V. m. § 2 Abs. 3 S. 3 WissZVG n. F. nunmehr ausdrücklich klargestellt, dass studentische Hilfskräfte nur begrenzt beschäftigt werden können und dass nur diese sechs Jahre der Anrechnungsfreiheit unterliegen. Damit erübrigt sich der Streit um die Anrechnungsperspektive.[387] Die Höchstbefristungsdauer wird der ex post Perspektive entsprechend nicht ausgehebelt, sondern lediglich verlängert. An der Unionsrechtskonformität bestehen daher keine Zweifel mehr.[388]

2. Änderungen hinsichtlich der Drittmittelbefristung

Der Tatbestand der Drittmittelbefristung erfasst seit der Novellierung nicht mehr die Befristung nichtwissenschaftlichen Personals und die vereinbarte Befristungsdauer *soll* seither dem bewilligten Projektzeitraum entsprechen. Durch die Einschränkung des erfassten Personenkreises werden die Anforderungen an den Anwendungsbereich des Sachgrunds erhöht und das Missbrauchspotential weiter verringert. Auswirkungen auf die bereits bestehende Richtlinienkonformität des § 2 Abs. 2 WissZVG hat dies nicht. Es handelt sich vielmehr um eine im Lichte der BefristungsRL neutrale Modifikation des Tatbestands. Das Entsprechungserfordernis von Befristungsdauer und Projektlaufzeit verankert darüber hinaus die vom EuGH geforderte Verknüpfung zwischen der „besonderen Art der Aufgaben [...] und deren Wesensmerkmalen"[389] ausdrücklich im Gesetz. Zwar handelt es sich um eine nicht zwingende Sollvorschrift und der Drittmittelgeber kann weiterhin durch neue Forschungsprojekte die befristete Beschäftigung fortsetzen, allerdings ist der Sachgrund keine „generelle Befristungserlaubnis" mehr,[390] sondern eine mit dem finanzierten Projekt faktisch untrennbar verknüpfte Befristungserlaubnis. Damit ist das Sachgrunderfordernis auch verstärkt geeignet, den Missbrauch befristeter Beschäftigungsverhältnisse zu verhindern. Die

---

387 *Preis/Ulber*, § 2 WissZVG Rn. 146 ff.

388 ErfK/*Müller-Glöge*, § 6 WissZVG Rn. 1; D/D/Z/*Nebe*, § 1 WissZVG Rn. 11c; *Preis/Ulber*, § 2 WissZVG Rn. 146; A/P/S/*Schmidt*, § 6 WissZVG Rn. 2.

389 EuGH 4.7.2006 - C-212/04 (*Adeneler*), ECLI:EU:C:2006:443 = NZA 2006, 909 Rn. 70; 23.4.2009 - C-378, 379, 380/07 (*Angelidaki*), ECLI:EU:C:2007:675 = BeckRS 2009, 70428 Rn. 96; 26.1.2012 - C-586/10 (*Kücük*), ECLI:EU:C:2012:39 = NZA 2012, 135 Rn. 27; 26.11.2014, - C-22/13, C-61/13, C-62/13, C-63/13, C-418/13 (*Mascolo u. a.*), ECLI:EU:C:2014:2401 = NZA 2015, 153 Rn. 87; 14.9.2016 - C-16/15 (*Pérez López*), ECLI:EU:C:2016:679 = NZA 2016, 1265 Rn. 38.

390 So zuvor L/S/*Schlachter*, § 23 TzBfG, Anh. 2, § 1 WissZVG Rn. 13.

vorgenommenen Änderungen sind daher als unionsrechtsfreundlich zu werten, sie verstärken die schon zuvor bestehende Unionsrechtskonformität. Vertreter der Gegenauffassung dürften sich dieser Ansicht nunmehr anschließen.

3. Zwischenergebnis

Die Reform des WissZVG ist insgesamt als unionsrechtsfreundlich zu bewerten und beeinträchtigt die bereits bestehende Konformität nicht. Der Qualifizierungstatbestand des § 2 Abs. 1 S. 1 WissZVG ist partiell unionsrechtswidrig. Für § 2 Abs. 3 S. 3 WissZVG wird durch die Novellierung der ex ante Perspektive eine Absage erteilt und die Unionsrechtskonformität herausgestellt. Hinsichtlich der Nichtanrechnung nach § 2 Abs. 3 S. 1 WissZVG bleibt die Unionsrechtswidrigkeit jedoch bestehen.

IV. Umkehrung des Grundsatzes vom unbefristeten zum befristeten Arbeitsverhältnis

Unabhängig von der Unionsrechtskonformität der Befristungstatbestände im Einzelnen stellt sich die Frage nach den Konsequenzen der Aushebelung des Prinzips, dass das unbefristete Arbeitsverhältnis den Regelfall darstellt. Im Wissenschaftssektor wird mit dem WissZVG das befristete Arbeitsverhältnis für wissenschaftliches Personal zum faktischen Regelfall. Mangels Ausnahmetatbestands der BefristungsRL soll der Grundsatz des unbefristeten Arbeitsverhältnisses jedoch auch im Hochschulbereich zum Tragen kommen. Durch die verhältnismäßig niedrigen Anforderungen der Richtlinie, die selbst keinen Maximalumfang einer befristeten Beschäftigung setzt, ist diese Umkehrung jedoch nicht nur im Hochschulbereich unter Wahrung der Unionsrechtskonformität möglich. Um Kettenbefristungen dennoch zu verhindern, hat sich in der EuGH Rechtsprechung eine Missbrauchskontrolle entwickelt, welche die grundlegenden Ziele der Richtlinie wahren soll. Diese ist unter § 7 genauer zu untersuchen.

C. Weitere Richtlinien mit Befristungsrelevanz

I. Vorgaben der RL 2000/78/EG[391] – GleichbehandlungsRL

In Betracht kommt ein Verstoß gegen Art. 1, Art. 2 Abs. 2 lit. b. der GleichbehandlungsRL wegen Altersdiskriminierung, da durch das WissZVG die

391 Gleichbehandlungsrahmenrichtlinie v. 27.11.2000 zur Festlegung eines allgemeinen Rahmens für die Verwirklichung der Gleichbehandlung in Beschäftigung und Beruf, ABl. Nr. L 303, S. 16, im Folgenden „GleichbehandlungsRL".

Befristung tendenziell *junger Personen* erleichtert wird.[392] Allerdings resultiert dies nicht aus einer Anknüpfung an das jeweilige Lebensalter, sondern aus der Personengruppe wissenschaftlichen Personals und kann Personen höheren Alters gleichermaßen treffen, sodass schon eine mittelbare Diskriminierung abzulehnen ist.[393] Dass überwiegend jüngere Personen dem Anwendungsbereich unterfallen, ist letztlich auch der bezweckten Förderung des Nachwuchses in der Wissenschaft geschuldet.[394]

II. Vorgaben der RL 1997/81/EG[395] – TeilzeitarbeitsRL

Die Richtlinie 1997/81/EG über Teilzeitarbeit soll Mindeststandards für Teilzeitarbeit innerhalb der europäischen Union festlegen und gemäß § 1 ihres Anhangs die Qualität der Teilzeitarbeit verbessern sowie diesbezügliche Diskriminierungen verhindern. Teilzeitbeschäftigter im Sinne der Richtlinie ist nach § 3 Nr. 1 des Anhangs jeder Arbeitnehmer, dessen normale Arbeitszeit unter der eines vergleichbaren Vollzeitbeschäftigten liegt.[396] Nach § 4 Anh. TeilzeitarbeitsRL gilt der Grundsatz der Nichtdiskriminierung, der in § 4 Abs. 2 TzBfG Eingang gefunden hat. In Nr. 1 ist festgelegt, dass Teilzeitbeschäftigte in ihren Beschäftigungsbedingungen gegenüber Vollzeitbeschäftigten nicht schlechter behandelt werden dürfen, es sei denn, dies ist aus objektiven Gründen gerechtfertigt. Gemäß § 4 Nr. 2 Anh. TeilzeitarbeitsRL gelangt der *pro rata temporis* Grundsatz, sofern angemessen, zur Anwendung. Angemessen ist die Anwendung dann, wenn nach dem Zeitmaß teilbare Vorteile gewährt werden.[397]

Im WissZVG werden Arbeitnehmer, deren Tätigkeitsumfang unter einem Viertel der regelmäßigen Arbeitszeit liegt, vom Anrechnungszeitraum ausgenommen, § 2 Abs. 3 S. 1 WissZVG. Einzelfallabhängig ließe sich dies als Besser- oder Schlechterstellung werten. Diese *unterschiedliche Behandlung* ist

---

392 MüKo-BGB/*Hesse*, § 23 TzBfG Rn. 41; *Raab*, Persönlicher Anwendungsbereich, S. 84.

393 BAG 11.7.2007, BeckRS 2009, 68411; 19.3.2008, NZA 2009, 84 Rn. 46 f.; Geis/*Krause*, WissZVG Einf. Rn. 24; ErfK/*Müller-Glöge*, § 2 WissZVG Rn. 1; *Raab*, Persönlicher Anwendungsbereich, S. 84.

394 *Raab*, Persönlicher Anwendungsbereich, S. 85.

395 Richtlinie 1997/81 EG v. 15.12.1991 zu der von UNICE, CEEP, EGB geschlossenen Rahmenvereinbarung über Teilzeitarbeit (ABL. EG 1998 Nr. L 14, S. 9), im Folgenden „TeilzeitarbeitsRL".

396 Gemessen auf Wochenbasis oder dem Durchschnitt eines maximal einjährigen Beschäftigungszeitraums.

397 *Riesenhuber*, Europäisches Arbeitsrecht, § 16 Rn. 23.

aber aus objektiven Gründen gerechtfertigt,[398] da der Arbeitsumfang zu gering für die Förderung der Qualifizierung ist – es sei denn, die Zeit wird tatsächlich zur Anfertigung einer Promotionsschrift genutzt.[399] Dies legitimiert zwar die Nichtanrechnung geringfügiger Beschäftigungsverhältnisse, nicht aber die unterschiedslose Anrechnung der darüber liegenden Teilzeitbeschäftigungsverhältnisse und der Vollzeitbeschäftigter, da das Gesetz an dieser Stelle keinerlei Differenzierung vorgibt.[400] Es ist unerheblich, ob die Arbeitszeit 1/3, 1/2 oder 1/1 des Durchschnitts beträgt, obwohl in Abhängigkeit von dieser eine unterschiedliche Einwirkung auf die Qualifizierung erzielt wird.[401] Die Anrechnung von Teilzeitbeschäftigung in der Qualifizierungsphase müsste infolgedessen jedoch *proportional, pro rata temporis*, § 4 Nr. 2 Anh. RL 1997/81/EG, zum zeitlichen Umfang der Beschäftigung erfolgen. Für eine Nichtanwendung des Grundsatzes besteht keine Rechtfertigung, da nach dem Zeitmaß die Befristungsdauer modifiziert wird. Auch der Stellungnahme des Bundesrats sind Zweifel an der diesbezüglichen Unionsrechtskonformität zu entnehmen.[402] Die Bundesregierung hat hierzu allerdings nichts erwidert. Die Nichtanrechnung des § 2 Abs. 3 S. 1 WissZVG bewirkt eine Diskriminierung und ist wegen der pauschalen und verbindlichen Anordnung keiner richtlinienkonformen Auslegung zugänglich, sodass die Vorschrift unionsrechtswidrig ist.

D. Konsequenzen der Unionsrechtswidrigkeit

I. Grundsatz der Anwendbarkeit nationalen Rechts

Die Richtlinienverstöße des WissZVG gegen die BefristungsRL und die TeilzeitarbeitsRL führen trotz fehlender Möglichkeit der richtlinienkonformen Auslegung im Grundsatz nicht zu einer unmittelbaren Anwendung des Unionsrechts von Amts wegen, vielmehr ist der zuständige Richter verpflichtet, das innerstaatliche, richtlinienwidrige Recht zu Grunde zu legen[403]. In der Rechtsfolge kann der damit benachteiligte Unionsbürger einen Staatshaftungsanspruch gegen den

398 ErfK/*Müller-Glöge*, § 2 WissZVG Rn. 14.
399 Dieterich/Preis/*dies.*, S. 55.
400 BT-Drs. 18/6489, S. 18; jüngst BAG 27.9.2017, BeckRS 2017, 139333 Rn. 18 (Anrechnung bei einer Arbeitszeit von 17 Stunden); H/W/K/*Rennpferdt*, § 23 TzBfG Rn. 58a.
401 BT-Drs. 18/6489, S. 19.
402 BT-Drs. 18/6489, S. 19.
403 EUArbR/*Höpfner*, Art. 288 AEUV Rn. 88; ErfK/*Wißmann*, Vorb. AEUV Rn. 22.

Mitgliedstaat geltend machen.[404] Weitere Konsequenz eines Richtlinienverstoßes kann das Vertragsverletzungsverfahren nach Art. 258 ff. AEUV vor dem EuGH sein.[405]

II. Ausnahmsweise: Unmittelbare Anwendbarkeit der Richtlinienbestimmung bei öffentlichen Arbeitgebern

1. Dogmatische Begründung und Anwendungsrahmen der Rechtsfigur

Eine Ausnahme dieses Prinzips stellt die unmittelbare Anwendbarkeit einer Richtlinie im Vertikalverhältnis zwischen Bürger und Staat dar.[406] Zwar ist die Richtlinie gemäß Art. 288 Abs. 3 AEUV nur „für jeden Mitgliedstaat, an den sie gerichtet wird [...] verbindlich" und entfaltet erst mit der Umsetzung Rechtswirkungen. Die Anerkennung der unmittelbaren Wirkung einer Richtlinienbestimmung ist jedoch zwecks Durchsetzung des *effet utile* Grundsatzes sowie zur Wahrung von Treu und Glauben (*venire contra factum proprium*) unverzichtbar.[407] Andernfalls könnte der Mitgliedstaat dem Einzelnen seine „eigene Umsetzungssäumnis entgegenhalten"[408] und die praktische Wirksamkeit des Unionsrechts würde abgeschwächt. Das BVerfG wertete die unmittelbare Anwendbarkeit von Richtlinienbestimmungen als eigene „Sanktionskategorie" der Mitgliedstaaten für ihre Verstöße.[409] Zwischen Privaten scheidet die unmittelbare Anwendbarkeit von Richtlinien konsequenterweise aus,[410]

---

404 Calliess/Ruffert/*Ruffert*, Art. 288 AEUV Rn. 46; Preis/Sagan/*Sagan*, § 1 Rn. 160 ff.; EUArbR/*Höpfner*, Art. 288 AEUV Rn. 88: Voraussetzung ist ein durch die Richtlinie verliehenes Recht, ein hinreichend qualifizierter Verstoß gegen die Umsetzungspflicht sowie ein kausaler Schaden.

405 EUArbR/*Höpfner*, Art. 288 AEUV Rn. 91 f.

406 EUArbR/*Höpfner*, Art. 288 AEUV Rn. 88; Preis/Sagan/*Sagan*, § 1 Rn. 130.

407 EuGH 5.4.1979 – C-148/78 (*Ratti*), ECLI:EU:C:1979:110 = BeckRS 2004, 71700 Rn. 18; 19.1.1982 – C-8/81 (*Becker*), ECLI:EU:C:1982:7 = BeckRS 2004, 73735 Rn. 23; 26.2.1986 – C-152/84 (*Marshall*), ECLI:EU:C:1986:84 = BeckRS 9998, 100040 Rn. 80; Calliess/Ruffert/*Ruffert*, Art. 288 AEUV Rn. 47 f.; Streinz/*Schroeder*, Art. 288 AEUV Rn. 88.

408 Calliess/Ruffert/*Ruffert*, Art. 288 AEUV Rn. 48.

409 BVerfG 8.4.1987, BVerfGE 75, 223, 241 f.; Calliess/Ruffert/*Ruffert*, Art. 288 AEUV Rn. 49; Preis/Sagan/*Sagan*, § 1 Rn. 128.

410 EuGH 26.2.1986 – C-152/84 (*Marshall*), ECLI:EU:C:1986:84 = BeckRS 9998, 100040 Rn. 48; 11.6.1987 – C-14/86 (*Pretore di Salò/X*), ECLI:EU:C:1987:275 = BeckRS 2004, 71620 Rn. 19; Calliess/Ruffert/*Ruffert*, Art. 288 AEUV Rn. 57; Preis/Sagan/*Sagan*, § 1 Rn. 135 m. w. N.

da hier kein widersprüchliches Verhalten des Staates vorliegt und es auch einer Sanktionierung nicht bedarf.

Hinsichtlich des Staatsbegriffs legt der EuGH ein extensives Verständnis zu Grunde, das alle öffentlichen Arbeitgeber[411] – und damit einhergehend auch staatliche Hochschulen – erfasst. Für das WissZVG kommt folglich eine unmittelbare Anwendbarkeit unzulänglich umgesetzter Richtlinienbestimmungen grundsätzlich in Betracht. Dies gilt jedoch nicht für private Hochschulen, die im Sinne des § 4 WissZVG staatlich anerkannt sind.

2. Voraussetzungen der unmittelbaren Anwendbarkeit

Die unmittelbare Anwendung zwischen Bürger und Staat erfordert die nicht ordnungsgemäße Umsetzung der Richtlinie trotz Fristablaufs und eine hinreichend genaue und inhaltlich unbedingte Richtlinienbestimmung.[412] Für die Voraussetzung der nicht ordnungsgemäßen Umsetzung ist erforderlich, dass das nationale Recht weder dem Unionsrecht entspricht noch unionsrechtskonform ausgelegt werden kann, da es anderenfalls keiner unmittelbaren Richtlinienanwendung bedarf.[413] Die hinreichend genaue und inhaltlich unbedingte Regelung erfordert kein von der Richtlinie eingeräumtes subjektives Recht.[414] Es bedarf einer eindeutigen Festlegung der Verpflichtung der Mitgliedstaaten, wobei unbestimmte Rechtsbegriffe dem nicht entgegenstehen, sie sind vielmehr durch die Gerichte auszulegen.[415] Ferner darf die Richtlinienbestimmung keiner weiteren Maßnahme oder Vorbehalten unterliegen.[416]

---

411 Calliess/Ruffert/*Ruffert*, Art. 288 AEUV Rn. 46; Preis/Sagan/*Sagan*, § 1 Rn. 133; Streinz/*Schroeder*, Art. 288 AEUV Rn. 102; ErfK/*Wißmann*, Vorb. AEUV Rn. 25.

412 EuGH 19.11.1991 – C-6/90, Rs. C-9/90 (*Francovich* u. a.), ECLI:EU:C:1991:428 = BeckRS 2004, 77605 Rn. 11; 11.7.2002 – C-62/00 (*Marks&Spencer*), ECLI:EU:C:2002:435 = BeckRS 2004, 77628 Rn. 25; 5.10.2004 – C-397/01 bis C-403/01 (*Pfeiffer* u.a.), ECLI:EU:C:2004:584 = NZA 2004, 1145 Rn. 103; 24.1.2012 – C-282/10 (*Dominguez*), ECLI:EU:C:2012:33 = NZA 2012, 139 Rn. 33; Preis/Sagan/*Sagan*, § 1 Rn. 130; Calliess/Ruffert/*Ruffert*, Art. 288 AEUV Rn. 53 ff. m. w. N.

413 Preis/Sagan/*Sagan*, § 1 Rn. 131; Streinz/*Schroeder*, Art. 288 AEUV Rn. 92.

414 Calliess/Ruffert/*Ruffert*, Art. 288 AEUV Rn. 66 ff.; Preis/Sagan/*Sagan*, § 1 Rn. 122, 132 m. w. N.

415 EuGH 4.12.1974 – C-41/74 (*van Duyn*), ECLI:EU:C:1974:133 = BeckRS 2004, 71134 Rn. 13 f.; Calliess/Ruffert/*Ruffert*, Art. 288 AEUV Rn. 54; Preis/Sagan/*Sagan*, § 1 Rn. 132; Streinz/*Schroeder*, Art. 288 AEUV Rn. 93.

416 EuGH 4.12.1974 – C-41/74 (*van Duyn*), ECLI:EU:C:1974:133 = BeckRS 2004, 71134 Rn. 13 f.; Calliess/Ruffert/*Ruffert*, Art. 288 AEUV Rn. 54; Preis/Sagan/*Sagan*, § 1 Rn. 132; Streinz/*Schroeder*, Art. 288 AEUV Rn. 94.

3. Rechtsfolge der unmittelbaren Anwendbarkeit

Bei Vorliegen der Voraussetzungen hat jedes mitgliedstaatliche Gericht die Richtlinienbestimmung von Amts wegen dem Staat – also dem öffentlichen Arbeitgeber – gegenüber unmittelbar anzuwenden.[417] Die daraus resultierende Verwerfungskompetenz, die von Art. 100 GG nicht vorgesehen ist, wird durch den Vorrang des Unionsrechts gedeckt.[418]

III. Konkrete Auswirkungen für das WissZVG

Bezüglich der TeilzeitarbeitsRL erfolgte die nicht ordnungsgemäße Umsetzung nach Fristablauf, die Richtlinienbestimmung ist eindeutig und das WissZVG lässt sich nicht richtlinienkonform auslegen. Daher muss als praktische Konsequenz der unmittelbaren Anwendbarkeit von Amts wegen der Beschäftigungsumfang von Teilzeitbeschäftigten anteilig berücksichtigt werden, sodass diese infolge des erweiterten Anrechnungsfensters eine weitere befristete Beschäftigung auf das WissZVG gestützt wahrnehmen können. Anders herum kann es jedoch nicht der Arbeitgeber sein, der sich auf die fehlerhafte Umsetzung beruft und damit eine zu lange Befristung zu rechtfertigen sucht, da die unmittelbare Anwendbarkeit der Richtlinie nur einseitig im Verhältnis des Bürgers gegenüber dem Staat gilt, nicht jedoch im Verhältnis des Staats gegenüber dem Einzelnen[419].

Hinsichtlich des Verstoßes gegen die BefristungsRL ergibt sich bei der grenzenlosen Anrechnungsfreiheit von geringfügigen Beschäftigungsverhältnissen nach § 2 Abs. 3 S. 1 WissZVG die Konsequenz, dass der betroffene Arbeitnehmer eine unwirksame Befristung geltend machen kann, wenn infolge des unbegrenzten Anrechnungszeitraums die Höchstbefristungsgrenze deutlich überschritten wurde.

---

417 Vgl. EuGH 13.11.1990 – C-106/89 (*Marleasing*), ECLI:EU:C:1990:395 = BeckRS 2004, 74075 Rn. 8; 11.7.1991 – C-87/90 (*Verholen/Sociale Verzekeringsbank*), ECLI:EU:C:1991:314 = BeckRS 2004, 77858 Rn. 15; 24.10.1996 – C-72/95 (*Kraaijeveld u.a.*), ECLI:EU:C:1996:404 = BeckRS 2004, 77742 Rn. 55 ff.; Calliess/Ruffert/*Ruffert*, Art. 288 AEUV Rn. 69; Preis/Sagan/*Sagan*, § 1 Rn. 133.

418 Streinz/*Schroeder*, Art. 288 AEUV Rn. 105 (nur str. hinsichtlich der Verwerfungskompetenz der Verwaltung) m. w. N.

419 EuGH 8.10.1987 – C-80/86 (*K. Nijmegen*), ECLI:EU:C:1987:431 = BeckRS 2004, 73753 Rn. 10; Preis/Sagan/*Sagan*, § 1 Rn. 133; Streinz/*Schroeder*, Art. 288 AEUV Rn. 101.

§ 4 Der Anwendungsbereich des WissZVG – Einbezogene Arbeitgeber und Arbeitnehmer

A. Einbezogene Arbeitgeber

Der institutionelle Anwendungsbereich bemisst sich nach der Einrichtung, in der der Arbeitnehmer seine Dienstleistungen erbringt. Unerheblich ist demgegenüber die Person des Arbeitgebers, dieser kann das jeweilige Land selbst sein.[420] Erfasst sind staatlich (anerkannte) Hochschulen, § 4 WissZVG, und (überwiegend) staatliche Forschungseinrichtungen, § 5 WissZVG.

I. Staatlich (anerkannte) Hochschulen

Institutionell erstreckt sich das WissZVG nicht nur auf staatliche Hochschulen im Sinne des Landesrechts,[421] sondern gemäß § 4 WissZVG ebenso auf durch Gesetz oder Verwaltungsakt anerkannte Hochschulen, deren Träger unter anderem eine öffentlich-rechtliche Körperschaft oder eine Kommune sein kann.[422] Erfasst sind folglich Fach- und Kunsthochschulen sowie pädagogische Hochschulen.[423] Die Voraussetzungen der staatlichen Anerkennung erfüllt aber beispielsweise auch die Bucerius Law School in Hamburg,[424] eine private Stiftungshochschule in der Rechtsform einer GmbH. Das Sonderbefristungsrecht kommt somit nach § 4 WissZVG zur Anwendung.[425] Weitere

---

420 BAG 1.6.2011, NZA 2011, 1280 Rn. 18; 24.8.2011, NZA 2012, 385 Rn. 20; 29.4.2015, BeckRS 2015, 71411 Rn. 16; 24.2.2016, NZA 2016, 949 Rn. 27; 20.4.2016, NZA 2016, 1078 Rn. 15; ErfK/*Müller-Glöge*, § 1 WissZVG Rn. 9; TK-TzBfG/*Sievers*, Anh. 7 Rn. 11; *Preis/Ulber*, § 1 WissZVG Rn. 5 m. w. N.

421 Vgl. § 1 Abs. 1 S. 1 WissZVG, hierzu BAG 20.1.2016, NZA 2016, 824 Rn. 25; KR/*Treber*, § 1 WissZVG Rn. 30; *Preis/Ulber*, § 1 WissZVG Rn. 4.

422 A/P/S/*Schmidt*, § 4 WissZVG Rn. 2.

423 BAG 19.8.1992, NZA 1993, 311, 313 (Fachhochschulen); HK-TzBfG/*Joussen*, § 1 WissZVG Rn. 17; Schaub/*Koch*, § 39 Rn. 26; B/T/M/*Mayer*, § 2 WissZVG Rn. 8; ErfK/*Müller-Glöge*, § 1 WissZVG Rn. 9; *Raab*, Persönlicher Anwendungsbereich, S. 64; L/S/*Schlachter*, § 23 TzBfG, Anh. 2, § 1 WissZVG Rn. 2.

424 § 114 HmbHG i. V. m. § 1 Abs. 1 der Satzung, abrufbar unter https://www.law-school.de/fileadmin/content/law-school.de/de/pdf/publications/Hochschulsatzung_12112014.pdf, letzter Zugriff 16.3.2018, 14:54.

425 A/T/*Kühn*, § 23 TzBfG Rn. 185; *Lehmann-Wandschneider*, Sonderbefristungsrecht, S. 40.

Beispiele für staatlich anerkannte Hochschulen, die dem Anwendungsbereich des WissZVG unterfallen, sind die European Business School Wiesbaden,[426] die Universität Witten/Herdecke[427] und die WHU – Otto Beisheim School of Management[428].

II. Forschungseinrichtungen

Nach § 5 WissZVG gelten die Normen des WissZVG entsprechend für (überwiegend) staatliche Forschungseinrichtungen und solche, die auf Grundlage von Art. 91b GG finanziert werden.[429] In Abgrenzung zu Hochschulen sind die Forschungseinrichtungen dadurch gekennzeichnet, dass sie sich ausschließlich mit Forschung und nicht mit Lehre beschäftigen.[430] Unerheblich ist die Rechtsform des Rechtsträgers.[431] Es genügt eine Organisation, die eine wissenschaftliche Betätigung im Sinne des Art. 5 Abs. 3 S. 1 GG sowie die Bearbeitung von Forschungsaufträgen mit frei wählbaren wissenschaftlichen Methoden ermöglicht und die Publikation der Ergebnisse beabsichtigt.[432] Konsequenterweise unterfallen verselbständigte Universitätskliniken ohne eigenen Forschungsbetrieb ebenso wenig dem Anwendungsbereich des WissZVG[433] wie Forschungseinrichtungen in privater Trägerschaft, die staatliche Drittmittel erlangen[434].

---

426 https://de.wikipedia.org/wiki/EBS_Universit%C3%A4t_f%C3%BCr_Wirtschaft_und_Recht, letzter Zugriff 16.3.2018, 15:20.

427 https://de.wikipedia.org/wiki/Universit%C3%A4t_Witten/Herdecke, letzter Zugriff 16.7.2018, 13:41.

428 https://de.wikipedia.org/wiki/WHU_%E2%80%93_Otto_Beisheim_School_of_Management, letzter Zugriff 16.7.2018, 13:43.

429 Insbesondere erfasst sind: Max-Planck-Institute, Institute der Frauenhofer-Gesellschaft; vgl. Müko-BGB/*Hesse*, § 23 TzBfG Rn. 57.

430 A/P/S/*Schmidt*, § 5 WissZVG Rn. 2; Schaub/*Koch*, § 39 Rn. 32; M/H/H/*Herms*, § 23 TzBfG Rn. 26.

431 HK-TzBfG/*Joussen*, § 5 WissZVG Rn. 2.

432 Für § 57d HRG: BAG 19.3.2008, NZA 2009, 84 Rn. 41 (ergibt sich nicht aus Sinn und Zweck); für das WissZVG: *Bruns*, Teilzeit- und Befristungsrecht, Rn. 245; Schaub/*Koch*, § 39 Rn. 32.

433 Es greift das ÄrzteBefrG; Müko-BGB/*Hesse*, § 23 TzBfG Rn. 29.

434 BAG 5.6.2002, NZA 2003, 149, 151 (für § 1 HFVG).

B. Einbezogene Arbeitnehmer

I. Entwicklung des personellen Anwendungsbereichs

Der personelle Anwendungsbereich des WissZVG, der sich auf wissenschaftliches und künstlerisches Personal bezieht, ist ebenso prägend für das Sonderbefristungsrecht wie der Arbeitnehmerbegriff für das Arbeitsrecht.[435] Infolge seiner Vagheit stellt er die in Literatur und Rechtsprechung am häufigsten diskutierte Frage des WissZVG dar und bedarf daher genauerer Betrachtung.

Unter Geltung des Hochschulrahmengesetzes bestimmte sich der Anwendungsbereich gemäß § 53 HRG mittels Zuordnung des Personals zu verschiedenen Kategorien, also rein statusorientiert.[436] Hiermit einher ging eine klare Festlegung des Anwendungsbereichs, die nur geringfügige Abgrenzungsschwierigkeiten mit sich brachte.[437] Im Zuge der Föderalismusreform entfiel jedoch die Gesetzgebungskompetenz des Bundes für das Hochschulrecht und damit auch für hochschulrechtliche Personalkategorien.[438] Der Bund sah sich gezwungen, den Anwendungsbereich des WissZVG unabhängig von diesen eigenständig und möglichst offen zu gestalten, um Raum für eine Weiterentwicklung der Personalstruktur auf Landesebene zu lassen.[439] Das WissZVG definiert seinen personellen Anwendungsbereich demzufolge losgelöst von landesrechtlichen Personalkategorien. Er bemisst sich dogmatisch betrachtet „inhaltlich-aufgabenbezogen“ nach der ausgeübten Tätigkeit des Arbeitnehmers und nicht statusbezogen, sodass eine Bezugnahme im Arbeitsvertrag auf landesrechtliche Normen unbeachtlich ist.[440]

---

435 *Joussen*, RdA 2017, 250, 254.

436 *Stumpf*, NZA 2015, 326.

437 *Kroll*, ZTR 2016, 235.

438 Basierend auf dem Hinweis von *Hartmer* (DHV), BT-Aus.-Drs. 16 (18) 139h, S. 3 und Protokoll 16/21, S. 8, 31; *Lehmann-Wandschneider*, Sonderbefristungsrecht, S. 57; *Mandler/Meißner*, OdW 2016, 127; *Stumpf*, NZA 2015, 326.

439 BT-Drs. 16/4043, S. 9; kritisch *Preis/Ulber*, § 6 WissZVG Rn. 4 (Annahme der Verpflichtung zur Auflösung der Personalkategorien sei falsch).

440 BAG 1.6.2011, NZA 2011, 1280 Rn. 28; 29.4.2015, BeckRS 2015, 71411 Rn. 21; 9.12.2015, NZA 2016, 552 Rn. 30; 20.1.2016, NZA 2016, 824 Rn. 28; 24.2.2016, NZA 2016, 949 Rn. 31; LAG Nürnberg, 29.3.2017, BeckRS 2017, 118548 Rn. 78; ausführlich *Preis/Ulber*, in: FS Otto 391, 395 ff.; bereits zuvor *Lohfeld*, Befristung an Hochschulen, S. 48; ihm folgend *Lehmann-Wandschneider*, Sonderbefristungsrecht, S. 64; **a. A.** LAG Baden-Württemberg 16.7.2009, BeckRS 2010, 66270 (Konkretisierung des wissenschaftlichen Personals sei Landesaufgabe); *Löwisch*, NZA 2007, 479; *Rambach/Feldmann*, ZTR 2009, 286, 288.

II. Ausklammerung der Hochschullehrer

Der einzig kodifizierte Anhaltspunkt findet sich in § 1 Abs. 1 S. 1 WissZVG. Hiernach sind Hochschullehrer, unter die auch Juniorprofessoren gefasst werden,[441] vom Anwendungsbereich des Gesetzes ausgenommen. Für die Bestimmung des jeweiligen Status greift der Bund auf landesrechtliche Bestimmungen zurück.[442]

Eine Ausnahme von dieser Regelung soll nach wohl herrschender Auffassung für Forschungseinrichtungen und staatlich anerkannte Hochschulen gelten, da die §§ 4, 5 WissZVG Hochschullehrer im Gegensatz zu § 1 Abs. 1 S. 1 WissZVG nicht explizit aus dem Anwendungsbereich ausklammern.[443] Diese Ansicht ist abzulehnen.

In grammatikalisch-systematischer Hinsicht zeigt sich, dass § 1 Abs. 1 WissZVG den personellen Anwendungsbereich abschließend und ohne Ausnahmen festlegt, weshalb in §§ 4 und 5 WissZVG lediglich Bezug darauf genommen und keine Modifikation angestrebt wird.[444] Hätte der Gesetzgeber dies gewollt, hätte er eine andere Formulierung gewählt, welche die Ausnahme klarstellt. Teleologisch betrachtet soll das WissZVG Befristungsmöglichkeiten für die Qualifizierung des Nachwuchses bereitstellen und ist hieran hinsichtlich der Befristungsdauer orientiert. Bei Hochschullehrern ist die Qualifizierung jedoch regelmäßig bereits abgeschlossen, sodass die anzurechnenden Tätigkeiten aus § 2 Abs. 3 WissZVG bereits ausgeschöpft sein dürften.[445] Vor diesem Hintergrund ist die Anwendung des WissZVG auf Hochschullehrer an staatlich anerkannten Hochschulen und Forschungseinrichtungen nicht sachgerecht. Mit Blick auf die Historie zeigt sich zudem, dass das WissZVG das Befristungskonzept des HRG beibehalten sollte,[446] welches keine Befristungstatbestände

---

441 Müko-BGB/*Hesse*, § 23 TzBfG Rn. 30; A/P/S/*Schmidt*, § 1 WissZVG Rn. 18.

442 HK-TzBfG/*Joussen*, § 1 WissZVG Rn. 15; ErfK/*Müller-Glöge*, § 1 WissZVG Rn. 10; L/S/*Schlachter*, § 23 TzBfG, Anh. 2, § 1 WissZVG Rn. 1.

443 Wohl BAG 11.9.2013, NZA 2013, 1352 Rn. 26 (verweist auf *Preis* und *Schmidt* als Vertreter dieser Ansicht); NK-GA/*Boemke*, § 4 WissZVG Rn. 3, § 5 WissZVG Rn. 3; *Dörner*, Befristeter Arbeitsvertrag, Rn. 532; *Kersten*, DÖV 2002, 682, 685; Geis/*Krause*, § 5 WissZVG Rn. 8; A/T/*Kühn*, § 23 TzBfG Rn. 187, Fn. 39; AR/*Löwisch*, § 4 WissZVG Rn. 2; ErfK/*Müller-Glöge*, § 4 WissZVG Rn. 2; D/D/Z/*Nebe*, § 5 WissZVG Rn. 3; MAH-ArbR/*Plum*, § 41 Rn. 171; *Preis/Ulber*, in: FS Otto, 391, 396; *dies.*, § 1 WissZVG Rn. 66 und § 5 WissZVG Rn. 10; A/G/*Rambach*, § 4 WissZVG; A/P/S/*Schmidt*, § 4 WissZVG Rn. 3; KR/*Treber*, § 4 WissZVG Rn. 3.

444 *Lenk*, WissR 2009, 50, 66.

445 *Lenk*, WissR 2009, 50, 67.

446 BT-Drs. 16/3438, S. 2.

für Professoren vorsah[447]. Daher liegt die Vermutung nahe, dass im WissZVG keine Sonderbefristungen für Hochschullehrer normiert werden sollten. Dem Willen des Gesetzgebers lässt sich darüber hinaus auch kein Grund für die vermeintliche Differenzierung entnehmen. Angemessener erscheint daher eine *Gleichstellung* von Hochschullehrern an Forschungseinrichtungen und staatlich anerkannten Hochschulen. Mit zusätzlichen Befristungsmöglichkeiten käme es dagegen zu einer Verschlechterung ihrer Position gegenüber Hochschullehrern an privaten Institutionen.

Bei der fehlenden Herausnahme der Hochschullehrer aus §§ 4 und 5 WissZVG ist infolgedessen von einem redaktionellen Versehen auszugehen,[448] sodass das WissZVG ebenso wenig an dieser Stelle für Hochschullehrer gilt.

III. Notwendigkeit einer wissenschaftlichen Tätigkeit

Federführend für den verbleibenden personellen Anwendungsbereich des WissZVG ist die wissenschaftliche bzw. künstlerische Tätigkeit. Das BAG versucht bereits seit Einführung des Gesetzes diesen Begriff zu präzisieren,[449] daran hat sich mit der Novellierung des WissZVG nichts geändert. Einzig die Diskussion der Frage, ob studentische Hilfskräfte unter die wissenschaftliche Tätigkeit zu subsumieren sind, ist mit Einführung der Gesetzesänderungen im Jahre 2016 gegenstandslos geworden,[450] da diese hierdurch in einer eigenständigen Befristungsregelung erfasst wurden.

1. Stand in Rechtsprechung und Literatur

a) Grundsätzliches

Das wissenschaftliche Personal im Sinne des WissZVG umfasst seit der Leitentscheidung des BAG vom 1. Juni 2011 nunmehr ausdrücklich diejenigen Personen, die Dienstleistungen wissenschaftlicher Natur erbringen, wobei Kennzeichen der Dienstleistung die weisungsabhängige, unselbständige

447 *Lenk*, WissR 2009, 50, 65; *Dörner*, Befristeter Arbeitsvertrag, Rn. 641.

448 So auch *Gronemeyer* RdA 2016, 24, 28; Geis/*Krause*, § 1 WissZVG Rn. 3 (für § 4 WissZVG); *Lenk*, WissR 2009, 50, 65; *Reich*, HRG, § 4 WissZVG Rn. 1; L/S/*Schlachter*, § 23 TzBfG, Anh. 2, § 4 WissZVG Rn. 1.

449 Zu den Entscheidungen über wissenschaftliche Dienstleistungen im Einzelfall: *Preis/Ulber*, § 1 WissZVG Rn. 80 ff.

450 Diese haben mit § 6 WissZVG einen eigenständigen Befristungstatbestand erhalten, hierzu auch: A/G/*Rambach*, § 1 WissZVG Rn. 15.

Tätigkeit ist.[451] Unter die Definition von wissenschaftlich, also „die Wissenschaft betreffend",[452] fällt gemäß ständiger Rechtsprechung alles, „was nach Inhalt und Form als ernsthafter planmäßiger Versuch zur Ermittlung der Wahrheit anzusehen ist"[453]. Ziel der Aufgabenstellung sowie der angewandten Arbeitsmethode muss dabei sein, „neue Erkenntnisse zu gewinnen und zu verarbeiten, um den Erkenntnisstand der jeweiligen wissenschaftlichen Disziplin zu sichern oder zu erweitern"[454]. Der betroffene Arbeitnehmer muss selbständig schöpferisch tätig werden und eine Einflussmöglichkeit auf das Forschungsergebnis haben; eingeschlossen sind aber auch Vorbereitungsarbeiten.[455] Nicht erforderlich ist zudem die Erbringung eigener Forschungsergebnisse, es genügt im Rahmen der Eingliederung in den Forschungsbetrieb vielmehr die Auseinandersetzung mit den einschlägigen wissenschaftlichen Methoden.[456] Ebenso ist der wissenschaftliche Anspruch des Veranstaltungsinhalts als solcher irrelevant,[457] da die Koppelung

451 *Dörner*, Befristeter Arbeitsvertrag, Rn. 534; Staudinger/*Preis*, § 620 BGB Rn. 280; eine eigenständige Aufgabenwahrnehmung steht der Beschäftigung nicht entgegen: *ders./Ulber*, § 1 WissZVG Rn. 23 m. w. N.

452 BAG 1.6.2011, NZA 2011, 1280 Rn. 36; 29.4.2015, BeckRS 2015, 71411 Rn. 21; 9.12.2015, NZA 2016, 552 Rn. 30; 20.1.2016, NZA 2016, 824 Rn. 29; 20.4.2016, NZA 2016, 1078 Rn. 19.

453 BAG 19.3.2008, NZA 2009, 84 Rn. 33 m. w. N; 1.6.2011, NZA 2011, 1280 Rn. 35; 29.4.2015, BeckRS 2015, 71411 Rn. 21; 9.12.2015, NZA 2016, 552 Rn. 30; 20.1.2016, NZA 2016, 824 Rn. 29; 20.4.2016, NZA 2016, 1078 Rn. 19; 28.9.2016, NZA 2017, 249 Rn. 18; 30.8.2017, NZA 2018, 305 Rn. 19; 25.4.2018, BeckRS 2018, 18873 Rn. 16.

454 BAG 1.6.2011, 1280 Rn. 35; 29.4.2015, BeckRS 2015, 71411 Rn. 21; 9.12.2015, NZA 2016, 552 Rn. 30; 20.1.2016, NZA 2016, 824 Rn. 29, 20.4.2016, NZA 2016, 1078 Rn. 19; 28.9.2016, NZA 2017, 249 Rn. 18; 30.8.2017, BeckRS 2017, 137774 Rn. 18; 21.3.2018, BeckRS 2018, 9727 Rn. 19.

455 LAG Berlin 15.2.2002, BeckRS 9998, 20548.

456 So bereits vor der Leitentscheidung des BAG: Geis/*Krause*, § 1 WissZVG Rn. 16; K/Z/D/H/*Lakies*, § 114 Rn. 317, 319.

457 *Raab*, Persönlicher Anwendungsbereich, S. 116 f. unter Verweis auf LAG Mecklenburg-Vorpommern 30.7.2014, BeckRS 2014, 71471 Rn. 24 (schulpraktische Aufgaben); ArbG Trier 10.10.2012, 1 Ca 603/12- S. 9 f. (n. v. für vorlesungsbegleitende Veranstaltung); LAG Baden-Württemberg 24.2.2014, BeckRS 2014, 66929 (Vermittlung von Grundlagenwissen, Zusammenstellung von Lehr- und Forschungsleistungen von Bewerbern); LAG Hessen 28.5.2014, BeckRS 2015, 70417 Rn. 52 (für eine Grundkenntnisse vermittelnde Veranstaltung in den ersten Semestern).

des Grundrechtsschutzes (Art. 5 Abs. 3 S. 1 GG) an inhaltliche Hürden einer staatlichen Zensur gleichkäme[458].

Trotz des weiten Anwendungsbereichs sind typischerweise rein organisatorisch vorbereitende und unterstützende Tätigkeiten[459] sowie (koordinierende) Verwaltungsaufgaben[460] nicht erfasst. Anerkannte wissenschaftliche Tätigkeiten im Sinne des WissZVG sind demgegenüber insbesondere die Anfertigung von Dissertationen oder Habilitationsschriften, da die Befristungszeiträume des § 2 Abs. 1 S. 1 WissZVG hiernach ausgerichtet sind.[461] Das Vorliegen einer wissenschaftlichen Tätigkeit ist im Einzelfall mit Abgrenzungsschwierigkeiten verbunden, wobei sich einzelne Personalkategorien herausgebildet haben.

b) Besondere Fallgruppen

aa) Lehrtätigkeit

Abgrenzungsprobleme treten insbesondere bei einer Lehrtätigkeit auf: Hier bedarf es nach Auffassung des BAG einer Abgrenzung der wissenschaftlichen Lehrtätigkeit von der repetierenden Lehrtätigkeit ohne Wissenschaftsbezug, damit der Anwendungsbereich in personeller Hinsicht eröffnet ist.[462] Nicht erforderlich ist – dem Schutzbereich von Art. 5 Abs. 3 S. 1 GG entsprechend –, dass der Lehrende eigene Forschungsergebnisse erzielt und diese weitergibt.[463] Dennoch reicht das ausschließlich wiederholende Unterrichten vorgegebener Inhalte nicht aus, um den personellen Anwendungsbereich des WissZVG zu

---

458 Ausführlich *Knemeyer*, Lehrfreiheit, S. 24 ff.; *Lübbert*, Arbeitsverhältnisse im Hochschulbereich, S. 52.

459 BAG 28.1.1998, NZA 1998, 1120, 1121; LAG Hamm 2.7.2015, BeckRS 2015, 72848 Rn. 40.

460 BAG 24.2.2016, NZA 2016, 949 Rn. 32; LAG Hamm 2.7.2015, BeckRS 2015, 72848 Rn. 37; LAG Nürnberg, 29.3.2017, BeckRS 2017, 118548 Rn. 81; A/P/S/*Schmidt*, § 1 WissZVG Rn. 16; KR/*Treber*, § 1 WissZVG Rn. 43; *Preis/Ulber*, § 1 WissZVG Rn. 25 (es sei denn, die Verwaltungstätigkeit erfordert selbst wissenschaftliches Arbeiten).

461 BAG 1.6.2011, NZA 2012, 1280 Rn. 28; so bereits *Kortstock*, ZTR 2007, 350, 352.

462 BAG 1.6.2011, NZA 2011, 1280 Rn. 35; 29.4.2015, BeckRS 2015, 71411 Rn. 22; 20.4.2016, NZA 2016, 1078 Rn. 20; 28.9.2016, NZA 2017, 249 Rn. 19; 30.8.2017, BeckRS 2017, 137774 Rn. 19; 21.3.2018, BeckRS 2018, 9727 Rn. 20; ausführlich *Preis/Ulber*, § 1 WissZVG Rn. 41 ff.

463 BAG 30.8.2017, BeckRS 2017, 137774 Rn. 19; 21.3.2018, BeckRS 2018, 9727 Rn. 20; LAG Nürnberg, BeckRS 2017, 118548 Rn. 68; *Morgenroth*, DÖD 2016, 61, 63; H/W/K/*Rennpferdt*, § 23 TzBfG Rn. 41.

eröffnen.[464] Hier besteht gerade kein Fluktuations- und Innovationsbedarf, der die Befristung rechtfertigt.[465] Repetierende Lehrtätigkeit ist dennoch unschädlich, wenn sie nur einen geringen Teil der Arbeitszeit ausmacht und das Arbeitsverhältnis nicht prägt, sodass dem Arbeitnehmer im Übrigen hinreichend Zeit für wissenschaftliche Betätigungen bzw. die Qualifizierung bleibt.[466]

Wenn die Lehre Hauptbestandteil der Arbeitszeit ist, dann ist die Vermittlung von Fachwissen, Forschungsergebnissen Dritter, wissenschaftlicher Methoden und praktischer Fertigkeiten an Studierende dem BAG zufolge nur dann als wissenschaftliche Tätigkeit zu bewerten, wenn dem Arbeitnehmer ausreichend Freiraum zur „eigenständigen Forschung und Reflexion" verbleibt.[467] Ohne diesen könnten die die Wissenschaft prägenden Inhalte nicht vermittelt werden, da der lehrende Arbeitnehmer nicht nur die Materie beherrschen, sondern auch die Ergebnisse kritisch hinterfragen, selbst Stellung nehmen und dies in die Vermittlung einbringen muss.[468] Ziel soll sein, den wissenschaftlichen Nachwuchs ebenfalls zur Reflexion anzuregen und die wissenschaftliche Methodik, welche für die Tätigkeit grundlegend ist, zu vermitteln.[469] Deshalb ist eine repetierende Lehrtätigkeit verbunden mit der Nutzungsmöglichkeit wissenschaftlicher Einrichtungen *außerhalb der Dienstzeit* nicht ausreichend.[470]

Für die Beurteilung der wissenschaftlichen Lehre ist folglich zu hinterfragen, „ob der Zweck der wissenschaftlichen Lehre nach der konkreten Ausgestaltung des Arbeitsverhältnisses gerade auch beim Lernenden eingreifen kann",[471] wobei

---

464 BAG 1.6.2011, NZA 2011, 1280 Rn. 36, 48.

465 BAG 1.6.2011, NZA 2011, 1280 Rn. 45.

466 Statt aller *Preis/Ulber*, § 1 WissZVG Rn. 21.

467 So schon *Buchner*, RdA 1985, 258, 266 in Anlehnung an § 53 Abs. 1 S. 2 HRG v. 26.1.1976, BGBl. I S. 185, 199; BAG 1.6.2011, NZA 2011, 1280 Rn. 35, 45; 24.2.2016, NZA 2016, 949 Rn. 32; 20.4.2016, NZA 2016, 1078 Rn. 20; 30.8.2017, BeckRS 2017, 137774 Rn. 19; 21.3.2018, BeckRS 2018, 9727 Rn. 20.

468 BAG 29.4.2015, BeckRS 2015, 71411 Rn. 9, 22; 20.1.2016, NZA 2016, 824 Rn. 30, 36; 20.4.2016, NZA 2016, 1078 Rn. 20; 30.8.2017, BeckRS 2017, 137774 Rn. 19; 21.3.2018, BeckRS 2018, 9727 Rn. 20.

469 BAG 1.6.2011, NZA 2011, 1280 Rn. 35; 20.1.2016, NZA 2016, 824 Rn. 30; *Raab*, Persönlicher Anwendungsbereich, S. 113 ff.

470 BAG 29.4.2015, BeckRS 2015, 71411 Rn. 23; 20.4.2016, NZA 2016, 1078 Rn. 20; 28.9.2016, NZA 2017, 249 Rn. 19; BAG 30.8.2017, BeckRS 2017, 137774 Rn. 19; 21.3.2018, BeckRS 2018, 9727 Rn. 20.

471 *Morgenroth*, DÖD 2016, 61, 64.

der Zweck darin zu sehen ist, „den Grundstein für spätere Innovationsfähigkeit zu legen“[472].

bb) Lehrkräfte für besondere Aufgaben

Gegenstand ständiger Diskussion sind insbesondere die Lehrkräfte für besondere Aufgaben: Hier erweist sich die Abgrenzung zur wissenschaftlichen Lehre als besonders schwierig, sodass stets die Gefahr der Übertragung von Daueraufgaben droht, für die das WissZVG gerade keine Sonderbefristungsmöglichkeit vorsieht. Gemäß § 56 HRG a. F. vermitteln Lehrkräfte für besondere Aufgaben den Studierenden überwiegend praktische Fertigkeiten und Kenntnisse sprachlicher, technischer oder künstlerischer Art. Bis zum Jahre 2002 unterfielen sie nach § 57a HRG dessen Anwendungsbereich und konnten hierauf gestützt erweitert befristet beschäftigt werden. Mit der Neuordnung des personellen Anwendungsbereichs unabhängig von Personalkategorien, ist dies nicht mehr selbstverständlich. Dem BAG zufolge können Lehrkräfte für besondere Aufgaben mangels Ausschlusses grundsätzlich dem WissZVG unterfallen, sofern ihnen wissenschaftliche bzw. künstlerische Tätigkeiten übertragen werden.[473] Konsequenterweise sind die vielfach umstrittenen Lektoren[474] jedenfalls dann

472 *Morgenroth*, DÖD 2016, 61, 64.

473 BAG 25.4.2018, BeckRS 2018, 18873 Rn. 17; HK-TzBfG/*Joussen*, § 1 WissZVG Rn. 12; ErfK/*Müller-Glöge*, § 1 WissZVG Rn. 15.

474 BAG 1.6.2011, NZA 2011, 1280 Rn. 35 ff.; BAG 20.1.2016, NZA 2016, 824 Rn. 30; 21.3.2018, BeckRS 2018, 9727 Rn. 20; 25.4.2018, BeckRS 2018, 18873 Rn. 17; so schon zu § 57a ff. HRG: LAG Hessen 10.10.2007, BeckRS 2007, 48659; **zustimmend**: JurisPK FuB/*Beetz*, Kap. 10 Rn. 7; NK-GA/*Boemke*, § 1 WissZVG Rn. 16; *Brötzmann*, öAT 2016, 48, 49; *Bruns*, Teilzeit- und Befristungsrecht, Rn. 243; *Dörner*, Befristeter Arbeitsvertrag, Rn. 534; *Hauck-Scholz*, öAT 2013, 89, 90; Geis/*Krause*, § 1 WissZVG Rn. 32; *Lakies*, Leitfaden, Rn. 407; *O. Müller*, NZA-RR 2012, 10; ErfK/*Müller-Glöge*, § 1 WissZVG Rn. 15; D/D/Z/*Nebe*, § 1 WissZVG Rn. 6; Staudinger/*Preis*, § 620 BGB Rn. 280; *ders./Ulber*, § 1 WissZVG Rn. 73; *Raab*, Persönlicher Anwendungsbereich, S. 166, 169; H/W/K/*Rennpferdt*, § 23 TzBfG Rn. 41; *Reich*, HRG, § 1 WissZVG Rn. 2; Tschöpe/*Schmalenberg*, Teil 1, E, XI Rn. 203; A/P/S/*Schmidt*, § 1 WissZVG Rn. 22; TK-TzBfG/*Sievers*, Anh. 7 Rn. 18; **a. A. (Lektoren stets vom Anwendungsbereich erfasst)**: HK-ArbR/*Ahrendt/Tillmanns*, § 23 TzBfG Rn. 6; BeckOK-ArbR/*Bayreuther*, § 14 TzBfG Rn. 54b; *Lehmann-Wandschneider*, Sonderbefristungsrecht, S. 102 (Lehre ist wissenschaftlich, zudem Qualifizierungsgedanke, sodass Lektoren vom WissZVG erfasst sind); *Löwisch*, NZA 2007, 479 f.; AR/*ders.*, § 1 WissZVG Rn. 3; HSchR/*ders./Wertheimer*, Kap. X Rn. 225 (Insbesondere, wenn landesrechtliche Bestimmungen dies vorsehen); so auch LAG Baden-Württemberg 16.7.2009, BeckRS 2010, 66270 (Ausgestaltungssache des Landesgesetzgebers; Lektoren nach § 44 LHG BW a. F. erfasst);

von § 2 Abs. 1 WissZVG erfasst, wenn deren Tätigkeit nicht auf die repetierende Sprachvermittlung als solche begrenzt ist, welche die bloße Verständigung ermöglichen soll.[475] Im Vordergrund der Lehre muss die Erlangung der Fähigkeit sprachwissenschaftlichen Arbeitens stehen.[476] Nicht ausreichend ist die Inbezugnahme praktischer Erfahrungen aus der Lehre in das Promotionsvorhaben und die Nutzung von Erkenntnissen aus der Promotion im Rahmen des Sprachunterrichts.[477] Um einen aktualitätsbezogenen Sprachunterricht zu gewährleisten, bedarf es einer Fluktuation der Lektoren, sodass ein gesondertes Befristungsbedürfnis besteht, was die erweiterten Möglichkeiten einer Befristung legitimiert.[478]

cc) (Zahn-)Ärzte und wissenschaftliche Mitarbeiter an Universitätskliniken

Zu den wissenschaftlichen Dienstleistungen zählt auch die Krankenversorgung, da Forschung und Lehre „am Patienten" stattfinden und untrennbar miteinander verbunden sind.[479] Demzufolge sind wissenschaftliche Mitarbeiter und (Zahn-)Ärzte ebenfalls vom WissZVG erfasst, sofern sie eine Facharzt- oder

---

Mandler/Meißner, OdW 2016, 33, 34 (Unterscheidung praxisfern, da Wissenschaft und Vermittlung untrennbar verbunden); *Meißner*, Hochschulbefristungsrecht, S. 143; *Räder/Steinheimer*, PersR 2007, 328, 329; *Rambach/Feldmann*, ZTR 2009, 286, 290; A/G/*Rambach*, § 1 WissZVG Rn. 3 (bestimmt sich nach Landesrecht, auch eine „generelle Zuordnung" zum wissenschaftlichen Personal sei interessengerecht); L/S/*Schlachter*, § 23 TzBfG, Anh. 2, § 1 WissZVG Rn. 8 (bei Weitergabe eigener Forschungsergebnisse); **a. A. (nicht erfasst):** Müko-BGB/*Hesse*, § 23 TzBfG Rn. 30; HK-TzBfG/*Joussen*, § 1 WissZVG Rn. 11; *Kortstock*, ZTR 2007, 350, 352; B/T/M/*Mayer*, § 1 WissZVG Rn. 11; M/H/H/*Herms*, § 23 TzBfG Rn. 27; wohl KR/*Treber*, § 2 WissZVG Rn. 14 (nach Zweckrichtung des Gesetzes nicht mehr zulässig); *Wiedemann*, in: FS Otto 2008, 609, 618.

475 Nach der Rechtsprechung typischerweise der Fall: BAG 1.6.2011, NZA 2011, 1280 Rn. 35, 48 (in casu verneint); aber bejahend BAG 20.4.2016, NZA 2016, 1078 Rn. 28.

476 BAG 1.6.2011, NZA 2011, 1280 Rn. 45; *Raab*, Persönlicher Anwendungsbereich, S. 120.

477 BAG 25.4.2018, BeckRS 2018, 18873 Rn. 23.

478 BVerfG 24.4.1996, BVerfGE 94, 268, 292 (zu § 57b Abs. 3 HRG: Die Sicherung eines aktualitätsbezogenen Sprachunterrichts ist gemessen an Art. 5 Abs. 3 GG ein legitimes Ziel); für eine Grenze bei vierjähriger Beschäftigung *Hänlein*, NZA 1999, 513, 518; jahrzehntelanger Beschäftigung AR/*Löwisch*, § 1 WissZVG Rn. 3 und *ders.*, in: FS Würtenberger, 1165, 1170 sowie HSchR/*ders./Wertheimer* Kap. X Rn. 227; für eine Befristung nach dem TzBfG KR/*Treber*, § 1 WissZVG Rn. 51.

479 BVerfG 24.6.2014, BVerfGE 136, 338 Rn. 61; BVerwG 15.5.1991, BVerwGE 88, 176, 178; *Badura*, StaatsR, C Rn. 78; bereits § 53 Abs. 1 S. 2 HRG, *Knopp*, ZBR 2003, 149,

vergleichbare Zusatzqualifizierung anstreben und an einer vom WissZVG erfassten Institution bzw. Universitätsklinik tätig sind.[480] Sofern der Anwendungsbereich des WissZVG trotzdem nicht eröffnet ist, gelangt für sie das ÄArbVertrG bzw. das TzBfG zur Anwendung.[481]

c) Tätigkeitsumfang und Beurteilungsgrundlage

In zeitlicher Hinsicht genügt eine wissenschaftliche Hilfstätigkeit, also die nebenberufliche Erbringung wissenschaftlicher Dienstleistungen, für die Eröffnung des Anwendungsbereichs.[482] Bei gemischten Tätigkeiten, gleich welchen Umfangs, ist erforderlich, dass der wissenschaftliche Anteil das Arbeitsverhältnis prägt oder zumindest zeitlich überwiegt – er muss also mehr als 50 % der Arbeitszeit einnehmen.[483]

Diese „Geprägetheorie" wird von *Morgenroth* stark kritisiert und für „verfassungsrechtlich unhaltbar erklärt"[484], da das Grundgesetz in Art. 5 Abs. 3 gerade kein Mindestmaß fordere, sondern jede wissenschaftliche Tätigkeit unabhängig von ihrem Umfang schütze. Dem steht entgegen, dass die wissenschaftliche Tätigkeit weiterhin von Art. 5 Abs. 3 S. 1 GG geschützt ist. Das WissZVG versagt den Schutz als solches nicht, sondern betrifft nur das damit verbundene Arbeitsverhältnis. Dies rechtfertigt wiederum die Hinzuziehung des Art. 12 Abs. 1 GG. Letzterer ist hier ebenfalls zu würdigen, da das WissZVG gerade einen bestmöglichen Ausgleich der zuwiderlaufenden Interessen von Hochschulen und Arbeitnehmern anstrebt. Könnte jedwede wissenschaftliche Tätigkeit, gleich welchen

---

152; **a. A.** NK-GA/*Boemke*, § 1 WissZVG Rn. 12 (nur die Forschung in der Krankenversorgung).

480 Zuvor geregelt in § 54 HRG und § 57b HRG; *Anton*, ZTR 2016, 432, 435 f.; *Dörner*, Befristeter Arbeitsvertrag, Rn. 644; HSchR/*Löwisch/Wertheimer*, Kap. X Rn. 162 (unter Verweis auf § 52 Abs. 1 S. 2, 3 LHG BW); *Preis/Ulber*, § 1 WissZVG Rn. 65; L/S/*Schlachter*, § 23 TzBfG, Anh. 2, § 1 WissZVG Rn. 5; differenzierend nach regulärer und forschender Krankenversorgung: *Zimmerling*, öAT 2012, 9, 12.

481 HSchR/*Löwisch/Wertheimer*, Kap. X Rn. 224; *Zimmerling*, öAT 2012, 9, 10.

482 Unterschied in zeitlichem Umfang der Dienstleistungspflicht (unterhälftige Beschäftigung): *Hauck-Scholz/Neie*, NZA-RR 1999, 169, 176; zu den Unterschieden im Einzelnen *Plander*, WissR 1987, 127, 140 ff. (qualitativ unterschiedlicher Aufgabenbereich); BAG 21.1.2009, AP HRG § 57b Nr. 32 Rn. 10; *Maschmann/Konertz*, NZA 2016, 257, 265; M/H/H/*Herms*, § 23 TzBfG Rn. 39; ErfK/*Müller-Glöge*, § 1 WissZVG Rn. 10a; L/S/*Schlachter*, § 23 TzBfG, Anh. 2, § 1 WissZVG Rn. 6.

483 BAG 1.6.2011, NZA 2011, 1280 Rn. 35; 20.4.2016, NZA 2016, 1078 Rn. 20; 28.9.2016, NZA 2017, 249 Rn. 19; 21.3.2018, BeckRS 2018, 9727 Rn. 21.

484 *Morgenroth*, DÖD 2016, 61, 66.

Umfangs, ausreichen, eine erweiterte Befristung nach dem WissZVG zu rechtfertigen, so würde fast jeder Arbeitnehmer, der an einer einbezogenen Wissenschaftsinstitution beschäftigt ist, unter den personellen Anwendungsbereich des WissZVG fallen. Folglich bestünde ein gegenüber dem TzBfG wesentlich geringeres Schutzniveau. Als Rechtfertigung hierfür genügt nicht jede wissenschaftliche Tätigkeit, die möglicherweise nur eine halbe Stunde anstelle der regulären 40 Wochenarbeitsstunden ausmacht. Hierdurch würde das Missbrauchspotential der erweiterten Befristungstatbestände steigen. Der betroffene Arbeitnehmer könnte darüber hinaus unbefristet oder mindestens zwei Jahre nach § 14 Abs. 2 S. 1 TzBfG, bei Vorliegen eines Sachgrunds nach § 14 Abs. 1 S. 2 TzBfG auch länger befristet beschäftigt werden. Eine Prägung der wissenschaftlichen Tätigkeit unter Berücksichtigung verfassungsrechtlicher Aspekte ist somit weiterhin zu verlangen.

Grundlage der Einordnung in den personellen Anwendungsbereich ist die im Arbeitsvertrag enthaltene Aufgabenbeschreibung des Arbeitnehmers, da die Parteien andernfalls nachträglich die Wirksamkeit der Befristung herbeiführen oder beseitigen könnten.[485] Sofern also die Verpflichtung zur Erbringung wissenschaftlicher Dienstleistungen vertraglich besteht, ist die Eröffnung des Anwendungsbereichs gegeben. Ausgeschlossen ist diese trotz vertraglicher Vereinbarung nur, wenn bereits bei Vertragsschluss feststand, dass die beschäftigte Person *keinerlei* wissenschaftliche Tätigkeit erbringen wird.[486] Nicht abgestellt werden kann hierbei auf die Bezeichnung der Tätigkeit als wissenschaftlich, es bedarf vielmehr einer inhaltlichen Überprüfung der Wissenschaftlichkeit im Einzelfall.[487]

2. Auslegung des Wissenschaftsbegriffs

a) Grammatikalische Auslegung

Der Duden definiert das Adjektiv wissenschaftlich zunächst – ebenso wie das BAG[488] – als „die Wissenschaft betreffend, dazu gehörend, darauf

---

485 BAG 20.1.2016, NZA 2016, 824 Rn. 34; 24.2.2016, NZA 2016, 949 Rn. 33; 20.4.2016, NZA 2016, 1078 Rn. 21; 28.9.2016, NZA 2017, 249 Rn. 21; 30.8.2017, BeckRS 2017, 137774 Rn. 20; jüngst 21.3.2018, BeckRS 2018, 9727 Rn. 21; LAG Nürnberg 29.3.2017, BeckRS 2017, 118548 Rn. 69 und LAG Mecklenburg-Vorpommern 30.5.2017, BeckRS 2017, 126485 Rn. 24.

486 *Stumpf*, NZA 2015, 326, 327.

487 LAG Mecklenburg-Vorpommern 30.5.2017, BeckRS 2017, 126485 Rn. 34.

488 BAG 29.4.2015, BeckRS 2015, 71411 Rn. 21, 22.

beruhend"[489]. Es indiziert zwar einen Bezug zur Tätigkeit, führt im Ergebnis aber nicht weiter,[490] da der Stamm des Begriffs identisch bleibt und dieser lediglich mit sich selbst definiert wird.[491] Der Begriff der Wissenschaft wird im *konventionellen Sprachgebrauch* als die „ein begründetes, geordnetes, für gesichert erachtetes Wissen hervorbringende forschende Tätigkeit in einem bestimmten Bereich" bezeichnet.[492] Diese Definition ist sehr weit gefasst und kaum geeignet, den Anwendungsbereich des WissZVG zu konturieren. Als Synonyme der Wissenschaft listet der Duden einerseits die Forschung und andererseits die Lehre.[493] Die vom BAG vertretene Auffassung, dass auch die Lehre eine Form der Wissenschaft darstellen kann, wird folglich im Grundsatz durch eine am Wortlaut orientierte Auslegung bekräftigt. Allerdings ist dem allgemeinen Sprachgebrauch und begrifflichen Synonymen kein allzu hoher Stellenwert beizumessen, da er bei spezifischen Rechtsbegriffen seine richtungsweisende Bedeutung verliert.[494]

In Abgrenzung zum allgemeinen Begriffsverständnis ist das *rechtliche Verständnis* geprägt durch die Verknüpfung zu Art. 5 Abs. 3 S. 1 GG bzw. den äquivalenten Regelungen der Landesverfassungen, die die Freiheit von Wissenschaft, Forschung und Lehre garantieren. Ein zwingendes Verhältnis zwischen diesen Bereichen wird damit in semantischer Hinsicht noch nicht indiziert. Inwieweit verfassungsrechtliche Belange hier im Einzelnen einfließen, ist aber keine Frage des Wortlauts mehr, sondern der systematischen Auslegung.

b) Systematische Auslegung

aa) Einfachgesetzliche Systematik

Innerhalb des WissZVG wird der Begriff „wissenschaftlich" zwar im Zusammenhang mit Personal, Qualifizierung und Hilfstätigkeit genannt, jedoch an keiner Stelle präzisiert. Für eine Differenzierung sind keine Anhaltspunkte ersichtlich,

---

489 https://www.duden.de/rechtschreibung/wissenschaftlich, letzter Zugriff 23.2.2018, 15:18.

490 Ähnlich BAG 1.6.2011, NZA 2011, 1280 Rn. 36; LAG Hamm 2.7.2015, BeckRS 2015, 72848 Rn. 38.

491 *Morgenroth*, DÖD 2016, 43, 45.

492 https://www.duden.de/rechtschreibung/Wissenschaft, letzter Zugriff 23.2.2018, 15:20.

493 https://www.duden.de/rechtschreibung/Wissenschaft, letzter Zugriff 23.2.2018, 15:20.

494 Vgl. *Canaris*, Feststellung von Lücken, S. 15.

sodass sich der inneren Gesetzessystematik entnehmen lässt, dass das Begriffsverständnis einheitlich ist.[495]

Außerhalb des WissZVG finden sich auf Ebene der Landesgesetze teilweise Konturierungen des wissenschaftlichen Personals zwecks Willensbildung innerhalb der Hochschule,[496] aber auch zwecks Festlegung von Befristungsregelungen jenseits des WissZVG[497]. Beide Formen bewirken dennoch keine anderweitige Beurteilung des Wissenschaftlichkeitsbegriffs im Sinne des WissZVG:[498] Erstere beurteilt nicht nur die (nicht-)wissenschaftliche Tätigkeit, sondern vielmehr die Dienstaufgaben, wohingegen bei den befristungsrechtlichen Normen gerade eine Regelung normiert werden soll, die das WissZVG nicht beinhaltet.

Sofern sich Präzisierungen zur wissenschaftlichen Tätigkeit als solcher finden lassen, sind diese nicht einheitlich. Überwiegend werden hierbei die Vermittlung von Fachwissen und praktischen Fertigkeiten an Studierende sowie die Einweisung in die wissenschaftliche Methodik genannt.[499] Ungeachtet dessen können landesgesetzliche Regelungen keinen tauglichen Gegenstand für die Auslegung von Bundesrecht darstellen, da dieses die Länderregelungen verdrängt, Art. 31 GG. Zudem unterliegt das WissZVG und damit sein personeller Anwendungsbereich – wie festgestellt[500] – der konkurrierenden Gesetzgebungskompetenz des Bundes. Infolge des diesbezüglich abschließenden Gebrauchs entfällt die Gesetzgebungskompetenz der Länder, sodass ausfüllende landesrechtliche Regelungen unbeachtlich sind. Gleiches gilt für die Regelungen in den Landespersonalvertretungsgesetzen für die Gruppe des wissenschaftlichen Personals.[501]

Auf Bundesebene findet sich der Wissenschaftsbegriff außerhalb des WissZVG im arbeitsrechtlichen Kontext in § 118 Abs. 1 Nr. 1 BetrVG, der die Anwendbarkeit des Gesetzes für Unternehmen und Betriebe, *die wissenschaftlichen*

---

495 Grundsätzlich: *Schmalz*, Methodenlehre, Rn. 241; *Morgenroth*, DÖD 2016, 43, 45; L/S/*Schlachter*, § 23 TzBfG Anh. 2 Rn. 511.

496 Personalgruppierungen durch vergleichbare Tätigkeiten (wissenschaftlich bzw. nicht wissenschaftlich), *Morgenroth*, DÖD 2016, 61.

497 § 50 ThürHG a. F., Wirksamkeit bestätigt durch BAG 11.9.2013, NZA 2013, 1352 Rn. 54; *Morgenroth*, DÖD 2016, 43.

498 *Morgenroth*, DÖD 2016, 61.

499 *Morgenroth*, DÖD 2016, 61, 62 unter Verweis auf § 65 Abs. 1 S. 2 HHG; § 44 Abs. 1 S. 4 HG NRW; § 42 Abs. 1 S. 2 HSG LSA.

500 Vgl. § 2 A III.

501 Diese sehen zum Teil gesonderte kollektivrechtliche Vertretung durch eigene Personalräte wissenschaftlicher Mitarbeiter vor: § 90 Abs. 6 PersVG Bbg; § 76 Abs. 2 PersVG M-V; § 105 Abs. 1, 5 NPersVG; § 97 SPersVG; § 77 Abs. 2 MBG Schl.-H.; hierzu auch *Morgenroth*, DÖD 2016, 61, 62.

Bestimmungen dienen, einschränkt, soweit die Tendenz des Unternehmens oder Betriebs entgegensteht. Obwohl bei den staatlichen Hochschulen nur die Personalvertretungsgesetze und nicht das BetrVG einschlägig sind, ist auch hier ein Mindestmaß an Tendenzschutz zu berücksichtigen, § 77 Abs. 1 BPersVG.[502] Die wissenschaftliche Tätigkeit wird aber weder in § 118 Abs. 1 S. 1 Nr. 1 BetrVG noch in § 77 Abs. 1 BPersVG definiert, sondern vorausgesetzt.[503] Unter Würdigung der verfassungsrechtlichen Vorgaben wird darunter im BetrVG jeder nach Inhalt und Form ernsthafte, planmäßige Versuch zur Ermittlung der Wahrheit verstanden.[504]

bb) Relevanz des verfassungsrechtlichen Wissenschaftsbegriffs

Als einfaches Bundesgesetz ist das WissZVG eine bloße Ausgestaltung des Grundgesetzes und muss sich in dessen Rahmen halten, sodass der verfassungsrechtliche Wissenschaftsbegriff aus Art. 5 Abs. 3 S. 1 GG maßgebend ist.[505] Vom Schutzbereich erfasst sind „die auf wissenschaftlicher Eigengesetzlichkeit beruhenden Prozesse, Verhaltensweisen und Entscheidungen bei der Suche nach Erkenntnissen, ihrer Deutung und Weitergabe“[506]. In Anlehnung an *Smend* hat sich die Kurzformel, dass alles, was nach Inhalt und Form als ernsthafter planmäßiger Versuch zur Ermittlung der Wahrheit anzusehen ist, der Wissenschaftsfreiheit unterfällt, herausgebildet.[507] Nicht ausreichend ist in Abgrenzung dazu, „vorgefassten Meinungen oder Ergebnissen lediglich den Anschein wissenschaftlicher Gewinnung oder Nachweisbarkeit zu verleihen“[508]. Wissenschaft ist dabei nach dem BVerfG als Oberbegriff von Forschung und Lehre zu verstehen.[509] *Morgenroth* zieht daraus den Schluss, dass eine wissenschaftliche Tätigkeit immer dann vorliegt, wenn jemand „forscht, infolge seiner Forschung lehrt oder

---

502 *Lübbert*, Arbeitsverhältnisse im Hochschulbereich, S. 52 unter Verweis auf *Richardi*, WissR 1983, 1, 6.

503 *Lohfeld*, Befristung an Hochschulen, S. 37; *Lübbert*, Arbeitsverhältnisse im Hochschulbereich, S. 52.

504 Statt aller *Fitting*, § 118 BetrVG Rn. 21.

505 *Morgenroth*, DÖD 2016, 43, 45 f.

506 BVerfG 29.5.1973, BVerfGE 35, 79, 112; 1.3.1978, BVerfGE 47, 327, 367; 11.1.1994, BVerfGE 90, 1, 11 f.; 26.10.2004, BVerfGE 111, 333, 354.

507 *Smend*, VVDStRL, Bd. 4, 44, 67; Maunz/Dürig/*Scholz*, Art. 5 III GG Rn. 91; BK/*Fehling*, Art. 5 III GG (Wissenschaftsfreiheit) Rn. 63; *Lohfeld*, Befristung an Hochschulen, S. 43.

508 Grundlegend BVerfG 11.1.1994, BVerfGE 90, 1, 13.

509 BVerfG 29.5.1973, BVerfGE 35, 79, 113.

auch ohne Forschung wissenschaftlich lehrt“[510]. Den Unterbegriff der Forschung definiert das BVerfG als „die Fragestellung und die Grundsätze der Methodik sowie die Bewertung des Forschungsergebnisses und seiner Verbreitung“[511]. In Abgrenzung hierzu versteht es unter der Lehre einen „Prozess der Vermittlung wissenschaftlicher Erkenntnisse deren Inhalt, den methodischen Ansatz und das Recht auf Äußerung von wissenschaftlichen Lehrmeinungen“[512].

Die wissenschaftliche Tätigkeit im Sinne des WissZVG begrenzt den sachlichen Schutzbereich nicht, sondern ist gleichermaßen weit. Art und Weise der Tätigkeit werden ebenso wenig tangiert wie die inhaltlichen Aspekte. Die Beurteilung der Lehrtätigkeit steht auch im Einklang mit der Wissenschaftsfreiheit, da die repetierende Lehre den Anforderungen des WissZVG ebenso wenig genügt wie dem sachlichen Schutzbereich des Art. 5 Abs. 3 S. 1 GG. Lediglich in personeller Hinsicht wird der Schutzbereich insoweit nicht übertragen, als das WissZVG nicht jedermann, sondern nur Arbeitnehmer der genannten Wissenschaftsinstitutionen erfasst. Hierdurch wird jedoch der Grundrechtsschutz nicht eingeschränkt, sodass keine Abweichung vom verfassungsrechtlichen Verständnis vorliegt.[513]

cc) Zwischenergebnis

Eine weitere Konturierung des Wissenschaftsbegriffs ist, auch unter Berücksichtigung der verfassungsrechtlichen Maßstäbe, nicht möglich. *Wilhelm von Humboldt*, auf den das BVerfG verweist,[514] versuchte den Begriff der Wissenschaft zu umschreiben als „etwas noch nicht ganz Gefundenes und nie ganz Aufzufindendes“[515]. Diese treffende Beschreibung versinnbildlicht die dem Begriff innewohnende Dynamik und die hieraus folgende, faktisch zwingende Offenheit.

c) Teleologische Auslegung

Innerhalb der teleologischen Auslegung ist zwischen dem Zweck des WissZVG insgesamt und dem Zweck des Wissenschaftlichkeits*begriffs* zu differenzieren.[516] Telos des WissZVG als solchem ist der Ausgleich zwischen dem Interesse der

510 *Morgenroth*, DÖD 2016, 43, 45.
511 BVerfG 29.5.1973, BVerfGE 35, 79, 113.
512 BVerfG 29.5.1973, BVerfGE 35, 79, 113; 17.2.2016, BVerfGE 141, 143 Rn. 49.
513 *Morgenroth*, DÖD 2016, 43, 46.
514 BVerfG 29.5.1973, BVerfGE 35, 79, 113.
515 *V. Humboldt*, Organisation der höheren wissenschaftlichen Anstalten, 375, 379.
516 *Morgenroth*, DÖD 2016, 43, 46.

Hochschulen an der Wissenschaftspflege durch Nachwuchsförderung und dem Arbeitnehmerinteresse, befristete Beschäftigungsverhältnisse einzugrenzen.[517] Die wissenschaftliche Tätigkeit selbst wird damit vorausgesetzt, zumal vom personellen Anwendungsbereich auch nur erfasst sein kann, wer im Lichte des Gesetzeszwecks gefördert werden soll. Dies führt wieder zurück zum verfassungsrechtlichen Verständnis von Wissenschaft, da die von Art. 5 Abs. 3 S. 1 GG erfassten Arbeitnehmer gefördert werden sollen. Ein zusätzlicher Erkenntnisgewinn lässt sich dem Gesetzeszweck daher nicht entnehmen.

Telos des Wissenschaftlichkeitsbegriffs als Anwendungsvoraussetzung ist demgegenüber ausschließlich die Legitimation der erweiterten Befristungsmöglichkeiten. Nur hinsichtlich dieses Personenkreises ist der Eingriff in den Bestandsschutz und die befristete Beschäftigung gerechtfertigt.[518] Für alle anderen Arbeitnehmer ist nur eine (meist kürzere) Befristung auf Grundlage der einschlägigen Normen des TzBfG möglich, sodass immer ein ausgewogenes Verhältnis zwischen Rechtfertigung der Befristung und Eingriff bestehen muss. Infolgedessen verlangt das BAG, dass nur die wissenschaftliche Lehre dem Anwendungsgereich des WissZVG genügt.[519] Die Tätigkeit muss also von Art. 5 Abs. 3 S. 1 GG geschützt sein, sodass sich aus dem Zweck des Wissenschaftlichkeitsbegriffs selbst keine weiteren Anhaltspunkte ergeben.

Morgenroth kritisiert, dass das BAG methodisch unzutreffend den Zweck des WissZVG als solchem mit dem Zweck des Anwendungsbereichs gleichsetzt.[520] Hintergrund ist, dass das BAG davon ausgeht, „ein inhaltlich-aufgabenbezogenes Verständnis des Begriffs wissenschaftliches Personal entspricht dem Sinn und Zweck des Gesetzes“[521]. Konsequenz einer einseitigen Herleitung aus dem Gesetzeszweck anhand der Nachwuchsförderungskomponente und damit der hochschulrechtlichen Seite sei, dass die inhaltlich-tätigkeitsbezogene Ausprägung des Verfassungsrechts unberücksichtigt bleibe. Ob hierdurch eine Auslegungskorrektur erforderlich wird, ist jedoch eine Frage der Verfassungskonformität. Das Telos des Wissenschaftlichkeitsbegriffs bewirkt jedenfalls keine Präzision.

---

517 *Preis/Ulber*, Einl. Rn. 4; *Morgenroth*, DÖD 2016, 43, 46.
518 Geis/*Krause*, § 1 WissZVG Rn. 14.
519 BAG 1.6.2011, NZA 2011, 1280 Rn. 43.
520 *Morgenroth*, DÖD 2016, 43, 47.
521 BAG 1.6.2011, NZA 2011, 1280 Rn. 46.

d) Historische Auslegung

Den Gesetzesmaterialien lässt sich keine Konturierung des Wissenschaftlichkeitsbegriffs entnehmen. Das WissZVG sollte das wissenschaftliche Personal unterhalb der Ebene der Hochschullehrer insgesamt erfassen[522] und keine Abkehr von dem Wissenschaftsbegriff nach den §§ 57a ff. HRG begründen – vielmehr sollte die fehlende terminologische Zuständigkeit für Personalkategorien behoben werden[523]. Mit dem Wandel des Anwendungsbereichs geht jedoch auch ein Wandel hinsichtlich der erfassten Kategorien einher, sodass sämtliche Kategorien der §§ 57a ff. HRG nur dann erfasst bleiben, wenn die jeweiligen Arbeitnehmer tatsächlich überwiegend wissenschaftlich tätig sind. Darüber hinaus besteht die Möglichkeit, zuvor nicht dem Anwendungsbereich des HRG unterfallende, wissenschaftlich tätige Arbeitnehmer zu erfassen.[524]

e) Verfassungskonforme Auslegung

Besondere Bedeutung kommt infolge der Tangente zur Wissenschaftsfreiheit nach Art. 5 Abs. 3 S. 1 GG der verfassungskonformen Auslegung zu. Eine einfachgesetzliche Norm ist nur insoweit verfassungswidrig, als sie mit keiner möglichen Bedeutungsform in Einklang mit der Verfassung gebracht werden kann.[525] Die verfassungsrechtlichen Wertungen als solche sind, wie die grammatikalische und die systematische Auslegung gezeigt haben, gewahrt.

Einzig problematisch erscheint aus verfassungsrechtlicher Sicht das Resultat der teleologischen Auslegung, zumal das BAG die Herleitung der Wissenschaftlichkeit aus dem Zweck des WissZVG – der Nachwuchsförderung und der Sicherung der Innovationsfähigkeit – und nicht insgesamt verfassungsrechtlichen Gesichtspunkten entnommen hat.[526] Das BAG habe in seiner Leitentscheidung zur Konturierung des Anwendungsbereichs nur die organisatorische Ebene der Wissenschaftsfreiheit berücksichtigt, nicht dagegen die tätigkeitsbezogenen Ebene.[527] Bei der Bestimmung des Anwendungsbereiches gehe es jedoch gerade

---

522 BT-Drs. 16/4043, S. 9; *Morgenroth*, DÖD 2016, 43, 46; kritisch *Raab*, Persönlicher Anwendungsbereich, S. 3.

523 BT-Drs. 16/4043, S. 9; ebenso *Morgenroth*, DÖD 2016, 43, 46; *Preis/Ulber*, in: FS Otto, 391, 393.

524 *Morgenroth*, DÖD 2016, 43, 46.

525 BVerfG 7.5.1953, BVerfGE 2, 266, 282; *Larenz*, Methodenlehre, S. 339 = *Larenz/Canaris*, Methodenlehre, S. 159 f.

526 *Morgenroth*, DÖD 2016, 43, 47 f.

527 *Morgenroth*, DÖD 2016, 43, 47 f. unter Verweis auf BAG 1.6.2011, NZA 2011, 1280 Rn. 35.

um die Tätigkeit, die die hochschulrechtlichen Aspekte überwiegt, sodass hieraus eine „Verzerrung" des Ergebnisses folgen kann.[528] Deshalb sei – so *Morgenroth* – der Wissenschaftsbegriff in § 1 Abs. 1 WissZVG durch den sachlichen Schutzbereich des Art. 5 Abs. 3 GG zu korrigieren.[529] Der Anwendungsbereich soll daher nicht mehr tätigkeits-, sondern schutzbereichsbezogen bestimmt werden.[530]

Dem ist entgegenzuhalten, dass das BAG hier nur einen Schritt ausgelassen hat. Das Entsprechen des inhaltlich-aufgabenbezogenen Verständnisses des Anwendungsbereichs mit dem Sinn und Zweck des Gesetzes heißt nicht,[531] dass es auf dem Gesetzeszweck fußt. Spätestens seit der Entscheidung vom 30. August 2017 hat das Gericht dies klargestellt und ausdrücklich den Anwendungsbereich parallel zum Schutzbereich des Art. 5 Abs. 3 GG ausgelegt.[532] Selbst unter der Prämisse, dass das BAG hier einen nicht zutreffenden methodischen Schritt unternommen hat, entfaltet dies auch nach *Morgenroth* keine Relevanz für die Auslegung des Wissenschaftlichkeitsbegriffs, da die vom BAG angewandte Definition der wissenschaftlichen Tätigkeit praktisch identisch zu der vom BVerfG vertretenen ist. Auch anhand einer schutzbereichsbezogenen Auslegung des Wissenschaftlichkeitsbegriffs ergäbe sich somit das gleiche Ergebnis. Die verfassungsrechtlichen Belange sind folglich gewahrt und eine verfassungskonforme Auslegung des teleologischen Ergebnisses ist entbehrlich. Schließlich folgt aus der verfassungsbezogenen Auslegung keine weitere Erkenntnis.

f) Unionsrechtskonforme Auslegung

Im Hinblick auf den personellen Anwendungsbereich des WissZVG bestehen keine Zweifel an der Unionsrechtskonformität, da der Anwendungsbereich der BefristungsRL uneingeschränkt ist und die Richtlinie diesbezüglich auch keine weiteren Vorgaben enthält. Es bedarf folglich keiner anderweitigen Auslegung.

g) Zwischenergebnis

Die Wissenschaftlichkeit im Sinne des § 1 Abs. 1 WissZVG bemisst sich nach dem verfassungsrechtlichen Verständnis des Art. 5 Abs. 3 S. 1 GG, sodass eine Konturierung des Anwendungsbereichs *de lege lata* nicht möglich ist. Die nach

528 So *Morgenroth*, DÖD 2016, 43, 48.

529 *Morgenroth*, DÖD 2016, 43, 45, 48.

530 *Morgenroth*, DÖD 2016, 43, 45, 48.

531 BAG 1.6.2011, NZA 2011, 1280 Rn. 35.

532 BAG 30.8.2017, BeckRS 2017, 137774 Rn. 19.

dem HRG erfassten Personalkategorien unterfallen nicht mehr zwingend dem WissZVG, es bedarf einer eigenständigen Prüfung.

IV. Studentische Hilfskräfte als wissenschaftliches Personal – Abgrenzung zu § 6 WissZVG

Im Zuge der Novellierung wurde ein eigenständiger Tatbestand für die Befristung von Studierenden geschaffen, die auch in § 57e HRG 2002[533] als Statuskategorie „studentische Hilfskraft" normiert waren. Zur Zeit des WissZVG a. F. sollten diese mangels eigenständiger Regelung von § 2 Abs. 1 S. 1 WissZVG oder § 14 TzBfG erfasst sein.[534] Teilweise wird angenommen, dass Hilfskräfte im Sinne des § 6 WissZVG unverändert stets zum wissenschaftlichen Personal des § 2 Abs. 1 WissZVG zählen.[535] Da § 2 Abs. 1 S. 1 WissZVG mit der Novellierung nur dahingehend geändert wurde, dass die Beschäftigung der eigenen Qualifizierung dienen soll, sind Beschäftigungsverhältnisse mit Studierenden nicht per se vom Tatbestand ausgeschlossen, vielmehr ist § 6 WissZVG die *lex specialis* im Verhältnis zu § 2 Abs. 1 WissZVG.[536]

1. Anwendungsbereich des § 6 WissZVG

a) Entwicklung des Anwendungsbereichs

Studierender ist gemäß § 6 S. 1 WissZVG jede an einer *deutschen* Hochschule für ein Studium, das zu einem ersten oder einem weiteren berufsqualifizierenden Abschluss führt, eingeschriebene Person, die wissenschaftliche oder künstlerische Hilfstätigkeiten erbringt. Der Anwendungsbereich des § 6 S. 1 WissZVG bemisst sich ebenso wie der des § 2 Abs. 1 S. 1 WissZVG überwiegend tätigkeitsbezogen und nicht allein nach dem formalen Status als studentische Hilfskraft. Die Anforderungen gegenüber § 57e HRG, der unter studentischen Hilfskräften „solche Hilfskräfte, die an einer deutschen Hochschule eingeschrieben sind"[537] verstand, sind folglich gestiegen.

Das WissZVG hat mit seinem § 6 S. 1 eine eigene, bundeseinheitliche Definition studentischer Hilfskräfte geschaffen, die unabhängig von einer

533 Dieser basierte wiederum auf § 57c Abs. 3 HRG 1999, vgl. *Maschmann/Konertz*, NZA 2016, 257, 265; ausführlich dazu *Pres*, Studentische Arbeitsverhältnisse, S. 83 ff.

534 Statt aller Geis/*Krause*, § 1 WissZVG Rn. 4, 15.

535 So A/G/*Rambach*, § 6 WissZVG Rn. 1.

536 Hierzu unter § 4 B IV. 2.

537 Dazu BAG 18.9.2008, NZA 2009, 425 Rn. 24; *Pres*, Studentische Arbeitsverhältnisse, S. 88 mit Begrenzung der wissenschaftlichen Dienstleistung, S. 90.

landesrechtlichen Einordnung besteht.[538] Eine auf § 6 S. 1 WissZVG gestützte Befristung kann also ausscheiden, obwohl der betroffene Arbeitnehmer nach Landesrecht als studentische Hilfskraft anzusehen ist.[539] Auch die Bezeichnung der wissenschaftlichen Hilfskraft auf Landesebene ist von § 6 S. 1 WissZVG zu unterscheiden, da dieser ein abgeschlossenes Hochschulstudium immanent ist[540] und somit – entgegen § 6 S. 1 WissZVG – Hilfskräfte erst nach Abschluss des Bachelors erfasst sein können.

b) Personeller Anwendungsbereich – Status als Student

aa) Einschreibung an deutscher Hochschule

Für die Eröffnung des personellen Anwendungsbereichs muss der betroffene Arbeitnehmer zunächst an einer deutschen Hochschule eingeschrieben sein. Der Hochschulbegriff entspricht dem des § 1 Abs. 1 WissZVG und bemisst sich folglich nach Landesrecht.[541] Die Einschreibung muss zumindest im Zeitpunkt des Vertragsschlusses vorliegen[542] und ergibt sich ebenfalls aus landesrechtlichen Vorschriften[543]. Eine spätere Exmatrikulation ist grundsätzlich unerheblich für

538 Zur alten Rechtslage: BAG 1.6.2011, NZA 2011, 1280; *Kortstock*, ZTR 2007, 350, 352; *Lehmann-Wandschneider*, Sonderbefristungsrecht, S. 94; *Stumpf*, NZA 2015, 326; zur neuen Rechtslage: *C. Müller*, öAT 2016, 90, 91; ErfK/*Müller-Glöge*, § 6 WissZVG Rn. 3; D/D/Z/*Nebe*, § 1 WissZVG Rn. 4; *Preis/Ulber*, § 6 WissZVG Rn. 16; **a. A.**: *Löwisch*, NZA 2007, 479; *Räder/Steinheimer*, PersR 2007, 328, 329; *Rambach/Feldmann*, ZTR 2009, 286, 288.

539 *C. Müller*, öAT 2016, 90, 91 unter Verweis auf § 33 Abs. 2 S. 2 NHG, der studentischen Hilfskräften auch Verwaltungstätigkeiten zuschreibt; ebenso § 46 Abs. 1 S. 1 HG NRW; § 79 Abs. 1 S. 1 LHG M-V; § 51 Abs. 3 S. 4 HSG LSA a. F.; ausführlich dazu *Raab*, Persönlicher Anwendungsbereich, S. 154 f; *Oetker*, FS v. Hoyningen-Huene, 335, 336.

540 So § 57 S. 1 LHG BW; § 79 Abs. 3 S. 1 LHG M-V.

541 *Maschmann/Konertz*, NZA 2016, 257, 265; *C. Müller*, öAT 2016, 90, 91; A/G/*Rambach*, § 6 WissZVG Rn. 2.

542 Grundsätzlich dazu: BAG 2.9.2009, NZA 2009, 1407 Rn. 10; 29.4.2015, BeckRS 2015, 71411 Rn. 15; *C. Müller*, öAT 2016, 90, 91 f.; *Preis/Ulber*, § 6 WissZVG Rn. 8; A/G/*Rambach*, § 6 WissZVG Rn. 3.

543 ErfK/*Müller-Glöge*, § 6 WissZVG Rn. 2; *Preis/Ulber*, § 6 WissZVG Rn. 8; A/P/S/*Schmidt*, § 6 WissZVG Rn. 3a; dies gilt gleichermaßen für die Einordnung von Urlaubssemestern und anderen Unterbrechungen des Studiums: Maschmann/Konertz, NZA 2016, 257, 266; A/G/*Rambach*, § 6 WissZVG Rn. 3.

die Wirksamkeit der Befristung, da diese auf einer Prognose bei Vertragsschluss fußt.[544]

An welcher deutschen Hochschule der betroffene Student eingeschrieben ist, ist derweil unerheblich. Eine Übereinstimmung von der Hochschule, an der die Tätigkeit erbracht wird und derjenigen, an der der Student immatrikuliert ist, ist ausweislich des Wortlauts nicht erforderlich.[545] Ebenso wenig von Bedeutung ist, wo der Hochschulabschluss erreicht werden soll, sodass an einer deutschen Hochschule eingeschriebene Erasmus Studenten vom Anwendungsbereich gleichermaßen erfasst sind wie deutsche Studenten.[546] Das Erfordernis der deutschen Hochschule ist jedoch im Lichte der Freizügigkeit Studierender im Sinne des Art. 20 Abs. 2 lit. a AEUV kritisch zu beurteilen.[547] Dadurch können sowohl deutsche Studierende, die ihre Einschreibung ins Ausland verlegen, als auch ausländische Studenten ohne Immatrikulation in Deutschland bei der Ausübung von Hilfstätigkeiten beeinträchtigt werden.[548]

Sofern der Studierendenstatus fehlt kommt sowohl eine Befristung nach § 14 Abs. 1 und 2 TzBfG als auch nach § 2 Abs. 1 S. 1 WissZVG in Betracht.[549] Zweifelhaft dürfte bei letzterer jedoch sein, ob die Hilfstätigkeit der Förderung der eigenen Qualifizierung dient.[550] Weiterhin geht damit der Nachteil einher, dass die Befristung, sofern sie nicht geringfügig im Sinne des § 2 Abs. 3 S. 1 WissZVG oder vergleichbar mit einer auf § 6 WissZVG gestützten Befristung ist (§ 2 Abs. 3 S. 3 WissZVG), auf die Höchstbefristungsdauer des § 2 Abs. 1 S. 1 WissZVG angerechnet wird[551] und so den Qualifizierungszeitraum verkürzt.

bb) Berufsqualifizierender Abschluss

(1) Anforderungen an berufsqualifizierende Abschlüsse

Neben dem Studentenstatus als solchem ist erforderlich, dass das Studium zu einem ersten oder weiteren *berufsqualifizierenden* Abschluss führt, § 6 S. 1

---

544 *Preis/Ulber*, § 6 WissZVG Rn. 30; *Maschmann/Konertz*, NZA 2016, 257, 266; *C. Müller*, öAT 2016, 90, 91; KR/*Treber*, § 6 WissZVG Rn. 7; zur personenbedingten Kündigung BAG 18.9.2008, NZA 2009, 425 Rn. 20 ff.

545 *Preis/Ulber*, § 6 WissZVG Rn. 8.

546 *Preis/Ulber*, § 6 WissZVG Rn. 9.

547 Ausführlich dazu D/D/Z/*Nebe*, § 6 WissZVG Rn. 8; anders wohl A/G/*Rambach*, § 6 WissZVG Rn. 2.

548 D/D/Z/*Nebe*, § 6 WissZVG Rn. 8: Verstoß gegen §§ 1, 7 AGG und RL 2000/43/EG.

549 *Maschmann/Konertz*, NZA 2016, 257, 266.

550 BT-Drs. 18/6489, S. 13; D/D/Z/*Nebe*, § 6 WissZVG Rn. 3.

551 *Maschmann/Konertz*, NZA 2016, 257, 266.

WissZVG. Der Erwerb einer Zusatzqualifizierung oder ein Weiterbildungsstudiengang genügen demnach nicht.[552] Entscheidend ist für den Abschluss, dass er neue Berufschancen eröffnet; die Vertiefung von Kenntnissen wie beispielsweise im Rahmen eines LL.M. reicht folglich nicht aus.[553] Das Vorliegen eines Studienabschlusses schadet dagegen wie bei § 57e HRG nicht.[554]

Berufsqualifizierend sind zunächst sowohl Bachelor-, als auch Masterstudiengänge.[555] Ob bereits ein Bachelorabschluss vorliegt, ist für die Befristung nach § 6 S. 1 WissZVG unerheblich.[556] Dies ergibt sich nicht nur aus der Gesetzesbegründung,[557] sondern insbesondere aus dem auf sechs Jahre erweiterten Befristungszeitraum, der die Gesamtdauer von Bachelor- und Masterstudium berücksichtigt und dem Wortlaut, der einen *weiteren* berufsqualifizierenden Abschluss explizit nennt[558]. Nicht von § 6 S. 1 WissZVG getragen ist jedoch ein Promotionsstudium, da bei diesem bereits das Ziel der Berufsqualifikation fehlt.[559] Sollte der betroffene Arbeitnehmer jedoch während der studienbegleitenden Beschäftigung bereits mit seiner Dissertation beginnen, so ist konsequenterweise eine Anrechnung auf den Qualifizierungszeitraum des § 2 Abs. 1 S. 1 WissZVG geboten.[560]

§ 6 S. 1 WissZVG erfasst neben Bachelor- und Master- auch Staatsexamens- und Diplomstudiengänge[561] sowie Studiengänge, deren berufsqualifizierender Abschluss sich aus einem staatlichen und einem universitären Teil zusammensetzt – dieser wird erst mit Beendigung beider Teile erlangt[562]. Auch ein sich hieran anschließendes Zweitstudium ist ausweislich des Wortlauts eines „*weiteren*" Abschlusses erfasst. Nicht unproblematisch ist jedoch, ob auch Studierende, die

552 *Maschmann/Konertz*, NZA 2016, 257, 265; *C. Müller*, öAT 2016, 90, 91; ErfK/*Müller-Glöge*, § 6 WissZVG Rn. 2; *Preis/Ulber*, § 6 WissZVG Rn. 8; A/G/*Rambach*, § 6 WissZVG Rn. 4; A/P/S/*Schmidt*, § 6 WissZVG Rn. 3a.

553 *Maschmann/Konertz*, NZA 2016, 257, 265; A/G/*Rambach*, § 6 WissZVG Rn. 5.

554 *Pres*, Studentische Arbeitsverhältnisse, S. 88.

555 *Maschmann/Konertz*, NZA 2016, 257, 265; ErfK/*Müller-Glöge*, § 6 WissZVG Rn. 2; Staudinger/*Preis*, § 620 BGB Rn. 286b; *Preis/Ulber*, § 6 WissZVG Rn. 8; A/P/S/*Schmidt*, § 6 WissZVG Rn. 3a.

556 Ausdrücklicher Wille des Gesetzgebers: BT-Drs. 18/6489, S. 14 f.; *Maschmann/Konertz*, NZA 2018, 641; A/P/S/*Schmidt*, § 6 WissZVG Rn. 3a.

557 BT-Drs. 18/6489, S. 14 f.

558 A/G/*Rambach*, § 6 WissZVG Rn. 4.

559 *Preis/Ulber*, § 6 WissZVG Rn. 8; A/G/*Rambach*, § 6 WissZVG Rn. 5.

560 *Preis/Ulber*, § 6 WissZVG Rn. 31; **a. A.** *Mandler/Meißner*, OdW 2016, 33, 37.

561 A/G/*Rambach*, § 6 WissZVG Rn. 4.

562 *Maschmann/Konertz*, NZA 2016, 257, 265; A/G/*Rambach*, § 6 WissZVG Rn. 5.

sich im Drittstudium befinden, die Anforderungen des Befristungstatbestands erfüllen.

(2) Drittstudium als berufsqualifizierender Abschluss

(a) Grammatikalische Auslegung

In grammatikalischer Hinsicht bezieht sich § 6 S. 1 WissZVG auf ein „Studium, das zu einem ersten oder einem weiteren berufsqualifizierenden Abschluss führt". Damit sind syntaktisch betrachtet nur Erst- und Zweitstudium erfasst.[563] Hätte der Gesetzgeber ein Drittstudium mit einbeziehen wollen, hätte er die Formulierung „Studium, das zu einem ersten oder weiteren berufsqualifizierenden Abschlüssen führt" nehmen müssen.

(b) Systematische Auslegung

Gegenteiliges kann auch nicht aus der Gesetzessystematik gefolgert werden. Vielmehr bedarf es in systematischer Hinsicht einer Grenzziehung gegenüber § 2 Abs. 1 S. 1 WissZVG, da bei einem Drittstudium bereits die wissenschaftliche Qualifizierung vorangetrieben werden kann. Bei weiterbildenden und nichtkonsekutiven Masterstudiengängen, die also nicht planmäßig an ein Bachelorstudium anknüpfen, kann es sich bereits um eine Qualifizierung im Sinne des § 2 Abs. 1 S. 1 WissZVG handeln,[564] zumal der Qualifizierungsbegriff nicht formell, sondern materiell zu verstehen ist[565]. Auch würde die Nichtanrechnungsklausel des § 2 Abs. 3 S. 3 WissZVG ausgehebelt, wenn sämtliche Studiengänge, die bereits eine Qualifizierung des betroffenen Arbeitnehmers ermöglichen, von § 6 S. 1 WissZVG erfasst wären.

(c) Teleologische Auslegung

Zweck der Neuregelung in § 6 S. 1 WissZVG war lediglich, für Studierende aus Masterstudiengängen eine Befristungsgrundlage zu schaffen, sodass diese nicht kurz vor Studienabschluss ihren Zuverdienst verlieren.[566] Es war jedoch nicht das Ziel, die befristete Beschäftigung während aller Studiengänge zu erfassen. Die Teleologie streitet damit gegen die Erfassung eines Dritt- oder gar Viertstudiums.

---

563 Ebenso HK-TzBfG/*Joussen*, § 6 WissZVG Rn. 2; *Müller*, öAT 2016, 90, 92; ErfK/*Müller-Glöge*, § 6 WissZVG Rn. 2; **a. A.** *Preis/Ulber*, § 6 WissZVG Rn. 11; A/P/S/*Schmidt*, § 6 WissZVG Rn. 3a; KR/*Treber*, § 6 WissZVG Rn. 5.

564 D/D/Z/*Nebe*, § 6 WissZVG Rn. 2.

565 Vgl. dazu § 5 B I.

566 BT-Drs. 18/6489, S. 13.

(d) Historische Auslegung
Die Gesetzesbegründung schweigt zu diesem Problem.[567] Ergänzend zur Gesetzesbegründung können bei der historischen Auslegung jedoch die Fragen und Antworten zum WissZVG des BMBF hinzugezogen werden, in denen sich die Bundesbehörde dahingehend geäußert hat, dass auch ein Drittstudium von § 6 S. 1 WissZVG erfasst sei, zumal der Gesetzgeber in der Formulierung keine enumerativen Beschränkungen verwende, sondern einen unbestimmten Artikel.[568] Die historische Auslegung spricht deshalb für eine Erfassung von mehr als zwei berufsqualifizierenden Studiengängen.

(e) Zwischenergebnis
Insgesamt betrachtet spricht der wesentliche Teil der Auslegung dafür, dass nur Erst- und Zweitstudium in den Anwendungsbereich des § 6 S. 1 WissZVG fallen.

(f) Kritik und Stellungnahme
Preis und *Ulber* gehen davon aus, dass sowohl Dritt-, als auch Viertstudium erfasst sein können, da die betroffenen Studenten anderenfalls aus dem Anwendungsbereich fielen.[569] Dem sind nicht nur die Ergebnisse der Gesetzesauslegung entgegenzuhalten, sondern auch die Tatsache, dass die betroffenen Arbeitnehmer ebenso befristet beschäftigt werden können, wenn sie nicht dem Tatbestand des § 6 S. 1 WissZVG unterliegen: Sowohl § 2 Abs. 1 S. 1 WissZVG als auch § 14 Abs. 1 und 2 TzBfG kommen regelmäßig in Betracht. Der Anrechnungsproblematik des § 2 Abs. 3 S. 1 WissZVG kann dadurch begegnet werden, dass der betroffene Student geringfügig beschäftigt wird oder ein dem § 6 WissZVG vergleichbares Beschäftigungsverhältnis im Sinne des § 2 Abs. 3 S. 3 WissZVG ausübt, sofern dies tatsächlich nicht der Qualifizierung dient. Folglich bliebe auch der gesamte Qualifizierungszeitraum des § 2 Abs. 1 S. 1 WissZVG für eine anknüpfende Befristung erhalten. Im Ergebnis sind daher nur Erst- und Zweitstudium von § 6 S. 1 WissZVG erfasst.

c) Sachlicher Anwendungsbereich – wissenschaftliche oder künstlerische Hilfstätigkeiten

Arbeitsvertraglich geschuldet sein müssen ausweislich des Wortlauts wissenschaftliche bzw. künstlerische Hilfstätigkeiten. Wie bei § 2 Abs. 1 S. 1 WissZVG

567 Vgl. BT-Drs. 18/6489, S. 13.
568 https://www.bmbf.de/files/20170615_WissZeitVG%20-%20FAQ.pdf, Nr. 48, letzter Zugriff: 3.4.2018, 14:26; kritisch dazu *C. Müller*, öAT 2016, 90, 92.
569 *Preis/Ulber*, § 6 WissZVG Rn. 11; in diese Richtung auch KR/*Treber*, § 6 WissZVG Rn. 5.

muss die wissenschaftliche Hilfstätigkeit nicht das gesamte Arbeitsverhältnis ausmachen, es reicht, wenn sie überwiegt, also mehr als 50 % der Arbeitszeit einnimmt.[570] Was darunter im Einzelnen zu verstehen ist, wird weder *qua lege* noch in der Gesetzesbegründung konkretisiert.

aa) Wissenschaftlichkeit der Hilfstätigkeit

(1) Grundsätzliches zur Wissenschaftlichkeit

Unter wissenschaftlich ist wie auch im Rahmen des § 2 Abs. 1 S. 1 WissZVG in Anlehnung an die Rechtsprechung des BAG alles zu verstehen, „was nach Inhalt und Form als ernsthafter und planmäßiger Versuch zur Ermittlung der Wahrheit anzusehen und darauf angelegt ist, neue Erkenntnisse zu gewinnen und zu verarbeiten, um den Erkenntnisstand der jeweiligen wissenschaftlichen Disziplin zu sichern oder zu erweitern“[571]. Daraus könnte folgen, dass nur fortgeschrittene Studierende, die hinreichend qualifiziert sind, um wissenschaftlich zu arbeiten, dem Anwendungsbereich unterfallen

(2) Immanente Begrenzung auf fortgeschrittene Studierende

(a) Grammatikalische Auslegung

In grammatikalischer Hinsicht enthält § 6 S. 1 WissZVG keine Einschränkung hinsichtlich eines bestimmten Stadiums, das studentische Hilfskräfte erreicht haben müssen, um hierauf gestützt befristet beschäftigt zu werden. Zwar könnte die Begrenzung aus dem Begriff wissenschaftlich selbst folgen, allerdings verlangt der Wortlaut gerade keine wissenschaftliche Tätigkeit als solche, sondern vielmehr eine bloße wissenschaftliche *Hilfstätigkeit*. Dies schließt jedoch das Erfordernis des fortgeschrittenen Studiums auch nicht aus. Der Wortlaut lässt folglich keinen eindeutigen Schluss zu.

(b) Systematische Auslegung

Die Befristungsdauer des § 6 S. 1 WissZVG ist auf sechs Jahre begrenzt, wobei die Regelstudienzeit eines Bachelor-Masterstudiengangs zehn Semester, also fünf Jahre beträgt. Damit umfasst der mögliche Befristungszeitraum das gesamte Studium. Wäre der Befristungstatbestand nur auf fortgeschrittene Studierende anwendbar, hätte auch die Normierung einer kürzeren Befristungsdauer genügt.

---

570 Anders: „Überwiegen einer originär wissenschaftlichen Dienstleistung der studentischen Hilfskraft kann daher aufgrund der abgeschwächten Wortwahl in § 6 nicht (mehr) verlangt werden“: *Preis/Ulber*, § 6 WissZVG Rn. 24.

571 Grundlegend: BAG 1.6.2011, NZA 2011, 1280 Rn. 35; Staudinger/*Preis*, § 620 BGB Rn. 286c; *Preis/Ulber*, § 6 WissZVG Rn. 14.

Dem steht wiederum entgegen, dass § 6 S. 1 WissZVG auch auf ein Zweitstudium anwendbar ist. Die Systematik des Tatbestands lässt demnach keine eindeutige Schlussfolgerung zu.

Aus der Abgrenzung zu § 2 Abs. 1 WissZVG ergibt sich lediglich, dass die Anforderungen an die Wissenschaftlichkeit der Tätigkeit denen des § 6 S. 1 WissZVG nicht entsprechen, sonst hätte es der Einführung des Befristungstatbestands nicht bedurft. So hätte der Gesetzgeber weiter die Befristung auf § 2 Abs. 1 S. 1 WissZVG stützen können und über § 2 Abs. 3 S. 3 WissZVG eine Anrechnungsfreiheit hinsichtlich des Qualifizierungsrahmens schaffen können. Infolgedessen wird nicht auf die wissenschaftliche Tätigkeit, sondern die wissenschaftliche *Hilfstätigkeit* abgestellt, um dem Studierendenstatus als „akademische Anfänger" Rechnung zu tragen.[572] Akademische Anfänger sind sowohl Studierende in Anfangs-, als auch in fortgeschrittenen Semestern. Wie unter (a) festgestellt, ergibt sich daraus jedoch nicht zwingend eine Einschränkung.

Auf Landesebene finden sich stellenweise Regelungen, die festlegen, dass nur fortgeschrittene Studierende als Hilfskräfte beschäftigt werden können.[573] Dass der Gesetzgeber in Kenntnis der Ausgestaltungsmöglichkeit solcher Regelungen in § 6 S. 1 WissZVG keine Einschränkung vorgenommen hat, spricht für eine bewusste Entscheidung gegen eine Begrenzung der Beschäftigungsmöglichkeit auf fortgeschrittene Studierende und damit auch für die Rechtsunwirksamkeit solcher Vorschriften auf Landesebene.[574]

(c) Teleologische Auslegung

Die betroffenen Arbeitnehmer sollen im Zuge einer auf § 6 S. 1 WissZVG gestützten Befristung für die Qualifikationsphase des § 2 Abs. 1 S. 1 WissZVG vorbereitet werden.[575] In Abgrenzung zu § 2 Abs. 1 S. 1 WissZVG sind die Anforderungen demnach abzuschwächen, indem der „Unterstützungscharakter" der Tätigkeit und die Zuarbeit für wissenschaftliches Personal in Ausübung seiner wissenschaftlichen Dienstleistungen in den Fokus gestellt werden.[576] Ob eine

---

572 Staudinger/*Preis*, § 620 BGB Rn. 286c; *Preis/Ulber*, § 6 WissZVG Rn. 18.

573 Art. 33 Abs. 2 BayHSchPG (fortgeschritten und gute Kenntnisse); § 59 Abs. 1 BbgHG; § 79 Abs. 3 S. 1 HSG MV (Abschluss des Grundstudiums); § 64 Abs. 1 HochSchG RheinPf; § 95 S. 2 ThürHG; weiter § 51 Abs. 3 S. 1 f. HSG LSA (Regelfall nach zwei Semestern, Ausnahmen möglich); ausführlich zu Landesregelungen für studentische Hilfskräfte: *Oetker*, in: FS v. Hoyningen-Huene, 335, 336.

574 **A. A.** KR/*Treber*, § 6 WissZVG Rn. 5 („Erfordernisse können sich aus landesgesetzlichen Regelungen ergeben").

575 *Preis/Ulber*, § 6 WissZVG Rn. 18.

576 HK-TzBfG/*Joussen*, § 6 WissZVG Rn. 3; *Hauck-Scholz*, RdA 2016, 262, 269.

unterstützende Tätigkeit schon zu Beginn des Studiums möglich ist, ist jedoch nicht zweifelsfrei feststellbar. Dies lässt sich auch nicht ausschließlich nach der Semesterzahl bemessen, sondern ergibt sich insbesondere aus den individuellen Fähigkeiten der Studierenden. Sofern die individuellen Fertigkeiten eine wissenschaftliche Hilfstätigkeit zulassen, besteht kein Grund mit der Anstellung der Studierenden bis zu einem fortgeschrittenen Stadium zu warten. Der Zweck der Vorbereitung auf die Qualifizierung indiziert deshalb keine Einschränkung des sachlichen Anwendungsbereichs.

(d) Historische Auslegung

Ausweislich der Gesetzesbegründung soll Studierenden nicht nur während des Bachelorstudiums sondern auch im Masterstudium die Möglichkeit der Nebentätigkeit als studentische Hilfskraft eröffnet werden.[577] Der Befristungszeitraum entspricht explizit „den kumulierten maximalen Regelstudienzeiten eines Bachelor- und eines Masterstudiums"[578], sodass eine Beschäftigung auch in der Schlussphase des Studiums möglich ist. Dies spricht dafür, dass nach der Vorstellung des Gesetzgebers auch in den Anfangssemestern eine Beschäftigung als Hilfskraft möglich ist, andernfalls hätte auch der ursprünglich verankerte Vierjahreszeitraum[579] ausgereicht. Die historische Auslegung streitet folglich gegen eine Begrenzung auf fortgeschrittene Studierende.

(e) Verfassungs- und unionsrechtskonforme Auslegung

Für die Wissenschaftsfreiheit der Tätigkeit gilt das unter § 4 B II Gesagte. Eine Einschränkung ließe sich dahingehend vornehmen, dass Studierende in Anfangssemestern noch nicht in der Lage sind, wissenschaftlich im Sinne des Art. 5 Abs. 3 S. 1 GG tätig zu sein. Allerdings geht es anders als bei § 2 Abs. 1 WissZVG gerade nicht um die wissenschaftliche Tätigkeit als solche, sondern um eine Hilfstätigkeit. Hierfür stellt die Wissenschaftsfreiheit gerade keine immanenten Grenzen auf. Eine einschränkende Auslegung im Lichte der Wissenschaftsfreiheit ist folglich nicht erforderlich. Auch das Unionsrecht trifft diesbezüglich keine gesonderten Vorgaben.

(f) Ergebnis

Eine Begrenzung des Anwendungsbereichs auf fortgeschrittene Studierende ist demnach abzulehnen.

577 BT-Drs. 18/6489, S. 14.
578 BT-Drs. 18/7038, S. 12.
579 BT-Drs. 18/6489, S. 6, 14.

bb) *Hilfstätigkeit als solche*

Per definitionem handelt es sich bei Hilfstätigkeiten um solche, „die eine Person ohne Ausbildung und ohne längere Anlernphase erbringen kann und mit denen sie gegebenenfalls Fachkräften zuarbeitet"[580]. Der Hilfstätigkeit ist somit die Zuordnung zu einer Haupttätigkeit immanent, sodass eine übergeordnete Person der wissenschaftlichen Einrichtung unterstützt werden muss.[581] Dadurch scheiden bereits begrifflich Hausmeister- und Reinigungstätigkeiten sowie reine Verwaltungstätigkeiten ohne jeglichen Wissenschaftsbezug aus.[582] Der Regelfall der Unterstützung eines Hochschullehrers wirft dennoch die Frage auf, inwieweit Vor- und Nacharbeiten erfasst sind, die nicht konstitutiv für wissenschaftliche Leistungen sind und an welcher Stelle eine Grenzziehung erforderlich ist. Vielfach gefordert wird eine überwiegend wissenschaftsspezifische Tätigkeit – [583] ob diese vorliegt, ist eine Frage der Tätigkeit im Einzelnen.

cc) *Tätigkeiten im Einzelnen*

(1) Konkretisierung erfasster Tätigkeiten

Zu den von § 6 S. 1 WissZVG unstreitig erfassten Tätigkeiten im Einzelnen gehören beispielsweise das Unterrichten von Studierenden als Tutor, das Korrigieren von Übungsarbeiten oder Klausuren und das Zusammenstellen und Aufarbeiten wissenschaftlicher Materialien für ein Seminar oder eine Vorlesung.[584]

(2) Konkretisierung nicht erfasster Tätigkeiten

Fest steht, dass es sich nicht um rein administrative Tätigkeiten handeln darf.[585] Hierzu gehören reine Organisationsarbeit, das Bibliothekswesen – insbesondere die Bibliotheksaufsicht (in fachfremden Bibliotheken) – sowie die Unterstützung

---

580 *Preis/Ulber*, § 6 WissZVG Rn. 19.

581 LAG Berlin-Brandenburg 5.6.2018, BeckRS 2018, 21410 Rn. 43; *Preis/Ulber*, § 6 WissZVG Rn. 25.

582 Vgl. *Preis/Ulber*, § 6 WissZVG Rn. 23, 25.

583 LAG Berlin-Brandenburg 5.6.2018, BeckRS 2018, 21410 Rn. 43; *C. Müller*, öAT 2016, 90, 91; ErfK/*Müller-Glöge*, § 6 WissZVG Rn. 3; Staudinger/*Preis*, § 620 BGB Rn. 286c; A/P/S/*Schmidt*, § 6 WissZVG Rn. 4; bereits zum WissZVG a. F.: *Oetker*, in: FS v. Hoyningen-Huene, 335, 342; KR/*Treber*, § 6 WissZVG Rn. 9.

584 LAG Berlin-Brandenburg 5.6.2018, BeckRS 2018, 21410 Rn. 43; Schaub/*Koch*, § 39 Rn. 31; Geis/*Krause*, § 1 WissZVG Rn. 27; ErfK/*Müller-Glöge*, § 6 WissZVG Rn. 3; Staudinger/*Preis*, § 620 BGB Rn. 286c; *Preis/Ulber*, § 6 WissZVG Rn. 21; *Raab*, Persönlicher Anwendungsbereich, S. 60; H/W/K/*Rennpferdt*, § 23 TzBfG Rn. 75; A/P/S/*Schmidt*, § 6 WissZVG Rn. 4; KR/*Treber*, § 6 WissZVG Rn. 9.

585 KR/*Treber*, § 6 WissZVG Rn. 9; kritisch: Staudinger/*Preis*, § 620 BGB Rn. 286c.

im Sekretariat.[586] Arbeiten wie die Bibliotheksaufsicht oder die Zuarbeit im Sekretariat greifen in die unmittelbaren Tätigkeitsfelder anderer, nicht wissenschaftlich tätiger Arbeitnehmer ein, unterstützt werden vielmehr Bibliothekare[587] und Sekretärinnen, nicht jedoch Wissenschaftler. Es fehlt am unmittelbaren Bezug zur Förderung einer wissenschaftlichen Tätigkeit. Hierzu zählt auch die Erbringung von Arbeiten in der Hochschulverwaltung.[588] Diese Tätigkeiten sind somit der Verwaltung zuzuordnen und – sofern sie den Schwerpunkt ausmachen – nicht von § 6 S. 1 WissZVG erfasst.[589]

(3) Einordnung „problematischer Tätigkeitsfelder“ und Abgrenzungskriterien der (nicht-)wissenschaftlichen Tätigkeit

(a) Umstrittene Tätigkeiten

Eine Zwitterstellung nehmen Tätigkeiten wie das Nachsortieren eines Loseblattwerks und die Text- und Fußnotenkontrolle ein. Einerseits besteht kein spezifischer Wissenschaftsbezug, andererseits erfolgen diese Tätigkeiten für einen Wissenschaftler und sind Voraussetzung dafür, dass die wissenschaftliche Haupttätigkeit überhaupt möglich ist. Dieser „Grauzone“ unterfallen auch das Ausleihen, Kopieren und Wegbringen von Büchern für Hochschullehrer.

(b) Abgrenzungskriterien und entsprechende Einordnung

Das Einordnungskriterium der Arbeit als Voraussetzung für eine wissenschaftliche Haupttätigkeit ist als solches für eine Differenzierung zwischen wissenschaftlich und nichtwissenschaftlich untauglich.[590] Es dient zwar als erste Stufe, um Arbeiten ohne näheren Bezug zur Wissenschaft herauszufiltern, ist aber so weit, dass auch ein Großteil von Sekretariats- und Bibliothekstätigkeiten erfasst wären. Auf der zweiten Stufe ist daher zu unterscheiden, ob die jeweilige Tätigkeit

---

586 LAG Berlin-Brandenburg 5.6.2018, BeckRS 2018, 21410 Rn. 43; bereits zu § 53 Abs. 1 HRG: BAG 28.1.1998, NZA 1998, 1120, 1121; *Hauck-Scholz*, RdA 2016, 262, 269; HK-TzBfG/*Joussen*, § 1 WissZVG Rn. 13; Geis/*Krause*, § 1 WissZVG Rn. 27; *Maschmann/Konertz*, NZA 2016, 257, 266; ErfK/*Müller-Glöge*, § 6 WissZVG Rn. 3; *Oetker*, in: FS v. Hoyningen-Huene, 335, 342; A/G/*Rambach*, § 6 WissZVG Rn. 6; *Raab*, Persönlicher Anwendungsbereich, S. 60; H/W/K/*Rennpferdt*, § 23 TzBfG Rn. 43; A/P/S/*Schmidt*, § 6 WissZVG Rn. 4; **a. A.** Staudinger/*Preis*, § 620 BGB Rn. 286d.

587 Ebenso *Pres*, Studentische Arbeitsverhältnisse, S. 99; *Preis/Ulber*, § 6 WissZVG Rn. 23; A/P/S/*Schmidt*, § 6 WissZVG Rn. 4.

588 *Preis/Ulber*, § 6 WissZVG Rn. 22; A/P/S/*Schmidt*, § 6 WissZVG Rn. 4.

589 A/P/S/*Schmidt*, § 6 WissZVG Rn. 4; **a. A.** Staudinger/*Preis*, § 620 BGB Rn. 286d.

590 In diese Richtung auch LAG Berlin-Brandenburg 5.6.2018, BeckRS 2018, 21410 Rn. 44 „keinen eigenen Beitrag zu den wissenschaftlichen Erkenntnissen selbst“.

inhaltliche Kenntnisse oder ein grundlegendes Systemverständnis erfordern. Tätigkeiten, die dies nicht erfordern, können gleichermaßen durch Sekretariate erfüllt werden. So erfordert eine Text- oder Fußnotenkontrolle, die sich nur auf sprachliche Aspekte, insbesondere auf grammatikalische Fehlerfreiheit bezieht, keine Kenntnisse im jeweiligen Fachgebiet. Abzugrenzen ist dies von der inhaltlichen Überprüfung von Texten und Fußnoten auf ihre Richtigkeit, da diese zumindest ein systematisches Grundverständnis der Materie erfordert.[591]

Kritisch zu hinterfragen ist auch die Beschaffung von Literatur. Diese legt den Grundstein für wissenschaftliches Arbeiten. Während das Ausleihen, Kopieren und Wegbringen von Büchern jedoch weder inhaltliche Kenntnisse noch ein systematisches Grundwissen voraussetzt und sowohl durch Bibliothekare als auch Sekretariate erledigt werden kann, ist die selbständige Auswahl von Literatur als wissenschaftliche Tätigkeit zu qualifizieren. Hier ist eine inhaltliche Auseinandersetzung mit dem einschlägigen Themengebiet erforderlich. Eine weiterhin oft anfallende Tätigkeit im Wissenschaftsbereich stellt das Nachsortieren einer Loseblattsammlung dar. Auch hier handelt es sich zwar um eine für die Erbringung wissenschaftlicher Dienstleistungen erforderliche Hilfstätigkeit, die jedoch keiner inhaltlichen Kenntnisse oder eines Systemverständnisses bedürfen. Infolgedessen können diese ohne weiteres von Nichtwissenschaftlern übernommen werden und sind nicht als wissenschaftliche Hilfstätigkeit im Sinne des § 6 S. 1 WissZVG anzusehen.[592]

(c) Ergebnis

Ob eine Tätigkeit als wissenschaftliche Hilfstätigkeit im Sinne des § 6 S. 1 WissZVG zu qualifizieren ist, hängt folglich von einer zweistufigen Prüfung ab. Voraussetzung ist, dass (1.) die Tätigkeit erforderlich für wissenschaftliches Arbeiten ist und sie (2.) eines inhaltlichen oder zumindest systematischen Grundverständnisses bedarf.

---

591 Ähnlich: *Maschmann/Konertz*, NZA 2016, 257, 266; zur alten Rechtslage: Geis/*Krause*, § 1 WissZVG Rn. 27 m. w. N.

592 Im Ergebnis ebenso A/G/*Rambach*, § 6 WissZVG Rn. 6; *Maschmann/Konertz*, NZA 2016, 257, 266; zur früheren Rechtslage: Geis/*Krause*, § 1 WissZVG Rn. 27; *Lehmann-Wandschneider*, Sonderbefristungsrecht, S. 96; *Oetker*, in: FS v. Hoyningen-Huene, 335, 342.

d) *Rückschlüsse des sachlichen Anwendungsbereichs auf die personellen Anforderungen*

Aus dem Untersuchungsergebnis des sachlichen Anwendungsbereichs, dass die Tätigkeit nach § 6 WissZVG eines systematischen Grundverständnisses bedarf, folgt zugleich eine Einschränkung für den personellen Anwendungsbereich, da der betroffene Student über dieses verfügen muss. Daraus ergibt sich indes nicht im Umkehrschluss, dass nur fortgeschrittene Studierende vom Anwendungsbereich des § 6 WissZVG erfasst sind, vielmehr kann ein systematisches Grundverständnis auch schon in den ersten Fachsemestern vorliegen. Allerdings wird ein solches Verständnis – im Regelfall – erst mit zunehmender Fachsemesterzahl entwickelt, sodass diese ein systematisches Grundverständnis indiziert. Letztendlich ist jedoch auf den Einzelfall abzustellen.

2. Verhältnis des § 6 S. 1 WissZVG zum Qualifizierungs- und Drittmittelbefristungstatbestand

a) *§ 6 S. 1 WissZVG als lex specialis zur Qualifizierungsbefristung*

Die Befristung nach § 6 S. 1 WissZVG ist speziell nach dem im Studium stattfindenden Qualifizierungsprozess ausgerichtet.[593] Dies zeigt sich nicht nur an dem Status als Student, sondern insbesondere an den geringeren Anforderungen, die in Abgrenzung zu § 2 Abs. 1 S. 1 WissZVG an die Wissenschaftlichkeit der Tätigkeit zu stellen sind. Auch der an der Regelstudienzeit orientierte Befristungshöchstzeitraum und der – ausweislich der Gesetzesbegründung – begrenzte Beschäftigungsumfang[594] verdeutlichen die spezielle Ausgestaltung des Tatbestands.

Zwar kann bei Erfüllung der Voraussetzungen auch eine Befristung nach § 2 Abs. 1 S. 1 WissZVG in Betracht kommen, allerdings ist § 6 S. 1 WissZVG aufgrund der genannten besonderen Ausformungen die *lex specialis*. Andernfalls könnten studienbegleitende Beschäftigungsverhältnisse auf § 2 Abs. 1 S. 1 WissZVG gestützt und damit über die Nichtanrechnung geringfügiger Beschäftigungsverhältnisse nach § 2 Abs. 3 S. 1 WissZVG grenzenlos ermöglicht werden, was der Gesetzgeber durch die Einführung des § 6 WissZVG gerade verhindern wollte[595].

---

593 Ähnlich *Preis/Ulber*, § 6 WissZVG Rn. 37.
594 BT-Drs. 18/6489, S. 14.
595 BT-Drs. 18/6489, S. 14.

Wenn die Grenze der geringfügigen Beschäftigung dagegen überschritten würde, käme es für den betroffenen Arbeitnehmer bereits während des Studiums zu einer Verkürzung seines späteren Qualifikationsrahmens, was ebenfalls nicht im Sinne des Gesetzgebers war, da dieser schon nach § 2 Abs. 3 WissZVG a. F. eine Regelung zur Anrechnungsfreiheit studentischer Beschäftigungen geschaffen hatte.

b) § 6 S. 1 WissZVG als lex specialis zur Drittmittelbefristung

Auch im Verhältnis zur Drittmittelbefristung nach § 2 Abs. 2 WissZVG stellt § 6 S. 1 WissZVG die *lex specialis* Regelung dar. Andernfalls käme es – ebenso wie im Verhältnis zu § 2 Abs. 1 WissZVG – zu einer Beschränkung des Qualifikationszeitraums für den betroffenen Arbeitnehmer. Darüber hinaus würde sich die Befristungsdauer nicht nach dem Studium, sondern nach dem Drittmittelprojekt richten. Befristete Beschäftigungsverhältnisse könnten auch hier entgegen dem gesetzgeberischen Willen grenzenlos mit Studierenden abgeschlossen werden. Infolge der Besonderheiten ist § 6 S. 1 WissZVG daher die spezialgesetzliche Vorschrift.

V. Kritik und Stellungnahme

1. Divergenzen zum HRG

Die Konstruktion des personellen Anwendungsbereichs ist unter verschiedenen Gesichtspunkten Gegenstand zahlreicher Kritik geworden. Teilweise wird kritisiert, das WissZVG knüpfe durch den wissenschaftlichen Anwendungsbereich höhere Voraussetzungen an die Befristungen als unter Geltung des HRG üblich, sodass der von den Befristungen des WissZVG erfasste Personenkreis restringiert sei, obgleich das HRG im Kern beibehalten werden sollte.[596] Dem wird wiederum entgegengehalten, der Anwendungsbereich des WissZVG sei in Wirklichkeit weiter gefasst und erfasse so sämtliche Kategorien des HRG.[597]

Diese Kritik ist nur partiell berechtigt. Der Anwendungsbereich des WissZVG ist schlichtweg anders definiert als nach dem HRG. Im Wesentlichen handelt es sich bei den Personalkategorien des HRG um wissenschaftlich tätige Arbeitnehmer, sodass die meisten weiterhin dem Sonderbefristungsregime unterfallen. Dies ist jedoch, wie insbesondere die Tätigkeiten von Lektoren zeigen,

596 *Raab*, Persönlicher Anwendungsbereich, S. 61 (gesteht aber ein, dass die wissenschaftliche Dienstleistung auch Kernelement des § 53 Abs. 1 S. 1 HRG war).
597 Schaub/*Koch*, § 39 Rn. 27.

nicht zwingend der Fall. Auch „klassische Kategorien“ wie wissenschaftliche Mitarbeiter, die mit Tätigkeiten für Hochschullehrer betraut werden, unterliegen zwar meist, aber nicht ohne weiteres pauschal dem Anwendungsbereich, da hiermit nicht obligatorisch eine selbständige wissenschaftliche Tätigkeit verbunden ist bzw. diese nicht zwingend das Arbeitsverhältnis prägt.[598] Insbesondere an Fachhochschulen und außeruniversitären Forschungseinrichtungen dürfte dies kritisch sein, zumal dann, wenn dort weder ein Promotions- noch ein Habilitationsrecht besteht und damit die Tätigkeit der „wissenschaftlichen Mitarbeiter“ gesondert zu würdigen ist.[599] Hieraus folgt indes keine Restriktion des Anwendungsbereichs des WissZVG gegenüber dem HRG, da die Weite des Wissenschaftlichkeitskriteriums Tätigkeiten erfassen kann, die dem HRG zuvor nicht unterfielen.

In Summe ergibt sich zumindest *prima facie* ein paradoxes Bild, zumal das WissZVG insbesondere für das gesamte Personal unterhalb der Hochschullehrerebene geschaffen wurde und dieses teilweise gar nicht erfasst.[600] Im Gesamtzusammenhang betrachtet zeigt sich jedoch, dass die Wissenschaftlichkeit bewusst gewählt wurde, um die Arbeitnehmer vor ungerechtfertigten Befristungen zu schützen, da die Anwendung des WissZVG der Rechtfertigung durch Art. 5 Abs. 3 S. 1 GG bedarf. Dass hiermit keine Einteilung der Arbeitnehmerkategorien im klassischen Sinn mehr erfolgen kann, muss daher im Interesse der betroffenen Arbeitnehmer hingenommen werden.

2. Abgrenzungsschwierigkeiten im Hinblick auf Lehrtätigkeiten

Die wissenschaftliche Dienstleistung ist insbesondere im Rahmen der Lehrtätigkeit ein unscharfes Abgrenzungskriterium.[601] Problemschwerpunkt ist, welche Anforderungen an die vom BAG geforderte kritische Hinterfragung der Ergebnisse[602] konkret zu stellen sind. Teilweise wird vertreten, dass dieses Kriterium bereits dann erfüllt ist, wenn es grundsätzlich um Lehre an Hochschulen geht: Hier sei, in Abgrenzung zur Lehre an Schulen, gerade eigentümlich, dass der

598 Andernfalls wäre die Stelle für Hochschullehrer wertlos: *Raab*, Persönlicher Anwendungsbereich, S. 2, 129.

599 Für Fachhochschulen *Raab*, Persönlicher Anwendungsbereich, S. 3; für Forschungseinrichtungen *Blum/Vehling*, OdW 2015, 189, 195.

600 Ebenfalls kritisch *Raab*, Persönlicher Anwendungsbereich, S. 3; KR/*Treber*, § 1 WissZVG Rn. 38.

601 *Brock*, öAT 2017, 193.

602 BAG 29.4.2015, BeckRS 2015, 71411 Rn. 22; 28.9.2016, NZA 2017 Rn. 19.

Vermittlung wissenschaftlicher Inhalte zwingend deren Reflexion innewohne.[603] Konsequenterweise schließt sich daher die Frage an, ob Wissenschaft und deren Vermittlung untrennbar miteinander verbunden bzw. jeweils Voraussetzung füreinander sind und ob es eine „Lehre ohne Wissenschaftsbezug“ überhaupt gibt. Gestützt wird diese Auffassung auf die im Verfassungsrecht vertretene Ansicht, dass Lehre infolge eines Abhängigkeitsverhältnisses ausschließlich im Zusammenhang mit Forschung existiert.[604] Die hierauf gründende Auffassung erkennt dennoch die Existenz einer rein repetierenden Lehre an Hochschulen an, die zwar mittelbar auf Forschung basiert, aber keine wissenschaftliche Tätigkeit im eigentlichen Sinn darstellt. Auch von der genannten verfassungsrechtlichen Auffassung wird die repetierende Lehre an (Hoch-) Schulen daher nicht unter die *wissenschaftliche Lehre* im Sinne des WissZVG gefasst.[605] Eine Differenzierung zwischen den Lehrformen ist mithin unentbehrlich. Darüber hinaus entstünde die Gefahr, dass Arbeitnehmer, welche die Lehre als Daueraufgabe übernehmen, langfristig befristet eingestellt werden, was das WissZVG gerade zu verhindern bezweckt.

Auch eine vom LAG Mecklenburg-Vorpommern[606] favorisierte Unterteilung der Tätigkeiten anhand der Begrifflichkeiten „Lehrer“ und „Lehr“ ist nicht geeignet, weitere Präzision zu schaffen, da letztlich der Einzelfall entscheidend dafür ist, ob eine wissenschaftliche Tätigkeit tatsächlich vorliegt oder nicht.[607] Allein auf Grundlage der Bezeichnung Lehrer-, anstatt Lehrtätigkeit lässt sich noch nicht festlegen, ob die Tätigkeit wirklich Raum für Reflektion gewährt und diese in die ausgeübte Lehr(er)tätigkeit eingebracht wird.

---

603 *Brötzmann*, öAT 2016, 48, 49 (Wissenschaft und Vermittlung untrennbar verbunden); *Hauck-Scholz*, öAT 2015, 211 mit Bezug auf BVerfG 13.4.2010, BVerfGE 126, 1, 23; AR/*Löwisch*, § 1 WissZVG Rn. 3; *Maschmann/Konertz*, NZA 2016, 257, 260 f.; *Meißner*, Hochschulbefristungsrecht, S. 2; differenzierend *Raab*, Persönlicher Anwendungsbereich, S. 119 ff.

604 Vorreiter *Smend*, VVDStRL Bd. 4, 44, 56 ff.; BVerfG 29.5.1973, BVerfGE 35, 79, 119; Maunz/Dürig/*Scholz*, Art. 5 III GG Rn. 103 ff.; v. Münch/Kunig/*Wendt*, Art. 5 GG Rn. 102; offen Dreier/*Pernice*, 2. Aufl., Art. 5 III GG (Wissenschaft) Rn. 32; Sachs/*Bethge*, Art. 5 GG Rn. 200 ff.; *Morgenroth*, DÖD 2016, 43, 45; ausführlich zur Einheit von Forschung und Lehre *Schulz-Prießnitz*, Forschung und Lehre, S. 60 ff.

605 Ausführlich Maunz/Dürig/*Scholz*, Art. 5 III GG Rn. 104 ff.

606 LAG Mecklenburg-Vorpommern 30.7.2014, BeckRS 2014, 71471 Rn. 21.

607 Im Ergebnis wohl auch kritisch *Morgenroth*, DÖD 2016, 43, 44 („ungesicherte Fragen, die auch griffige Begriffspaare […] nicht gänzlich auszuschließen vermochten“).

3. Insgesamt: Fehlende Trennschärfe

Nicht nur im Hinblick auf Lehrtätigkeiten zeigt sich die fehlende Präzision und damit einhergehend die bedingte Eignung der Anknüpfung an die Wissenschaftlichkeit der Tätigkeit.[608] Konsequenz des so definierten personellen Anwendungsbereichs ist ein hohes Maß an Rechtsunsicherheit zu Lasten der Arbeitgeber, die zunehmend der Gefahr einer Entfristungsklage begegnen, aber auch zu Lasten der Instanzgerichte, die einem erhöhten Prüfungsumfang begegnen. Schlussendlich ist die Abgrenzung infolge der eingeschränkten Rechtssicherheit in verfassungsrechtlicher Hinsicht nicht unbedenklich.[609]

VI. Ergebnis

Der personelle Anwendungsbereich ist *de lege lata* anhand der ständigen Rechtsprechung des BAG auszulegen. Wegen der fehlenden Trennschärfen bei der Abgrenzung der in Betracht kommenden Tätigkeiten ist eine Kodifizierung *de lege ferenda* wünschenswert.[610]

---

608 *Absenger*, ifo Schnelldienst 18/2015, 3, 5; *Blum/Vehling*, OdW 2015, 189, 192; *Bolenius/Böning*, PersR 2016, Nr. 4, 14, 16; *Kroll*, ZTR 2016, 235; *ders.*, öAT 2014, 244, 245; *Maschmann/Konertz*, NZA 2016, 257, 258 „Randunschärfen"; *Hauck-Scholz*, öAT 2013, 89.

609 *Morgenroth*, DÖD 2016, 43, 44.

610 S. dazu § 11 B I.

§ 5 Befristungsmöglichkeiten des WissZVG im Einzelnen

A. Einordnung des § 2 Abs. 1 und des § 2 Abs. 2 WissZVG ins System des Befristungsrechts

I. Qualifizierungstatbestand als Befristungssachgrund

Der Wortlaut des § 2 Abs. 1 S. 1 WissZVG lässt eine Befristung von bis zu sechs Jahren zu, wenn sie „zur Förderung der eigenen wissenschaftlichen oder künstlerischen Qualifizierung erfolgt". Entgegen der Gesetzesbegründung ergibt sich daraus auf den ersten Blick ein Sachgrunderfordernis in Gestalt der Qualifizierung, an das zusätzliche Voraussetzungen geknüpft werden. Infolge des Widerstreits von erstem Eindruck und Gesetzesbegründung ist die Einordnung ins System des Befristungsrechts vertiefungsbedürftig. Praktische Relevanz entfaltet die dogmatische Unterscheidung im Hinblick auf die unionsrechtlichen Vorgaben, die ein Sachgrunderfordernis bereits als Missbrauchsbekämpfungsmittel ausreichen lassen, § 5 Nr. 1 lit. a Anh. BefristungsRL. Damit könnte dahinstehen, ob der erhebliche Befristungszeitraum des § 2 Abs. 1 S. 1, 2 WissZVG den Anforderungen einer Höchstdauer im Sinne des § 5 Nr. 1 lit. b Anh. BefristungsRL genügt.

1. Gesetzgeberische Intention

Ausweislich der Gesetzesbegründung knüpft das Qualifizierungserfordernis daran an, dass die sachgrundlose Befristungsmöglichkeit erst dann legitim ist, wenn über die wissenschaftliche Tätigkeit die Qualifizierung der betroffenen Person ermöglicht wird, der Inhalt kann dabei vielfältig sein.[611]

Telos des Gesetzes sei dabei die Einschränkung unsachgemäßer Kurzbefristungen, nicht dagegen die Einschränkung der Wissenschaftsfreiheit aus Art. 5 Abs. 3 S. 1 GG durch spezifische Qualifizierungserfordernisse, sodass sich hieraus kein Sachgrunderfordernis ergebe.[612] Ein Systemwechsel war vom Gesetzgeber jedoch nicht beabsichtigt. Die bloße Verpflichtung zu wissenschaftlichen

611 BT-Drs. 18/7038, S. 6; A/P/S/*Schmidt*, § 2 WissZVG Rn. 2 f.; zum WissZVG a. F. *Stumpf*, NZA 2015, 326, 327.

612 BT-Drs. 18/6489, S. 10; *Brötzmann*, öAT 2016, 48, 50; AR/*Löwisch*, § 2 WissZVG Rn. 2; *Maschmann/Konertz*, NZA 2016, 257, 259.

Dienstleistungen hat die Rechtsprechung als sachlichen Grund bereits in der Vergangenheit stets abgelehnt.[613]

2. Meinungsspektrum

Allerdings sind im Zuge der Gesetzesnovellierung[614] insbesondere in Abgrenzung zum ausschließlich zeitbezogenen Befristungstatbestand des § 57b Abs. 3 HRG erhebliche Zweifel an der Sachgrundlosigkeit der Befristung aufgekommen. Das Erfordernis der angestrebten Qualifizierung sei zur Tatbestandsvoraussetzung und damit zum Sachgrund erhoben worden. Dass darüber hinaus auch die Angemessenheit der Dauer gegeben sein muss, passt jedoch nach *Müller-Glöge* nicht zum „Dogma der Sachgrundlosigkeit"[615]; es gehe sogar über das hinaus, was eine Sachgrundbefristung als solche grundsätzlich verlange. *Kiel* bezeichnet die Angemessenheit der Befristungsdauer als „integralen Bestandteil des Sachgrunds" und verweist ebenfalls implizit auf die fehlende Sachgrundlosigkeit des Befristungstatbestands.[616]

Besonders deutlich wird *Hauck-Scholz*, der den Tatbestand als „Kombination aus Sachgrund und Höchstbefristungsdauer"[617] bezeichnet. Bezugnehmend auf die gegenteilige Gesetzesbegründung, die eine Wahrnehmung von Daueraufgaben nur im Kontext einer Qualifizierung für sachgerecht deklariert,[618] ergänzt er, dass sich mit einer solchen Argumentation jeder Sachgrund in eine sachgrundlose Befristung umwandeln ließe, dies wolle Gesetzgeber nicht wahrhaben.[619]

Eine dahingehende Bewertung wird in der Literatur allerdings nicht einheitlich getroffen: Teile der Literatur folgern aus der Kodifizierung vielmehr, dass

---

613 BAG 4.2.1971, AP Nr. 35 zu § 620 BGB Befristeter Arbeitsvertrag (für die künstlerische Tätigkeit); 19.8.1981, BeckRS 9998, 151302 (spezieller Fort- und Weiterbildungszweck, ansonsten ist die Befristungsdauer nicht herleitbar); naher hierzu *Buchner*, RdA, 1985, 258, 260 („personenbezogenen Sonderbefristungstatbestand"); *Lakies*, ZTR 2002, 250; *Preis/Hausch*, NJW 2002, 928.

614 Zuvor bereits kritisch *Lakies*, Leitfaden, Rn. 413 („Für die Befristung bedarf es jeweils keines (weiteren) sachlichen Grundes").

615 ErfK/*Müller-Glöge*, § 2 WissZVG Rn. 16; in diese Richtung auch *Hauck-Scholz*, RdA 2016, 262 ff.; *Kiel*, JbArbR 54 [2017], 51, 60; D/D/Z/*Nebe*, Vorb. WissZVG Rn. 7; Schaub/*Koch*, § 39 Rn. 34 („Der Abschluss eines sachgrundlos befristeten Arbeitsvertrags ist seit dem 17.3.2016 nicht mehr möglich"); TK-TzBfG/*Sievers*, Anh. 7 Rn. 31.

616 *Kiel*, JbArbR 54 [2017], 51, 61.

617 *Hauck-Scholz*, RdA 2016, 262.

618 BT-Drs. 18/6489, S. 8, 10.

619 *Hauck-Scholz*, RdA 2016, 262 Fn. 6.

die angestrebte Qualifikation als lediglich *formale Anwendungsvoraussetzung* zu interpretieren sei.[620] Andere vertreten wiederum, die Neuformulierung sei nur deklaratorischer Natur, zumal sich das Kriterium zuvor aus den Gesetzesmaterialien ergab und infolgedessen die Qualifizierung nicht zu einer „neuen tatbestandlichen Anforderungen [...] erhoben werden"[621] dürfe. Aber auch vor der Novellierung wurde vertreten, dass nur „kein Sachgrund im engeren Sinne des Wortes erforderlich ist"[622], da alleiniger Zweck die Nachwuchsförderung sei.

3. Stellungnahme

Eine Beurteilung der Rechtsnatur des Befristungstatbestands erfordert eine von der Gesetzesbegründung losgelöste dogmatische Analyse. Hierfür ist zunächst der Grundtatbestand einer Sachgrundbefristung herauszuarbeiten und sodann § 2 Abs. 1 S. 1 WissZVG daran zu messen.

a) Dogma der Sachgrundbefristung

Als unbestimmter Rechtsbegriff ist eine abschließende Definition des Sachgrunds kraft Natur der Sache nicht möglich.[623] Philologisch betrachtet ergibt sich lediglich, dass er sachlich *objektiv* zu verstehen und somit durch eine Zweckgebundenheit gekennzeichnet ist. *E contrario* darf es sich daher nicht um subjektive Beweggründe handeln.

Der Begriff des Sachgrunds wurde jedoch von der Rechtsprechung des BAG konkretisiert.[624] Anknüpfungspunkt für einen sachlichen Grund sind danach die wirtschaftlichen bzw. sozialen Verhältnisse der Vertragsparteien sowie die Üblichkeit im Arbeitsleben nebst dem Erwartungshorizont einer verständigen Partei.[625] Darüber hinaus müsse der Sachgrund im Einklang mit den übrigen

---

620 HK-ArbR/*Ahrendt/Tillmanns*, § 23 TzBfG Rn. 8; *Kroll*, ZTR 2016, 235, 236; *Maschmann/Konertz*, NZA 2016, 257, 259; Tschöpe/*Schmalenberg*, Teil 1, E, XI Rn. 201; BT-Drs. 16/3438, S. 11; *Keller*, AusDrs. 18 (18) 143e, S. 10; *Kroll*, ZTR 2016, 235, 236.

621 *Mandler/Meißner*, OdW 2016, 33, 39; *Meißner*, Hochschulbefristungsrecht, S. 162; *Hippler* (HRK), AusDrs. 18 (18) 143d, S. 1; *Goldmann*, AusDrs. 18 (18) 143c, S. 2; wohl auch H/W/K/*Rennpferdt*, § 23 TzBfG Rn. 48; Wedde/*Lakies*, § 23 TzBfG Rn. 17; in diese Richtung auch KR/*Treber*, § 1 WissZVG Rn. 17 („Zweck der Befristung verdeutlicht").

622 Brüggen/*Brüggen/Birkenbusch*, Rn. 1572.

623 *Dörner*, Befristeter Arbeitsvertrag, Rn. 148.

624 *Dörner*, Befristeter Arbeitsvertrag, Rn. 148 unter Verweis auf BAG 12.10.1960, BeckRS 9998, 116395.

625 BAG 12.10.1960, BeckRS 9998, 116395.

Prinzipien des Arbeitsrechts stehen.[626] Eine konkrete Vorgabe für die Ausgestaltung eines Befristungstatbestands ergibt sich daraus indes nicht. Hintergrund ist, dass sich das Institut des sachlichen Grunds von einer Einzelfallrechtsprechung hin zum normativen Kriterium entwickelte. Verankert sind sachliche Befristungsgründe insbesondere in § 14 Abs. 1 S. 2 Nr. 1–8 TzBfG.

Systematisch betrachtet findet sich in § 14 Abs. 1 S. 1 TzBfG folgender struktureller Hinweis: „Die Befristung eines Arbeitsvertrages ist zulässig, wenn sie durch einen sachlichen Grund gerechtfertigt ist". Daraus folgt, dass es sich um eine Befristung mit Sachgrund handelt, wenn der Sachgrund Zulässigkeitsvoraussetzung für die Befristung ist.[627]

Die Voraussetzung der Sachgrundbefristung, dass der rechtfertigende Grund für die Befristung auch für die Befristungsdauer gelten muss, gab das BAG auf.[628] Der Befristungsdauer kommt erst dann Bedeutung zu, wenn überprüft wird, ob der Rechtfertigungsgrund nur vorgeschoben war, da eine divergierende Befristungsdauer hierfür ein Indiz darstellt.[629] Einer gesonderten sachlichen Rechtfertigung der Befristungsdauer bedarf es demgemäß nicht mehr, was jedoch nicht ausschließt, sie zum Bestandteil des Befristungsgrunds (Qualifizierung) zu machen.[630] Dies ist im Wesentlichen vergleichbar mit einer vielen Sachgründen innewohnenden Prognose, die ebenso zu dessen Bestandteil wird.[631] Weder das deutsche Recht noch das Unionsrecht in Gestalt der BefristungsRL, die die Kombination mehrerer Maßnahmen zur Missbrauchsverhinderung ausdrücklich zulässt, stehen einem derartigen Schutzkonzept entgegen.[632]

---

626 BAG 12.10.1960, BeckRS 9998, 116395.

627 *Hauck-Scholz*, RdA 2016, 262 Fn. 6.

628 So noch BAG 28.11.1963; BeckRS 9998, 113749; 27.1.1988, NZA 1988, 392; weiter *Keyser*, Befristete Arbeitsverträge, S. 373 ff.: doppelte Prüfung des sachlichen Grunds; ebenso *Plander/Schmidt*, AuR 1979, 321, 326 (Vertragslaufzeit wird Dauer der Aufgabe angepasst); Änderung seit 26.8.1988; BAG 13.10.2004, NZA 2005, 469, 471; zustimmend *Dörner*, Befristeter Arbeitsvertrag, Rn. 151; *Hauck-Scholz*, RdA 2016, 262, 263.

629 *Dörner*, Befristeter Arbeitsvertrag, Rn. 152.

630 *Hauck-Scholz*, RdA 2016, 262, 263 (sieht dies als Korrektur der Rechtsprechung).

631 *Hauck-Scholz*, RdA 2016, 262, 263 Fn. 11 unter Verweis auf ErfK/*Müller-Glöge*, § 14 TzBfG Rn. 17 m. w. N.

632 *Hauck-Scholz*, RdA 2016, 262 Fn. 6; kritisch Dieterich/Preis/*Preis*, S. 41 („Komplexität und überschießenden Wirkung bei der Rechtskontrolle befristeter Arbeitsverträge").

b) Subsumtion

Bei Betrachtung des Befristungstatbestands zeigt sich, dass § 2 Abs. 1 S. 1 WissZVG die Befristung nicht ohne weiteres für wissenschaftliches Personal bis zu einer bestimmten Dauer ermöglicht, sondern eine eigene Qualifizierung verlangt. Diese stellt einen objektiven, also sachlichen Grund dar und ist nicht nur im Arbeitsleben, sondern insbesondere im Wissenschaftsbereich ein übliches Anknüpfungskriterium für eine Befristung. Die generellen, vom BAG entwickelten Anforderungen an einen sachlichen Grund sind damit erfüllt.

Auch handelt es sich von der Normstruktur her nicht nur um eine formelle Anwendungsvoraussetzung, die wie beim Erfordernis wissenschaftlichen Personals den vom WissZVG erfassten Personenkreis absteckt. Vielmehr ist die Qualifizierung Zulässigkeitsvoraussetzung des § 2 Abs. 1 S. 1 WissZVG und als solche – weitergehend als eine formelle Anwendungsvoraussetzung – maßgebend für die Vertragslaufzeit. Dass der Qualifizierungsbegriff weit gefasst ist und eine Vielzahl von Arbeitsverhältnissen in der Wissenschaft erfasst, vermag an der dogmatischen Struktur nichts zu ändern. Die Unterscheidung zwischen formeller Anwendungsvoraussetzung und Sachgrund entfaltet in der praktischen Anwendung jedoch kaum merkliche Auswirkungen. Sollte das Qualifizierungserfordernis fehlen, ist die Befristung auf Grundlage des WissZVG unwirksam und kann nur noch auf andere befristungsrechtliche Normen gestützt werden, andernfalls kommt es zur Entfristung des Arbeitsverhältnisses.[633] Die Unwirksamkeit der Befristung tritt somit in beiden Fällen ein.

c) Ergebnis

Schließlich ist trotz der anderslautenden Gesetzesbegründung von einer Sachgrundbefristung in Kombination mit einer Höchstbefristungsdauer auszugehen. Eine andere Annahme würde die Sachgrundbefristung als solche entwerten und dazu führen, dass jeder Sachgrund kraft Gesetzesbegründung in einen sachgrundlosen Befristungstatbestand umgewandelt würde. Damit wäre § 2 Abs. 1 S. 1 WissZVG auch ohne die zusätzliche Einschränkung der Höchstbefristungsdauer für richtlinienkonform zu erachten.

II. Drittmitteltatbestand als Befristungssachgrund

Nach Auffassung des Gesetzgebers[634] normiert das WissZVG – als einzigen Sachgrund die Drittmittelbefristung in § 2 Abs. 2 WissZVG.[635] Anders als bei

---

633 Staudinger/*Preis*, § 620 BGB Rn. 282d.

634 BT-Drs. 18/6489, S. 8.

635 Kritisch *Dörner*, NZA 2007, 57, 60 (Sachgrundbefristung als Systembruch).

§ 2 Abs. 1 S. 1 WissZVG unterliegt der Tatbestand keiner zeitlichen Schranke, sodass Arbeitnehmer bei Vorliegen des Sachgrunds grenzenlos nach § 2 Abs. 2 WissZVG befristet beschäftigt werden können. Infolge der Unabhängigkeit zu § 2 Abs. 1 S. 1 WissZVG lässt sich auch eine Befristung wissenschaftlichen Personals hierauf stützen, wenn der betroffene Arbeitnehmer schon den Höchstbefristungszeitraum ausgeschöpft hat.[636] Hintergrund des Befristungstatbestands ist nicht nur der zeitlich begrenzte finanzielle Rahmen,[637] sondern insbesondere die inhaltliche Fremdbestimmtheit der Tätigkeit.[638] Bei der Drittmittelbefristung handelt es sich somit um eine Sachgrundbefristung ohne zeitliche Höchstgrenze.

B. Tatbestand der Qualifizierungsbefristung

Das WissZVG unterteilt in § 2 Abs. 1 S. 1 WissZVG die Höchstbefristungsdauer nach Pre- und Post-Doc-Phase und differenziert somit zwischen nichtpromoviertem und promoviertem Personal. Hintergrund des langen Befristungszeitraums ist seit der Novellierung des WissZVG nunmehr ausdrücklich die angestrebte wissenschaftliche bzw. künstlerische Qualifizierung. Neu ist die Verknüpfung von Befristung und angestrebter Qualifizierung indes nicht, sie verankert lediglich im Gesetz, was schon 2007 in der Gesetzesbegründung des WissZVG stand und hat damit eine klarstellende Funktion.[639] Die Beweislast für das Qualifizierungsziel trägt der Arbeitgeber, wobei keine gesonderte, detaillierte Betreuungsvereinbarung für die Befristung erforderlich ist.[640]

---

636 Statt aller K/Z/D/H/*Lakies*, § 114 Rn. 326, 358.

637 AR/*Löwisch*, § 2 WissZVG Rn. 15; HSchR/*ders./Wertheimer*, Kap. X Rn. 182; nicht ausreichend, BT-Drs. 16/3438, S. 14.

638 BT-Drs. 16/3438, S. 14; Staudinger/*Preis*, § 620 BGB Rn. 284.

639 BT-Drs. 18/7038, S. 6; *Brötzmann*, öAT 2016, 48, 50; *Preis/Ulber*, § 2 WissZVG Rn. 10.

640 Zur Betreuungsvereinbarung als materiellrechtliche Voraussetzung unter § 5 B II 4; *Maschmann/Konertz*, NZA 2016, 257, 259; Staudinger/*Preis*, § 620 BGB Rn. 282d; empfohlen wird daher eine solche zwecks Dokumentation: A/G/*Rambach*, § 2 WissZVG Rn. 6; so bereits Praxis in Bayern (vgl. die „Grundsätze der staatlichen bayerischen Hochschulen – zum Umgang mit dem WissZeitVG und zur Förderung von Karriereperspektiven für den wissenschaftlichen Nachwuchs –“, 1.2.); kritisch zu Betreuungsvereinbarungen im Promotionsverfahren *Löwisch/Würtenberger*, OdW 2014, 103 ff.

I. Begriff der Qualifizierung

Der Gesetzgeber hat auf die normative Festlegung eines Qualifizierungsziels verzichtet und somit die finale „Deutungshoheit über den Begriff" an die betroffenen Hochschulen und Wissenschaftseinrichtungen delegiert.[641] Ausweislich der zugrundeliegenden Gesetzesmaterialien ist unter einer Qualifizierung alles zu verstehen, was der über die allgemeine Lebenserfahrung hinausgehenden wissenschaftlichen bzw. künstlerischen Kompetenz dient und zur beruflichen Karriere außerhalb der Wissenschaft befähigt.[642] Ein formales Qualifizierungsziel ist demgegenüber nicht erforderlich. Die Promotion stellt ein bloßes Leitbild der Befristung nach dem WissZVG dar, das rechtlich unverbindlich ist.[643] Mit der Öffnung des Befristungstatbestands für materielle Qualifizierungen geht jedoch nicht nur die Vielzahl möglicher Qualifizierungsziele einher,[644] sondern auch das Problem, inwieweit eine Grenzziehung möglich ist.

1. Auslegung des Qualifizierungsbegriffs

a) Grammatikalische Auslegung

Unter einer Qualifizierung ist im allgemeinen Sprachgebrauch eine Tätigkeit zu verstehen, durch die jemand Fähigkeiten erwirbt.[645] „Angestrebt" indiziert eine Betrachtung aus Arbeitnehmerperspektive[646] und eine Orientierung an der endgültigen Qualifizierung, nicht an Qualifizierungsabschnitten[647]. Der Qualifizierungsbegriff ist infolge fehlender einschränkender Angaben des Gesetzgebers dahingehend zu verstehen, dass er sowohl den Qualifizierungs*prozess* als auch den Qualifizierungs*erfolg* erfasst.[648] Der Wortlaut verlangt darüber hinaus weder ein formales Qualifizierungsziel noch einen Mindestanteil der

641 *Bolenius/Böning*, PersR 2018, 27, 29.

642 BT-Drs. 18/6489, S. 10.

643 Brüggen/*Brüggen/Birkenbusch*, Rn. 1562.

644 Mit Beispielen *Brötzmann*, öAT 2016, 48, 50; D/D/Z/*Nebe*, § 2 WissZVG Rn. 6d.

645 http://www.duden.de/rechtschreibung/qualifizieren#b2-Bedeutung-1, letzter Zugriff 23.2.2018, 15:21.

646 *Hauck-Scholz*, RdA 2016, 262, 264; *Preis/Ulber*, § 2 WissZVG Rn. 31; **a. A.** *Mandler*, OdW 2017, 199, 202 (abstrakte Beschreibung der Qualifizierung); für die bisherige Rechtslage: D/D/Z/*Nebe*, § 2 WissZVG Rn. 6b, 6e (die Übertragung wissenschaftlicher Arbeit diene unabhängig vom eigenen Ziel der Qualifizierung wohl auch für die jetzige Rechtslage).

647 *Hauck-Scholz*, RdA 2016, 262, 266.

648 *Hauck-Scholz*, RdA 2016, 262, 264; ErfK/*Müller-Glöge*, § 2 WissZVG Rn. 4.

qualifizierungsorientierten Beschäftigung. Ersteres wird durch die Anwendbarkeit des WissZVG auf Fachhochschulen und außeruniversitäre Forschungseinrichtungen, die nicht über ein Promotionsrecht verfügen, bekräftigt.[649] Weitere Erkenntnisse lassen sich der grammatikalischen Auslegung nicht entnehmen.

b) Systematische Auslegung

Das WissZVG verwendet den Qualifizierungsbegriff in § 2 Abs. 1 WissZVG in beiden Komponenten – Prozess und Erfolg – verknüpft.[650] In S. 1 und 2 „zur Förderung [...] der Qualifizierung" steht das *Ziel* im Vordergrund, wohingegen nach S. 3 die Dauer „der angestrebten Qualifizierung angemessen" sein soll und somit den Qualifizierungs*prozess* meint.[651] Eine neue Erkenntnis gebietet dies nicht.

Aus der systematischen Stellung zu § 1 Abs. 1 WissZVG ergibt sich, dass eine wissenschaftliche Dienstleistung dem Erfordernis der Qualifizierung nicht genügt: Mit ihr geht zwar als Nebeneffekt eine generelle Weiterbildung einher, dies kann jedoch nicht ausreichen,[652] da es andernfalls der Normierung des Qualifizierungsaspekts in § 2 Abs. 1 WissZVG nicht bedurft hätte. Die innere Systematik lässt damit nur eine dahingehende Abgrenzung zu, dass es zwar ein weites Spektrum an Qualifizierungsmöglichkeiten gibt, nicht aber die wissenschaftliche Tätigkeit als solche gemeint ist.

Eine Betrachtung der äußeren Gesetzessystematik führt infolge der thematischen Nähe zunächst zu § 9 TzBfG. Dieser sieht vor, dass der Arbeitgeber Sorge für die Aus- und Weiterbildungsmöglichkeiten zur Förderung der beruflichen Entwicklung zu tragen hat. Dies beschreibt den Begriff der Qualifizierung, vermag ihn jedoch nicht zu präzisieren.

In § 1 Abs. 1 ÄArbVtrG[653] sind demgegenüber Konkretisierungen vorgesehen. Hier ist eine Qualifizierung als sachlicher Grund gegeben, wenn die „Weiterbildung zum Facharzt oder dem Erwerb einer Anerkennung für einen Schwerpunkt oder dem Erwerb einer Zusatzbezeichnung, eines Fachkundenachweises oder einer Bescheinigung über eine fakultative Weiterbildung dient". Die Norm verdeutlicht, dass der Gesetzgeber die Möglichkeit kennt, einzelne

649 So auch *Raab*, Persönlicher Anwendungsbereich, S. 64.

650 *Hauck-Scholz*, RdA 2016, 262, 264.

651 *Hauck-Scholz*, RdA 2016, 262, 264.

652 Schon zuvor als sachlicher Grund abgelehnt, BAG 2.8.1978, BeckRS 9998, 151298; *Lübbert*, WissR 1985, 141, 148.

653 Gesetz über befristete Arbeitsverträge mit Ärzten in der Weiterbildung v. 15.5.1986, BGBl. I S. 506.

Qualifizierungsoptionen aufzuzeigen bzw. nur ausgewählte Qualifizierungen infolge normativer Restriktion zuzulassen und diese sowohl zeitlich als auch inhaltlich zu strukturieren.[654] Dass der Gesetzgeber trotz Kenntnis einer derartigen normativen Ausgestaltung in § 2 Abs. 1 WissZVG keinerlei Strukturierung möglicher Qualifizierungen vorgenommen hat, deutet auf eine *bewusste Abkehr* von diesem Prinzip hin. Dies lässt wiederum den Schluss eines weiten Qualifizierungsbegriffs zu, konkrete Anhaltspunkte folgen daraus nicht.

c) Teleologische Auslegung

Zweck der Erweiterung des § 2 Abs. 1 WissZVG um das Sachgrunderfordernis der Qualifizierung ist einerseits der Schutz des Arbeitnehmers vor unangemessenen Kurzbefristungen.[655] Andererseits soll das WissZVG nicht unter dem Deckmantel der Wissenschaftlichkeit für die Erfüllung von Daueraufgaben durch befristetes Personal genutzt werden.[656]

Eine Restriktion des Qualifizierungsbegriffs auf eine Qualifizierung im formalen Sinne liefe dem grundsätzlichen Telos, geeignete Nachwuchskräfte zu gewinnen, zuwider, da diese durch vielfältige Tätigkeiten an einer Wissenschaftsinstitution qualifiziert werden können. Andernfalls wäre der Bewerberkreis erheblich verkleinert und potentielle Nachwuchsarbeitnehmer abgehalten. Insbesondere muss damit gerechnet werden, dass formal qualifizierte Arbeitnehmer die Wissenschaft verlassen, sodass mehr Personen ausgebildet werden müssen als tatsächlich erforderlich.[657] Nur ein geringer Teil der betroffenen Arbeitnehmer bleibt dauerhaft in der Wissenschaft tätig.[658] Folglich muss keine Qualifikationsschrift gefördert werden, es reicht vielmehr die wissenschaftliche Mitwirkung an fremden Forschungsprojekten. Auch die Gesetzesteleologie gebietet demnach einen weiten Qualifizierungsbegriff.

d) Historische Auslegung

Den Gesetzesmaterialien lässt sich entnehmen, dass eine Konturierung nicht erfolgt ist, da „eine solche Definition in dieser Rahmengesetzgebung aus

654 *Hauck-Scholz*, RdA 2016, 262, 264 (vergleicht dies mit der Konzeption eines Studiengangs).

655 BT-Drs. 18/7038, S. 9.

656 BT-Drs. 18/7038, S. 8.

657 *Maschmann/Konertz*, NZA 2016, 257, 259; *Raab*, Persönlicher Anwendungsbereich, S. 102.

658 BT-Drs. 18/6489, S. 10.

juristischen Gründen nicht zielführend" sei.[659] Ein formelles Qualifizierungsziel ließe sich leicht formulieren und ist somit unter Hinzuziehung der historischen Gesichtspunkte nicht gemeint. Es ist – wie unter dem Befristungsregime des HRG, das im Grundsatz übernommen werden sollte – nicht erforderlich.[660] Konkrete Anhaltspunkte, anhand derer eine Qualifizierung festgelegt werden kann, sind in der Gesetzesbegründung nicht enthalten.[661]

Das BAG thematisierte dieselbe Problematik unter dem Begriff der Weiterbildung. Es forderte ursprünglich in seiner Rechtsprechung als Befristungserfordernis eine Weiterbildung, welche nur bei einem speziellen Fort- und Weiterbildungszweck gegeben war.[662] Unter der Geltung des § 57b Abs. 2 Nr. 1 HRG entwickelte sich ein dualistisches Qualifizierungssystem: Einerseits war die Weiterbildung als wissenschaftlicher Nachwuchs und andererseits die Aus-, Fort- und Weiterbildung für eine Berufsausübung außerhalb der Hochschule erfasst.[663] Das BAG verlangte dabei mehr als nur einen „allgemeinen Weiterbildungseffekt", da dieser mit nahezu jeder Tätigkeit eines wissenschaftlichen Mitarbeiters an einer Hochschule verbunden sei.[664] Nicht ausreichend war demgemäß die Erledigung einer vertraglich geschuldeten Arbeitsaufgabe.[665] Vielmehr musste sich aus dem spezifischen Weiterbildungsziel eine Befristungsdauer ableiten lassen, es diente als Prognosegrundlage.[666] Im Fall einer formalen Qualifizierung war dies stets zu bejahen, obgleich auch andere Weiterbildungen möglich blieben.[667]

---

659 BT-Drs. 18/7038, S. 21.

660 Davon geht *Raab*, Persönlicher Anwendungsbereich, S. 62 unter Bezugnahme auf BAG 1.6.2011, NZA 2011, 1280 Rn. 37 aus.

661 Kritisch dazu *Hauck-Scholz*, RdA 2016, 262, 264 Fn. 12 („an diesen Formulierungen wird deutlich, dass dem Gesetzgeber selbst keine genaue Definition des Begriffes Qualifizierung vorschwebt").

662 BAG 2.8.1978, BeckRS 9998, 151298; 19.8.1981, BeckRS 9998, 151302; ausführlich *Hauck-Scholz*, RdA 2016, 262, 263.

663 BAG 25.8.1999, NZA 2001, 152, 153.

664 BAG 19.8.1981, BeckRS 9998, 151302; 30.9.1981, BeckRS 2009, 14779; 19.8.1992, NZA 1993, 311, 313; 14.12.1994, NZA 1995, 680, 682; 25.8.1999, NZA 2001, 152, 153.

665 BAG 25.8.1999, NZA 2001, 152, 153; *Hauck-Scholz*, RdA 2016, 262, 264.

666 BAG 19.8.1981, BeckRS 9998, 151302; 30.9.1981, BeckRS 2009, 14779; 19.8.1992, NZA 1993, 311, 313 f.

667 BAG 25.8.1999, NZA 2001, 152, 153; *Hauck-Scholz*, RdA 2016, 262, 263.

e) *Verfassungskonforme Auslegung*

Es stellt sich jedoch die Frage, ob der Schutz der Wissenschaftsfreiheit nach Art. 5 Abs. 3 S. 1 GG sich auf sämtliche Qualifizierungen im Sinne des WissZVG erstreckt. Der sachliche Schutzbereich von Art. 5 Abs. 3 S. 1 GG erfasst „die auf wissenschaftlicher Eigengesetzlichkeit beruhenden Prozesse, Verhaltensweisen und Entscheidungen bei der Suche nach Erkenntnissen, ihrer Deutung und Weitergabe"[668]– kurz gesagt alles, was nach Inhalt und Form als ernsthafter planmäßiger Versuch zur Ermittlung der Wahrheit anzusehen ist.[669] Für formale Qualifizierungen wie Promotion und Habilitation sind diese Kriterien zweifelsohne erfüllt. Durch die Ausweitung auf materielle Qualifizierungen ist die Wissenschaftlichkeit indes nicht zwingend gewährleistet. Zwar soll im Rahmen der Befristung nach § 2 Abs. 1 S. 1 WissZVG der „Erwerb wissenschaftlicher Kompetenzen"[670] erfolgen. Der Gesetzgeber definiert den Begriff der Qualifizierung jedoch dahingehend, dass ausreichend ist, wenn diese „zu einer erfolgreichen Karriere auch und gerade *außerhalb der Wissenschaft*" [671] befähigt, sodass auch nicht wissenschaftliche Tätigkeiten den Qualifizierungsbegriff erfüllen können, da ein wissenschaftliches Berufsfeld gerade nicht gefordert ist. Der Anwendungsbereich des § 2 Abs. 1 WissZVG sichert die Wissenschaftlichkeit der Qualifizierung ebenso wenig ab, da hier nur ein Überwiegen der wissenschaftlichen Tätigkeit – unabhängig von der Qualifizierung – gefordert ist, sodass in 49,9 % der Arbeitszeit eine nicht wissenschaftliche Qualifizierung gefördert werden kann[672]. So nennt *Nebe* beispielsweise als von § 2 Abs. 1 WissZVG erfasste Qualifizierungen „Befähigungen in der Didaktik und Lehre, im Einwerben von Drittmitteln/Konzipieren von Drittmittelanträgen"[673]. Hierbei handelt es sich um Qualifizierungen, die nicht zweifelsfrei wissenschaftlich sind.

Die Wissenschaftlichkeit der Qualifizierung ist jedoch insoweit erforderlich, als sie den Befristungstatbestand rechtfertigt, zumal wissenschaftliche Kompetenzen erworben werden sollen.[674] Es bedarf somit einer verfassungsrechtlichen

---

668 BVerfG 29.5.1973, BVerfGE 35, 79, 112; 1.3.1978, BVerfGE 47, 327, 367; 11.1.1994, BVerfGE 90, 1, 11 f.; 26.10.2004, BVerfGE 111, 333, 354.

669 *Smend*, VVDStRL, Bd. 4, 44, 67; Maunz/Dürig/*Scholz*, Art. 5 III GG Rn. 91; BK/*Fehling*, Art. 5 III GG (Wissenschaftsfreiheit) Rn. 63; *Lohfeld*, Befristung an Hochschulen, S. 43.

670 BT-Drs. 18/6489, S. 10.

671 BT-Drs. 18/6489, S. 10.

672 Zum Qualifizierungsanteil der Beschäftigung unter § 5 B II.

673 D/D/Z/*Nebe*, § 2 WissZVG Rn. 6d.

674 BT-Drs. 18/6489, S. 10.

Einschränkung des Qualifizierungsbegriffs im Lichte des sachlichen Schutzbereichs von Art. 5 Abs. 3 S. 1 GG.

f) Unionsrechtskonforme Auslegung

Das Unionsrecht begrenzt in der BefristungsRL seine Vorgaben darauf, dass wahlweise eine Höchstbefristungsdauer oder ein Sachgrund als den Missbrauch einschränkende Maßnahme festgelegt werden kann, § 5 Nr. 1 Anh. BefristungsRL. Die Befristung nach § 2 Abs. 1 S. 1 WissZVG erfüllt die Anforderungen somit bereits durch den Maximalbefristungszeitraum. Die Anforderungen des EuGH an die Tauglichkeit des Sachgrunds sind darüber hinaus jedoch bei Zugrundelegung der einschränkenden verfassungskonformen Auslegung gleichermaßen erfüllt, da ein innerer Zusammenhang zwischen dem Sachgrund der Qualifizierung im wissenschaftlichen Sinn und dem Befristungserfordernis – der Nachwuchsförderung und der Innovation der Wissenschaft – besteht[675].

g) Zwischenergebnis

Die Auslegung bekräftigt im Einklang mit der Gesetzesbegründung ein im Grundsatz extensives Begriffsverständnis, das durch eine schutzbereichsbezogene Begriffsauslegung im Lichte des Art. 5 Abs. 3 S. 1 GG einzuschränken ist. Eine Qualifizierung ist nicht allein in der Erfüllung einer Dienstaufgabe zu sehen, sondern muss über den allgemeinen Fort- und Weiterbildungszweck hinausgehen und den Ansprüchen der Wissenschaftlichkeit genügen. Dennoch ist eine Qualifizierung im formalen Sinn nicht erforderlich.

2. Qualifizierungsziele im Einzelnen

a) Lehrtätigkeit als Qualifizierungsziel

Als Teil der Wissenschaft und maßgebender Aspekt für die Wissensübertragung an nachfolgende Generationen ist die Lehrtätigkeit als Qualifizierungsziel grundsätzlich von § 2 Abs. 1 S. 1 WissZVG erfasst.[676] Parallel zum Anwendungsbereich der wissenschaftlichen Tätigkeit muss es sich um wissenschaftliche Lehre handeln, sodass der betroffene Arbeitnehmer neben der Lehre die hinreichende Möglichkeit zur *eigenständigen Forschung und Reflexion* haben muss.[677] Erneut

675 EUArbR/*Krebber*, RL 1999/70/EG Anh. § 5 Rn. 17; *ders.*, EuZA 2017, 3, 8.
676 BAG 1.6.2011, NZA 2011, 1280 Rn. 35; K/Z/D/H/*Lakies*, § 114 Rn. 319.
677 BAG 1.6.2011, NZA 2011, 1280 Rn. 35; 29.4.2015, BeckRS 2015, 71411 Rn. 22; *Kroll*, ZTR 2016, 235, 236; ErfK/*Müller-Glöge*, § 2 WissZVG Rn. 2; *Raab*, Persönlicher

verbleibt hier Rechtsunsicherheit, die nach *Maschmann* und *Konertz* durch verschiedene Kriterien begrenzt werden kann: Ein Hochschulabschluss des betroffenen Arbeitnehmers sowie der wissenschaftliche Zuschnitt des Unterrichts, der zum wissenschaftlichen Denken anleiten und den aktuellen Forschungsstand darstellen soll.[678] Letztendlich kann keine pauschale Aussage darüber getroffen werden, ob eine Lehrtätigkeit taugliches Qualifizierungsziel ist, es bleibt – wie auch bei der Prüfung des wissenschaftlichen Personals im Sinne des WissZVG nach § 1 Abs. 1 WissZVG – eine einzelfallabhängige Beurteilung im Lichte von Art. 5 Abs. 3 S. 1 GG.

b) Forschungsmanagement als Qualifizierungsziel

Die Hochschulrektorenkonferenz hat bereits vor der Novellierung des WissZVG Leitlinien mit möglichen Qualifizierungszielen erstellt, die verschiedene Dimensionen des Forschungsmanagements erfasst. Genannt werden hier die „Konzeption von Forschungsprojekten, dazugehörige Antragstellung sowie Projekteinwerbung, die Mitarbeit an einem einzelnen Forschungsprojekt, die Vorbereitung von Auslandsaufenthalten oder aber managementbezogene Tätigkeiten im Wissenschaftssystem“[679]. Das Management eigener Forschung zählt ohne Frage zu den von § 2 Abs. 1 S. 1 WissZVG erfassten Qualifizierungszielen.[680] Für das Management fremder Forschung ist dagegen nach der konkreten Tätigkeit zu differenzieren: Nicht ausreichend ist eine rein verwaltende Tätigkeit, die sich auf die Formulierung von Schriftsätzen und Korrespondenz beschränkt, da hier kein *unmittelbarer Forschungsbezug* besteht und keine Einbindung in wissenschaftliche Methodik oder Denkweisen gewährleistet ist.[681] Gleiches gilt für die Abwicklung von Drittmittelanträgen, bei der die Formulierung der Anträge, das Anfertigen von Zwischenberichten und die Koordination als verwaltende Tätigkeiten überwiegen.[682] Hier ist weder der personelle Anwendungsbereich eröffnet noch wird eine *wissenschaftliche Kompetenz* erworben. Dennoch ist es möglich, über die Mitarbeit an einem fremden Forschungsprojekt eine Qualifizierung zu

---

Anwendungsbereich, S. 115; unbezahlte Möglichkeit außerhalb der Dienstzeit genügt nicht *Maschmann/Konertz*, NZA 2016, 257, 260, 262.

678 *Maschmann/Konertz*, NZA 2016, 257, 261.

679 HRK v. 24.4.2012; *Hauck-Scholz*, RdA 2016, 262, 265 Fn. 17.

680 ErfK/*Müller-Glöge*, § 2 WissZVG Rn. 2.

681 *Maschmann/Konertz*, NZA 2016, 257, 260; ErfK/*Müller-Glöge*, § 2 WissZVG Rn. 2.

682 Vgl. *Maschmann/Konertz*, NZA 2016, 257, 260; A/P/S/*Schmidt*, § 2 WissZVG Rn. 6; **a. A.** *Kroll*, ZTR 2016, 235, 237.

erwerben, es muss nicht nur die eigene Aufgabe vorangetrieben werden.[683] Überwiegend ist das Forschungsmanagement damit eine von § 2 Abs. 1 S. 1 WissZVG erfasste Qualifizierung.

c) Tenure Track als Qualifizierungsziel

Eine Tenure Track Abrede verspricht dem betroffenen Arbeitnehmer ein unbefristetes Arbeitsverhältnis, wenn eine positive Beurteilung seines befristeten Beschäftigungsverhältnisses vorliegt.[684] Diese Vereinbarung ist in Österreich in § 27 des Kollektivvertrags für Arbeitnehmer/innen der Universitäten dahingehend getroffen, dass wissenschaftliche Mitarbeiter bei Erreichen der vereinbarten Qualifikationsziele mit der Entfristung ihres Arbeitsverhältnisses rechnen können.[685] Sie wird in Deutschland zwar nur außerhalb des WissZVG bei Hochschullehrern angewandt, könnte aber auch für wissenschaftliche Mitarbeiter gelten.[686] Allerdings muss dafür das Qualifizierungsziel rechtssatzförmig festgelegt sein.[687] Eine derartige Festsetzung findet sich in den Landesgesetzen nur für Juniorprofessuren,[688] nicht aber für wissenschaftliche Mitarbeiter, sodass ein Tenure Track als Qualifizierungsziel in der Praxis *de lege lata* ausscheidet.[689]

3. Probleme des weiten Qualifizierungsbegriffs und Lösungsansätze de lege lata

a) Probleme des weiten Qualifizierungsbegriffs

Obwohl der Qualifizierungsbegriff die Vielfältigkeit wissenschaftlicher Tätigkeit erfasst, ist er so weit, dass nicht nur Rechtsunsicherheit,[690] sondern auch ein hohes Missbrauchspotential bei der Anwendung des Befristungstatbestands besteht. Ob damit im Ergebnis tatsächlich die kurzzeitigen Befristungen eingedämmt werden können, erscheint ungewiss, zumal es keiner strukturierten

---

683 *Maschmann/Konertz*, NZA 2016, 257, 259; *Preis/Ulber*, § 2 WissZVG Rn. 12; strenger: *Hauck-Scholz*, RdA 2016, 262, 263; ebenso *Bolenius/Böning*, PersR 2016, Nr. 4, 14, 18.

684 *Hauck-Scholz*, RdA 2016, 262, 265.

685 Begrüßend: *Keller*, AusDrs. 18 (18) 143e, S. 9.

686 *Hauck-Scholz*, RdA 2016, 262, 265.

687 *Hauck-Scholz*, RdA 2016, 262, 265.

688 § 51b Abs. 1 LHG BW; § 102c Abs. 1 BerlHG; § 45 Abs. 2 S. 2 BbgHG; § 18a Abs. 1 S. 1 BremHG; § 14 Abs. 6 Nr. 3 HmbHG; § 43 Abs. 2 S. 3 SHSG; § 69 Abs. 3 Nr. 3 SächsHG.

689 *Hauck-Scholz*, RdA 2016, 262, 265 Fn. 20.

690 Diesbezüglich kritisch auch *Hauck-Scholz*, RdA 2016, 262, 263.

Qualifizierungspläne bedarf. Es drängt sich die Frage auf, inwieweit hier klare Grenzen zur Eindämmung des Missbrauchspotentials geschaffen werden können.

b) Diskussion möglicher Einschränkungen des Missbrauchspotentials

aa) In formeller Hinsicht

In formeller Hinsicht könnte die Verankerung eines konkreten Qualifizierungsziels im Arbeitsvertrag erforderlich sein.[691] Dem Gesetzeswortlaut lässt sich eine derartige Verpflichtung nicht entnehmen:[692] Das Zitiergebot des § 2 Abs. 4 S. 1 WissZVG erstreckt sich *de lege lata* lediglich auf die Rechtsgrundlage der Befristungsabrede, nicht dagegen auf die Qualifizierung.[693] Mangels Festlegung eines weiteren Formerfordernisses ist im Umkehrschluss davon auszugehen, dass es sich bei der Beschreibung des Qualifizierungsziels zumindest nicht um eine formelle Voraussetzung der Befristung handelt.

bb) In materieller Hinsicht

(1) Begrenzung auf formelle Qualifizierungsziele

Um den Qualifizierungsbegriff einzuengen, ist in den unangeforderten Stellungnahmen zum Entwurf des WissZVG-ÄndG die Forderung zu Tage getreten, für die Pre-Doc-Phase ausschließlich das formale Qualifikationsziel der Promotion zuzulassen.[694] Hierfür wurde die fehlende Wissenschaftsspezifikation informeller Qualifizierungen angeführt sowie die fehlende Konkretisierung hinsichtlich der Anforderungen an die Befristungsdauer in Anbetracht des Bestandsschutzes der Arbeitnehmer aus Art. 12 Abs. 1 GG sowie der EU-Charta für Forscher.[695] Weiterhin müsse der Qualifikationserwerb gerade den vom WissZVG erfassten Arbeitgebern und nicht anderen, außerhalb der Hochschule stehenden Arbeitgebern zu Gute kommen, zumal andernfalls keine hinreichende Legitimation

---

691 In diese Richtung: *Bolenius/Böning*, PersR 2016, Nr. 4, 14, 17; *Hauck-Scholz*, RdA 2016, 262, 265; AR/*Löwisch*, § 2 WissZVG Rn. 4.

692 *Kroll*, ZTR 2016, 235, 236; *Maschmann/Konertz*, NZA 2016, 257, 259; *Preis/Ulber*, § 2 WissZVG Rn. 14.

693 HK-ArbR/*Ahrendt/Tillmanns*, § 23 TzBfG Rn. 8; K/Z/D/H/*Lakies*, § 114 Rn. 354.

694 *Frauenhofer GBR*, AusDrs. 18 (18) 144b, S. 1; *LPKwiss. NRW*, AusDrs. 18 (18) 144a, S. 2; ähnlich *DGB*, AusDrs. 18 (18) 143f, S. 3 (typischerweise Promotion bzw. eine promotionsäquivalente künstlerische Qualifikation).

695 *Frauenhofer GBR*, AusDrs. 18 (18) 144b, S. 2.

des Sonderbefristungsrechts bestünde.[696] Eine derartige Eingrenzung ist jedoch angesichts der eindeutigen Auslegungsergebnisse, insbesondere des eindeutigen gesetzgeberischen Willens, nicht methodisch überzeugend begründbar. Weiterhin stellt die einschränkende verfassungskonforme Auslegung des Qualifizierungsbegriffs im Lichte des Art. 5 Abs. 3 GG sicher, dass die Anforderungen an die Rechtfertigung der Befristungsdauer gewahrt werden.

(2) Festsetzung eines zertifizierbaren Qualifizierungsziels

Die Festsetzung der angestrebten Qualifizierung ist zwar keine formelle Voraussetzung, allerdings ließe sich diese als Teil des Sachgrunderfordernisses und damit als materielle Voraussetzung interpretieren. Aus der fehlenden Verankerung ergäbe sich das Indiz, dass der Sachgrund nur vorgeschoben war.

(a) Festlegungsmodalitäten als solche

Hauck-Scholz verlangt ein fremdbestimmt festgelegtes oder zumindest rechtssatzförmig definiertes Qualifizierungsziel.[697] Hilfsweise sei eine Bestimmung durch den Arbeitnehmer möglich, eine Festlegung seitens des Arbeitgebers sei demgegenüber abzulehnen.[698] Hinsichtlich der Arbeitnehmerbestimmbarkeit ist dem zuzustimmen, da bereits die grammatikalische Auslegung einen subjektiven Anteil der Qualifizierung beinhaltet. Dennoch ist zu überprüfen, ob der geäußerte Wunsch des Arbeitnehmers eine spezielle wissenschaftliche Weiterbildung tatsächlich beinhaltet. Für die Ablehnung einer Qualifikationsfestlegung durch die Arbeitgeberseite verweist *Hauck-Scholz* auf die von dieser entwickelten Listen, die mögliche Qualifizierungsziele im Sinne des WissZVG aufzeigen sollen.[699] Diese bestünden nach seiner Auffassung lediglich zu Gunsten der Arbeitgeber, sodass kurzzeitige Befristungen auf Grundlage des § 2 Abs. 1 S. 1 WissZVG ermöglicht werden könnten.[700] Dass verschiedene Institutionen Konkretisierungen schaffen, ist grundsätzlich begrüßenswert und lässt sich nicht pauschal negativ als „Gebrauchsanleitung"[701] zum Gesetzesmissbrauch

---

696 *LPKwiss. NRW*, AusDrs. 18 (18) 144a, S. 4.

697 *Hauck-Scholz*, RdA 2016, 262, 263.

698 *Hauck-Scholz*, RdA 2016, 262, 265 (parallel zur Haushaltsmittelproblematik nach § 14 Abs. 1 S. 2 Nr. 7 TzBfG bei Körperschaften mit Arbeitgeberfunktion).

699 *Hauck-Scholz*, RdA 2016, 262, 265 Fn. 17.

700 So *Hauck-Scholz*, RdA 2016, 262, 265 Fn. 17 („Unmittelbar nach Inkrafttreten des WissZeitVG kursieren bereits „Gebrauchsanleitungen" von Arbeitgeberseite (einzelne Hochschulen, die DFG, die Max-Planck-Gesellschaft sowie das BMBF), […] deren Gemeinsamkeit darin besteht, möglichst kurzzeitige Befristungen zu ermöglichen").

701 *Hauck-Scholz*, RdA 2016, 262, 265 Fn. 17.

abstempeln. Ob die aufgeführten Qualifizierungen den Anforderungen des § 2 Abs. 1 S. 1 WissZVG genügen, ist eine Frage des Einzelfalls, die im Lichte des Art. 5 Abs. 3 S. 1 GG zu beantworten ist. Eine verbindliche Wirkung kommt den getroffenen Leitlinien daher nicht zu; die Rechtsunsicherheit vermögen sie damit nicht zu beseitigen. Im Ergebnis ist damit nur der generellen Verankerung eines Qualifizierungsziels im Arbeitsvertrag zum Schutz des Arbeitnehmers zuzustimmen, eine Beschränkung auf arbeitnehmerseitige Bestimmungen ist derweil abzulehnen.

(b) Zertifizierbarkeit des Qualifizierungsziels

Darüber hinausgehend verlangt *Hauck-Scholz* die Zertifizierbarkeit des Qualifikationsziels zwecks rechtssicherer Bestimmung der Angemessenheit, zumal die Qualifizierung maßgebendes Kriterium der Befristungsdauer ist.[702] Zwar würde hierdurch eine leichtere Überprüfung ermöglicht und der Schutz des Arbeitnehmers merklich erhöht, doch stellt sich die Frage, inwieweit ein nicht formelles Qualifikationsziel zertifiziert werden kann, und die weitere Frage, inwieweit die bloße Förderung, die dem Befristungstatbestand genügt, überhaupt zertifizierbar ist. Darüber hinaus zeigt der Kontrast zu § 1 Abs. 1 ÄArbVtrG, dass der Gesetzgeber hier gerade kein Zertifizierungserfordernis angestrebt hat. § 1 Abs. 1 ÄArbVtrG verlangt weder einen detaillierten schriftlichen Weiterbildungsplan[703] noch dessen Festlegung im Arbeitsvertrag. Eine Zertifizierbarkeit würde hierüber folglich noch hinausgehen und ist abzulehnen.

(3) Abschluss von Betreuungsvereinbarungen

Im Zuge des Gesetzgebungsverfahrens wurde eine den Arbeitsvertrag ergänzende Betreuungsvereinbarung als Befristungsvoraussetzung nach § 2 Abs. 1 S. 1 WissZVG gefordert, um die Qualifizierung abzusichern und Missbräuche zu verhindern.[704] So schlägt auch *Tschaut* vor, „entfernt analog" wie bei Promotionsvereinbarungen auch bei anderen Qualifikationszielen schriftlich zu fixieren, welche Qualifikationsziele im Befristungszeitraum angestrebt werden.[705] Zu Recht wurde dies jedoch abgelehnt.

---

702 *Hauck-Scholz*, RdA 262, 263 f.; **a. A.** ErfK/*Müller-Glöge*, § 2 WissZVG Rn. 1 ohne Begründung.

703 BAG 14.6.2017, NZA 2018, 40 Rn. 19.

704 GEW-Gesetzentwurf – Dauerstellen für Daueraufgaben-Mindeststandards für Zeitverträge, S. 7 (https://www.gew.de/wissenschaft/wissenschaftszeitvertragsgesetz/, letzter Zugriff: 7.3.2018, 13:27); BT-Drs. 18/1463, S. 1 (Bündnis 90/Die Grünen); BT-Drs. 17/12531, S. 1.

705 *Tschaut* (Thesis e. V.), AusDrs. 18 (18) 143b, S. 3 f.

Aus verfassungsrechtlicher Sicht fehlt dem Bund bereits die hierfür erforderliche Gesetzgebungskompetenz. Eine derartige Betreuungsvereinbarung ist rein wissenschaftsbezogen und kein bloßer Annex zum Arbeitsrecht nach Art. 74 Abs. 1 Nr. 12 GG.[706] Insbesondere bei einer Promotionsvereinbarung mit einer Hochschule und der parallelen Beschäftigung an einer außeruniversitären Forschungseinrichtung zeigt sich das Kollisionspotential dieser dogmatisch fragwürdigen Vermischung von Arbeitsvertrag und Promotionsvereinbarung.[707] Eine Betreuungsvereinbarung ist also weder erforderlich noch zulässig für den Befristungstatbestand des § 2 Abs. 1 S. 1 WissZVG.

(4) Qualifizierte Tätigkeitsnachweise

Kiel schlägt vor, auf qualifizierte Tätigkeitsnachweise abzustellen.[708] Aus Gesichtspunkten des Arbeitnehmerschutzes ist das Erfordernis qualifizierter Tätigkeitsnachweise zu begrüßen, zumal es eine größere Flexibilität bietet als beispielsweise eine formelle Zertifizierung und die Einhaltung der im Arbeitsvertrag festgelegten Qualifizierung zusätzlich absichert.

cc) Ergebnis

Der Qualifizierungsbegriff ist im materiellen Sinn zu verstehen und durch eine schutzbereichsbezogene Auslegung nach Art. 5 Abs. 3 S. 1 GG zu begrenzen. Die Qualifizierung ist arbeitsvertraglich festzuhalten, wobei eine Betreuungsvereinbarung nicht erforderlich ist. Die festgelegte Qualifizierung ist durch qualifizierte Tätigkeitsnachweise zu ergänzen. Wenn die Festlegung oder die Tätigkeitsnachweise fehlen ist dies als dahingehendes Indiz zu werten, dass der Sachgrund nur vorgeschoben ist.

II. Qualifizierungsanteil der Beschäftigung

1. Grammatikalische Auslegung

Welcher Anteil der Qualifizierung für die Beschäftigung erforderlich ist, beantwortet das Gesetz nicht explizit. Der Wortlaut bestimmt, dass die Befristung „zur Förderung" der Qualifizierung erfolgt und indiziert damit, dass die Qualifizierung das Tätigkeitsbild maßgeblich ausmacht, legt jedoch nicht fest, dass die Beschäftigung ausschließlich zu diesem Zweck erfolgen soll. Hätte

706 Referentenentwurf v. 9.7.2015 zum 1. WissZVGÄndG, Begr. S. 8; zustimmend *Blum/Vehling*, OdW 2015, 189, 196.

707 *Blum/Vehling*, OdW 2015, 189, 196.

708 *Kiel*, JbArbR 54 [2017], 51, 60.

der Gesetzgeber eine ausschließliche Qualifizierungsbeschäftigung gewollt, hätte er in § 2 Abs. 1 S. 1 WissZVG die Formulierung „nur“ oder „allein“ eingefügt.[709]

2. Systematische Auslegung

Parallel zu den Anforderungen der Wissenschaftlichkeit nach § 1 Abs. 1 WissZVG im Anwendungsbereich könnte mangels weiterer Anhaltspunkte davon auszugehen sein, dass eine überwiegende Qualifizierungstätigkeit, die das Arbeitsverhältnis prägt, ausreichend ist.[710] Aus der wissenschaftlichen Prägung ergibt sich jedoch nicht, dass die überwiegende Arbeitszeit auf die Qualifizierung entfallen muss, da jede wissenschaftlich geartete Tätigkeit – unabhängig von der Qualifizierung – genügt, um den Anwendungsbereich zu eröffnen.

3. Teleologische Auslegung

Telos der Einführung des Qualifizierungsaspekts war die Vermeidung sachwidriger Kurzbefristungen.[711] Daraus lässt sich zwar ableiten, dass der Gesetzgeber den Befristungszeitraum angemessen im Lichte der Qualifizierung ausgestalten wollte, nicht jedoch, dass der betroffene Arbeitnehmer eine bestimmte Dauer seiner Arbeitszeit auf die Qualifizierung verwerten soll. Der Normzweck gebietet damit lediglich als Untergrenze, dass die Qualifizierung als tragendes Element der Befristung nicht ausgehebelt und „zur Nebensache“ wird.[712] Diese Grenze dürfte, wie bereits geprüft,[713] bei den in vielen Landeshochschulgesetzen vorgesehenen Arbeitszeiten von einem Drittel für die angestrebte Qualifizierung gewahrt sein.

---

709 So auch *Kroll*, ZTR 2016, 235, 237; *Maschmann/Konertz*, NZA 2016, 257, 259; *Preis/Ulber*, § 2 WissZVG Rn. 11; *Hauck-Scholz*, RdA 2016, 262, 266.

710 Die Befristungsdauer müsste dann nicht angemessen zur Qualifizierung sein, sondern ihr entsprechen: *Kroll*, ZTR 2016, 235, 238; *Maschmann/Konertz*, NZA 2016, 257, 259; ErfK/*Müller-Glöge*, § 2 WissZVG Rn. 2; *Preis/Ulber*, § 2 WissZVG Rn. 11; A/P/S/*Schmidt*, § 2 WissZVG Rn. 5.

711 BT-Drs. 16/4043, S. 1.

712 Im Ergebnis ebenso *Maschmann/Konertz*, NZA 2016, 257, 259; ErfK/*Müller-Glöge*, § 2 WissZVG Rn. 2b; Staudinger/*Preis*, § 620 BGB Rn. 282b; A/P/S/*Schmidt*, § 2 WissZVG Rn. 5.

713 S. § 2 A III 1 b).

4. Historische Auslegung

Bereits im WissZVG a. F. hat der Gesetzgeber keine Äußerung hinsichtlich der konkreten Ausgestaltung der Arbeitszeit getroffen, obgleich dies auf Landesebene bereits weit verbreitet war.[714] Der Vorschlag von *Preis*, im Gesetz zu verankern, dass die Beschäftigung „*auch* der eigenen Qualifizierung dient“[715], wurde abgelehnt. Zwar ließe dies darauf schließen, dass der Gesetzgeber *mehr als nur eine auch qualifizierende Tätigkeit* der Arbeitnehmer anstrebte. Allerdings ergibt sich aus der Gesetzesbegründung, dass die Befristung ausschließlich zu Qualifizierungszwecken vorgesehen ist, nicht jedoch eine ausschließlich qualifizierende Tätigkeit.[716]

Weiterhin wurde dem im Zuge des Gesetzgebungsverfahrens gemachten Vorschlag des *DGB*, mindesten 50 % der Arbeitszeit auf die Qualifizierung entfallen zu lassen, nicht gefolgt.[717] Der Gesetzgeber hat sich also bewusst gegen die Verankerung eines spezifischen Qualifizierungsanteils entschieden und dies den Ländern überlassen.

5. Ergebnis

Es ist schlussendlich davon auszugehen, dass kein fester Qualifizierungsanteil auf die Arbeitszeit entfallen muss. Dies bemisst sich nach den einschlägigen Landeshochschulgesetzen. Sofern der Tätigkeit zur Förderung der Qualifizierung jedoch eine deutlich untergeordnete Rolle zukommt, ist dies als Indiz zu werten, dass der Sachgrund der Qualifizierung in Wirklichkeit nur vorgeschoben ist.

C. Drittmittelbefristungstatbestand, § 2 Abs. 2 WissZVG

I. Allgemeines zum Drittmittelbefristungstatbestand

Streng genommen ist der Drittmittelbefristungstatbestand nicht zwingend erforderlich, da die betroffenen Arbeitnehmer auch nach dem allgemeinem Sachgrund des § 14 Abs. 1 S. 2 Nr. 1 TzBfG befristet werden könnten, der als besonderen Fall des vorübergehenden Bedarfs die Projektbefristung anerkennt.[718] Intention des Gesetzgebers war jedoch, die damit einhergehenden Anwendungsprobleme zu

714 Dazu unter § 2 A III 1 c) dd).

715 *Preis*, AusDrs. 18 (18) 143a, S. 5; *Preis/Ulber*, § 2 WissZVG Rn. 11.

716 BT-Drs. 18/6489, S. 10; *Preis/Ulber*, § 2 WissZVG Rn. 11.

717 *DGB*, AusDrs. 18 (18) 143 f, S. 3; ebenso *ver.di*, AusDrs. 18 (18) 143g, S. 4; *Keller*, AusDrs. 18 (18) 143e, S. 15.

718 BAG 28.5.1986, BeckRS 1980, 42710; 15.2.2006, BeckRS 2006, 42340 Rn. 11.

minimieren, um der wachsenden Bedeutung der Drittmittelbefristung Rechnung zu tragen.[719] So sollte die Bereitschaft für Drittmittelforschung gestärkt werden, indem der Abschluss drittmittelbefristeter Arbeitsverträge mehr Rechtssicherheit, Transparenz und infolgedessen auch ein geringeres Prozessrisiko mit sich bringt.[720]

Voraussetzung für den Sachgrund der Drittmittelbefristung ist nach § 2 Abs. 2 WissZVG, dass die Beschäftigung wissenschaftlichen Personals (II.) überwiegend aus Mitteln Dritter finanziert wird (III.), die Finanzierung für eine bestimmte Aufgabe und Zeitdauer bewilligt ist (IV.) und der Arbeitnehmer überwiegend nach der Zweckbestimmung dieser Mittel beschäftigt wird (V.).

Entscheidend für die Tatbestandsmerkmale der Drittmittelbefristung nach § 2 Abs. 2 WissZVG sind die Umstände bei Abschluss des Vertrags, es gilt das Prognoseprinzip.[721] Sofern die Voraussetzungen im Laufe der Beschäftigung wegfallen, ist dies unerheblich für die Wirksamkeit. Umgekehrt vermag jedoch das nachträgliche Eintreten der Voraussetzungen nicht den Befristungsmangel zu heilen.

II. Novellierter Anwendungsbereich – Wissenschaftliches Personal

Der im Jahre 2016 überarbeitete § 2 Abs. 2 WissZVG nimmt Bezug auf das in § 1 Abs. 1 S. 1 WissZVG genannte Personal und stellt klar, dass die Drittmittelbefristung nur noch für wissenschaftliches bzw. künstlerisches Personal zur Anwendung gelangt. Grund ist der bei nicht wissenschaftlichem Personal fehlende Fluktuationsbedarf, der die Sonderbefristung wissenschaftlichen Personals rechtfertigt.[722] Dem ist zuzustimmen, da nichtwissenschaftliches Personal

---

719 Zwischen 1995 und 2003 von 2,1 Mrd. auf 3,4 Mrd.: BT Drs. 16/3438, S. 8; ErfK/*Müller-Glöge*, § 1 WissZVG Rn. 3a; L/S/*Schlachter*, § 23 TzBfG, Anh. 2, vor § 1 WissZVG Rn. 2 (keine Prognosesicherheit für die Beendigung eines Projekts möglich); kritisch *Preis/Ulber*, Einl. Rn. 67.

720 BT-Drs. 16/3438, S. 1, 10; kritisch *Lohfeld*, Befristung an Hochschulen, S. 317 ff.

721 *Preis/Ulber*, § 2 WissZVG Rn. 86.

722 BT-Drs. 18/6489, S. 12; kritisch: Müko-BGB/*Hesse*, § 23 TzBfG Rn. 42 (fehlende Differenzierung nach Projektrelevanz); *Löwisch*, NZA 2007, 479, 481 und HSchR/*ders./Wertheimer*, Kap. X Rn. 180 (Stellen nach Auslaufen des Projekts blockiert; diese Auffassung verkennt allerdings, dass dies bei nicht-wissenschaftlichen Arbeitsplätzen nicht bezweckt wird); *Maschmann/Konertz*, NZA 2016, 257, 265 (akzessorisches Personal ebenso erforderlich und betroffen von Projekten); Brüggen/*Brüggen/Birkenbusch*, Rn. 1595 (Gleichlauf eingespielter Teams); begrüßend als konsequent: HK-TzBfG/*Joussen*, § 2 WissZVG Rn. 15; *Adamietz/Künne*, Drittmittelbefristungen, S. 15; D/D/Z/*Nebe*, § 2 WissZVG Rn. 57.

grundsätzlich dauerhaft für sämtliche anfallende Projekte, gleich welcher Finanzierungsart, benötigt wird und vielfältig eingesetzt werden kann. Die auf Art. 5 Abs. 3 S. 1 GG fußende Argumentation der Förderung wissenschaftlichen Nachwuchses greift hier folglich nicht. Das zuvor erfasste akzessorische Personal, das insbesondere mit organisatorischen Tätigkeiten befasst war,[723] kann somit nicht mehr nach § 2 Abs. 2 WissZVG befristet beschäftigt werden. Möglich bleiben jedoch insbesondere die auf § 14 Abs. 1 S. 2 Nr. 1 TzBfG gestützte Sachgrundbefristung sowie die sachgrundlose Befristung nach § 14 Abs. 2 S. 1 TzBfG[724], sodass akzessorisches Personal nicht zwingend unbefristet eingestellt werden muss. Über den Sachgrund des vorübergehenden Arbeitskräftebedarfs kann eine zur Befristung des wissenschaftlichen Personals kongruente Vertragslaufzeit vereinbart werden, sodass davon auszugehen ist, dass die Befristungstatbestände des TzBfG ausreichend sind.

III. Drittmittelfinanzierung

1. Begriff des Drittmittels

Die Finanzierung der betroffenen Arbeitnehmer soll ausweislich des Wortlauts des § 2 Abs. 2 WissZVG *überwiegend* Drittmitteln entstammen. Diese müssen bereits bei Abschluss des Vertrags vorliegen oder zumindest verbindlich zugesichert sein.[725] Drittmittel sind nach ständiger Rechtsprechung des BAG in Anlehnung an die frühere Regelung in § 25 Abs. 1 S. 1 HRG all jene, die der Wissenschaftseinrichtung für ein Forschungsvorhaben außerhalb ihrer regulär

---

723 § 2 Abs. 2 S. 2 WissZVG a. F. ist ersatzlos weggefallen; erfasst waren zwecks Gleichlaufs zwischen allen Projektmitarbeitern: Technische und Verwaltungsangestellte, Laborpersonal, Personen für das Projektmanagement und Bibliothekspersonal, BT-Drs. 16/3438, S. 15; L/S/*Schlachter*, § 23 TzBfG, Anh. 2, § 2 WissZVG Rn. 18 (Weniger projektspezifische Aufgaben als wissenschaftlich Tätige).

724 MüKo-BGB/*Hesse*, § 23 TzBfG Rn. 66; begrüßend: *Räder/Steinheimer*, PersR 2007, 328, 331; *Kortstock*, ZTR 2007, 2, 7 (Tarifsperre bei nichtwissenschaftlichem Personal nicht gerechtfertigt); ebenso D/D/Z/*Nebe*, § 2 WissZVG Rn. 57; **a. A.** *Blum/Vehling*, OdW 2015, 189, 198 (Befristung nach TzBfG bringt Rechtsunsicherheit zurück); *Maschmann/Konertz*, NZA 2016, 257, 265; *Mandler/Meißner*, OdW 2016, 33, 44 (Eingriff wegen staatlicher Verpflichtung zur Wissenschaftsförderung gerechtfertigt); *Meißner*, Hochschulbefristungsrecht, S. 169, 179; kritisch insbesondere *DFG*, AusDrs 18 (18) 143h, S. 2.

725 *Preis/Ulber*, § 2 WissZVG Rn. 100; Geis/*Krause*, § 2 WissZVG Rn. 70.

bestehenden Haushaltsmittel zukommen.[726] Folglich muss die Finanzierung von einem *außerhalb* der Wissenschaftseinrichtung stehenden Dritten stammen.[727] Der Begriff ist weit zu verstehen, sodass eine mittelbare Herkunft vom Staat[728] bzw. dem Wissenschaftseinrichtungsträger[729] ausreicht. Als weitere Kategorie von Drittmitteln kommen Drittmittelrestbestände und Overhead-Mittel, also solche, die die mit dem Drittmittelprojekt verbundenen indirekten Ausgaben decken sollen, in Betracht.[730] Allerdings bedarf es auch hier einer konkreten Zweckgebundenheit durch den Drittmittelgeber, die im Regelfall fehlt.[731]

Es darf sich bei dem finanzierten *Forschungsvorhaben* jedoch nicht um Daueraufgaben der Hochschule bzw. Forschungseinrichtung handeln.[732] Gleichermaßen nicht erfasst sind Arbeitsbeschaffungsmaßnahmen der Agentur für Arbeit, da kein Forschungsprojekt, sondern Arbeitslose gefördert werden sollen.[733] Auch Studiengebühren bzw. Hochschulbeiträge fallen nicht unter den Drittmittelbegriff. Sie sind zwar keine Haushaltsmittel und ihnen kommt keine spezifische Zweckbindung zu, insgesamt betrachtet dienen sie aber der Verbesserung der Lehre und nicht der Forschung.[734]

Der Mitarbeiter muss zu mehr als 50 % aus Drittmitteln finanziert werden, wobei der Bezugspunkt des Tatbestandsmerkmals nicht die Gesamtkosten des

---

726 BAG 31.1.1990, BeckRS 9998, 152710; 22.11.1995, NZA 1996, 1092, 1094; 15.1.1997, NZA 1998, 29, 30; hierauf bezugnehmend BT-Drs. 16/3438, S. 14.

727 *C. Müller*, öAT 2010, 224, 225.

728 BAG 15.2.2006, BeckRS 2006, 42340 Rn. 16 (Zuwendungen der Deutschen Forschungsgemeinschaft); insgesamt für mittelbare Staatsgelder: *Kortstock*, ZTR 2007, 2, 4; ErfK/*Müller-Glöge*, § 2 WissZVG Rn. 10; *Preis/Ulber*, § 2 WissZVG Rn. 96; L/S/*Schlachter*, § 23 TzBfG, Anh. 2, § 2 WissZVG Rn. 15.

729 MüKo-BGB/*Hesse*, § 23 TzBfG Rn. 41; ErfK/*Müller-Glöge*, § 2 WissZVG Rn. 10.

730 HSchR/*Möller*, Kap. XV Rn. 33; Geis/*Krause*, § 2 WissZVG Rn. 63; *Preis/Ulber*, § 2 WissZVG Rn. 105.

731 BAG 23.5.2018, NZA 2018, 1399 Rn. 20 (die Rechtsprechung zu § 57b Abs. 2 HRG, nach der ein universitätsangehöriger Mitarbeiter einen Zweck für Drittmittelrestbestände festlegen konnte, ist wegen der engeren Fassung nicht auf § 2 Abs. 2 WissZVG übertragbar); Geis/*Krause*, § 2 WissZVG Rn. 63; *Preis/Ulber*, § 2 WissZVG Rn. 97, 105; auch bei der Finanzierung aus einer Erbschaft ohne Zweckbestimmung durch den Erblasser fehlt die Fremdbestimmtheit: BAG 23.5.2018, NZA 2018, 1399 Rn. 19.

732 BT-Drs. 16/3438, S. 14; BAG 25.8.1999, NZA 2000, 317, 318 (Projektierung und Durchführung eines Weiterbildungsprogramms für externe Teilnehmer); *Preis/Ulber*, § 2 WissZVG Rn. 106 m. w. N.

733 BAG 13.4.1994, NZA 1995, 67, 69.

734 AR/*Löwisch*, § 2 WissZVG Rn. 13; *Preis/Ulber*, § 2 WissZVG Rn. 116.

Projekts, sondern die Personalausgaben für den Arbeitnehmer sind.[735] Da weder die Gesetzesbegründung[736] noch das BAG[737] eine Einschränkung hinsichtlich der Personalausgaben vornehmen, ist davon auszugehen, dass nicht nur die Nettovergütung des Mitarbeiters gemeint ist, sondern die Bruttoarbeitgeberkosten, inklusive Lohnnebenkosten.

2. Sonderproblem: Streckung des Vertrags

Ein Sonderproblem im Rahmen der Drittmittelbefristung ist die sogenannte „Streckung des Vertrags“[738]. Dahinter verbirgt sich die Konstruktion eines befristeten Vertrags, der für die Dauer x aus Drittmitteln und anschließend für die Dauer y aus Haushaltsmitteln finanziert wird.[739] Erforderlich für die Drittmittelbefristung ist die überwiegende Beschäftigung hieraus, sodass mehr als 50 % den Drittmitteln entstammen müssen.[740] Im Umkehrschluss folgt daraus, dass eine Aufstockung aus Haushaltsmitteln grundsätzlich zulässig ist.[741] Welche Zusammensetzung die Mittel im Einzelnen haben, ist dabei vom Gesetzgeber nicht vorgegeben. Solange im Gesamtbild der drittmittelfinanzierte den haushaltsmittelfinanzierten Zeitraum überwiegt, ist den Anforderungen genüge getan und eine Streckung des Arbeitsverhältnisses möglich.[742] Allerdings liegt in einem Arbeitszeitraum eine Drittfinanzierung vor und im anderen Arbeitszeitraum eine Finanzierung aus Haushaltsmitteln, sodass in Wirklichkeit zwei verschiedene Verträge vorliegen. Für den Gesamtzeitraum eine auf § 2 Abs. 2 WissZVG gestützte Drittmittelbefristung zuzulassen gliche einer Fiktion, da der Sachgrund für den Zeitraum y in Wirklichkeit nicht vorliegt. Eine solche

---

735 BT-Drs. 16/3438, S. 14; BAG 8.6.2016, NZA 2016, 1463 Rn. 18; Brüggen/*Brüggen/Birkenbusch*, Rn. 1587; Geis/*Krause*, § 2 WissZVG Rn. 69.

736 BT-Drs. 16/3438, S. 14 „Personalausgaben für den befristet beschäftigten Mitarbeiter oder die befristet beschäftigte Mitarbeiterin“.

737 BAG 8.6.2016, NZA 2016, 1463 Rn. 18 „konkrete Stelle zu mehr als 50 % aus Drittmitteln finanziert“.

738 *Adamietz/Künne*, Drittmittelbefristungen, S. 17.

739 *Adamietz/Künne*, Drittmittelbefristungen, S. 17.

740 BT-Drs. 16/3438, S. 14; Staudinger/*Preis*, § 620 BGB Rn. 284.

741 BT-Drs. 16/3438, S. 14; Brüggen/*Brüggen/Birkenbusch*, Rn. 1587; *Bruns*, Teilzeit- und Befristungsrecht, Rn. 256; M/H/H/*Herms*, § 23 TzBfG Rn. 34; B/T/M/*Mayer*, § 2 WissZVG Rn. 10; D/D/Z/*Nebe*, § 2 WissZVG Rn. 55; L/S/*Schlachter*, § 23 TzBfG, Anh. 2, § 2 WissZVG Rn. 15.

742 Geis/*Krause*, § 2 WissZVG Rn. 69 unter Verweis auf BT-Drs. 16/3438, S. 14; *Preis/Ulber*, § 2 WissZVG Rn. 101.

Konstellation würde einen Missbrauch darstellen und ist folglich unzulässig, da sich die Befristung und dessen Finanzierung nach dem Drittmittelprojekt richten müssen. Erforderlich ist demnach der Abschluss von zwei Verträgen.[743]

IV. Bewilligung für bestimmte Aufgabe und Zeitdauer

Weitere Voraussetzung der Drittmittelbefristung ist, dass die Mittelfinanzierung für eine bestimmte Aufgabe und eine begrenzte Zeitdauer bewilligt wurde.[744]

Die bestimmte zugewiesene Aufgabe ist maßgebender Bestandteil der Befristung, da die Fremdbestimmtheit der Tätigkeit den Kern des Sachgrunds ausmacht.[745] Sie ist der Beschreibung des Projektantrags zu entnehmen,[746] inhaltliche Anforderungen werden an das Projekt indes nicht gestellt. Demzufolge genügt die Überlassung von Mitteln zur allgemeinen Verwendung nicht den Anforderungen,[747] die Konnexität von Aufgabe und Finanzierung ist aus verfassungs- und unionsrechtlichen Gründen erforderlich, um den Missbrauch befristeter Arbeitsverhältnisse hinreichend einzugrenzen[748].

Für die bestimmte Zeitdauer muss hinlänglich gewiss sein, dass die Finanzierung endet.[749] Eine Zeitdauer des Projekts muss daher bereits zu Beginn feststehen.[750] Arbeit- und Drittmittelgeber müssen sich daher mit den Umständen der betroffenen Stelle, ihrer Dauer und insbesondere ihrem Wegfall beschäftigt haben,[751] damit der Arbeitsplatzwegfall *allein sachgrundbezogen* erfolgt[752]. Dem

---

743 Ebenso: *Adamietz/Künne*, Drittmittelbefristungen, S. 44; **a. A.** Geis/*Krause*, § 2 WissZVG Rn. 69.

744 BT-Drs. 16/3438, S. 14; BAG 15.1.1997, NZA 1998, 29, 31; 26.8.1998, BeckRS 9998, 180260; 13.2.2013, NZA 2013, 1271 Rn. 24 („Endlichkeit hinreichend bestimmt"); L/S/*Schlachter*, § 23 TzBfG, Anh. 2, § 2 WissZVG Rn. 16; *Thüsing/Fütterer/Thieken*, ZfA 2014, 3, 24, 26 (weniger strenge Prognose als beim TzBfG wegen der verstärkten Wirkung der Wissenschaftsfreiheit gegenüber der Berufsfreiheit); **a. A.** *C. Müller*, öAT 2010, 224, 226 (konkrete Bezeichnung der zu finanzierenden Aufgabe).

745 BAG 23.5.2018, NZA 2018, 1399 Rn. 20; *Preis/Ulber*, § 2 WissZVG Rn. 102; A/P/S/*Schmidt*, § 2 WissZVG Rn. 43.

746 *Adamietz/Künne*, Drittmittelbefristungen, S. 17.

747 BT-Drs. 16/3438, S. 14; Müko-BGB/*Hesse*, § 23 TzBfG Rn. 41; ErfK/*Müller-Glöge*, § 2 WissZVG Rn. 10.

748 BT-Drs. 16/3438, S. 14; für das Unionsrecht: BAG 13.2.2013, NZA 2013, 1271 Rn. 33; für das Verfassungsrecht: BVerfG 24.4.1996, BVerfGE 94, 268, 288.

749 BAG 13.2.2013, NZA 2013, 1271 Rn. 32 f.

750 BAG 13.2.2013, NZA 2013, 1271 Rn. 24 f.

751 H/W/K/*Rennpferdt*, § 23 TzBfG Rn. 66; KR/*Treber*, § 2 WissZVG Rn. 50.

752 A/P/S/*Schmidt*, § 2 WissZVG Rn. 40.

Erfordernis der zeitlich begrenzten Bewilligung genügt eine Kündigungsmöglichkeit als Nachweis[753] ebenso wenig wie die grundsätzliche Unsicherheit über eine weitere Förderung[754].

Die Dauer ist dabei nach den konkret zur Verfügung stehenden Mitteln zu bemessen, eine potentielle Anschlussfinanzierung, die nicht automatisch erfolgt, ist demzufolge nicht miteinzubeziehen.[755]

V. Beschäftigung nach Zweckbestimmung

Die Beschäftigung des betroffenen Arbeitnehmers soll nach der Zweckbestimmung der Drittmittel erfolgen, wobei ausreichend ist, dass die Aufgaben überwiegend, also zu mehr als 50 % dem Zweck entsprechen.[756] Entscheidend ist die Prognose bei Vertragsschluss, nicht dagegen die tatsächliche Durchführung.[757] Falls bereits bei Vertragsschluss feststand, dass der Beschäftigte mehrheitlich nicht projektbezogen eingesetzt wird, ist die Befristung unwirksam, da der Sachgrund nur vorgeschoben war.[758] Der betroffene Arbeitnehmer soll wie bei § 2 Abs. 1 S. 1 WissZVG gerade nicht mit projektunabhängigen Dauer- oder Verwaltungsaufgaben beschäftigt werden, die Drittmitteltätigkeit muss das Arbeitsverhältnis prägen.[759] Maßgebend sind dabei nicht nur die Absichten des Drittmittelgebers, sondern auch die Umstände in der mit dem Drittmittel geförderten Wissenschaftsinstitution und die charakteristischen Tätigkeiten eines ebenso vergüteten Arbeitnehmers.[760] Aus praktischer Sicht muss jedoch gleichzeitig die stellenweise Übernahme anderer Tätigkeiten möglich bleiben und kann nicht die Wirksamkeit der gesamten Befristungsabrede gefährden.[761]

753 LAG Köln 14.3.2011, BeckRS 2011, 70363; M/H/H/*Herms*, § 23 TzBfG Rn. 35; TK-TzBfG/*Sievers*, Anh. 7 Rn. 91; insgesamt reicht die Beendigungsmöglichkeit durch einen actus contrarius nicht: *Thüsing/Fütterer/Thieken*, ZfA 2014, 3, 11.

754 *Preis/Ulber*, § 2 WissZVG Rn. 102.

755 BAG 13.2.2013, NZA 2013, 1271 Rn. 34; *Thüsing/Fütterer/Thieken*, ZfA 2014, 3, 9.

756 BAG 13.2.2013, NZA 2013, 1271 Rn. 32; MüKo-BGB/*Hesse*, § 23 TzBfG Rn. 41; Geis/*Krause*, § 2 WissZVG Rn. 72; *Maschmann/Konertz*, NZA 2016, 257, 264; *C. Müller*, öAT 2010, 224; *Preis/Ulber*, § 2 WissZVG Rn. 99; HK-TzBfG/*Joussen*, § 2 WissZVG Rn. 14.

757 Schaub/*Koch*, § 40 Rn. 43; *C. Müller*, öAT 2010, 224, 226.

758 BAG 16.11.2005, NZA 2006, 784, 789; 15.2.2006, BeckRS 2006, 42340 Rn. 11; KR/*Treber*, § 2 WissZVG Rn. 55.

759 BT-Drs. 16/3438, S. 14; bereits BAG 15.4.1999, NZA 2000, 93, 94; A/T/*Kühn*, § 23 TzBfG Rn. 217; *Lehmann-Wandschneider*, Sonderbefristungsrecht, S. 196 ff.

760 AR/*Löwisch*, § 2 WissZVG Rn. 16; HSchR/*ders./Wertheimer*, Kap. X Rn. 182.

761 *Löwisch*, NZA 2007, 479, 482.

D. Berücksichtigung des Arbeitnehmerwunschs im Rahmen des WissZVG

I. Berücksichtigung als ungeschriebener Befristungsgrund

Der Rechtsgedanke, dass der Arbeitnehmerwunsch eine Befristung legitimiert, könnte auch im WissZVG zu beachten sein.[762] Eine allein hierauf gestützte Befristung ist im WissZVG nicht vorgesehen, es ist auf die erörterten Tatbestände der Qualifizierungs- und der Drittmittelbefristung begrenzt. Würde eine Befristung einzig nach den Gesichtspunkten eines Arbeitnehmerwunschs ausgerichtet, ließe sich dies schwerlich in Einklang mit dem Zweck bringen, die Innovationsfähigkeit der Hochschulen zu sichern und eine überlange Stellenbesetzung zu vermeiden.[763] Eine auf den Arbeitnehmerwunsch gestützte Befristung wäre im Rahmen des WissZVG systemwidrig und ist folglich abzulehnen.[764]

II. Berücksichtigung im Rahmen der Befristungsdauer

Hinsichtlich der Beeinflussung der Befristungsdauer durch den Wunsch des Arbeitnehmers ist zwischen § 2 Abs. 1 S. 1 und § 2 Abs. 2 WissZVG zu unterscheiden.

1. Im Rahmen der Qualifizierungsbefristung

a) Angestrebte Qualifizierung

Im Tatbestand des § 2 Abs. 1 S. 1 WissZVG könnte der Wunsch über die angestrebte Qualifizierung den Befristungszeitraum beeinflussen.[765] Äquivalent zu § 14 Abs. 1 S. 2 Nr. 6 TzBfG müsste sodann ein gesondertes Arbeitnehmerinteresse an der festgelegten Qualifizierung vorliegen.[766] Dies ist abzulehnen, weil sich die angemessene Qualifizierungsdauer nicht rein *subjektiv* bemisst, § 2 Abs. 1 S. 3 WissZVG. Dass der Arbeitnehmer Einfluss auf das Qualifizierungsziel hat, beeinflusst zwar einen groben zeitlichen Rahmen, muss aber im Ergebnis nicht

---

762 Im Grundsatz bejahend *Dörner*, Befristeter Arbeitsvertrag, Rn. 591.

763 *Dörner*, Befristeter Arbeitsvertrag, Rn. 591; *Preis/Ulber*, § 1 WissZVG Rn. 146; *ders./Hausch*, NJW 2002, 927, 934; KR/*Treber*, § 1 WissZVG Rn. 78.

764 *Bruns*, Teilzeit- und Befristungsrecht, Rn. 261; *Dörner*, Befristeter Arbeitsvertrag, Rn. 591; ErfK/*Müller-Glöge*, § 2 WissZVG Rn. 21; D/D/Z/*Nebe*, § 2 WissZVG Rn. 68; *Preis/Ulber*, § 1 WissZVG Rn. 146; A/P/S/*Schmidt*, § 2 WissZVG Rn. 62; KR/*Treber*, § 1 WissZVG Rn. 78; **a. A.** wohl A/G/*Rambach*, § 2 WissZVG Rn. 20.

765 *Hauck-Scholz*, RdA 2016, 262, 265.

766 *Hauck-Scholz*, RdA 2016, 262, 265.

zwingend zu einer Berücksichtigung führen, da nach § 2 Abs. 1 S. 1 WissZVG explizit die Förderung des Qualifizierungsziels ausreicht und die Vertragsdauer nur im Verhältnis zu dieser angemessen sein muss, nicht gegenüber dem Ziel selbst.

b) Auslegung der Angemessenheit der Befristungsdauer

Der unbestimmte Rechtsbegriff der Angemessenheit könnte im Lichte des Arbeitnehmerwunschs ausgelegt werden und letzterer so zumindest mittelbar Eingang in die Befristungsdauer finden.[767]

aa) Keine reine Einzelfallbetrachtung

Möglich ist an dieser Stelle zunächst, bei der Angemessenheitsprüfung eine umfassende Einzelfallabwägung vorzunehmen, die nicht nur auf den Kenntnisstand des betroffenen Arbeitnehmers Rücksicht nimmt, sondern auch dessen persönliche Wünsche, gleich welchen Ursprungs, mit einbezieht. Dagegen ist jedoch einzuwenden, dass eine solche Betrachtung nicht dem Angemessenheitsverständnis in § 2 Abs. 1 S. 3 WissZVG entspricht, zumal hier eine *objektivierte* Einzelfallbetrachtung und keine rein subjektive Betrachtung maßgeblich ist.[768] Auch systematisch zeigt sich, dass die umfassende Berücksichtigung individueller Aspekte nur im Rahmen der gesetzlichen Ausnahmetatbestände des WissZVG angezeigt ist.

bb) Abweichungsmöglichkeit bei „in der Regel Bestimmungen“ von Leitlinien

Sofern im Rahmen der Angemessenheit auf die in der Gesetzesbegründung angeführten Leitlinien[769] abgestellt wird, sehen diese meist einen Regelzeitraum für das angestrebte Qualifizierungsziel vor. An dieser Stelle könnte nunmehr der Arbeitnehmerwunsch eine Ausnahme des Regelverhältnisses darstellen. Vorteil dieser Lösung ist, dass der richtungsweisende Aspekt dieser Vorgaben ebenso gewahrt würde wie der Arbeitnehmerschutz, da dieser selbst eine Einflussmöglichkeit auf eine abweichende Befristungsdauer erlangt. Insbesondere wenn der Arbeitnehmer eine kürzere Befristung als vorgesehen anstrebt, wird auch den Zwecken des WissZVG hinreichend Rechnung getragen. Damit eine Verlängerung nicht die Zwecksetzung konterkariert, sind entsprechende Anforderungen

---

767 In diese Richtung auch *Mandler/Meißner*, OdW 2017, 199, 203 f. (zur Wahrung der Flexibilität).

768 Dazu unter § 6 C.

769 BT-Drs. 18/6489, S. 11.

zu stellen. Problematisch ist, welche Anforderungen im Einzelnen erforderlich sind, sodass das Regel-Ausnahme-Verhältnis nicht ausgehebelt wird. Der Abweichungszeitraum sollte nicht mehr als ein Jahr betragen, sodass die subjektiven Bezugspunkte nicht Überhand gewinnen. Zusätzlich erforderlich ist ein schriftlicher Vermerk. Nicht ausreichend ist dabei die von § 14 Abs. 4 TzBfG geforderte schriftliche Manifestierung der Befristungsabrede, vielmehr ist eine schriftlich fundierte Begründung zur Eindämmung des Missbrauchspotentials geboten. Hintergrund ist hier neben der Beweis- und Klarstellungsfunktion insbesondere der Arbeitnehmerschutz.[770]

2. Im Rahmen der Drittmittelbefristung

Während bei § 2 Abs. 1 S. 1 WissZVG die Qualifizierung die Befristungsdauer bestimmt, ist bei § 2 Abs. 2 WissZVG das Drittmittelprojekt maßgebend. Letzteres ist geprägt durch die Fremdbestimmtheit und lässt keinen Raum für die Berücksichtigung von Arbeitnehmerinteressen.

III. Anwendbarkeit über das TzBfG

Der Wunsch des Arbeitnehmers als maßgeblicher Befristungsgrund kommt als in der Person des Arbeitnehmers liegender Grund neben den Tatbeständen des WissZVG nach § 14 Abs. 1 S. 2 Nr. 6 TzBfG in Betracht,[771] der sogleich unter § 5 E II genauer zu erörtern ist.

IV. Ergebnis

Der Arbeitnehmerwunsch kann infolge der Zwecksetzung des WissZVG keine eigenständige Befristungsgrundlage begründen. Er kann jedoch in Grenzen bei der Angemessenheitsprüfung Eingang finden, insbesondere sofern der Arbeitnehmer schriftlich eine kürzere Befristung begehrt, da diese die mit dem WissZVG bezweckte Fluktuation im Wissenschaftsbereich erhöht. Im Übrigen kann eine Befristung auf Grund des Arbeitnehmerwunschs nur nach § 14 Abs. 1 S. 2 Nr. 6 TzBfG erfolgen.

---

770 Ausführlich für das TzBfG *v. Koppenfels*, AuR 2002, 241, 242.

771 A/P/S/*Schmidt*, § 2 WissZVG Rn. 62; KR/*Treber*, § 1 WissZVG Rn. 78.

E. Befristung nach dem TzBfG als Ergänzung zu § 2 WissZVG

I. Parallele Anwendbarkeit bei wissenschaftlichem Personal

Seit der Novellierung des WissZVG im Jahre 2016 ist nichtwissenschaftliches Personal ausschließlich nach § 14 TzBfG zu befristen. Auch für wissenschaftliches Personal, für die der Anwendungsbereich des WissZVG eröffnet ist, kommt jedoch eine auf § 14 TzBfG gestützte Befristung in Betracht, § 1 Abs. 2 WissZVG. Relevanz für wissenschaftliches Personal können die Befristungsregelungen des TzBfG darüber hinaus bei Verletzung des Zitiergebots entfalten, sodass die nach dem WissZVG unwirksame Befristung auf die allgemeinen Normen gestützt werden kann.[772] Nicht erforderlich für eine Befristung nach dem TzBfG ist die vorherige Ausschöpfung des Qualifikationszeitraums, § 1 Abs. 2 WissZVG.[773] Während die Befristung nach § 14 Abs. 1 TzBfG vor-, zwischen- und nachgelagert sein kann,[774] kommt die Befristung nach § 14 Abs. 2 TzBfG nur eingeschränkt in Betracht, da zuvor kein Arbeitsverhältnis mit demselben Arbeitgeber bestanden haben darf, § 14 Abs. 2 S. 2 TzBfG. Auch bei einer Befristung auf Grundlage des § 14 TzBfG sind die bei Vertragsschluss bestehenden Umstände maßgeblich.[775]

II. Befristungsmöglichkeiten des § 14 TzBfG im Einzelnen

1. Sachgrundbefristung, § 14 Abs. 1 S. 2 Nr. 1–8 TzBfG

Die Befristung nach § 14 Abs. 1 S. 2 Nr. 1–8 TzBfG kommt bei wissenschaftlichem Personal nur insoweit in Betracht, als das WissZVG keine abschließende Regelung trifft. Die Sachgründe des § 14 Abs. 1 S. 2 Nr. 2, 4, und 5 TzBfG werden daher regelmäßig nach dem *lex specialis* Grundsatz verdrängt.[776] Hintergrund ist, dass das WissZVG für die wissenschaftliche Qualifikation ein in sich geschlossenes System normiert.[777]

---

772 ErfK/*Müller-Glöge*, § 2 WissZVG Rn. 15; M/H/H/*Herms*, § 23 TzBfG Rn. 41.

773 *Adam*, F&L 2018, 32, 32; *Lehmann-Wandschneider*, Sonderbefristungsrecht, S. 216; **a. A.** wohl *Reich*, 10. Aufl., § 1 WissZVG Rn. 7.

774 *Preis/Ulber*, § 1 WissZVG Rn. 123.

775 *Preis/Ulber*, § 1 WissZVG Rn. 123; ausführlich hierzu *Loth*, Prognoseprinzip, S. 75 ff.

776 Ausdrücklich für Nr. 4 und Nr. 6: BAG 18.5.2016, NZA 2016, 1267 Rn. 15; ErfK/*Müller-Glöge*, § 2 WissZVG Rn. 20; D/D/Z/*Nebe*, § 2 WissZVG Rn. 62 ff.; *Preis/Ulber*, § 1 WissZVG Rn. 121, 128; H/W/K/*Rennpferdt*, § 23 TzBfG Rn. 37; KR/*Treber*, § 1 WissZVG Rn. 70 ff.; für § 14 Abs. 1 S. 2 Nr. 4 TzBfG: BAG 18.5.2016, NZA 2016, 1276 Rn. 21 ff; **a. A.** wohl HK-TzBfG/*Boecken*, § 14 TzBfG Rn. 74, der den Fluktuationsbedarf als von § 14 Abs. 1 S. 2 Nr. 4 TzBfG anerkennt.

777 BAG 18.5.2016, NZA 2016, 1276 Rn. 20.

a) *Vorübergehender Arbeitskräftebedarf – § 14 Abs. 1 S. 2 Nr. 1 TzBfG*

Der vorübergehende Arbeitskräftebedarf nach § 14 Abs. 1 S. 2 Nr. 1 TzBfG erfasst die Fälle, in denen der Arbeitgeber bei Abschluss des Vertrags davon ausgehen muss, dass der Bedarf künftig wegfallen wird.[778] Insbesondere Projektbefristungen sind hier von Bedeutung, da sie durch den Drittmitteltatbestand des § 2 Abs. 2 WissZVG zwar nicht verdrängt werden,[779] als *lex specialis* jedoch einen verringerten Anwendungsbereich verzeichnen[780]. Raum bleibt für autonome Projekte der Hochschulen oder Forschungseinrichtungen.[781] Ebenso erfasst sein kann ein ursprüngliches Drittmittelprojekt, das nach Auslauf der Mittel an der betroffenen Institution aus eigenen Mitteln fortgeführt wird. Erforderlich ist auch bei § 14 Abs. 1 S. 2 Nr. 1 TzBfG eine Prognose über den Wegfall des Mehrbedarfs als tragendes Rechtfertigungselement der Befristung[782] sowie ein Kausalzusammenhang zwischen Befristung und Mehrbedarf[783]. Die Befristungsdauer muss sich jedoch nicht exakt nach der Prognose richten, vielmehr kann durch Umstrukturierungen des Arbeitgebers auch eine kürzere Vertragslaufzeit gewählt werden.[784]

b) *Vertretungsbedarf – § 14 Abs. 1 S. 2 Nr. 3 TzBfG*

Die Bedeutung des in § 14 Abs. 1 S. 2 Nr. 3 TzBfG normierten Vertretungsbedarfs ergibt sich bereits aus dem systematischen Zusammenhang zu § 2 Abs. 5 WissZVG, der verschiedene Auslöser für einen Vertretungsbedarf listet.[785] Ein solcher ist bei vorübergehender Verhinderung eines Arbeitnehmers infolge von Gründen wie Krankheit, Urlaub, Freistellung oder Elternzeit anzunehmen.[786] Die Befristungsdauer orientiert sich an einer Prognose des Wegfalls des Vertretungsbedarfs, muss jedoch nicht deckungsgleich zum Bedarf sein, da dem Arbeitgeber insoweit eine Einschätzungsprärogative zukommt.[787] Ebenso wenig erforderlich

---

778 BT-Drs. 14/4374, S. 19.

779 ErfK/*Müller-Glöge*, § 2 WissZVG Rn. 20.

780 Vgl. *Preis/Ulber*, § 1 WissZVG Rn. 136; H/W/K/*Rennpferdt*, § 23 TzBfG Rn. 37.

781 D/D/Z/*Nebe*, § 2 WissZVG Rn. 66; *Preis/Ulber*, § 1 WissZVG Rn. 130.

782 *Loth*, Prognoseprinzip, S. 150.

783 BAG 17.3.2010, NZA 2010, 633, 634; 7.5.2008, BeckRS 2008, 56307 Rn. 16; 20.2.2008, BeckRS 2008, 53844 Rn. 24; *Loth*, Prognoseprinzip, S. 151 mit Beispielen.

784 L/S/*Schlachter*, § 14 TzBfG Rn. 31.

785 Ebenso *Preis/Ulber*, § 1 WissZVG Rn. 138; *Dörner*, Rn. 594.

786 L/S/*Schlachter*, § 14 TzBfG Rn. 46.

787 BAG 24.6.2015, NZA 2015, 1507 Rn. 16; 18.10.2006, NZA 2007, 443, 444; *Loth*, Prognoseprinzip, S. 152 f.; *Preis/Ulber*, § 1 WissZVG Rn. 166 f.; L/S/*Schlachter*, § 14 TzBfG Rn. 47 f.

ist die unmittelbare oder mittelbare Übertragung der vertretungsbedürftigen Aufgaben, zumal diese auch im Wege einer Umstrukturierung verlagert werden können.[788] Der praktische Anwendungsbereich dürfte bei wissenschaftlichem Personal jedoch gering sein, da es – je nach Qualifikation – schwer möglich ist, eine adäquate Vertretung zu finden.

c) In der Person des Arbeitnehmers liegende Gründe – § 14 Abs. 1 S. 2 Nr. 6 TzBfG

aa) Grundsätzliche Relevanz des Sachgrunds

Vereinzelt können für die Befristung auch in der Person des Arbeitnehmers liegende Gründe nach § 14 Abs. 1 S. 2 Nr. 6 TzBfG in Betracht kommen, wie der Wunsch des Arbeitnehmers und die Befristung zwecks sozialer Überbrückung. Nicht anwendbar ist § 14 Abs. 1 S. 2 Nr. 6 TzBfG in Ansehung des § 6 WissZVG auf den vermeintlichen Status als Student, gleiches gilt wegen § 2 Abs. 1 S. 1 WissZVG für die wissenschaftliche Qualifikation.[789] Für ausländische Lektoren, die bedingt durch einen Austausch nur kurzzeitig für die Hochschule tätig werden, kommt § 14 Abs. 1 S. 2 Nr. 6 TzBfG dagegen regelmäßig in Betracht, zumal hier die Anwendbarkeit des § 2 Abs. 1 S. 1 WissZVG umstritten und nur im Einzelfall möglich ist.[790]

bb) Der Wunsch des Arbeitnehmers im Besonderen

Der Wunsch des Arbeitnehmers ist im Befristungsrecht als in der Person des Arbeitnehmers liegender Grund im Sinne des § 14 Abs. 1 S. 2 Nr. 6 TzBfG anerkannt.[791] Überwiegend verbreitet ist in diesem Zusammenhang auch eine kurze Befristung zwecks Überbrückung auf Wunsch des Arbeitnehmers.[792] Hintergrund ist die fehlende Schutzbedürftigkeit des Arbeitnehmers, sofern die Befristung auf seinen Wunsch hin erfolgt.[793] Infolgedessen ist der Tatbestand nur einschlägig, wenn der Arbeitnehmer ein unbefristetes Arbeitsverhältnis

---

788 BAG 15.2.2006, NZA 2006, 781; 6.11.2013, NZA 2014, 430 Rn. 27; *Preis/Ulber*, § 1 WissZVG Rn. 139 f.; **a. A.** *Dörner*, Rn. 594 (keine mittelbare Vertretung).

789 *Preis/Ulber*, § 1 WissZVG Rn. 148.

790 Hierzu § 4 B III 1 b) bb).

791 A/P/S/*Backhaus*, § 14 TzBfG Rn. 350; vor Inkrafttreten des TzBfG bereits BAG 26.8.1998, NZA 1999, 476.

792 *Blum/Rödler*, WissR 1980, 97, 102; A/G/*Rambach*, § 2 WissZVG Rn. 20 (bei Überwiegen der sozialen Erwägungen des Arbeitgebers).

793 *Dörner*, Befristeter Arbeitsvertrag, Rn. 230.

ablehnt.[794] Nicht ausreichend zur Wahrung der Vertragsparität ist demgegenüber, dass der Arbeitnehmer eine befristete Beschäftigung überhaupt keiner Beschäftigung vorzieht.[795] Vom Wunsch erfasst sein muss nicht nur die befristete Beschäftigung als solche, sondern auch ihre Dauer.[796] Für den Befristungswunsch des Arbeitnehmers müssen objektive Umstände gegeben sein.[797] Die Unterzeichnung des befristeten Arbeitsvertrags reicht nicht, da sich andernfalls jedwede Sachgrundkontrolle bei der Befristung erübrigen würde.[798] Hierbei ist ebenso entscheidend, dass die Initiative vom Arbeitnehmer selbst ausgeht, sodass der Wunsch nicht zur *causa generalis* für die Befristung von Arbeitsverhältnissen wird.[799]

d) Vergütung aus Haushaltsmitteln – § 14 Abs. 1 S. 2 Nr. 7 TzBfG

In § 14 Abs. 1 S. 2 Nr. 7 TzBfG ist die vom WissZVG nicht erfasste Befristung aus Haushaltsmitteln normiert,[800] welche das faktische Gegenstück zur Drittmittelbefristung darstellt[801]. Voraussetzung ist hier die Vergütung des Arbeitnehmers aus Haushaltsmitteln, die zweckgebunden für eine befristete Beschäftigung vorgesehen sind sowie die überwiegend zweckentsprechende Beschäftigung des Arbeitnehmers.[802] Der Erfüllung von Daueraufgaben darf somit auch in diesem Rahmen nur eine untergeordnete Rolle zukommen.[803]

---

794 Grundlegend: BAG 26.8.1998, NZA 1999, 476, 477; jüngst 18.1.2017, NZA 2017, 849 Rn. 30 m. w. N.

795 Grundlegend: BAG 26.8.1998, NZA 1999, 476; jüngst 18.1.2017, NZA 2017, 849 Rn. 30 m. w. N.; *Dörner*, Befristeter Arbeitsvertrag, Rn. 231 f.; Schaub/*Koch*, § 40 Rn. 63; *Lübbert*, Arbeitsverhältnisse im Hochschulbereich, S. 136; kritisch hinsichtlich der Entscheidungsfreiheit des Arbeitnehmers: *Wolf*, AP BGB § 620 Befristeter Arbeitsvertrag Nr. 38.

796 *Plander/Schmidt*, AuR 1979, 321, 324.

797 BAG 18.1.2017, NZA 2017, 849 Rn. 30 m. w. N.

798 LAG Köln 30.6.2017, BeckRS 2017, 121233 Rn. 28.

799 *Lübbert*, Arbeitsverhältnisse im Hochschulbereich, S. 137.

800 Fußt auf § 57b Abs. 2 Nr. 2 HRG 1985: *Preis/Ulber*, § 1 WissZVG Rn. 151.

801 BAG 15.2.2006, BeckRS 2006, 42340; *Dörner*, Rn. 221; A/P/S/*Greiner*, § 14 TzBfG Rn. 104.

802 BT-Drs. 14/4374; BAG 17.3.2010, NZA 2010, 633, 636; 11.9.2013, NZA 2015, 150 Rn. 31; *Preis/Ulber*, § 1 WissZVG Rn. 152 m. w. N.

803 BAG 11.9.2013, NZA 2014, 150 Rn. 30; *Preis/Ulber*, § 1 WissZVG Rn. 152; kritisch: A/P/S/*Greiner*, § 14 TzBfG Rn. 102 (überwiegend führt zu „mangelnder Konturierung des Sachgrundes der Haushaltsmittelbefristung“).

Ob neben Mitteln aus dem Bundeshaushalt und den Landeshaushalten, also „parlamentarisch verabschiedeten Haushaltsgesetzen"[804] auch solche aus untergesetzlichen Haushaltsplänen von Hochschulen ausreichen, ergibt sich nicht unmittelbar aus § 14 Abs. 1 S. 2 Nr. 7 TzBfG. Der Wortlaut der Norm ist insoweit offen.[805] Die Gesetzessystematik zeigt, dass die Befristung von Arbeitsverhältnissen eine Ausnahme darstellt und demzufolge auch die Sachgründe restriktiv auszulegen sind. Der Vergütung aus Haushaltsmitteln käme als Sachgrund kaum mehr einschränkende Wirkung zu, wenn sich die Hochschule als Körperschaft des öffentlichen Rechts mit der Aufstellung ihres Haushaltsplans selbst Befristungsgründe schaffen kann. In teleologischer Hinsicht ist zudem davon auszugehen, dass der Gesetzgeber eine unionsrechtskonforme Regelung anstrebte. Bei einem weiten Verständnis von Haushaltsmitteln ist jedoch wegen der fehlenden Einschränkung zweifelhaft, ob der Sachgrund noch den Anforderungen an die BefristungsRL gerecht würde.[806] Darüber hinaus werden bei einer extensiven Auslegung Arbeitnehmer des öffentlichen Diensts gegenüber solchen aus der freien Wirtschaft benachteiligt, da der Befristungsgrund leicht geschaffen werden kann.[807] Eine Ausweitung des Tatbestands auf Haushaltspläne, die auf dem öffentlichen Haushaltsrecht fußen, ist deshalb abzulehnen.[808] § 14 Abs. 1 S. 2 Nr. 7 TzBfG erfasst somit nur in Parlamentsgesetzen ausgewiesene Haushaltsmittel.

Demzufolge erfüllen auch Sondermittel wie diejenigen, die im Wege eines Hochschulpakts verfügt werden, nicht die Voraussetzungen des § 14 Abs. 1 S. 2 Nr. 7 TzBfG.[809]

---

804 HK-TzBfG/*Boecken*, § 14 TzBfG Rn. 95.

805 *Dörner*, Rn. 218; Müko-BGB/*Hesse*, § 14 TzBfG Rn. 67; ErfK/*Müller-Glöge*, § 14 TzBfG Rn. 71c; *Preis/Ulber*, § 1 WissZVG Rn. 155.

806 BAG 9.3.2011, NZA 2011, 911, 915 f.; zustimmend: HK-TzBfG/*Boecken*, § 14 TzBfG Rn. 95; A/P/S/*Greiner*, § 14 TzBfG Rn. 103; L/S/*Schlachter*, § 14 TzBfG Rn. 83.

807 BAG 9.3.2011, NZA 2011, 911, 914; zustimmend: HK-TzBfG/*Boecken*, § 14 TzBfG Rn. 95.

808 BAG 9.3.2011, NZA 2011, 911, 912 (Haushaltsplan der Bundesagentur genügt den Anforderungen nicht); zuvor offen gelassen: BAG 2.9.2009, NZA 2005, 514; 17.3.2010, NZA 2010, 633, 636.

809 Vgl. *Preis/Ulber*, § 1 WissZVG Rn. 152.

e) *Gerichtlicher Vergleich – § 14 Abs. 1 S. 2 Nr. 8 TzBfG*

Schließlich ist auch eine Befristung auf Grundlage eines gerichtlichen Vergleichs im Sinne des § 14 Abs. 1 S. 2 Nr. 8 TzBfG möglich, auf die in § 9 B III 2 c) noch genauer eingegangen wird.

2. Sachgrundlose Befristung – § 14 Abs. 2 TzBfG

a) *Derselbe Arbeitgeber im Lichte des WissZVG*

Nach Ausschöpfung der Höchstbefristungsdauer kommt die zweijährige sachgrundlose Höchstbefristung nach § 14 Abs. 2 TzBfG grundsätzlich in Betracht, sofern nicht zuvor ein Arbeitsverhältnis mit demselben Arbeitgeber bestanden hat, § 14 Abs. 2 S. 2 TzBfG.

Arbeitsverhältnisse mit anderen Hochschulen oder Forschungseinrichtungen sind von dem Ausschluss demzufolge in der Regel nicht erfasst, da der Vertragsschluss mit derselben natürlichen bzw. juristischen Person erfolgt sein muss.[810] Da das WissZVG jedoch an die Tätigkeitsstelle und nicht an die formelle Stellung des Arbeitgebers anknüpft,[811] gilt dies nur insoweit, als die betroffene Institution selbst (Direktanstellung) und nicht das jeweilige Bundesland als Arbeitgeber (Landesbeschäftigung) auftritt.[812] Wenn in einem Bundesland also mehrere Hochschulen ansässig sind und das Land als Arbeitgeber auftritt, steht dem Abschluss eines befristeten Arbeitsvertrags nach § 14 Abs. 2 S. 1 TzBfG dessen S. 2 TzBfG entgegen. Eine Umgehung des Kriteriums, im Zuge derer der Arbeitnehmer über unterschiedliche Vertragsarbeitgeber dem tatsächlich gleichen Arbeitgeber zugewiesen wird, ist unzulässig.[813]

b) *„Zuvor" im Sinne des § 14 Abs. 2 S. 2 TzBfG*

Der Anforderung des § 14 Abs. 2 S. 2 TzBfG, dass „zuvor" kein Arbeitsverhältnis mit demselben Arbeitgeber bestanden haben darf, war nach Auffassung des BAG bereits genüge getan, wenn ein solches innerhalb der letzten drei Jahre nicht vorlag.[814] Es sei nicht wie teilweise in der Literatur gefordert als „jemals zuvor" auszulegen.[815] Mit Beschluss vom 6. Juni

---

810 *Adam*, F & L 2018, 32, 33.

811 BAG 8.6.2016, NZA 2016, 1463 Rn. 13; 20.1.2016, 824 Rn. 25; 29.4.2015, NZA 2011, 1280 Rn. 18; ErfK/*Müller-Glöge*, § 1 WissZVG Rn. 9.

812 *Mandler/Wegmann*, OdW 2018, 201, 202.

813 BAG 18.10.2006, NZA 2007, 443, 444; *Preis/Ulber*, § 1 WissZVG Rn. 167.

814 BAG 6.4.2011, NZA 2011, 905 Rn. 16 ff.; 21.9.2011, NZA 2012, 255 Rn. 23 ff.

815 So Staudinger/*Preis*, § 620 BGB Rn. 181; kritisch *Preis/Ulber*, § 1 WissZVG Rn. 169.

2018[816] hat das BVerfG der Auslegung des BAG eine Absage erteilt und deutlich hervorgestellt, dass diese richterliche Rechtsfortbildung dem erkennbaren Willen des Gesetzgebers zuwider läuft.[817] § 14 Abs. 2 S. 2 TzBfG schließe eine „verzögerte oder bewusst eingesetzte Verkettung sachgrundloser Befristungen“[818] aus und ist dahingehend zu verstehen, dass *jede* Vorbeschäftigung bei demselben Arbeitgeber erfasst ist[819]. Diesbezüglich seien die Entstehungsgeschichte und die Gesetzesmaterialien eindeutig.[820] Nur ausnahmsweise kann § 14 Abs. 2 S. 2 TzBfG in verfassungskonformer Auslegung eingeschränkt werden, sofern die „Vorbeschäftigung sehr lang zurückliegt, ganz anders geartet war oder von sehr kurzer Dauer gewesen ist“[821]. Exemplarisch verweist das BVerfG auf Nebenbeschäftigungen während der Schul- oder Studienzeit.[822] Durch den Beschluss des BVerfG kommt der sachgrundlosen Befristung nach § 14 Abs. 2 TzBfG neben der Befristung nach dem WissZVG eine noch geringere Bedeutung zu als bei der vom BAG angenommenen dreijährigen Karenzzeit. Zwar könnte die einschränkende Auslegung des § 14 Abs. 2 S. 2 TzBfG für befristete Beschäftigungsverhältnisse als studentische Hilfskraft in Betracht kommen, jedoch ist unklar, welche Anforderungen hieran künftig genau zu stellen sind.

c) Sperrwirkung des WissZVG

Es stellt sich die Frage, ob eine auf § 14 Abs. 2 S. 1 TzBfG gestützte Befristung auch vor Ausschöpfung der Befristungsmöglichkeiten des WissZVG zulässig ist, oder ob dieses – in teleologischer Hinsicht und unter Abweichung von dem Wortlaut des § 1 Abs. 2 WissZVG – eine Sperrwirkung entfaltet[823]. Zwar scheint eine Befristung nach § 14 Abs. 2 TzBfG infolge der – im Verhältnis zu § 2 Abs. 1 S. 1, 2 WissZVG – kurzen Dauer bei demselben Arbeitgeber keinen nennenswerten Mehrwert gegenüber diesem zu enthalten,[824] insbesondere da bei anschließender Befristung nach dem WissZVG die Anrechnungsbestimmung des § 2 Abs. 3 S. 1 WissZVG zur Anwendung gelangt. Allerdings bedarf es für

816 BVerfG 6.6.2018, BeckRS 2018, 11032.
817 BVerfG 6.6.2018, BeckRS 2018, 11032 Rn. 71 ff.
818 BVerfG 6.6.2018, BeckRS 2018, 11032 Rn. 51.
819 BVerfG 6.6.2018, BeckRS 2018, 11032 Rn. 86.
820 BVerfG 6.6.2018, BeckRS 2018, 11032 Rn. 81 ff.
821 BVerfG 6.6.2018, BeckRS 2018, 11032 Rn. 63.
822 BVerfG 6.6.2018, BeckRS 2018, 11032 Rn. 63.
823 So *Mandler/Wegmann*, OdW 2018, 201, 210.
824 Kritisch *Dörner*, Rn. 546 („[…] derartige Verträge keinen Sinn machen“); D/D/Z/*Nebe*, § 2 WissZVG Rn. 72 („geringe Bedeutung“).

die Befristung nach § 14 Abs. 2 S. 1 TzBfG weder einer Qualifizierung noch einer angemessenen Dauer, sodass die Befristung geringeren Anforderungen unterliegt. Darüber hinaus ist zu berücksichtigen, dass die Befristungstatbestände des WissZVG trotz des Wortlauts in § 1 Abs. 2 WissZVG gegenüber den Befristungsgründen nach § 14 Abs. 1 S. 2 TzBfG *leges speciales* sind. Nichts anderes kann für die sachgrundlose Befristung nach § 14 Abs. 2 TzBfG gelten. Würde diese für zulässig erachtet, würden die mit der Novellierung des WissZVG geschaffenen Voraussetzungen unterlaufen. Nach der neuen Fassung des WissZVG entfaltet dieses folglich eine umfassende Sperrwirkung gegenüber dem TzBfG.

§ 6 Bemessung der Befristungsdauer nach dem WissZVG

A. Regelungskonzept des WissZVG

Die Grundidee des WissZVG ist geprägt durch ein zweigleisiges System: Die Qualifizierungsbefristung mit einer Höchstdauer, § 2 Abs. 1 S. 1 WissZVG, und die Drittmittelbefristung ohne zeitliche Höchstgrenze, § 2 Abs. 2 WissZVG.

Den zeitlichen Rahmen für den Qualifizierungstatbestand bei wissenschaftlichem bzw. künstlerischem Personal bestimmt § 2 Abs. 1 S. 1 WissZVG: Pre- und Post-Doc-Phase betragen jeweils sechs Jahre, in der Medizin ist die Post-Doc-Phase auf neun Jahre erweitert. Eine Verpflichtung zur Ausschöpfung dieses Rahmens besteht nicht, vielmehr sind Verlängerungen der Verträge ausdrücklich zulässig (§ 2 Abs. 1 S. 7 WissZVG). Möglich ist – um eine zügige Qualifizierung zu honorieren – eine Übertragung ungenutzter Zeiten aus der Promotionsphase bei entsprechender Verlängerungsvereinbarung.[825] Wann ein Promotionszeitraum beginnt bzw. endet, ist im WissZVG nicht geregelt und bemisst sich nach Landesrecht bzw. der jeweiligen Hochschulsatzung.[826] Entscheidend ist dies für die Höchstbefristungsdauer in der Post-Doc-Phase. Ein Anspruch auf vertragliche Übernahme in die Post-Doc-Phase besteht nicht.[827]

Abgesichert wird der Höchstbefristungszeitraum durch die umfassende Anrechnungsklausel des § 2 Abs. 3 S. 1 WissZVG, die verhindern soll, dass die Sonderbefristungsnormen durch einen Arbeitgeberwechsel umgangen und so der Zweck des WissZVG konterkariert wird.[828] Angerechnet werden daher

---

825 Belohnt zügige Promotionsphase, BT-Drs. 16/3438, S. 12; Staudinger/*Preis*, § 620 BGB Rn. 282; Bonus wird aber nicht automatisch berücksichtigt, insbesondere folgt daraus kein Anspruch: KR/*Treber*, § 2 WissZVG Rn. 28.

826 Für § 57b Abs. 1 S. 2 HRG: BAG 20.1.2010, NZA 2010, 636 Rn. 21 m. w. N.; D/L/W/*Hoß*, 9. Aufl. Kap. 5 Rn. 192; für das WissZVG: BAG 23.3.2016, NZA 2016, 954 Rn. 47; ausführlich KR/*Treber*, § 2 WissZVG Rn. 30; zum Streitstand Geis/*Krause*, § 2 WissZVG Rn. 5; *Boemke/Schönfelder*, WissR 2015, 53, 61 (Problematisch ist die sporadische Regelung in Landeshochschulgesetzen bzw. Promotionsordnungen, § 2 Abs. 1 S. 2 WissZVG teleologisch auszulegen, Nachweis über Fähigkeit wissenschaftlicher Arbeit mit bestandener mündlicher Prüfung erbracht).

827 *Dörner*, Befristeter Arbeitsvertrag, Rn. 561; ErfK/*Müller-Glöge*, § 2 WissZVG Rn. 4; *Preis/Ulber*, § 2 WissZVG Rn. 47; L/S/*Schlachter*, § 23 TzBfG, Anh. 2, § 2 WissZVG Rn. 4; A/P/S/*Schmidt*, § 2 WissZVG Rn. 12.

828 BT-Drs. 16/3438, S. 15.

unabhängig von der Rechtsgrundlage sämtliche befristete Arbeitsverhältnisse mit einer deutschen Hochschule oder Forschungseinrichtung im Sinne des § 5 WissZVG, nicht jedoch unbefristete Arbeitsverhältnisse oder Werkverträge.[829] Weiterhin ausgenommen sind geringfügige Beschäftigungsverhältnisse und solche, die vor dem Hochschulabschluss liegen, § 2 Abs. 3 S. 1, 3 WissZVG. Hintergrund ist die fehlende Tauglichkeit dieser Arbeitsverhältnisse zum Vorantreiben der Qualifizierung.[830] Die Maximalbefristungsdauer erscheint allerdings vor dem Hintergrund, dass im Anschluss noch Befristungen nach § 14 TzBfG und § 2 Abs. 2 WissZVG möglich sind, als Trugschluss, da sie keine echte Höchstgrenze darstellt.[831]

Für den Drittmitteltatbestand soll sich die Befristungsdauer gemäß § 2 Abs. 2 WissZVG nach dem jeweils „bewilligten Projektzeitraum" bemessen. Das Gesetz gibt weder zeitliche Unter- noch Obergrenzen des Befristungszeitraums vor. Allein maßgebend für die Vertragslaufzeit ist das Drittmittelprojekt, da hierauf auch die überwiegende Finanzierung des Arbeitnehmers gestützt ist.

B. Dogmatische Grundfragen der Befristungsdauer

I. Auflösende Bedingung als Beendigungstatbestand

1. Qualifizierungsbefristung

Gemäß dem Wortlaut des § 2 Abs. 4 S. 3 WissZVG muss die Befristungsdauer in einem auf § 2 Abs. 1 WissZVG basierenden Arbeitsvertrag kalendermäßig bestimmt oder bestimmbar sein. Daraus folgt im Umkehrschluss, dass andere Befristungsmöglichkeiten, wie die Vereinbarung einer auflösenden Bedingung, ausgeschlossen sind.[832] Dies bekräftigt auch die Systematik des WissZVG: Eine dem § 21 TzBfG entsprechende Regelung, der eine auflösende Bedingung als Beendigungstatbestand für Sachgrundbefristungen nach § 14 Abs. 1 S. 2 TzBfG explizit zulässt, fehlt. Da § 21 TzBfG im Widerspruch zu § 2 Abs. 4 S. 3 WissZVG steht, gelangt er nach § 1 Abs. 1 S. 5 WissZVG nicht zur Anwendung. Auch spricht § 2 Abs. 1 S. 3 WissZVG gegen die Vereinbarkeit einer Qualifizierung

---

829 Auch bei Aufhebung, um einen befristeten Arbeitsvertrag abzuschließen, HSchR/*Löwisch/Wertheimer*, Kap. X Rn. 171.

830 BT-Drs. 18/6489, S. 19.

831 *V. Kalm*, WissR 2002, 76, 78.

832 Ausführlich zur Promotion als auflösende Bedingung nach § 158 Abs. 2 BGB: *Günther/Salzmann*, AuA 2017, 86, 89 f.

als auflösende Bedingung, da der Befristungszeitraum *angemessen* im Verhältnis zur Qualifizierungsdauer sein muss, ihr jedoch nicht entsprechen muss. Sinn und Zweck dessen ist, dass der Arbeitnehmer nicht nur für die Qualifizierung als solche vergütet wird, sondern auch dafür, dass er zusätzlich andere Aufgaben für den Arbeitgeber erledigt.[833] Damit wäre es nicht vereinbar, wenn die Befristungsdauer dem Qualifizierungsvorhaben entspricht. Historisch betrachtet zeigt sich, dass der Gesetzgeber an der kalendermäßigen Bestimmbarkeit festgehalten hat, obwohl § 2 Abs. 1 WissZVG mit der Novellierung des WissZVG zu einer Sachgrundbefristung geworden ist. Eine auflösende Bedingung als Beendigungstatbestand ist für die Qualifizierungsbefristung folglich abzulehnen.

2. Drittmittelbefristung

a) Grammatikalische Auslegung

Für die Befristung nach § 2 Abs. 2 WissZVG findet sich keine gesonderte Bestimmung hinsichtlich der Vereinbarkeit einer auflösenden Bedingung. Insbesondere nimmt § 2 Abs. 4 S. 3 WissZVG in seinen Anwendungsbereich *expressis verbis* nur § 2 Abs. 1 WissZVG auf.

b) Systematische Auslegung

Gesetzessystematisch findet sich keine Sonderregelung für § 2 Abs. 2 WissZVG, sodass § 21 TzBfG auf die Drittmittelbefristung anwendbar sein könnte. Dieser Schluss ist jedoch nicht zwingend, da die Norm – ebenso wie § 2 Abs. 1 WissZVG – den §§ 2 bis 6 WissZVG im Sinne des § 1 Abs. 1 S. 5 WissZVG entgegensteht. Das WissZVG kennt als Beendigungstatbestand nur die Befristung, eine Bedingung würde dem entgegenstehen,[834] sodass auch für die Drittmittelbefristung nichts anderes gelten kann.

Bezöge sich § 2 Abs. 4 S. 3 WissZVG tatsächlich nur auf § 2 Abs. 1 WissZVG, so wäre eine kalendermäßige Bestimmung oder Bestimmbarkeit auch für befristete Verträge über Hilfstätigkeiten mit Studierenden nach § 6 WissZVG entbehrlich. Da hier aber ebenso eine Hochstbefristungsdauer wie in § 2 Abs. 1 S. 1 WissZVG normativ verankert ist, bedarf es einer Berechenbarkeit. In der Literatur wird demzufolge ebenfalls eine entsprechende Anwendung des § 2 Abs. 4 S. 3 WissZVG vertreten.[835] Die Anwendbarkeit des § 21 TzBfG scheidet folglich für das WissZVG insgesamt aus.

---

833 *Günther/Salzmann*, AuA 2017, 86, 90.

834 Statt aller: D/D/Z/*Nebe*, § 1 WissZVG Rn. 12.

835 ErfK/*Müller-Glöge*, § 6 WissZVG Rn. 5.

c) *Teleologische Auslegung*

Eine kalendermäßige Bestimmbarkeit der Befristungsdauer ist bei Drittmittelbefristungen zum Schutz des Arbeitnehmers unentbehrlich. Wäre hier die Vereinbarung einer auflösenden Bedingung nach § 158 Abs. 2 BGB möglich, könnte der Arbeitgeber die Beendigung oder das Scheitern des Drittmittelprojekts sowie den Wegfall der Mittel als maßgebendes Ereignis für die Vertragsbeendigung festlegen und so den Arbeitnehmer einer unzumutbaren Planungsunsicherheit aussetzen. Dies war jedoch nicht Sinn und Zweck der Festlegung, dass die Befristungsdauer der Projektdauer entsprechen soll. Vielmehr darf der Befristungszeitraum nicht zur Disposition eines schwer berechenbaren Projektverlaufs und kaum einschätzbarer Finanzierungsrisiken werden.

d) *Historische Auslegung*

Hinzu kommt historisch betrachtet, dass bei einem drittmittelbefristeten Arbeitsvertrag, der durch den Wegfall des Drittmittels auflösend bedingt ist, durch die Hintertür das vom Gesetzgeber bewusst eliminierte Sonderkündigungsrecht des Arbeitgebers aus § 57d HRG a. F. wieder eingeführt würde.[836] Damit würde das Unternehmerrisiko, das der Hochschule nach Auffassung des Gesetzgebers zumutbar ist, auf den Arbeitnehmer abgewälzt.[837] Der Auffassung des Gesetzgebers lässt sich zwar entgegenhalten, dass die betroffenen Arbeitnehmer im jeweiligen Stellenplan nicht vorgesehen sind. Allerdings kommt dann eine Kündigung wegen dringender betrieblicher Erfordernisse in Betracht,[838] wenn die Weiterbeschäftigung der betroffenen Institution nicht zumutbar ist. Dies setzt aber voraus, dass die Anforderungen des § 1 Abs. 2 S. 1 KSchG gewahrt werden.

Demgemäß muss der Arbeitgeber infolge außer- oder innerbetrieblicher Ursachen eine unternehmerische Entscheidung getroffen haben, durch die der Arbeitsplatz weggefallen ist. Darüber hinaus darf es keine milderen Mittel geben und es muss eine ordnungsgemäße Sozialauswahl im Sinne des § 1 Abs. 3 KSchG stattgefunden haben.[839] Beim bloßen Wegfall von Drittmitteln liegt zwar ein außerbetrieblicher Umstand vor, die Beschäftigungsmöglichkeit des Arbeitgebers entfällt jedoch nicht unmittelbar, vielmehr bedarf es einer betrieblichen Umsetzung der wirtschaftlichen Neuordnung und sodann ist zu prüfen,

---

836 *Salje/Bultmann*, DB 1993, 1469, 1474 (Mittelwegfall als auflösende Bedingung unzulässig).

837 BT-Drs. 14/6853, S. 31.

838 *Plander*, WissR 1982, 3, 10.

839 Statt aller D/D/Z/*Deinert*, § 1 KSchG Rn. 239.

inwieweit der Arbeitgeber entscheidet, das Projekt aus eigenen oder anderen Mitteln fortzuführen.[840] Bei der Wahl eines milderen Mittels ist zu hinterfragen, ob es objektiv möglich und dem Arbeitgeber zumutbar ist, den Arbeitnehmer auf einem anderen Arbeitsplatz – unabhängig von der Finanzierungsgrundlage – weiter zu beschäftigen.[841] Schließlich hängt es vom Einzelfall ab, inwieweit mögliche Kapazitäten für den betroffenen Arbeitnehmer bestehen und wie die Sozialauswahl ausfällt.

Die hohen Anforderungen an die betriebsbedingte Kündigung stellen somit sicher, dass der Wegfall der Drittmittel nur in Ausnahmefällen zur Kündigung berechtigt und *ultima ratio* bleibt, sodass das Sonderkündigungsrecht den Hochschulen weiterhin verwehrt bleibt. Würde die auflösende Bedingung zu einer Beendigung des Arbeitsverhältnisses führen, würden diese Voraussetzungen umgangen. Der Hochschule ist dieses Risiko zumutbar, da die Voraussetzungen einer betriebsbedingten Kündigung bei tatsächlicher Unzumutbarkeit gegeben sind.

e) Zwischenergebnis

Zwecks Vermeidung von Unbilligkeiten ist daher auch für den Drittmitteltatbestand nur eine kalendermäßige Befristung zulässig und die Formulierung „nach Absatz 1“ in § 2 Abs. 4 S. 3 WissZVG als gesetzgeberisches Versehen zu werten.[842] § 2 Abs. 4 S. 3 WissZVG ist so zu lesen, dass die Dauer der Befristung bei

---

840 BAG 20.2.1986, NZA 1986, 823, 824; 24.8.1989, BeckRS 1989, 30731783; Dieterich/Preis/*Preis*, S. 78; A/P/S/*Kiel*, § 1 KSchG Rn. 502; ErfK/*Oetker*, § 1 KSchG Rn. 284.

841 BAG 21.6.1990, BeckRS 1990, 30916773; 7.11.1996, NZA 1997, 253, 254 f.; A/P/S/*Kiel*, § 1 KSchG Rn. 503; ErfK/*Oetker*, § 1 KSchG Rn. 284.

842 *Buchner*, RdA 1985, 258, 273; *Dörner*, Befristeter Arbeitsvertrag, Rn. 602; wohl auch B/T/M/*Mayer*, § 2 WissZVG Rn. 24; L/S/*Schlachter*, § 23 TzBfG, Anh. 2, § 1 WissZVG Rn. 9; Tschöpe/*Schmalenberg*, Teil 1, E, XI Rn. 213; A/P/S/*Schmidt*, § 2 WissZVG Rn. 66; a. A. NK-GA/*Boemke*, § 2 WissZVG Rn. 47; Müko-BGB/*Hesse*, § 23 TzBfG Rn. 44; HK-TzBfG/*Joussen*, § 2 WissZVG Rn. 19; *Kortstock*, ZTR 2007, 2, 6; Geis/*Krause*, § 1 WissZVG Rn. 36; A/T/*Kühn*, § 23 TzBfG Rn. 194; AR/*Löwisch*, § 2 WissZVG Rn. 18; ErfK/*Müller-Glöge*, § 2 WissZVG Rn. 16; D/D/Z/*Nebe*, § 1 WissZVG Rn. 12; *Preis/Ulber*, § 2 WissZVG Rn. 16, 95 (wegen des fehlenden Verweises auf § 2 Abs. 4 S. 3 WissZVG); A/G/*Rambach*, § 1 WissZVG Rn. 22; KR/*Treber*, § 2 WissZVG Rn. 73, 76 (Zweckbefristungen und auflösende Bedingungen sind inhaltlich an einen Sachgrund gebunden, nur nicht an eine Höchstbefristungsdauer); insbesondere *Mandler* und *Meißner* wollen diese explizit kodifizieren (auflösende Bedingung z. B. bei Nichtverlängerung des Projekts oder Wegfall des Forschungsbedarfs) *Mandler/Meißner*, OdW 2016, 32, 42 f.; *Meißner*, Hochschulbefristungsrecht, S. 168

Arbeitsverträgen nach Absatz 1 oder 2 kalendermäßig bestimmt oder bestimmbar sein muss.

II. Ergebnis

Sowohl für die Qualifizierungsbefristung als auch die Drittmittelbefristung ist die Angabe eines Datums- oder Zeitfensters erforderlich.[843] Doppelbefristungen, die *auch* auf einer anderen Befristungsbestimmung beruhen, welche eine Bedingung zulässt, sind demgegenüber möglich.[844]

C. Dauer der Qualifizierungsbefristung

I. Historische Entwicklung des Angemessenheitsbegriffs

Im Zuge der Gesetzesnovellierung wurde das Regelungskonzept der Befristungsdauer in § 2 Abs. 1 S. 3 WissZVG erweitert. Dieser bestimmt nunmehr, dass die Befristungsdauer der angestrebten wissenschaftlichen bzw. künstlerischen Qualifizierung *angemessen* sein soll. Im Gegensatz zur Höchstbefristungsgrenze ist das Angemessenheitserfordernis als *faktische Mindestbefristungsdauer* anzusehen.[845] Obgleich das Angemessenheitserfordernis erst im Wege der Novellierung des WissZVG eingeführt wurde, traf das BAG im Rahmen der früheren Rechtslage bereits Aussagen zur Angemessenheit einer Befristung.[846] Die Angemessenheit einer Befristungsdauer war nach früherer Rechtslage insoweit relevant, als sie indizierte, ob ein Befristungsgrund nur vorgeschoben war.[847] Im zu entscheidenden Fall erachtete das BAG eine Befristungsdauer von dreieinhalb Jahren zwecks Weiterbildungsmöglichkeit des klagenden Arbeitnehmers für angemessen.[848] Es wurde hier eine nach individuellen Kriterien ausgewählte Dauer für die wissenschaftliche Weiterbildung abgelehnt und auf die üblichen *Erfahrungswerte*

(im Interesse einer vermeintlich größeren Planungssicherheit zugunsten der Arbeitnehmer und dem geringeren Verwaltungsaufwand der betroffenen Institution).

843 *Dörner*, Befristeter Arbeitsvertrag, Rn. 39, 602; Müko-BGB/*Hesse*, § 23 TzBfG Rn. 44; *Lakies*, ZTR 2002, 250, 253.

844 Zum HRG: BAG 16.7.2008, BeckRS 2011, 76845; für das WissZVG: ErfK/*Müller-Glöge*, § 1 WissZVG Rn. 16; D/D/Z/*Nebe*, § 1 WissZVG Rn. 12.

845 ErfK/*Müller-Glöge*, § 2 WissZVG Rn. 4; *Preis/Ulber*, § 2 WissZVG Rn. 17.

846 BAG 12.2.1986, BeckRS 9998, 180090; 27.1.1988; 26.8.1988, BeckRS 9998, 180260.

847 BAG 12.2.1986, BeckRS 9998, 180090; 27.1.1988; 26.8.1988, BeckRS 9998, 180260.

848 BAG 20.6.1986, BeckRS 1986, 05562 Rn. 20; ebenso eine dreijährige Befristung zur Weiterqualifizierung für einen promovierten Mitarbeiter: 27.1.1988, NZA 1988, 392, 393.

des Arbeitslebens abgestellt.[849] Entscheidend war nach Auffassung des BAG, dass die Befristungsdauer eine *wesentliche Verbesserung* der wissenschaftlichen Qualifikation ermöglicht.[850] Nicht erforderlich war demgegenüber der Abschluss einer Qualifizierung.[851] Eine Obergrenze der Befristungsdauer ergebe sich aus dem Gesetzeszweck, der Nachwuchs*förderung*.[852] Bei der zeitlichen Bemessung wurde den betroffenen Einrichtungen ein weiter Beurteilungsspielraum eingeräumt.[853]

Die Rechtsprechung bestimmte das angemessene Verhältnis von Qualifizierung und Befristungsdauer also auf Grundlage einer objektiven Betrachtungsweise. Durch die Einschätzungsprärogative der Wissenschaftsinstitutionen und das abgeschwächte Erfordernis der Qualifikations*förderung* war diese Rechtsprechung vornehmlich durch den Einzelfall geprägt und lässt kaum Rückschlüsse auf weitere, verallgemeinerungsfähige Anhaltspunkte zu.

II. Rechtsnatur des Angemessenheitspostulats – Abgrenzung von eigenständiger Voraussetzung und integralem Bestandteil des Sachgrunds

1. Relevanz der Rechtsnatur

Das Angemessenheitskriterium ließe sich einerseits als integraler Bestandteil des Sachgrunds „Qualifizierung" interpretieren, andererseits könnte es eine für sich stehende und damit auch gesondert zu rechtfertigende Tatbestandsvoraussetzung der Befristung sein. Auswirkungen entfaltet diese Einordnung auf die Beweislast des Arbeitgebers. Darüber hinaus kann der Rechtsnatur der Angemessenheit aber auch auf Rechtsfolgenebene insoweit Bedeutung zukommen, als es um die Anwendbarkeit des § 16 TzBfG geht.

---

849 BAG 20.6.1986, BeckRS 1986, 05562 Rn. 20.

850 BAG 20.6.1986, BeckRS 1986, 05562 Rn. 42.

851 BAG 27.1.1988, NZA 1988, 392, 393; 12.12.1986, NZA 1987, 741, 743; kritisch *Däubler*, NZA 1989, 945, 948 f.

852 BAG 20.6.1986, BeckRS 1986, 05562 Rn. 42; 27.1.1988, NZA 1988, 392, 393; 26.8.1988, BeckRS 9998, 180260 (Sachgrund erst untauglich, wenn sinnvolle Arbeit des Mitarbeiters nicht mehr möglich erscheint).

853 BAG 12.2.1986, BeckRS 9998, 180090 (LS 2); BAG 20.6.1986, BeckRS 1986, 05562 Rn. 42.

a) Beweislast des Arbeitgebers

Wenn die vereinbarte Befristungsdauer keine gesondert zu prüfende Wirksamkeitsvoraussetzung darstellt, bedarf es auch keiner besonderen sachlichen Rechtfertigung durch den in der Beweislast stehenden Arbeitgeber. Der Befristungszeitraum ist jedoch im Rahmen des Befristungsgrunds selbst Bestandteil der Überprüfung, da er indiziert, dass der sachliche Grund existiert oder nur vorgeschoben ist. Allerdings reicht die fehlende Kongruenz von Befristungsgrund und Befristungsdauer nicht aus, um den Sachgrund in Frage zu stellen, vielmehr ist erforderlich, dass eine „dem Sachgrund der Befristung entsprechende Mitarbeit des Arbeitnehmers nicht mehr möglich erscheint“[854]. Die Beweislast des Arbeitgebers würde folglich erheblich erleichtert. Unter der Annahme, dass es sich um eine separat zu prüfende Befristungsvoraussetzung handelt, müsste der Arbeitnehmer demgegenüber den Zeitraum als solchen und nicht nur eine signifikante Abweichung rechtfertigen.

b) Anwendbarkeit des § 16 TzBfG auf Rechtsfolgenebene

Da bei einer unangemessenen Befristungsdauer der Sachgrund entfällt, kommt auf Rechtsfolgenebene grundsätzlich über § 1 Abs. 1 S. 5 WissZVG die Regelung des § 16 S. 1 TzBfG zur Anwendung. Für den Fall, dass die Angemessenheit jedoch keinen integralen Bestandteil des Sachgrunds darstellt, ist die Anwendbarkeit des § 16 S. 1 TzBfG fragwürdig.

aa) Anwendbarkeit des § 16 TzBfG

Die Rechtsfolgenregelung des § 16 TzBfG ist zugeschnitten auf die Befristungen nach § 14 TzBfG und erstreckt sich daher auf das Fehlen von Sachgründen (§ 14 Abs. 1 TzBfG), die fehlenden erleichternden Voraussetzungen nach § 14 Abs. 2 und 3 TzBfG und die fehlende Schriftform (§ 14 Abs. 4 TzBfG).[855] Da die Qualifizierung losgelöst von der Befristungsdauer anzusehen wäre, bestünde ein Sachgrund. Dadurch, dass die Angemessenheit allein nicht ausreicht, sondern neben dem Sachgrund erforderlich wäre, läge auch kein erleichterter Befristungstatbestand im Sinne des § 14 Abs. 2 und 3 TzBfG vor. Ebenso wenig steht die Schriftform der Befristungsabrede in Frage, sodass kein von § 16 TzBfG erfasster Sachverhalt einschlägig und die Norm folglich nicht anwendbar wäre; es entstünde kein unbefristetes Arbeitsverhältnis.

854 BAG 12.2.1986, BeckRS 9998, 180090; 26.8.1988, BeckRS 9998, 180260.
855 A/P/S/*Backhaus*, § 16 TzBfG Rn. 1.

bb) Rechtsfolge bei fehlender Anwendbarkeit

Wenn die Angemessenheit eine eigenständige Befristungsvoraussetzung darstellen würde, wäre die Rechtsfolge im Fall ihres Fehlens unklar. Das WissZVG selbst trifft keine Bestimmungen über die Rechtsfolgenseite. Auch das allgemeine Befristungsrecht kennt keine andere Rechtsfolgenregelung als die des § 16 TzBfG. Es bestünde somit Raum für eine alternative Rechtsfolge, die nach dem Normzweck des § 2 Abs. 1 WissZVG ausgerichtet ist.[856]

2. Auslegung des § 2 Abs. 1 S. 3 WissZVG

a) Grammatikalische Auslegung

Der Begriff *angemessen* wird im allgemeinen Sprachgebrauch definiert als „so, dass es im richtigen Verhältnis steht".[857] Damit wird bereits begrifflich eine untrennbare Verknüpfung zum Sachgrund hergestellt, da die Befristungsdauer sich nicht losgelöst von der Qualifizierung bestimmen lässt. Dies spricht für eine Integration der Angemessenheit in das Sachgrunderfordernis.

b) Systematische Auslegung

aa) Innere Gesetzessystematik

Dass die Angemessenheit ausdrücklich im Gesetz normiert ist, könnte für eine gesondert zu prüfende Befristungsvoraussetzung sprechen. Dass diese jedoch nicht im eigentlichen Befristungstatbestand des § 2 Abs. 1 S. 1 WissZVG Eingang gefunden hat, sondern syntaktisch getrennt in § 2 Abs. 1 S. 3 WissZVG aufgeführt ist, spricht vielmehr für eine Konkretisierung des Befristungsgrunds.

In systematischer Hinsicht könnte wiederum aus dem Verhältnis zu § 2 Abs. 1 S. 1 WissZVG folgen, dass es sich bei der Befristungsdauer um ein gesondert zu prüfendes Tatbestandsmerkmal der Befristung handelt. Zwar wird die hier verankerte Höchstbefristungsdauer für wissenschaftliche Mitarbeiter teilweise als *qua lege* vorgegebener angemessener Befristungszeitraum erachtet.[858] Hieraus ergibt sich jedoch lediglich die *Höchst*befristungsdauer für die Pre- und die Post-Doc-Phase, die keine Aussage darüber trifft, ob der Zeitraum im konkreten Einzelfall *angemessen* zur Erreichung einer in diesen Phasen angestrebten

---

856 Dazu im Einzelnen unter § 9 B II 2.

857 https://www.dwds.de/wb/angemessen, letzter Zugriff: 9.2.2018 15:00.

858 AR/*Löwisch*, § 2 WissZVG Rn. 4; ErfK/*Müller-Glöge*, § 2 WissZVG Rn. 4; Staudinger/*Preis*, § 620 BGB Rn. 282a.

Qualifizierung ist. Ein zwingender Gleichlauf zur Angemessenheit folgt daraus nicht,[859] die Ausschöpfung der sechsjährigen Befristungsdauer steht der Angemessenheit aber auch nicht entgegen[860]. Wäre dieser Zeitraum stets angemessen, hätte es der Schaffung der Norm nicht bedurft und die Verlängerungsmöglichkeit nach § 2 Abs. 1 S. 7 WissZVG wäre zudem obsolet. Wenn schon durch die Höchstbefristungsdauern die Angemessenheit festgelegt würde, wäre dieser Satz entbehrlich. Daraus folgt, dass die Befristungsdauer sich gerade nicht in einer Prüfung der Höchstdauer erschöpft, die bei einer Abweichung gesondert gerechtfertigt sein muss, sondern dass vielmehr eine Untersuchung *anhand der Qualifizierung* erforderlich ist. Hieraus ergibt sich erneut die untrennbare Verknüpfung zum Sachgrund.

bb) Äußere Gesetzessystematik

Die vereinbarten Befristungszeiträume unterliegen auch bei den Sachgrundbefristungen nach § 14 Abs. 1 S. 2 TzBfG keiner gesonderten sachlichen Rechtfertigung.[861] Vielmehr dienen die Befristungsdauern als Indikator dafür, ob ein Sachgrund nur vorgeschoben ist.[862] Da es sich bei § 2 Abs. 1 WissZVG ebenfalls um eine Sachgrundbefristung handelt, liegt der Schluss nahe, dass auch hier keine zusätzliche Rechtfertigung der Befristungsdauer erforderlich ist, sondern dass diese integraler Bestandteil des Sachgrunds ist. Dagegen spricht auch nicht die gesonderte Normierung der zeitlichen Komponente in § 2 Abs. 1 S. 3 WissZVG. Zwar sieht § 14 Abs. 1 S. 2 TzBfG mit Ausnahme des § 14 Abs. 1 S. 2 Nr. 7 TzBfG, der verlangt, dass die befristete Beschäftigung sich an der Zeitspanne der dafür zur Verfügung gestellten Haushaltsmittel orientiert, keine zeitlichen Einschränkungen vor. Allerdings handelt es sich auch bei dieser zeitlichen Komponente – *trotz* der gesonderten Kodifizierung – um einen integralen Bestandteil des Sachgrunds.[863] Die systematische Betrachtung spricht daher gegen eine losgelöste Befristungsvoraussetzung.

---

859 So auch D/D/Z/*Nebe*, § 2 WissZVG Rn. 6g.

860 HSchR/*Löwisch*/*Wertheimer*, Kap. X Rn. 179.

861 BAG 26.8.1988, BeckRS 9998, 180260; 23.6.2004, NZA 2004, 1333, 1335; 20.2.2008, BeckRS 2008, 53844 Rn. 17; 21.1.2009, NZA 2009, 727 Rn. 10; A/P/S/*Backhaus*, § 14 TzBfG Rn. 46; HK-TzBfG/*Boecken*, § 14 TzBfG Rn. 17.

862 BAG 26.8.1988, BeckRS 9998, 180260; 20.2.2008, BeckRS 2008, 53844 Rn. 19; 21.1.2009, NZA 2009, 727 Rn. 10; HK-TzBfG/*Boecken*, § 14 TzBfG Rn. 18.

863 So auch KR/*Lipke*, 9. Aufl., § 14 TzBfG Rn. 46.

c) *Teleologische Auslegung*

aa) *Zweck der Angemessenheit*

Sinn und Zweck der Ergänzung des WissZVG um das Angemessenheitserfordernis war die Vermeidung unsachgemäßer Kurzbefristungen.[864] Zweck der Angemessenheit selbst ist, dass die Befristungsdauer flexibel angepasst werden kann. Dieser Zweck wird gleichermaßen durch die Prüfung als Bestandteil des Sachgrunds wie durch die gesonderte sachliche Rechtfertigung als Tatbestandsvoraussetzung sichergestellt.

bb) *Zweck einer Befristungskontrolle als solcher*

Telos der Befristungskontrolle ist es, im Interesse des Arbeitnehmers sicherzustellen, dass das Kündigungsschutzrecht nicht durch Vereinbarung eines befristeten Arbeitsverhältnisses, welches ohne Kündigung endet, umgangen wird.[865] Im Vordergrund steht daher die Frage, ob im Einzelfall ein unbefristetes, dem Kündigungsschutz unterliegendes Arbeitsverhältnis, anstelle eines befristeten Arbeitsverhältnisses gewählt werden sollte.[866] Ob statt des vereinbarten Befristungszeitraums eine andere Befristung sachgerecht ist, ist daher nicht maßgeblich, es geht vielmehr darum zu überprüfen, ob der Befristungsgrund den gewählten Zeitraum trägt.[867] Hintergrund ist, dass ein anderer Befristungszeitraum dem Arbeitnehmer ebenso wenig Kündigungsschutz verschaffen würde.[868] Die Befristungsdauer ist daher bloßer Indikator dafür, dass der Sachgrund nur vorgeschoben ist, bedarf jedoch keiner gesonderten Rechtfertigung.[869] Da sich die Befristungskontrolle über § 1 Abs. 1 S. 5 WissZVG auch im Rahmen des § 2 Abs. 1 WissZVG nach allgemeinen Vorschriften bemisst, kann hierfür nichts

---

864 BT-Drs. 18/6489, S. 1.

865 Grundlegend: BAG 26.8.1988, BeckRS 9998, 180260; 20.2.2008, BeckRS 2008, 53844 Rn. 17; HK-TzBfG/*Boecken*, § 14 TzBfG Rn. 17; A/P/S/*Backhaus*, § 14 TzBfG Rn. 46.

866 BAG 26.8.1988, BeckRS 9998, 180260; 20.2.2008, BeckRS 2008, 53844 Rn. 17; 21.1.2009, NZA 2009, 727 Rn. 10; A/P/S/*Backhaus*, § 14 TzBfG Rn. 46.

867 BAG 26.8.1988, BeckRS 9998, 180260; 20.2.2008, BeckRS 2008, 53844 Rn. 17; HK-TzBfG/*Boecken*, § 14 TzBfG Rn. 18.

868 BAG 26.8.1988, BeckRS 9998, 180260.

869 BAG 26.8.1988, BeckRS 9998, 180260; 23.6.2004, NZA 2004, 1333, 1335; 20.2.2008, BeckRS 2008, 53844 Rn. 17; 21.1.2009, NZA 2009, 727 Rn. 10; A/P/S/*Backhaus*, § 14 TzBfG Rn. 46; HK-TzBfG/*Boecken*, § 14 TzBfG Rn. 17; **a. A.**: LAG Hamburg 4.9.2000, AuR 2001, 111 (KSchG schützt auch vor Kündigungen, für die zum gewählten Kündigungszeitpunkt kein Grund vorliegt).

anderes gelten. Der Zweck der Befristungskontrolle spricht also gegen eine gesonderte Prüfung der Befristungsdauer.

d) Historische Auslegung

aa) Frühere Rechtsprechung zur Angemessenheit

Nach der früheren Rechtslage war das Angemessenheitspostulat zwar nicht normativ verankert, allerdings war es bereits insoweit relevant, als es indizierte, ob ein Befristungsgrund nur vorgeschoben war.[870] Die Aufnahme ins Gesetz kann daher auf eine bloße Klarstellung und Kodifizierung dieser Rechtsprechung hindeuten oder aber darauf, dass mit der Verankerung die Angemessenheit zu einer gesondert zu prüfenden Voraussetzung angehoben wurde. Da die Gesetzesbegründung insoweit schweigt, lässt sich hieraus kein eindeutiger Rückschluss auf die Rechtsnatur des Angemessenheitserfordernisses ziehen.

bb) Verankerung der Rechtsprechung vor dem 26. August 1988

Dass die Befristungsdauer keine gesondert zu prüfende Voraussetzung darstellt, entschied das BAG am 26. August 1988[871] und setzte diese Rechtsprechung seither fort[872]. Mit dem Erlass des TzBfG wurde diese Rechtsprechung sodann auf eine gesetzliche Grundlage gestellt.[873] Zuvor prüfte das BAG jedoch in ständiger Rechtsprechung, ob die Befristung hinsichtlich der Zeitdauer gerechtfertigt ist.[874] Die Verankerung der Befristungsdauer in § 2 Abs. 1 S. 3 WissZVG im Gesetz könnte daher für eine Kodifizierung der früheren Rechtsprechung und damit für die gesondert zu prüfende Voraussetzung der Befristungsdauer sprechen. Allerdings ist kein Grund für die Wiederaufnahme dieser – inzwischen 30 Jahre zurückliegenden – Grundsätze ersichtlich. Wäre dies beabsichtigt gewesen, hätte der Gesetzgeber auch in § 1 Abs. 2 WissZVG die Möglichkeit, wissenschaftliches

---

870 BAG 26.8.1988, BeckRS 9998, 180260.

871 BAG 26.8.1988, BeckRS 9998, 180260.

872 BAG 31.8.1994, AP BGB § 620 Befristeter Arbeitsvertrag Nr. 163; 22.11.1995, NZA 1996, 878, 879; A/P/S/*Backhaus*, 3. Aufl., § 14 TzBfG Rn. 44 m. w. N.

873 BT-Drs. 14/4374, S. 19; *Oberthür*, DB 2001, 2246.

874 BAG 23.11.1963, AP BGB § 620 Befristeter Arbeitsvertrag Nr. 26; 16.6.1976, AP BGB § 620 Befristeter Arbeitsvertrag Nr. 40; 2.8.1978, AP BGB § 620 Befristeter Arbeitsvertrag Nr. 46; 10.1.1980 AP BGB § 620 Befristeter Arbeitsvertrag Nr. 56; 14.1.1982, AP BGB § 620 Befristeter Arbeitsvertrag Nr. 64; 13.5.1982, AP BGB § 620 Befristeter Arbeitsvertrag Nr. 68; 29.9.1982 AP BGB § 620 Befristeter Arbeitsvertrag Nr. 70; ausführlich dazu A/P/S/*Backhaus*, 3. Aufl., § 14 TzBfG Rn. 42 ff.

Personal nach dem TzBfG zu befristen, verschließen müssen, da andernfalls keine konsequente Prüfung der zeitlichen Dauer als gesonderte Befristungsvoraussetzung bei den betroffenen Arbeitnehmern stattfände. Schlüssig erscheint vielmehr, dass der Gesetzgeber das Angemessenheitserfordernis – im Einklang mit der aktuellen Rechtsprechung zu anderen Sachgrundbefristungen – als integralen Bestandteil kodifizieren wollte.

cc) Rückschlüsse aus der Gesetzesbegründung

Der Gesetzgeber spricht in Abgrenzung zu § 2 Abs. 2 WissZVG in der Gesetzesbegründung zwar nicht davon, dass es sich bei § 2 Abs. 1 S. 3 WissZVG um eine Klarstellung handelt, es wird jedoch auch nicht hervorgehoben, dass die Angemessenheit nunmehr einen gesondert zu prüfenden Punkt darstellt,[875] vielmehr wird die Nähe zum Sachgrund der Qualifizierung beschrieben[876]. Letzteres lässt den Schluss zu, dass es sich bei der Angemessenheit der Befristungsdauer um einen integralen Bestandteil des Sachgrunds handelt.

e) Ergebnis

Das Angemessenheitserfordernis ist untrennbar mit dem Sachgrund der Qualifizierung verbunden und infolge der eindeutigen teleologischen Auslegung als integraler Bestandteil des Sachgrunds Qualifizierung zu werten.

III. Konkretisierung des Angemessenheitspostulats

Was der Begriff *angemessen* genau bedeutet, definiert das Gesetz nicht. Die Bundesregierung hat sich trotz mehrerer Vorschläge unterschiedlicher Parteien gegen die Festlegung starrer Fristen entschieden und die Formulierung der Angemessenheit bewusst gewählt, um hinreichend Flexibilität gewährleisten und auch Einzelfälle berücksichtigen zu können.[877] Wem die Ausfüllung des Angemessenheitspostulats obliegt, ist unklar.

1. Versteckte Delegationsnorm an Wissenschaftsinstitutionen

a) Grammatikalische Auslegung

Der Gesetzeswortlaut des § 2 Abs. 1 S. 3 WissZVG enthält keinen Verweis auf eine Festlegung der Angemessenheit durch die Wissenschaftsorganisationen.

---

875 So jedoch für § 2 Abs. 2 WissZVG explizit: BT-Drs. 16/3438, S. 14.
876 BT-Drs. 18/6489, S. 10 f.
877 BT-Drs. 18/6489, S. 1, 11.

Eine Delegation der Legislativbefugnis auf diese lässt sich der Norm in grammatikalischer Hinsicht nicht entnehmen.

b) Systematische Auslegung

Auch die systematische Betrachtung des WissZVG gibt keinen Hinweis auf die Ausfüllung der Angemessenheitsbestimmung. Dies könnte gegen eine Delegation sprechen, da der Gesetzgeber in anderen Gesetzen bewusst Ausfüllungshinweise gegeben hat. So nimmt § 289d S. 1 HGB Bezug darauf, dass Kapitalgesellschaften sich bei der Lageberichterstattung an nationalen, europäischen und internationalen Rahmenwerken orientieren können. In S. 2 ist weiterhin festgelegt, dass anzugeben ist, ob und auf welchem Rahmenwerk die nichtfinanzielle Erklärung fußt oder ggf. warum keines verwendet wurde. Hier wird die große Bedeutung der Rahmenwerke also zusätzlich verdeutlicht.[878] Auch bei der Rechnungslegung von Kapitalgesellschaften erfolgt eine Bezugnahme auf Grundsätze ordnungsgemäßer Buchführung, § 264 Abs. 2 S. 1 HGB, § 297 Abs. 2 S. 1 HGB, die durch Rechnungslegungsstandards konkretisiert werden.[879] Die Erstellung solcher hat der deutsche Gesetzgeber in § 342 Abs. 1 HGB explizit an private Gremien delegiert und in § 342 Abs. 2 HGB die Vermutung aufgestellt, dass diese den Grundsätzen ordnungsgemäßer Buchführung entsprechen. Dass der Gesetzgeber trotz der Kenntnis derartiger Normkonzipierungen im Wortlaut des § 2 Abs. 1 S. 3 WissZVG nicht auf eine Konkretisierung durch Wissenschaftsorganisationen verwiesen hat, spricht gegen eine Delegation der Ausgestaltung.

c) Teleologische Auslegung

Sinn und Zweck der Angemessenheit ist die Vermeidung unsachgemäßen Kurzbefristungen.[880] Um dieser Fehlentwicklung entgegenzuwirken, kann auf von den Wissenschaftsorganisationen aufgestellte Leitlinien und Kodizes abgestellt werden. Durch eine gewisse Vereinheitlichung – zumindest bei formalen Qualifizierungszielen – besteht die Chance, einen Missbrauch der Befristungstatbestände und damit auch Kurzbefristungen zu verhindern. Der Zweck der Angemessenheit spricht daher für eine versteckte Delegationsnorm an die Wissenschaftseinrichtungen.

---

878 Beck Bil-Komm/*Winkeljohann/Schäfer*, § 289d HGB Rn. 4.
879 Müko-HGB/*Ebke/Paal*, § 342 HGB Rn. 24.
880 BT-Drs. 18/6489, S. 1, 8.

d) Historische Auslegung

Den Gesetzgebungsmaterialien ist ein expliziter Verweis auf Leitlinien, Kodizes etc. für die Bestimmung des Angemessenheitserfordernisses zu entnehmen.[881] Für Hochschulen wird beispielhaft auf den Orientierungsrahmen der HRK von 2014, die dazu getroffenen Kernthesen und die Leitlinien zur Ausgestaltung befristeter Beschäftigungsverhältnisse mit wissenschaftlichem und künstlerischem Personal verwiesen. Für außeruniversitäre Forschungseinrichtungen werden die Leitlinien der Leibniz-, Frauenhofer-, Helmholtz- und der Max-Planck-Gesellschaft als Anhaltspunkt genannt.[882] Weitergehende Ausführungen finden sich in den Gesetzesmaterialien jedoch nicht.

e) Verfassungskonforme Auslegung

In verfassungsrechtlicher Hinsicht ist zu berücksichtigen, dass eine in der Angemessenheitsregelung versteckte Delegationsnorm nicht mit dem in Art. 20 Abs. 2 S. 1 GG verankerten Demokratieprinzip vereinbar wäre, aus dem folgt, dass die Staatsgewalt hinreichend durch das Volk legitimiert sein muss[883]. Die Rechtsetzungsmacht obliegt dem demokratisch legitimierten Parlament,[884] nicht dagegen Hochschulen und Forschungseinrichtungen. Auf diese würde aber die Gesetzgebungskompetenz *faktisch delegiert*, sofern sie bestimmen was angemessen ist und so die Befristungsdauer nach § 2 Abs. 1 S. 3 WissZVG festlegen.[885] Allerdings wurde den Wissenschaftsinstitutionen weder eine Rechtsetzungsbefugnis eingeräumt noch soll den von ihnen erlassenen Leitlinien Rechtscharakter zukommen, da so eine flexible Anpassung der Zeitwerte erheblich erschwert würde.

Unter Zuhilfenahme der gesetzgeberischen Motive ließe sich der Angemessenheitsbegriff als *Appell* an die Rechtsprechung auslegen, die Leitlinien der betroffenen Wissenschaftseinrichtungen für die fachliche Beurteilung des angestrebten Qualifizierungsziels hinzuzuziehen.[886] Zugleich obläge den Hochschulen und Forschungsinstitutionen eine Einschätzungsprärogative bei der zu

881 BT-Drs. 18/6489, S. 11.

882 BT-Drs. 18/6489, S. 11.

883 BVerfG 31.10.1990, BVerfGE 83, 60, 72; 24.5.1996, BVerfGE 93, 37, 66; 5.12.2002, BVerfGE 107, 59, 87; 18.1.2012, BVerfGE 130, 76, 123; 21.10.2014, BVerfGE 137, 185 Rn. 131; 2.6.2015, BVerfGE 139, 194 Rn. 106; statt aller Jarass/Pieroth/*Pieroth*, Art. 20 GG Rn. 11.

884 *Maurer*, StaatsR I, § 7 Rn. 28.

885 *Preis*, AusDrs. 18 (18) 143a, S. 4.

886 Ähnlich *Anton*, ZTR 2016, 432, 434; in diese Richtung auch *Kroll*, ZTR 2016, 235, 238.

erstellenden Prognose.[887] Das Mandat der Lückenschließung liegt letztendlich jedoch bei der Rechtsprechung. So bliebe die Rechtsnatur des unbestimmten Rechtsbegriffs erhalten, eine vollständige autonome Auslegung möglich und es entstünde keine Delegation der Rechtsetzungsbefugnisse auf die betroffenen Institutionen. Die Rechtsprechung könnte selbst anhand einer umfassenden Würdigung verschiedener Kriterien eine Abwägung vornehmen.[888] Die Leitlinien etc. sind folglich nicht als Vorgaben des Arbeitgebers, sondern als Ausprägung einer fachlichen Beurteilung zu würdigen, die für den Wissenschaftsbereich schlichtweg unentbehrlich ist.[889] Damit hat die Rechtsprechung einen Orientierungspunkt und die vom Gesetzgeber gewollte objektivierte Einzelfallbetrachtung bleibt bestehen. Folglich lässt sich eine Delegation der Legislativbefugnis nicht mit der Verfassung vereinbaren, es ist jedoch eine verfassungskonforme Auslegung möglich.

f) Ergebnis

Es handelt sich bei § 2 Abs. 1 S. 3 WissZVG nicht um eine versteckte Delegationsnorm an die Wissenschaftsinstitutionen, die Leitlinien sind lediglich als fachliche Beurteilung zur Auslegung hinzuzuziehen.

2. Fachlicher Beurteilungsspielraum

a) Angemessenheit als unbestimmter Rechtsbegriff

Formaljuristisch betrachtet handelt es sich bei dem Wort „angemessen" um einen unbestimmten Rechtbegriff.[890] Auf Rechtsfolgenseite besteht kein Ermessensspielraum des betroffenen Arbeitgebers, da die Befristungsdauer nach § 2 Abs. 1 S. 3 WissZVG angemessen zur Qualifizierung zu bemessen *ist*. Die Kontrolle der angemessenen Befristungsdauer ist daher wegen Art. 19 Abs. 4 GG grundsätzlich den Arbeitsgerichten vollständig zugänglich.[891] Konsequenz

887 *Brötzmann*, öAT 2016, 48, 50 (mit Bezugnahme auf die Rechtsprechung zum allgemeinen Befristungsrecht: BAG 18.7.2012, NZA 2012, 1351 Rn. 47: Branchenspezifische Besonderheiten sind zu würdigen).

888 Wohl auch Müko-BGB/*Hesse*, § 23 TzBfG Rn. 64 („Leitlinien…herangezogen werden *können*"); *Kroll*, ZTR 2016, 232, 238; GEW Ratgeber, S. 17.

889 Anders Staudinger/*Preis*, § 620 BGB Rn. 282a.

890 *Anton*, ZTR 2016, 432, 433; *Brötzmann*, öAT 2016, 48, 50; *Preis*, AusDrs. 18 (18) 143a, S. 4.

891 *Preis*, AusDrs. 18 (18) 143a, S. 4; *Maurer/Waldhoff*, VerwR, § 7 Rn. 35; *Voßkuhle*, JuS 2008, 117.

dieser Begriffsnatur könnte daher sein, dass es auch der Rechtsprechung obliegt zu definieren, was angemessen genau bedeutet.[892] Ein Beurteilungsspielraum, der gerichtlich nicht voll überprüfbar ist, kann jedoch ausnahmsweise durch besondere Gründe gerechtfertigt sein.[893] Diese liegen vor, wenn unbestimmte Rechtsbegriffe für die Annahme eines Entscheidungsspielraums derart komplex und dynamisch sind, dass das Nachvollziehen ihrer Konkretisierung an die Funktionsgrenzen der Rechtsprechung stößt.[894] Der Gesetzgeber muss eine Beurteilungsermächtigung ausdrücklich normiert haben oder sie muss sich aus dem Sinn und Zweck der Regelung ergeben.[895]

b) Beurteilungsspielraum

aa) Angemessenheit als Prognoseentscheidung

Die Gesetzesbegründung des WissZVG verweist für die Ausfüllung des Angemessenheitsbegriffs explizit auf fachliche Konkretisierungen in Leitlinien und Kodizes,[896] was auf eine Beurteilungsermächtigung hindeutet. Darüber hinaus handelt es sich bei der Bemessung der Vertragslaufzeit um eine Prognoseentscheidung, bei der ein Beurteilungsspielraum oftmals gegeben ist[897]. Eine Prognose ist dadurch gekennzeichnet, dass eine exakte Vorhersage nicht möglich ist und es für die Beurteilung einer Wertung bedarf.[898] Diese Kriterien erfüllt die Bemessung der Befristungsdauer nach der angestrebten Qualifizierung, da sie je nach Fachrichtung, Inhalt und individuellen Fähigkeiten variieren kann, sodass eine exakte Vorhersage der erforderlichen Dauer unmöglich ist. Hinzu kommt, dass die Qualifizierungsdauer je nach angestrebtem Ziel komplex zu beurteilen ist, insbesondere da nicht nur formale Qualifizierungsziele erfasst sind, sodass

---

892 *Brötzmann*, öAT 2016, 48, 50.

893 BVerwG 25.11.1993, BVerwGE 94, 307, 309; 21.12.1995, BVerwGE 100, 221, 205; 29.10.2009, BeckRS 2009, 40431; ausführlich dazu *Maurer/Waldhoff*, VerwR, § 7 Rn. 35.

894 BVerfG 17.4.1991, BVerfGE 84, 34, 50; BeckOK-VwGO/*Decker*, § 114 VwGO Rn. 35.

895 BVerfG 31.5.2011, BVerfGE 129, 1, 22; BVerwG 7.11.1985, BVerwGE 72, 195, 199; 10.11.1988, BVerwGE 81, 12, 17; 21.12.1995, BVerwGE 100, 221, 225; BeckOK-VwGO/*Decker*, § 114 VwGO Rn. 35; Kopp/Schenke/*Schenke/Ruthig*, § 114 VwGO Rn. 24.

896 BT-Drs. 18/6489, S. 11.

897 BeckOK-VwGO/*Decker*, § 114 VwGO Rn. 36 f.

898 BeckOK-VwGO/*Decker*, § 114 VwGO Rn. 36 f.; Kopp/Schenke/*Schenke/Ruthig*, § 114 VwGO Rn. 37; GK-VwGO/*Wolff*, § 114 VwGO Rn. 317.

die Rechtsprechung beim Nachvollziehen der Konkretisierung an ihre Funktionsgrenzen stößt. Deshalb ist davon auszugehen, dass der Gesetzgeber durch die Verwendung des Angemessenheitsbegriffs und den Verweis auf die Konkretisierungen im Rahmen der Gesetzesbegründung die Verwaltung wegen ihrer besonderen Sachnähe dazu ermächtigt hat, eigenverantwortliche Entscheidungen zu treffen, die gerichtlich nur begrenzt überprüfbar sind.[899] Im Rahmen der Festlegung des Befristungszeitraums kommt der betroffenen Wissenschaftsinstitution folglich ein Entscheidungsspielraum zu.[900]

bb) Kriterien der zu erstellenden Prognose

Ob eine fachspezifisch-objektive[901] oder eine fachspezifisch-individuelle[902] Betrachtungsweise statthaft ist, ist unklar. Die fachspezifischen Aspekte können sich aus den vorherrschenden Leitlinien, Kodizes etc. ergeben.

(1) Grammatikalische Auslegung

Die Relation zwischen Befristungsdauer und angestrebter Qualifizierung indiziert, dass eine *objektivierte Einzelfallbetrachtung* vorzunehmen ist und keine rein subjektive Bemessungsgrundlage bei der Prognoseentscheidung greift.[903] Weitere Konkretisierungen lassen sich dem Wortlaut des § 2 Abs. 1 S. 3 WissZVG dagegen nicht entnehmen.

(2) Systematische Auslegung

Allerdings könnte die innere Gesetzessystematik einen Anhaltspunkt dafür gewähren, in welchem Ausmaß Einzelfallumstände im Rahmen der Angemessenheit zu berücksichtigen sind. Bei der Anrechnung von Tätigkeiten auf die Höchstbefristungsdauer nach § 2 Abs. 3 S. 1, 2 WissZVG sind bereits erworbene Qualifikationen, mithin individuelle Aspekte, unbeachtlich. Es findet eine

---

899 *Maurer/Waldhoff*, VerwR, § 7 Rn. 32.

900 *Brötzmann*, öAT 2016, 48, 50; so bereits zum HRG: *Tettinger*, MittHV 1981, 303, 304 „konsequente verfahrensmäßige Ausformungen spezieller grundrechtlicher Gewährleistungen".

901 *Mandler*, OdW 2017, 199, 202 (nicht justiziabel); *Maschmann/Konertz*, NZA 2016, 257, 263.

902 ErfK/*Müller-Glöge*, § 2 WissZVG Rn. 4 (einzelfallbezogen und mit Blick auf die Verhältnisse bei Vertragsschluss zu ermitteln); D/D/Z/*Nebe*, § 2 WissZVG Rn. 6g; *Preis/Ulber*, § 2 WissZVG Rn. 31; A/P/S/*Schmidt*, § 2 WissZVG Rn. 11.

903 So auch *Maschmann/Konertz*, NZA 2016, 257, 263 (führen an, dass der Gesetzgeber bei einer subjektiven Bestimmung eine andere Formulierung wie „erforderlich" oder „notwendig" gewählt hätte).

rein objektive Beurteilung nach den bisherigen Beschäftigungsverhältnissen statt.[904] Eine zwingende Übertragung auf die Angemessenheit lässt sich daraus indes nicht ableiten.[905] Insbesondere ist die unterschiedliche Zwecksetzung des § 2 Abs. 3 WissZVG zu berücksichtigen: Die Norm soll verhindern, dass die Höchstbefristungsdauer durch einen Arbeitgeberwechsel unterlaufen wird. Demgegenüber ist gerade nicht das Ziel von § 2 Abs. 3 WissZVG, die Dauer infolge bestehender Qualifizierungen zu verkürzen. Da § 2 Abs. 1 S. 3 WissZVG aber gerade die Angemessenheit auf die angestrebte Qualifizierung bezieht, ist keine rein objektive Beurteilung indiziert.

(3) Teleologische Auslegung

Sinn und Zweck der Einführung des Angemessenheitserfordernisses war die Vermeidung unsachgemäßer Kurzbefristungen. Um eine angemessene, im Einzelfall sachgerechte Befristungsdauer bemessen zu können, ist es unentbehrlich, auf den individuellen Kenntnisstand und sonstige Einzelfallumstände abzustellen, da gerade diese die erforderliche Qualifizierungsdauer maßgeblich beeinflussen.

(4) Historische Auslegung

Die Angemessenheitsregelung soll den Gesetzesmaterialien zufolge die unterschiedlichen Ausgestaltungen der Qualifizierungsoptionen und der jeweiligen Fachbereiche hinreichend berücksichtigen.[906] Die vom Bundesrat angestrebte Mindestbefristungsdauer von 24 Monaten[907] wurde als ungeeignet abgelehnt,[908] obgleich diese nach den vorgesehenen Leitlinien etc. das Minimum der Dauer darstellt. Daraus lässt sich schließen, dass bei bereits begonnener Qualifizierung eine kürzere Befristungsdauer statthaft sein kann, mithin individuelle Aspekte die Befristungsdauer mitbestimmen. Der Gesetzesbegründung lässt sich jedoch weiterhin entnehmen, dass bei förmlichen Qualifizierungszielen (Promotion und Habilitation) dessen übliche Erzielungsdauer gemeint ist.[909] Die Laufzeit bemesse sich nach der jeweiligen Fachkultur, sodass die Angemessenheit schlussendlich durch die für diese einschlägigen Leitlinien bzw. Codes of

---

904 D/D/Z/*Nebe*, § 2 WissZVG Rn. 6g unter Verweis auf BAG 23.3.2016, NZA 2016, 954 Rn. 31 ff.

905 Ebenso D/D/Z/*Nebe*, § 2 WissZVG Rn. 6g.

906 BT-Drs. 18/6489, S. 10.

907 BT Drs. 18/6489, S. 20.

908 BT Drs. 18/6489, S. 24 („unflexibel und […] durch Beschränkung auf erste Befristung…keine Verhinderung unsachgemäßer Kurzbefristungen für Folgeverträge“).

909 BT-Drs. 18/6489, S. 11.

Conduct ausgefüllt werden soll.[910] Dies spricht wiederum gegen die Berücksichtigung des individuellen Kenntnisstands.

(5) Ergebnis

Nur durch eine fachspezifisch-individuell bemessene Befristungsdauer kann der individuelle Kenntnisstand flexibel gewürdigt und damit ein angemessener Zeitraum vereinbart werden.

c) Grenzen des Beurteilungsspielraums

Problematisch ist zunächst, dass die vom Gesetzgeber vorgesehenen Leitlinien, sofern sie überhaupt für die jeweilige Fächerkultur vorliegen, untereinander stark divergieren[911] und darüber hinaus aufgrund der pauschalen Laufzeitfestlegung keine echte Einzelfallbetrachtung ermöglichen[912]. In Abgrenzung zu Richtlinien sind Leitlinien darüber hinaus nicht verbindlich, es handelt sich um eine bloß allgemeine Handlungsempfehlung.[913] Der jeweilige Arbeitgeber ist daher in seinem Beurteilungsspielraum nicht zur Einhaltung verpflichtet. Ausschlaggebende Kriterien für eine Prognose[914] können daher unabhängig von Leitlinien die individuellen Verhältnisse des betroffenen Arbeitnehmers, dessen Fachrichtung und das Qualifizierungsziel bei Vertragsschluss sein[915].

d) Adressat des Beurteilungsspielraums

Es knüpft sich die Frage an, wer Träger des fachlichen Beurteilungsspielraums ist. In Betracht kommt einerseits die Hochschulleitung und andererseits der jeweilige Betreuer des Arbeitnehmers. Das BAG hat sich bei der Bemessung der Befristungsdauer nach der früheren Rechtslage dahingehend geäußert, dass die Vertragslaufzeit sich nach der „fachlichen Beurteilung der dafür zuständigen Stellen der Hochschule“ richtet, die „insoweit einen erheblichen

---

910 „Ureigene Aufgabe der Hochschulen und Forschungseinrichtungen, die Qualifizierungsprozesse zu organisieren und auszugestalten“, BT-Drs.18/6489, S. 11 mit expliziten Beispielen; hierauf beziehen sich auch *Maschmann/Konertz*, NZA 2016, 257, 263; in diese Richtung auch *Hauck-Scholz*, RdA 2016, 262, 266.

911 A/G/*Rambach*, § 2 WissZVG Rn. 5; *Maschmann/Konertz*, NZA 2016, 257, 263 mit näheren Ausführungen.

912 *Preis/Ulber*, § 2 WissZVG Rn. 28.

913 Allgemein: https://de.wikipedia.org/wiki/Richtlinie, letzter Zugriff: 14.5.2018, 16:30; für die Medizin BeckOK-BGB/*Katzenmeier*, § 630a BGB Rn. 154 ff.

914 MüKo-BGB/*Hesse*, § 23 TzBfG Rn. 64; HRK v. 24.4.2012 Fn. 501, S. 3; darauf verweisen auch *Maschmann/Konertz*, NZA 2016, 257, 262.

915 ErfK/*Müller-Glöge*, § 2 WissZVG Rn. 4; Staudinger/*Preis*, § 620 BGB Rn. 282a.

Beurteilungsspielraum haben“[916]. Als zuständige Stelle der Hochschule ist der betreuende Hochschullehrer anzusehen, da diesem die Pflege der Forschung und Lehre „anvertraut“[917] ist. Als zuständige Betreuungsperson des jeweiligen Arbeitnehmers würde den Hochschullehrern durch einen von der Verwaltung festgelegten Befristungszeitraum vorgeschrieben, wie sie einen Arbeitnehmer zu beschäftigen haben, obwohl die Hochschullehrer über die für die Festlegung der Qualifizierungsdauer erforderliche Sachnähe verfügen. Der Beurteilungsspielraum steht demnach dem jeweils zuständigen Hochschullehrer zu.

e) Bedeutung für die gerichtliche Kontrolle

Als unbestimmter Rechtsbegriff mit Beurteilungsspielraum unterliegt die Angemessenheit entgegen Art. 19 Abs. 4 GG nur eingeschränkt der gerichtlichen Kontrolle der Arbeitsgerichte. Die Überprüfung beschränkt sich auf die Einhaltung der Grenzen des Beurteilungsspielraums.[918] Eine Grenze ist – in Anlehnung an die frühere Rechtsprechung des BAG – überschritten, wenn innerhalb der Befristungsdauer keine „ins Gewicht fallende Verbesserung der wissenschaftlichen Qualifikation des Mitarbeiters“[919] erreicht werden kann.

IV. Ergebnis

Das Kriterium der angemessenen Befristungsdauer stellt einen integralen Bestandteil des Sachgrunds dar. Bei der Festlegung des Zeitraums handelt es sich um eine Prognoseentscheidung, die von der zuständigen Stelle zu treffen und nur eingeschränkt gerichtlich überprüfbar ist. Eine Delegation der Legislativbefugnis an die Wissenschaftsinstitutionen ist damit jedoch nicht verbunden.

D. Dauer der Drittmittelbefristung

I. Rechtsdogmatische Ausgestaltung der Befristungsdauer – Abgrenzung von eigenständiger Voraussetzung und integralem Bestandteil des Sachgrunds

Wie auch im Rahmen der Qualifizierungsbefristung ist für die Drittmittelbefristung fraglich, ob es sich bei der Befristungsdauer um eine gesondert zu

916 BAG 12.2.1986, BeckRS 9998, 180090; 20.2.1986, BeckRS 1986, 05562 Rn. 42.
917 BVerfG 29.5.1973, BVerfGE 35, 79, 126; BeckOK-GG/*Kempen*, Art. 5 GG Rn. 184.
918 BeckOK-VwGO/*Decker*, § 114 VwGO Rn. 35; *Maurer/Waldhoff*, VerwR, § 7 Rn. 31.
919 BAG 12.2.1986, BeckRS 9998, 180090; 20.2.1986, BeckRS 1986, 05562 Rn. 42.

rechtfertigende Tatbestandsvoraussetzung oder einen integralen Bestandteil des Sachgrunds „Drittmittelfinanzierung“ handelt.

1. Relevanz der Rechtsnatur

Die Abgrenzung ist einerseits auf Seiten der Beweislast des Arbeitgebers und andererseits auf der Rechtsfolgenseite des fehlenden Entsprechens von Bedeutung.

a) Beweislast des Arbeitgebers

Für die Auswirkungen auf die Beweislast des Arbeitgebers kann entsprechend auf die Ausführungen im Rahmen der Qualifizierungsbefristung verwiesen werden. Inkongruenz zwischen Drittmittelprojekt und Befristungsdauer lassen somit darauf schließen, dass der Sachgrund der Drittmittelfinanzierung nur vorgeschoben ist. Umgekehrt ist bei einer eigenständigen Voraussetzung der gesamte Zeitraum anhand des Drittmittelprojekts nachzuweisen.

b) Anwendbarkeit des § 16 TzBfG auf Rechtsfolgenebene

aa) Befristungsdauer als eigenständige Voraussetzung

Unter der Annahme, dass es sich bei dem Entsprechenserfordernis um eine gesondert zu prüfende Befristungsvoraussetzung handelt, gelangt die Rechtsfolge des § 1 Abs. 1 S. 5 WissZVG i. V. m. § 16 TzBfG – wie auch im Rahmen der Qualifizierungsbefristung – nicht zur Anwendung.[920]

bb) Befristungsdauer als integraler Bestandteil des Sachgrunds

Fragwürdig ist, ob § 16 TzBfG im Rahmen des § 2 Abs. 2 WissZVG überhaupt zur Anwendung gelangen kann. Auch wenn es sich um einen integralen Bestandteil des Sachgrunds handelt, besteht bei § 2 Abs. 2 WissZVG gegenüber § 2 Abs. 1 S. 3 WissZVG die dogmatische Besonderheit der Ausgestaltung als Sollvorschrift hinsichtlich der Kongruenz von Befristungsdauer und bewilligtem Projektzeitraum. Die Ausgestaltung als Soll-Vorschrift bewirkt, dass ein Gleichlauf von Projektzeitraum und Befristungsdauer nur der Regelfall ist[921] und kürzere oder längere Befristungen in begründeten Ausnahmefällen möglich

---

920 Zur Rechtsfolge unter § 9 B II 2.

921 *Absenger*, ifo Schnelldienst 18/2015, 3, 5 (ohne zwingende Befolgung); *Maschmann/Konertz*, NZA 2016, 257, 264.

bleiben[922]. Aus den möglichen Abweichungen wird gefolgert, dass eine auf § 2 Abs. 2 WissZVG gestützte Befristung im Regelfall nicht unwirksam sein kann,[923] da der Gesetzgeber, wenn er die Unwirksamkeitsfolge hätte einführen wollen, eine andere Formulierung gewählt hätte[924]. Dahinter steht das praktische Bedürfnis, unwirksame Befristungen und damit die Rechtsfolge des § 16 S. 1 TzBfG zu vermeiden: Es ist den Wissenschaftseinrichtungen kaum zumutbar, einen Arbeitnehmer dauerhaft zu beschäftigen, für den durch das zeitlich limitierte Projekt mangels Drittmitteln weder finanziell noch institutionell Raum bleibt.[925]

Die Indizwirkung, dass der Sachgrund nur vorgeschoben ist, ist damit jedoch nicht ausgeschlossen, im Grundsatz besteht weiterhin eine Bindung an das Entsprechenserfordernis. Erforderlich ist vielmehr eine größere Abweichung als im Rahmen der Ist-Vorschrift des § 2 Abs. 1 S. 3 WissZVG, da bei Soll-Vorschriften ein größerer Entscheidungsspielraum besteht, der die Unsicherheiten des Verlaufs eines Drittmittelprojekts bei der Festlegung der Befristungsdauer berücksichtigt. Ausnahmefälle, die ein vollständiges Auseinanderfallen von Drittmittelprojekt und Vertragslaufzeit rechtfertigen, sind kaum vorstellbar.

In der Literatur wird eine Verkürzung der Befristungsdauer bei der Einstellung des Arbeitnehmers für ein bereits begonnenes Projekt für zulässig

---

922 BT-Drs. 18/6489, S. 11; *Bolenius/Böning*, PersR 2018, 27, 30; MüKo-BGB/*Hesse*, § 23 TzBfG Rn. 66; HK-TzBfG/*Joussen*, § 2 WissZVG Rn. 15; *Kroll*, ZTR 2016, 235, 238; *Maschmann/Konertz*, NZA 2016, 257, 265; hieran sind hohe Anforderungen zu stellen: *Adamietz/Künne*, Drittmittelbefristungen, S. 26 für § 75 Abs. 3 S. 1 BremHG; insbesondere kritisch *Marburger Bund*, AusDrs. 18 (18) 162k, S. 2 und *Tschaut* (Thesis e. V.), AusDrs. 18 (18) 143b, S. 3 (für eine Ausgestaltung als Muss-Vorschrift).

923 *Anton*, ZTR 2016, 432, 435; *Lehmann-Wandschneider*, Sonderbefristungsrecht, S. 194; ErfK/*Müller-Glöge*, § 2 WissZVG Rn. 10; *Preis*, AusDrs. 18 (18) 143a, S. 3, („nicht geeignet, eine Unwirksamkeitsfolge nach sich zu ziehen"); offen: D/D/Z/*Nebe*, § 2 WissZVG Rn. 55b („lässt die Sollbestimmung nicht unmittelbar erkennen […] Schutzzweck zuwider laufen würde, wenn eine nicht begründbare und klare Abweichung zwischen Mittelbewilligung und Vertragslaufzeit vereinbart würde"); Staudinger/*Preis*, § 620 BGB Rn. 284; *ders./Ulber*, § 2 WissZVG Rn. 81, 84, 92 (Indiz, dass Sachgrund nur vorgeschoben); H/W/K/*Rennpferdt*, § 23 TzBfG Rn. 70; eingeschränkt A/P/S/*Schmidt*, § 2 WissZVG Rn. 45 (Dauer unter keinem Gesichtspunkt projektbezogen zu rechtfertigen); **a. A.** wohl LAG Köln 9.9.2009, BeckRS 2009, 75034 zum WissZVG a. F. („scheitert die Wirksamkeit […] an der fehlenden Kongruenz von Beschäftigungsdauer und Drittmittelbewilligungszeitraum").

924 *Buchner*, RdA 1985, 258, 267 für § 57 Abs. 6 HRG.

925 Ähnlich *Blum/Vehling*, OdW 2015, 189, 197; zweifelnd *Hirdina*, NZA 2009, 712, 714 (Weiterbeschäftigung mit Überbrückungsgeldern wie Studienbeiträgen, betriebsbedingte Kündigung als ultima ratio).

erachtet.[926] Eine längere Befristung sei demgegenüber leichter für unwirksam zu erachten, zumal der Arbeitgeber seinen Willen zum Ausdruck bringt, den Beschäftigten unabhängig von der Drittmittelfinanzierung anzustellen.[927] Bei einer signifikanten Abweichung der Befristungsdauer vom Drittmittelprojekt greift jedoch ebenso wie nach der Rechtsprechung zu § 2 Abs. 2 WissZVG a. F. die Vermutung, dass der Befristungsgrund nur vorgeschoben war und die Befristung infolgedessen mangels Sachgrunds unwirksam ist.[928] Auch die Ausgestaltung als Soll-Vorschrift vermag hieran nichts zu ändern.

Somit würde § 16 TzBfG im Rahmen des § 2 Abs. 2 WissZVG zur Anwendung gelangen.

2. Auslegung des § 2 Abs. 2 WissZVG

a) Grammatikalische Auslegung

Der Wortlaut des § 2 Abs. 2 WissZVG normiert „die vereinbarte Befristungsdauer soll dem bewilligten Projektzeitraum entsprechen". Hieraus folgt zunächst eine untrennbare Verknüpfung des Sachgrunds mit der Befristungsdauer, was für einen integralen Bestandteil spricht. Weiterhin ist die Syntax der Norm gegen das Erfordernis einer zusätzlichen sachlichen Rechtfertigung anzuführen: § 2 Abs. 2 WissZVG beschreibt, dass die Befristung zulässig ist, wenn [...] und verbindet die Tatbestandsmerkmale mit einem Komma oder der Konjunktion „und". Der Befristungszeitraum ist dagegen von den Voraussetzungen durch ein Semikolon abgetrennt. Dies indiziert, dass es sich nicht um ein zusätzliches Erfordernis handelt, sondern vielmehr um eine Konkretisierung des Sachgrunds. Die grammatikalische Auslegung spricht daher für die Befristungsdauer als integralen Bestandteil der Drittmittelfinanzierung.

b) Systematische Auslegung

Die Gesetzessystematik des WissZVG zeigt, dass auch die Befristungsdauer der Qualifizierung nach § 2 Abs. 1 S. 1 WissZVG trotz Kodifizierung in § 2 Abs. 1 S. 3 WissZVG keine eigenständige Tatbestandsvoraussetzung darstellt, sondern ebenfalls integraler Bestandteil des Sachgrunds ist. Gleiches gilt für die Sachgrundbefristungen des § 14 Abs. 1 S. 2 TzBfG. Dass die Dauer einer

926 So *Preis/Ulber*, § 2 WissZVG Rn. 84; A/P/S/*Schmidt*, § 2 WissZVG Rn. 44.

927 *Lehmann-Wandschneider*, Sonderbefristungsrecht, S. 194; *Preis/Ulber*, § 2 WissZVG Rn. 93.

928 Vgl. § 6 D I.

Drittmittelbefristung gesondert normiert ist, spricht daher nicht zwingend für eine gesondert zu prüfende Tatbestandsvoraussetzung.

c) *Teleologische Auslegung*

Zweck der Entsprechung von Projekt- und Befristungsdauer ist, dass keine unverhältnismäßig kurzen Beschäftigungsverhältnisse abgeschlossen werden, sondern dass Einklang mit den jeweils geförderten Projekten besteht. Dieser Zweck indiziert eine untrennbare Verknüpfung zum Sachgrund. Eine Aufspaltung in zwei gesondert zu rechtfertigende Tatbestandsvoraussetzungen wäre daher nicht sachgerecht. Wie auch im Rahmen der Auslegung des § 2 Abs. 1 WissZVG erörtert,[929] ist der Zweck der Befristungskontrolle als solcher die bloße Überprüfung, dass die Kündigungsschutzvorschriften nicht ausgehebelt werden, sodass dies auch im Rahmen des § 2 Abs. 2 WissZVG gegen eine zusätzliche sachliche Rechtfertigung ins Feld zu führen ist.

d) *Historische Auslegung*

Ursprünglich normierte § 2 Abs. 2 WissZVG a. F. keine Anhaltspunkte für die Befristungsdauer bei einer Drittmittelfinanzierung. Konsequenz war eine oftmals unverhältnismäßig kurze Beschäftigung.[930] Zuvor war die Inkongruenz von Befristungs- und Projektdauer ein Indiz dafür, dass der Befristungsgrund der Drittmittelfinanzierung vorgeschoben war,[931] die Laufzeit des Projekts musste jedoch nicht der Vertragslaufzeit entsprechen. Kürzere und längere Verträge waren also ohne weiteres möglich, zumal die Dauer als solche keinen eigenen Prüfungspunkt darstellte,[932] es handelte sich um einen integralen Bestandteil des Sachgrunds. Einerseits könnte es sich also bei der Normierung in § 2 Abs. 2 WissZVG um eine bloße Klarstellung handeln, andererseits kann es dem Willen des Gesetzgebers entsprochen haben, die Befristungsdauer mit der Kodifizierung zu einer gesonderten Voraussetzung zu machen. Aus der Gesetzesbegründung folgt explizit: „Die Befristungsdauer selbst ist kein eigenständiger Prüfungspunkt, sondern indiziert nur das Vorliegen eines Befristungsgrundes“[933]. Im

---

929 Vgl. § 6 C II 2 c) bb).

930 BT-Drs. 18/7038, S. 2.

931 BT-Drs. 16/3438, S. 14; B/T/M/*Mayer*, § 2 WissZVG Rn. 16.

932 *Adamietz/Künne*, Drittmittelbefristungen, S. 17; *Preis/Ulber*, § 2 WissZVG Rn. 92; Brüggen/*Brüggen/Birkenbusch*, Rn. 1592.

933 BT-Drs. 16/3438, S. 14.

darauf folgenden Absatz heißt es zudem, „Klargestellt wird auch“[934], sodass eindeutig ist, dass die Erweiterung des § 2 Abs. 2 WissZVG um eine zeitliche Komponente *klarstellend* war und die vorherigen Grundsätze weiter gelten. Dies verdeutlicht darüber hinaus die Ausgestaltung als Sollvorschrift, da auch hier ein Spielraum für die zuvor zulässigen Abweichungen von der Projektdauer bleibt. Auch im Rahmen des § 2 Abs. 2 WissZVG ist folglich eine Rückkehr zur früheren Rechtsprechung vor dem 26. August 1988 abzulehnen.

e) Ergebnis

Die dem Projektzeitraum entsprechende Befristungsdauer ist folglich keine gesondert zu prüfende Tatbestandsvoraussetzung, sondern integraler Bestandteil des Sachgrunds Drittmittelfinanzierung.

II. Bewilligter Projektzeitraum

1. Keine Mindest- oder Höchstvertragslaufzeit

Die Synchronisation von Projekt- und Vertragsdauer soll verhindern, dass der Arbeitnehmer für Daueraufgaben wie die Lehre[935] eingesetzt wird, da die Befristung andernfalls nicht mit den verfassungs- und europarechtlichen Mindestanforderungen an den Bestandsschutz vereinbar wäre.[936] Auch der Fremdbestimmtheit der Tätigkeit soll Rechnung getragen werden,[937] sodass § 2 Abs. 2 WissZVG keine Mindest- oder Höchstbefristungsdauern vorsieht. Abgelehnt wurde konsequenterweise ebenfalls die von den Fraktionen Die Linke und Bündnis 90/Die Grünen vorgeschlagene Mindestvertragslaufzeit von zwei Jahren für die Drittmittelbefristung.[938] Die pauschale Festlegung einer solchen würde jeglicher Kongruenz von Befristungs- und Projektdauer zuwiderlaufen. Darüber hinaus würde die Bereitschaft zur Drittmittelförderung für kürzere Projekte erheblich einbüßen

934 BT-Drs. 16/3438, S. 14; zu Zeiten des HRG dennoch Unter- bzw. Überschreitung (wegen § 57d HRG) der Drittmittelzusage möglich: *Löwisch*, WissR 1992, 56, 65.

935 Müko-BGB/*Hesse*, § 23 TzBfG Rn. 41; ErfK/*Müller-Glöge*, § 2 WissZVG Rn. 9a; **a. A.** Geis/*Krause*, § 2 WissZVG Rn. 55.

936 TK-TzBfG/*Sievers*, 4. Aufl. Anh. 6 Rn. 49.

937 LAG Köln 9.9.2009, BeckRS 2009, 75034.

938 BT-Drs. 18/7038, S. 22 f.; dies ist jedoch nicht legitim, da mit dem Drittmittelprojekt ein Sachgrund für eine kürzere Befristung vorliegt, ebenso *Adamietz/Künne*, Drittmittelbefristungen, S. 19.

2. Keine Obergrenze abgeschlossener Verträge

Eine Obergrenze, welche die Anzahl drittmittelbefristeter Arbeitsverträge limitiert, besteht *qua lege* derweil nicht, da der Gesetzgeber – auch im Zuge der Novellierung – von einem verantwortungsvollen Gebrauch des Tatbestands durch die Wissenschaftsinstitutionen ausgegangen ist.[939] Unter Geltung des § 57c HRG wurde vertreten, dass eine Höchstgrenze von fünf Jahren für die Drittmittelbefristung gelte.[940] Darüber hinausgehende Befristungen unterlagen einer erhöhten Befristungskontrolle.[941] Zwecks Missbrauchseindämmung ist daran zu denken, dies gleichermaßen für das WissZVG einzuführen. Es könnte sowohl eine *Höchstbefristungsdauer* als auch eine *Maximalanzahl an Verträgen* als Form der Obergrenze eingeführt werden. Bei ersterer läge die Höchstbefristungsgrenze äquivalent zu § 2 Abs. 1 S. 1 WissZVG bei sechs Jahren. Da der Gesetzgeber ebenda die Maximaldauern geregelt und in § 2 Abs. 2 WissZVG, auch im Zuge der Reform, bewusst nicht geregelt hat, ist davon auszugehen, dass die Befristungsdauer projektbezogen und der Höhe nach nicht begrenzt werden soll. Auch eine Maximalanzahl der hierauf gestützten Verträge besteht nicht. Wie § 14 Abs. 1 S. 2 TzBfG zeigt, ist dies bei Sachgrundbefristungen gesetzlich nicht vorgesehen. Eine Grenze ergibt sich diesbezüglich aus der Missbrauchskontrolle bei Kettenbefristungen.[942] Die Drittmittelbefristung ist damit *grundsätzlich* schrankenlos möglich.

3. Berechnung der Befristungsdauer

Eine „konkrete haushaltsmäßige Mittelbereitstellung“[943] ist für die Bemessung der Befristungsdauer nicht entscheidend. Abzustellen ist vielmehr auf eine Befristungsprognose anhand der Personalausgaben für den befristet beschäftigten Arbeitnehmer und den daraus resultierenden Wegfallzeitpunkt der Mittel.[944] Bei längerfristigen Projekten gestaltet sich die Abschätzung der Laufzeit als

939 BT-Drs. 16/3438, S. 10.

940 *Koch*, AuA 1994, 317.

941 *Löwisch*, WissR 1992, 56, 74; BAG 21.1.1987, NZA 1988, 280, 282.

942 Dazu unter § 7.

943 BT-Drs. 18/7038, S. 12; MüKo-BGB/*Hesse*, § 23 TzBfG Rn. 66; *Maschmann/Konertz*, NZA 2016, 257, 264.

944 *Adamietz/Künne*, Drittmittelbefristungen, S. 16; Geis/*Krause*, § 2 WissZVG Rn. 69; Staudinger/*Preis*, § 620 BGB Rn. 284.

schwierig. Daher ist es zulässig, die Befristungszeiträume nach einzelnen Projektabschnitten zu bemessen.[945]

III. Ergebnis

Durch die Novellierung des WissZVG hat der Drittmitteltatbestand eine dualistische Struktur erfahren: Einerseits Rechtssicherheit durch die eindeutigen, konturierten Kriterien und andererseits zeitliche Flexibilität durch das mögliche Auseinanderfallen von Projekt- und Befristungszeitraum. Eine echte Modifikation geht damit allerdings nicht einher. Die Vertragslaufzeit wurde auch vorher am Projektzeitraum orientiert, hier liegt eine bloße Kodifizierung der bisherigen Rechtsprechung vor. Die bekannte Problematik um eine Maximalbegrenzung der Anzahl drittmittelbefristeter Verträge ist der Gesetzgeber nicht angegangen.

E. Verlängerungstatbestände der Höchstbefristungsdauer

I. Anwendbarkeit der Verlängerungstatbestände

1. Qualifizierungsbefristung

Zu untersuchen sind im Folgenden die gesetzlich vorgegebenen Verlängerungstatbestände in § 2 Abs. 1 S. 4 ff. und § 2 Abs. 5 WissZVG. Die in § 2 Abs. 1 S. 4 ff. WissZVG vorgesehenen Ausnahmetatbestände verlängern die in § 2 Abs. 1 S. 1, 2 WissZVG vorgegebene Höchstbefristungsdauer. Sie beziehen sich auf beide Qualifizierungsphasen und können *insgesamt* (vgl. § 2 Abs. 1 S. 4 WissZVG) zwei Jahre betragen, nicht jedoch zwei Jahre je Qualifizierungsphase. Streng genommen laufen sie dem Zweck der schnellen Qualifizierung und der Sicherung der Innovationsfähigkeit der Hochschule zuwider, sind aber einerseits aus sozialen Aspekten und zum Schutz des Arbeitnehmers legitim,[946] andererseits verzögert sich durch die mit den Tatbeständen einhergehende Mehrfachbelastung die Qualifizierung, sodass die Erreichung im vom Gesetzgeber vorgegebenen Zeitraum nicht mehr möglich ist[947]. Dadurch würden die Qualifizierung und

945 BT-Drs. 18/6489, S. 11; kritisch hierzu wegen der infolgedessen möglichen sehr kurzen Befristungsdauern, *Frauenhofer GbR*, AusDrs. 18 (18) 144b, S. 4.

946 BT-Drs. 16/3438, S. 15 für § 2 Abs. 5 WissZVG; Geis/*Krause*, § 2 WissZVG Rn. 104 (insbesondere wäre der Qualifikationsabschluss andernfalls gefährdet und die bereits investierten öffentlichen Mittel hinfällig); ErfK/*Müller-Glöge*, § 2 WissZVG Rn. 17; *Preis/Ulber*, § 2 WissZVG Rn. 171; A/G/*Rambach*, § 2 WissZVG Rn. 29.

947 BT-Drs. 16/3438, S. 9 f.

damit einhergehend auch die Nachwuchsförderung gefährdet. Mit der Verlängerungsmöglichkeit soll der für die Qualifizierung erforderliche zeitliche Rahmen erhalten bleiben, sodass die Vereinbarkeit von Wissenschaft mit Familie und von Wissenschaft und Behinderung sichergestellt werden.[948]

Die Verlängerungstatbestände des § 2 Abs. 5 WissZVG beziehen sich ebenfalls auf die Befristung nach § 2 Abs. 1 WissZVG, eine weitere Modifikation der Höchstbefristungsdauer folgt hieraus jedoch nicht.[949] Diese verlängern nur den nach § 2 Abs. 1 WissZVG befristeten Vertrag, ohne dass es einer besonderen vertraglichen Vereinbarung oder einer Mitwirkung des Arbeitgebers bedarf, sofern nur das konkludente[950] Einverständnis des betroffenen Arbeitnehmers vor dessen Ablauf vorliegt[951]. Es können mehrere Verlängerungstatbestände hintereinander einschlägig sein, sodann werden die Zeiten summiert.[952] Dies gilt jedoch nicht bei zeitgleicher Kumulation verschiedener Tatbestände.[953]

---

948 BT-Drs. 18/6489, S. 11; A/P/S/*Schmidt*, § 2 WissZVG Rn. 24.

949 Staudinger/*Preis*, § 620 BGB Rn. 283; A/P/S/*Schmidt*, § 2 WissZVG Rn. 84.

950 BAG 30.8.2017, BeckRS 2017, 137774 Rn. 31 f.

951 Bewusste Abkehr von der zuvor erforderlichen Leistungsklage [BAG 30.3.1994, NZA 1995, 70, 72 (zu § 44 Abs. 5 BerlHG); 24.4.1996, NZA 1997, 256, 258 (zu § 1 Abs. 4 ÄArbVtrG); 3.3.1999, NZA 1999, 1049, 1049 (zu § 57b HRG, gleichlautend) und von der Ausgestaltung des § 2 Abs. 1 S. 4 ff. WissZVG (nicht erzwingbar), das Einverständniserfordernis resultiert aus dem Eingriff in Art. 12 Abs. 1 GG des Arbeitnehmers; *Dörner*, Befristeter Arbeitsvertrag, Rn. 704; *Lakies*, ZTR 2002, 250, 255; *Maschmann/Konertz*, NZA 2016, 257, 263; B/T/M/*Mayer*, § 2 WissZVG Rn. 26; ErfK/*Müller-Glöge*, § 2 WissZVG Rn. 283; Staudinger/*Preis*, § 620 BGB Rn. 283; L/S/*Schlachter*, § 23 TzBfG, Anh. 2, § 2 WissZVG Rn. 23; bei Geltendmachung durch den Arbeitnehmer besteht für den Arbeitgeber Kontrahierungszwang: BAG 24.4.1996, NZA 1997, 256, 258 für § 1 Abs. 4 ÄArbVtrG (unter Bezugnahme auf *Nagel*, AP HRG § 57a Nr. 1, der diesen bejaht); Knopp/Gutheil/*Henrici*, S. 53; es handelt sich um eine rechtsgeschäftsähnliche Handlung, da die Rechtsfolge qua Gesetz eintritt: Geis/*Krause*, § 2 WissZVG Rn. 107; *Lakies*, Leitfaden, Rn. 424; KR/*Treber*, § 2 WissZVG Rn. 82; **a. A.** A/T/*Kühn*, § 23 TzBfG Rn. 205.

952 *Dörner*, Befristeter Arbeitsvertrag, Rn. 610; *Lakies*, ZTR 2002, 250, 255; ErfK/*Müller-Glöge*, § 2 WissZVG Rn. 18; L/S/*Schlachter*, § 23 TzBfG, Anh. 2, § 2 WissZVG Rn. 25; A/P/S/*Schmidt*, § 2 WissZVG Rn. 83; KR/*Treber*, § 2 WissZVG Rn. 102.

953 Geis/*Krause*, § 2 WissZVG Rn. 123; A/T/*Kühn*, § 23 TzBfG Rn. 211; ErfK/*Müller-Glöge*, § 2 WissZVG Rn. 18; *Preis/Ulber*, § 2 WissZVG Rn. 231; bei Inanspruchnahme nacheinander besteht dagegen kein Kumulationsverbot: *Dörner*, Befristeter Arbeitsvertrag, Rn. 610; HSchR/*Löwisch/Wertheimer*, Kap. X Rn. 175.

2. Drittmittelbefristung

Im Unterschied zur Qualifizierungsbefristung sieht der Drittmittelbefristungstatbestand in § 2 Abs. 2 WissZVG keine Ausnahmetatbestände vor.[954] Weder § 2 Abs. 1 S. 4 ff. WissZVG noch die Ausnahmetatbestände des § 2 Abs. 5 WissZVG nehmen die Drittmittelbefristung in ihren Anwendungsbereich auf, vielmehr wird *expressis verbis* nur auf Befristungen nach § 2 Abs. 1 WissZVG verwiesen. Hintergrund ist, dass bei einer projektunabhängigen Verlängerung eine Inkongruenz von Sachgrund und Befristungsdauer vorläge, da der Sachgrund mit Beendigung des Projekts entfällt, sodass eine Vertragsverlängerung mangels Anknüpfungspunkts ausscheidet.[955] Eine analoge Anwendung kommt ebenso wenig in Betracht:[956] Die Fremdfinanzierung und die projektbezogene Beschäftigung lassen keinen Raum für eine Verlängerung[957]. Es fehlt nicht nur an der Planwidrigkeit der Regelungslücke, sondern auch an der Vergleichbarkeit der Interessenlage zur Qualifizierungsbefristung nach § 2 Abs. 1 S. 1 WissZVG.[958]

II. Dogmatische Bewertung der Verlängerungstatbestände

1. Die Verlängerungen nach § 2 Abs. 1 S. 4 ff. WissZVG

a) Verlängerung ex lege

Wie der Verlängerungsmechanismus der Tatbestände des § 2 Abs. 1 S. 4 ff. WissZVG dogmatisch ausgestaltet ist, geht nicht eindeutig aus den Normen hervor. Teilweise wird davon ausgegangen, dass der Arbeitnehmer einen Antrag stellen und die Entscheidung des Arbeitgebers hinnehmen muss.[959] Ein Verlängerungsanspruch lässt sich demnach nur aus betrieblicher Übung bzw. entsprechender Verwaltungspraxis herleiten.[960] Weiterhin ist ein Entschädigungsanspruch

954 Ausführlich zur Begründung § 2 A III b) (5), zu den Ausnahmetatbeständen als solchen unter § 6 E; kritisch *Absenger*, ifo Schnelldienst 18/2015, 3, 5.

955 BT-Drs. 18/7038, S. 21.

956 Geis/*Krause*, § 2 WissZVG Rn. 105; *Lehmann-Wandschneider*, Sonderbefristungsrecht, S. 150; *Mandler*, OdW 2014, 221, 222; *Maschmann/Konertz*, NZA 2016, 257, 264; KR/*Treber*, § 2 WissZVG Rn. 80; **a. A.** *DFG*, AusDrs. 18 (18) 143h, S. 3; *DGB*, AusDrs. 18 (18) 143f, S. 4; *ver.di*, AusDrs. 18 (18) 143 g, S. 7.

957 *Preis/Ulber*, § 2 WissZVG Rn. 173.

958 *Preis/Ulber*, § 2 WissZVG Rn. 173.

959 So *Dörner*, Befristeter Arbeitsvertrag, Rn. 569.

960 NK-GA/*Boemke*, § 2 WissZVG Rn. 16; Geis/*Krause*, § 2 WissZVG Rn. 47; A/T/*Kühn*, § 23 TzBfG Rn. 204; AR/*Löwisch*, § 2 WissZVG Rn. 8; HSchR/*ders./Wertheimer*, Kap. X

des Arbeitnehmers bei einem Verstoß gegen die Vorgaben des AGG in Erwägung zu ziehen.[961]

aa) Grammatikalische Auslegung

§ 2 Abs. 1 S. 4 ff. WissZVG sieht vor, dass sich die „insgesamt zulässige Befristungsdauer verlängert". *Expressis verbis* verlängert sich also nur die Höchstbefristungsgrenze, nicht jedoch die Dauer des Arbeitsverhältnisses selbst. Eine automatische Vertragsverlängerung sieht der Wortlaut der Norm nicht vor.[962] Auch einen Anspruch vermittelt § 2 Abs. 1 S. 4 ff. WissZVG nicht.[963] Die grammatikalische Auslegung deutet durch die lediglich für zulässig erachtete Verlängerung darauf hin, dass es sich um eine *Option* handelt.[964]

bb) Systematische Auslegung

In systematischer Hinsicht zeigt die Ausgestaltung des § 2 Abs. 5 WissZVG, der eine Vertragsverlängerung vorsieht, wenn das Einverständnis des Arbeitnehmers gegeben ist, dass eine solche Ausgestaltung in § 2 Abs. 1 S. 4 ff. WissZVG vom Gesetzgeber gerade nicht beabsichtigt war, andernfalls hätte der Gesetzgeber hier zumindest eine vergleichbare Formulierung gewählt. Eine einzig vom Einverständnis des Arbeitnehmers abhängige Vertragsverlängerung folgt aus § 2 Abs. 1 S. 4 ff. WissZVG daher nicht. Dies lässt jedoch offen, ob

---

Rn. 177; *ders.*, NZA 2007, 479, 483; *Preis/Ulber*, § 2 WissZVG Rn. 69; KR/*Treber*, § 2 WissZVG Rn. 32.

961 Geis/*Krause*, § 2 WissZVG Rn. 47; *Löwisch*, NZA 2007, 479, 483; AR/*ders.*, § 2 WissZVG Rn. 8; HSchR/*ders./Wertheimer*, Kap. X Rn. 177; M/H/H/*Herms*, § 23 TzBfG Rn. 38; *Preis/Ulber*, § 2 WissZVG Rn. 69; Entschädigungs- und Schadensersatzansprüche nach § 15 Abs. 1 und § 15 Abs. 2 bei Ablehnung einer Verlängerung wegen der Behinderung bzw. schwerwiegenden chronischen Erkrankung möglich: A/G/*Rambach*, § 2 WissZVG Rn. 28.

962 *Dörner*, Befristeter Arbeitsvertrag, Rn. 575; Staudinger/*Preis*, § 620 BGB Rn. 283; A/G/*Rambach*, § 2 WissZVG Rn. 28 (geringe praktische Relevanz, 1–2 % der Arbeitsverträge erfasst nach der Statistik v. März 2011); L/S/*Schlachter*, § 23 TzBfG, Anh. 2, § 2 WissZVG Rn. 12; für einen Rechtsanspruch Gesetzesentwurf Die Linke, BT-Drs. 18/7038, S. 19 und Stellungnahme BR BT-Drs. 18/6489, S. 18; Bündnis 90/Die Grünen BT-Drs. 18/7038, S. 23 (vorbehaltlich entgegenstehender betrieblicher Gründe).

963 Vgl. AT/*Kühn*, § 23 TzBfG Rn. 204; *Löwisch*, NZA 2007, 479, 483; KR/*Treber*, § 2 WissZVG Rn. 40.

964 So auch *Kortstock*, ZTR 2007, 2, 8; *Löwisch*, NZA 2007, 479, 483; *Räder/Steinheimer*, PersR 2007, 328, 330.

für die Verlängerung der Abschluss einer Vereinbarung erforderlich ist oder ob diese automatisch eintritt.

cc) Teleologische Auslegung

Zweck der Verlängerungstatbestände wegen familiärer oder gesundheitlicher Beeinträchtigungen ist, den Menschen, die einer der normierten Mehrfachbelastungen unterliegen, eine Qualifizierung zu ermöglichen und die Vereinbarkeit mit der wissenschaftlichen Tätigkeit sicherzustellen. Um dies effektiv zu gewährleisten, ist eine Verlängerung *ex lege* erforderlich, da die Verlängerung des Höchstbefristungsfensters nach § 2 Abs. 1 S. 1 WissZVG dem betroffenen Mitarbeiter noch kein Beschäftigungsverhältnis und damit keine Finanzierung der Qualifizierung sichert. Der Normzweck spricht folglich dafür, dass es sich bei den Verlängerungen des § 2 Abs. 1 S. 4 ff. WissZVG um mehr als eine Option handelt und dass von der Verlängerung *ex lege* auch das Arbeitsverhältnis erfasst ist.

dd) Historische Auslegung

Die Verlängerungstatbestände des § 2 Abs. 1 S. 4 ff. WissZVG waren auch vor der Novellierung des WissZVG im Jahre 2016 in rechtsdogmatischer Sicht offen ausgestaltet. Zwar hat der Gesetzgeber die Tatbestände um die schwere chronische Erkrankung erweitert, im Übrigen jedoch die Formulierung beibehalten, obwohl Opposition und Bundesrat im Zuge des Gesetzgebungsverfahrens forderten, die Verlängerungszeiten nach § 2 Abs. 1 S. 4 ff. WissZVG als Rechtsanspruch festzuschreiben[965]. Dieser Vorschlag zeigt, dass es sich weder zuvor noch jetzt um eine Anspruchsgrundlage handelt und dass zuvor davon ausgegangen wurde, dass auch keine Verlängerung *ex lege* greift, da es andernfalls keiner Ausgestaltung eines Anspruchs bedürfte. Die Bundesregierung wies den Vorschlag als nicht erforderlich zurück,[966] was darauf schließen lässt, dass der Gesetzgeber davon ausgeht, dass Arbeitnehmer und Arbeitgeber sich auch ohne eine ausdrückliche Anspruchsgrundlage über die Verlängerung einigen können oder eine Verlängerung *ex lege* eintritt.

---

965 BT-Drs. 18/6489, S. 18; BT-Drs. 18/7038, S. 23 (Bündnis 90/Die Grüne); *Keller*, AusDrs. 18 (18) 143e, S. 11, 16; *Marburger Bund*, AusDrs. 18 (18) 162k, S. 2; *VMPV*, AusDrs. 18 (18) 162h, S. 1; *DGB*, AusDrs. 18 (18) 143f, S. 4; *ver.di*, AusDrs. 18 (18) 143g, S. 5.

966 BT-Drs. 18/7038, S. 19 ff, S. 23 („klare und angemessene Familienkomponente").

Jüngst hat sich auch das BAG für eine automatische Vertragsverlängerung bei der familienpolitischen Komponente nach § 2 Abs. 1 S. 3 WissZVG in der bis zum 16. März 2016 geltenden Fassung ausgesprochen.[967] Es ist davon ausgegangen, dass die Verlängerung durch die Betreuung allein eintritt und es weder einer Parteivereinbarung noch der Kenntnis des Arbeitgebers von der Betreuungssituation bedarf.[968]

Da mit der Novellierung keine rechtsdogmatischen Änderungen einhergegangen sind, ist davon auszugehen, dass der Automatismus der Verlängerung beibehalten werden sollte. Nichts anderes kann für die parallel ausgestalteten Verlängerungstatbestände der Behinderung und der schweren chronischen Erkrankung gelten.

b) Ergebnis

Die Auslegungsergebnisse zeigen, dass eine Verlängerung *ex lege* bei den Tatbeständen des § 2 Abs. 1 S. 4 ff. WissZVG statthaft ist, die dem Arbeitgeber kein Ermessen lässt.

2. Die Verlängerungen nach § 2 Abs. 5 WissZVG

Anders als § 2 Abs. 1 S. 4 ff. WissZVG sieht der Wortlaut des § 2 Abs. 5 WissZVG vor, dass der Vertrag sich bei Vorliegen eines Tatbestands „im Einverständnis mit dem Mitarbeiter oder der Mitarbeiterin" verlängert. Hieraus folgt im Umkehrschluss, dass der Arbeitgeber für die Verlängerung nicht zustimmen muss und das Arbeitsverhältnis auch gegen seinen Willen verlängert wird. Dem Arbeitnehmer wird also ein echtes Gestaltungsrecht eingeräumt,[969] das durch die Erfüllung der Tatbestandsvoraussetzungen bedingt ist, da er allein die Verlängerung herbeiführt. Konsequenterweise handelt es sich bei dem Einverständnis um eine Willenserklärung und nicht um eine rechtsgeschäftsähnliche Handlung[970]: Die Rechtsfolge wird herbeigeführt, weil sie vom Arbeitnehmer gewollt

---

967 BAG 25.4.2018, BeckRS 2018, 17273 Rn. 33.

968 BAG 25.4.2018, BeckRS 2018, 17273 Rn. 33.

969 Brüggen/*Brüggen/Birkenbusch*, Rn. 1608; MüKo-BGB/*Hesse*, § 23 TzBfG Rn. 47; AT/*Lambrich*, 2. Aufl., § 23 TzBfG Rn. 120; *Mandler*, OdW 2014, 221, 222, 225; *Reich*, § 2 WissZVG Rn. 15.

970 So aber BAG 30.8.2017, NZA 2018, 305 Rn. 31; LAG Mecklenburg-Vorpommern 16.10.2018, BeckRS 2018, 33895 Rn. 30; *Dörner*, Rn. 702; Geis/*Krause*, § 2 WissZVG Rn. 107; AT/*Kühn*, § 23 TzBfG Rn. 205; *Lakies*, ZTR 2002, 250, 255; *Lehmann-Wandschneider*, Sonderbefristungsrecht, S. 154; ErfK/*Müller-Glöge*, § 2 WissZVG Rn. 17; *Preis/Ulber*, § 2 WissZVG Rn. 176; A/P/S/*Schmidt*, § 2 WissZVG Rn. 69; KR/*Treber*, § 2 WissZVG Rn. 82.

ist, sie tritt gerade nicht ein, weil das Gesetz dies unabhängig vom Willen des Arbeitnehmers anordnet[971]. Verdeutlicht wird dies durch die Möglichkeit des Arbeitnehmers, die Vertragsverlängerung nur teilweise zu beanspruchen, da die Rechtsfolge der teilweisen Verlängerung sich nach seinem Willen bemisst und gerade nicht vom Gesetz angeordnet wird.[972]

Sofern das Einverständnis des Arbeitnehmers nicht gegeben ist, kommt keine Verlängerung zustande, es sei denn, dass der Arbeitgeber eine Aufklärungspflicht verletzt hat: Hier kommt ein Schadensersatzanspruch aus § 242 BGB, gerichtet auf Naturalrestitution nach § 249 Abs. 1 BGB, in Betracht.[973]

III. Reichweite der Tatbestände

1. Reichweite des § 2 Abs. 1 S. 4 ff. WissZVG

Die Verlängerung nach § 2 Abs. 1 S. 4 ff. WissZVG findet wie dargelegt automatisch statt und ist deshalb in seiner Reichweite nur durch die Tatbestandsanforderungen selbst begrenzt. Ausnahmeregelungen hiervon sieht der Gesetzgeber nicht vor.

2. Reichweite des § 2 Abs. 5 WissZVG

Der Wortlaut des § 2 Abs. 5 WissZVG sieht keine Ausnahme oder Begrenzung der normierten Verlängerungsmöglichkeit zugunsten des Arbeitgebers vor. Auch in systematischer Hinsicht zeigt sich, dass im WissZVG keine Grenze für den Fall der Unzumutbarkeit verankert ist. Die Konstellation, dass ein Arbeitsvertrag ohne Einverständnis des Arbeitgebers fortgesetzt wird, besteht – trotz des Unterschieds, dass ein unbefristetes Beschäftigungsverhältnis neu abgeschlossen wird – auch im Rahmen des § 78a BetrVG, hier hat der Gesetzgeber jedoch die Grenze der Unzumutbarkeit der Weiterbeschäftigung normiert, § 78a Abs. 4 S. 1 BetrVG. Dass im WissZVG eine solche Ausnahme trotz Kenntnis derartiger Ausgestaltungen fehlt, spricht gegen eine Einschränkung des Tatbestands. Sinn und Zweck des § 2 Abs. 5 WissZVG, einen Ausgleich der Mehrbelastung zu schaffen,

---

971 Ausführlich für die vergleichbare Situation des § 78a BetrVG: BAG 15.12.2011, NZA-RR 2012, 413 Rn. 34 ff.; allgemein: *Wolf/Neuner*, § 28 Rn. 8 ff.

972 So auch *Mandler*, OdW 2014, 221, 225 Fn. 30; **a. A.** *Preis/Ulber*, § 2 WissZVG Rn. 221: Verzicht auf darüber hinausgehende Vertragsverlängerung.

973 D/D/Z/*Nebe*, § 2 WissZVG Rn. 44; *Beetz*, jurisPK-FuB Kap.10 Rn. 17; ähnlich bei Verzögerung durch bewusste „Falschinformation“: Geis/*Krause*, § 2 WissZVG Rn. 108 (ein unterlassener Hinweis genügt mangels Aufkl rungspflicht jedoch nicht); *Preis/Ulber*, § 2 WissZVG Rn. 175.

um die bereits zeitlich begrenzten Beschäftigungsmöglichkeiten zu erhalten und die Qualifizierung nicht zu gefährden,[974] werden nur wirksam erreicht, wenn die Verlängerung keiner Grenze unterliegt. Die Gesetzesbegründung schweigt zu Ausnahmetatbeständen und spricht damit ebenso für eine unbegrenzte Verlängerung nach § 2 Abs. 5 WissZVG.

In verfassungsrechtlicher Hinsicht ist jedoch zu berücksichtigen, dass die Verlängerung des Arbeitsvertrags gegen den Willen des Arbeitgebers einen Eingriff in dessen Vertragsfreiheit und damit in die Berufsfreiheit aus Art. 12 Abs. 1 GG darstellt, sodass zweifelhaft ist, ob eine „grenzenlose" Verlängerungsbefugnis des Arbeitnehmers verhältnismäßig ist oder es einer einschränkenden verfassungskonformen Auslegung bedarf[975]: Die Sicherung der Qualifizierung und damit auch der Nachwuchsförderung stellt als Ausfluss von Art. 5 Abs. 3 S. 1 GG einen legitimen Zweck des Eingriffs dar und ist sowohl geeignet als auch erforderlich, um diese effizient zu gewährleisten. Bei der Angemessenheit ist auf Seiten des Arbeitgebers ein Eingriff mittlerer Schwere anzunehmen, da ihm das Arbeitsverhältnis als solches – anders als beispielsweise im Rahmen des § 78a Abs. 2 S. 1 BetrVG – nicht aufgezwungen wird,[976] sondern nur auf die Dauer eines bestehenden, freiwillig abgeschlossenen Arbeitsverhältnisses eingewirkt wird. Auf der anderen Seite wiegt demgegenüber das Interesse des Arbeitnehmers am Erreichen der Qualifizierung. Sofern diese infolge der fehlenden Verlängerung gefährdet würde, entstünde ein schwerer Eingriff in Art. 5 Abs. 3 S. 1 GG. Der mittelschwere Eingriff in Art. 12 Abs. 1 GG steht damit nicht völlig außer Verhältnis zu dem damit verfolgten Zweck der Sicherung der Wissenschaftsfreiheit, sodass die Regelung des § 2 Abs. 5 WissZVG trotz fehlender Ausnahmeregelung verhältnismäßig ist.

Weiterhin wird mit der Norm des § 2 Abs. 5 WissZVG in die Wissenschaftsfreiheit der Hochschule aus Art. 5 Abs. 3 S. 1 GG eingegriffen, da ihr die Möglichkeit genommen wird, die Innovation der Wissenschaft durch die Neubesetzung der betroffenen Stelle zu fördern. Der Eingriff ist wegen der zeitlich engen Grenze der Vertragsverlängerung von leichter Intensität. Demgegenüber wiegt auf Seiten des Arbeitnehmers der Eingriff in die individuelle Wissenschaftsfreiheit aus Art. 5 Abs. 3 S. 1 GG schwer, da er seine Qualifizierung erreichen möchte. Darüber hinaus ist zu berücksichtigen, dass die effektive Nachwuchsförderung nur mit

974 BAG 24.4.1996, NZA 1997, 256, 257 zu § 1 Abs. 4 ÄArbVtrG; hierauf bezugnehmend auch *Lakies*, ZTR 2002, 250, 255.

975 So für § 78a BetrVG: *Blaha/Mehlich*, NZA 2005, 667, 669 f.

976 *Blaha/Mehlich*, NZA 2005, 667, 669 f.

erfolgter Qualifizierung gesichert ist. Der Eingriff in die Wissenschaftsfreiheit der Hochschule steht folglich nicht außer Verhältnis zu dem damit verfolgten Zweck. Auch in diesem Hinblick ist § 2 Abs. 5 WissZVG somit verhältnismäßig.

§ 2 Abs. 5 WissZVG ist verfassungskonform; einer Unzumutbarkeitsgrenze bedarf es nicht. Dem Arbeitgeber bleibt zwar die Möglichkeit, die vorgebrachten Tatsachen des Arbeitnehmers zu prüfen. Im Übrigen kann er die Verlängerung jedoch nicht verweigern.[977]

IV. Die Verlängerungstatbestände des § 2 Abs. 1 S. 4 ff. WissZVG im Einzelnen

1. Familienfreundliche Komponente, § 2 Abs. 1 S. 4, 5 WissZVG

a) Voraussetzungen und Auswirkungen

Aus § 2 Abs. 1 S. 4 WissZVG ergibt sich eine Modifikation der Höchstbefristungsdauer durch eine zweijährige Verlängerung im Fall der Betreuung eines minderjährigen Kindes im Haushalt des Arbeitnehmers[978] während des befristeten Beschäftigungsverhältnisses. Das ununterbrochene Leben im Haushalt ist dabei ebenso wenig erforderlich wie die Geburt innerhalb des befristeten Arbeitsverhältnisses.[979] Ziel der Regelung ist es, die Mehrfachbelastung abzufedern und einen Anreiz zur Familiengründung in der Qualifizierungsphase schaffen.[980] Ursprünglich fehlte dem Tatbestand jegliche Konturierung der Verlängerungsvoraussetzungen.[981] Der im Jahre 2016 neu eingefügte § 2 Abs. 1 S. 5 WissZVG präzisiert nun die Familienkomponente dahingehend, dass es sich

977 *Lehmann-Wandschneider*, Sonderbefristungsrecht, S. 154, 157.

978 BAG 23.3.2016, NZA 2016, 954 Rn. 51; BT-Drs. 18/6489, S. 11; Geis/*Krause*, § 2 WissZVG Rn. 40; AR/*Löwisch*, § 2 WissZVG Rn. 8; *Maschmann/Konertz*, NZA 2016, 257, 264; ErfK/*Müller-Glöge*, § 2 WissZVG Rn. 7; ein Sorgerecht ist nicht erforderlich und hat nur indiziellen Charakter für das Vorliegen der Betreuung: *Lehmann-Wandschneider*, Sonderbefristungsrecht, S. 178; Staudinger/*Preis*, § 620 BGB Rn. 283; *ders./Ulber*, § 2 WissZVG Rn. 66; KR/*Treber*, § 2 WissZVG Rn. 35; LAG Bremen 23.2.2016, LAGE § 2 WissZVG Nr. 7 Rn. 63 **a. A.** LAG Köln 27.4.2012, BeckRS 2012, 73131; Müko-BGB/*Hesse*, § 23 TzBfG Rn. 39 (Sorgerecht oder vergleichbares Recht); A/P/S/*Schmidt*, § 2 WissZVG Rn. 25.

979 Somit können auch getrennt lebende Eltern Gebrauch von dem Ausnahmetatbestand machen L/S/*Schlachter*, § 23 TzBfG, Anh. 2, § 2 WissZVG Rn. 11; KR/*Treber*, § 2 WissZVG Rn. 35.

980 BT-Drs. 16/3438, S. 9.

981 Vgl. § 2 Abs. 1 WissZVG a. F.

nicht um leibliche Kinder handeln muss, sondern stellt im Interesse der Einheit der Rechtsordnung klar, dass auch die Betreuung von Pflege- bzw. Stiefkindern im Sinne des § 15 BEEG erfasst ist.[982]

Die Verlängerungsmöglichkeit greift für beide auf Grundlage des WissZVG befristet beschäftigten Elternteile und ist – unabhängig vom Arbeitgeber – personell unteilbar.[983] Die zweijährige Erweiterung lässt sich innerhalb der verschiedenen Qualifizierungsphasen umlegen.[984] Es handelt sich stets um eine pauschale Verlängerung pro Kind, unabhängig vom Eintrittszeitpunkt und tatsächlichen Umfang der Mehrbelastung.[985] Daher bedarf es keines Nachweises über den konkreten zeitlichen Aufwand,[986] die Voraussetzung der Kinderbetreuung muss nur

---

982 BT-Drs. 18/6489, S. 11; LAG Bremen 23.2.2016, LAGE § 2 WissZVG Nr. 7 Rn. 60 ff. (Nur Betreuung im Haushalt erforderlich, nicht Leiblichkeit des Kindes, auch Pflegekinder, jedenfalls bei Adoption, BAG 25.4.2018, BeckRS 2018, 17273 Rn. 30 ff.); *Anton*, ZTR 2016, 432, 436; Müko-BGB/*Hesse*, § 23 TzBfG Rn. 65; HK-TzBfG/*Joussen*, § 2 WissZVG Rn. 7; *Kroll*, ZTR 2016, 232, 238; *Maschmann/Konertz*, NZA 2016, 257, 264; jetzt auch *Preis/Ulber*, § 2 WissZVG Rn. 65.
Zuvor umstritten, ablehnend: Brüggen/*Brüggen/Birkenbusch*, Rn. 1576; *Kortstock*, ZTR 2007, 350, 351 Fn. 14; Geis/*Krause*, § 2 WissZVG Rn. 39; A/T/*Kühn*, § 23 TzBfG Rn. 204; *Preis* § 2 WissZVG Rn. 36; L/S/*Schlachter*, § 23 TzBfG Anh. 2, § 2 WissZVG Rn. 11; A/P/S/*Schmidt*, § 2 WissZVG Rn. 25; KR/*Treber*, § 2 WissZVG Rn. 33; **a. A.** JurisPK FuB/*Beetz*, Kap. 10 Rn. 12; *Löwisch*, NZA 2007, 479, 483; D/D/Z/*Nebe*, § 2 WissZVG Rn. 19; A/G/*Rambach*, § 2 WissZVG Rn. 22.

983 BT-Drs. 16/3438, S. 12; BAG 23.3.2016, NZA 2016, 954 Rn. 54; Müko-BGB/*Hesse*, § 23 TzBfG Rn. 39; Geis/*Krause*, § 2 WissZVG Rn. 44; ErfK/*Müller-Glöge*, § 2 WissZVG Rn. 6b; *Preis/Ulber*, § 2 WissZVG Rn. 64; A/P/S/*Schmidt*, § 2 WissZVG Rn. 26; L/S/*Schlachter*, § 23 TzBfG, Anh. 2, § 2 WissZVG Rn. 11.

984 ErfK/*Müller-Glöge*, § 2 WissZVG Rn. 6b.

985 BAG 23.3.2016, NZA 2016, 954 Rn. 53 f. (Gesetzlich keine anteilige Verlängerung vorgesehen „um zwei Jahre je Kind“, nicht „um bis zu zwei Jahre“, Ausnahme: keine häusliche Gemeinschaft); grundsätzlich ebenso: AR/*Löwisch*, § 2 WissZVG Rn. 8; HSchR/*ders./Wertheimer*, Kap. X Rn. 177 (aber Grenze des Rechtsmissbrauchs); A/G/*Rambach*, § 2 WissZVG Rn. 21; *Kortstock*, ZTR 2007, 2, 8; wohl D/D/Z/*Nebe*, § 2 WissZVG Rn. 19 (Ausnahme weniger Tage); **a. A.** Müko-BGB/*Hesse*, § 23 TzBfG Rn. 39; ErfK/*Müller-Glöge*, § 2 WissZVG Rn. 6a; *Preis/Ulber*, § 2 WissZVG Rn. 71; A/P/S/*Schmidt*, § 2 WissZVG Rn. 25; KR/*Treber*, § 2 WissZVG Rn. 35 (anteilige Verlängerung).

986 *Kortstock*, ZTR 2007, 2, 9; ErfK/*Müller-Glöge*, § 2 WissZVG Rn. 6b; D/D/Z/*Nebe*, § 2 WissZVG Rn. 19; *Preis/Ulber*, § 2 WissZVG Rn. 67.

für zwei Jahre bestanden haben, ansonsten verringert sich die Verlängerungsdauer entsprechend[987].

Darüber hinaus vermag dieser Ausnahmetatbestand einen Befristungsmangel zu heilen:[988] Sofern die getroffene Befristungsvereinbarung infolge einer Überschreitung des Höchstbefristungsrahmens unwirksam ist, kann der Tatbestand des § 2 Abs. 1 S. 4 WissZVG die Höchstdauer dennoch erweitern und der Befristungsabrede zur Wirksamkeit verhelfen, da die Wirksamkeit des Vertrags für die Verlängerung nicht erforderlich ist.[989] Nicht ausreichend für eine Heilung ist dagegen das Eintreten des Betreuungsbedarfs nach Ablauf der Höchstbefristungsdauer.[990]

b) Abgrenzung zu § 2 Abs. 5 S. 1 Nr. 3 WissZVG

Für den Verlängerungstatbestand des § 2 Abs. 5 S. 1 Nr. 3 WissZVG ist in Abgrenzung zu § 2 Abs. 1 S. 4, 5 WissZVG der Zeitraum nur um die tatsächlich in Anspruch genommene Elternzeit zu verlängern.[991] Darüber hinaus vermag die Norm eine unwirksame Befristungsabrede nicht zu heilen.[992]

2. Behinderung oder schwere chronische Erkrankung, § 2 Abs. 1 S. 6 WissZVG

Seit der Novellierung des WissZVG kann nicht nur das Vorliegen einer Behinderung, sondern auch das Bestehen einer schwerwiegenden chronischen Erkrankung zur Verlängerung der Höchstbefristungsdauer um zwei Jahre führen. Hintergrund ist die Umsetzung der Vorgaben aus der sogenannten UN-Behindertenkonvention[993] sowie die zunehmende Anzahl von behinderten bzw. chronisch kranken Wissenschaftlern, die eine Qualifikation anstreben[994].

---

987 Geis/*Krause*, § 2 WissZVG Rn. 45; ErfK/*Müller-Glöge*, § 2 WissZVG Rn. 6a; *Preis/Ulber*, § 2 WissZVG Rn. 70; L/S/*Schlachter*, § 23 TzBfG, Anh. 2, § 2 WissZVG Rn. 11; **a. A.** *Lehmann-Wandschneider*, Sonderbefristungsrecht, S. 179; *Löwisch*, NZA 2007, 479, 483; D/D/Z/*Nebe*, § 2 WissZVG Rn. 19.

988 *Günther/Salzmann*, AuA 2017, 86, 89.

989 BAG 23.3.2016, NZA 2016, 954 Rn. 56.

990 BAG 23.3.2016, NZA 2016, 954 Rn. 53.

991 AR/*Löwisch*, § 2 WissZVG Rn. 9; mit Beispielen *Mandler*, OdW 2014, 221, 229 ff.

992 *Mandler*, OdW 2014, 221; *ders./Meißner*, OdW 2017, 199, 208.

993 BT-Drs. 18/6489, S. 11; gemeint ist das „Übereinkommen der Vereinten Nationen über Rechte von Menschen mit Behinderung" v. 13.12.2006, in Kraft getreten am 3.5.2008, BGBl. 2008 II, S. 1419, 1420; dieses sieht in Art. 27 Abs. 1 lit. d eine gleichberechtigte Zugangsmöglichkeit zu beruflicher Qualifizierung vor.

994 HK-TzBfG/*Joussen*, § 2 WissZVG Rn. 9.

a) *Behinderung, § 2 Abs. 1 SGB IX*

Für die Anforderungen, die an den Begriff der Behinderung zu stellen sind, verweist der Wortlaut des § 2 Abs. 1 S. 6 WissZVG auf die Legaldefinition des § 2 Abs. 1 SGB IX. Nach der – zum Zeitpunkt des Inkrafttretens des WissZVG – geltenden Fassung des § 2 Abs. 1 SGB IX leiden Menschen an einer Behinderung, wenn „ihre körperliche Funktion, geistige Fähigkeit oder seelische Gesundheit mit hoher Wahrscheinlichkeit länger als sechs Monate von dem für das Lebensalter typischen Zustand abweichen und daher ihre Teilhabe am Leben in der Gesellschaft beeinträchtigt ist." Der Behinderungsbegriff wurde jedoch in dieser Fassung – wie auch im Rahmen des § 1 AGG von der Rechtsprechung anerkannt – einer Korrektur unterzogen, soweit er hinter dem von der UN-Behindertenkonvention geprägten Verständnis zurückblieb.[995] An Stelle der Legaldefinition des § 2 Abs. 1 SGB IX a. F. trat der weiter gefasste unionsrechtliche Behinderungsbegriff,[996] damit die supranationalen Vorgaben der UN-Behindertenkonvention gewahrt wurden. Auswirkungen entfaltete dies insbesondere hinsichtlich des Eintrittszeitpunkts der Beeinträchtigung, da die Möglichkeit der Teilhabebeeinträchtigung nach § 2 Abs. 1 SGB IX a. F. gerade nicht ausreichte. Ebenso relevant konnte eine weniger als sechs Monate dauernde Zustandsabweichung sein. Zwar wurden diesbezüglich Korrekturen in § 2 Abs. 1 SGB IX n. F. vorgenommen, der seit 1. Januar 2018 gilt. Diese Fassung ist jedoch nicht vom Verweis des § 2 Abs. 1 S. 6 WissZVG erfasst, da die Norm statisch auf § 2 Abs. 1 SGB IX verweist und nicht dynamisch auf die jeweils geltende Fassung. Somit ist § 2 Abs. 1 SGB IX als Begriffsgrundlage heranzuziehen und gegebenenfalls im Lichte der Behindertenkonvention entsprechend auszulegen.

Prozessual erfolgt die Feststellung der Behinderung über einen Bescheid, der auf Antrag gemäß § 69 Abs. 1 S. 1 SGB IX ergeht. Der konkrete Grad der Behinderung ist derweil unerheblich für das WissZVG.[997]

b) *Schwere chronische Erkrankung*

Die in § 2 Abs. 1 S. 6 WissZVG genannte schwere chronische Erkrankung wird dagegen vom Gesetzgeber nicht erläutert. Ein Verweis auf § 62 SGB V, der seinerseits Bezug auf die Definition der schweren chronischen Erkrankung aus der

---

995 BAG 19.12.2013, NZA 2014, 372 Rn. 63, 65.

996 BAG 19.12.2013, NZA 2014, 372 Rn. 65; ErfK/*Schlachter*, § 1 AGG Rn. 9; zu den Unterschieden: MHdbArbR/*Oetker*, Bd. 1, § 16 Rn. 23.

997 GEW Ratgeber, S. 23; *Preis/Ulber*, § 2 WissZVG Rn. 75; A/G/*Rambach*, § 2 WissZVG Rn. 26; **a. A.** wohl *Meißner*, Hochschulbefristungsrecht, S. 70.

Richtlinie des gemeinsamen Bundesausschusses nimmt, fehlt. Hiernach ist bei einem regelwidrigen körperlichen oder geistigen Zustand, der eine Behandlungsbedürftigkeit nach sich zieht, von einer schweren chronischen Erkrankung auszugehen.[998] Möglich ist, dass der Gesetzgeber sich von dieser Definition bewusst abwenden wollte. Hierfür spricht insbesondere, dass bei Zugrundelegung dieser Anforderungen faktisch jeder schwerwiegend chronisch Kranke bereits das Kriterium der Behinderung im Sinne des § 2 Abs. 1 S. 6 1. Alt. WissZVG bzw. § 2 Abs. 1 SGB IX erfüllen würde und die Ergänzung somit überflüssig wäre.[999] Vielfach wird daher vertreten, dass auf die im Arbeitsrecht vorherrschende Definition der Erkrankung im Allgemeinen abzustellen ist.[1000] Demgemäß wäre für die Verlängerung der Höchstbefristungsdauer ein regelwidriger Körper- bzw. Geisteszustand erforderlich.[1001] *Maschmann* und *Konertz* befürchten aufgrund dieser sehr weiten und unpräzisen Definition, dass die Norm künftig zum „Einfallstor für Vertragsverlängerungen aus sonst kaum zu rechtfertigenden Gründen“[1002] wird.

Ob Vertragsverlängerungen durch diesen Ausnahmetatbestand tatsächlich aus eigentlich nicht zu rechtfertigenden Gründen zustande kommen, hängt maßgeblich von der Definition der schweren chronischen Erkrankung ab. Eine Erkrankung im Sinne eines regelwidrigen Körper- oder Geisteszustands als solche reicht noch nicht aus, um die Verlängerung zu rechtfertigen, da hierbei das Erreichen des Qualifizierungsziels noch nicht hinreichend gefährdet ist. Die allgemeine Definition ist – sofern sie zur Anwendung gelangt – einzuschränken, um eine gewisse Erheblichkeitsschwelle zu wahren. Aus teleologischen Gesichtspunkten ist erforderlich, dass die Krankheitsauswirkungen einen erheblichen Einfluss auf die Leistung der geschuldeten Tätigkeit und die anvisierte Qualifizierung haben, da die zweijährige Verlängerung nur gerechtfertigt ist, wenn die angestrebte Qualifizierung wegen der zusätzlichen

---

998 Vgl. § 2 Abs. 1 der Richtlinie; für eine Orientierung hieran: *Anton*, ZTR 2016, 432, 436 Fn. 49; *Preis/Ulber*, § 2 WissZVG Rn. 75; A/G/*Rambach*, § 2 WissZVG Rn. 27.

999 Ebenso A/G/*Rambach*, § 2 WissZVG Rn. 27 unter Verweis auf BAG 19.12.2013, NZA 2014, 372 Rn. 57 ff., der dennoch für eine Anwendung der Chroniker Richtlinie plädiert.

1000 So wohl ErfK/*Müller-Glöge*, § 2 WissZVG Rn. 6c; A/P/S/*Schmidt*, § 2 WissZVG Rn. 27; KR/*Treber*, § 2 WissZVG Rn. 39.

1001 ErfK/*Reinhard*, § 3 EFZG Rn. 5.

1002 *Maschmann/Konertz*, NZA 2016, 257, 264; kritisch auch ErfK/*Müller-Glöge*, § 2 WissZVG Rn. 6c; für eine gesetzliche Regelung *MPG*, AusDrs. 18 (18) 143i, S. 3.

Belastung nicht erreicht werden kann.[1003] So würde das „Einfallstor" zwar verkleinert, Kehrseite der Medaille wäre aber die damit einhergehende Rechtsunsicherheit bezüglich der Anforderungen im Einzelfall. Es liegt folglich in der Hand der Judikative, ob § 2 Abs. 1 S. 6 2. Alt. WissZVG wirklich ein „Einfallstor" für eine Verlängerung aus sonst nicht zu rechtfertigenden Gründen wird.

Für die rechtssichere Feststellung der Krankheit ist zwar kein gesondertes Überprüfungsverfahren vorgesehen, diese ist aber wie bei anderen Krankheiten über ein aussagekräftiges ärztliches Attest möglich.[1004] Die Beweislast hierfür liegt beim betroffenen Arbeitnehmer.[1005]

V. Zweckwidrige Beschäftigung und Befristungsdauer

1. Anwendbarkeit im Rahmen der Qualifizierungsbefristung

a) Problemstellung

Ob als ungeschriebener Ausnahmetatbestand die Verlängerung der Höchstbefristungsdauer wegen der Betrauung mit überwiegend nicht wissenschaftlichen Aufgaben in Betracht kommt, wenn der betroffene Arbeitnehmer infolgedessen sein geplantes Qualifizierungsziel nicht erreicht, wird in der Literatur unter dem Stichwort der „zweck- bzw. vertragswidrigen Beschäftigung" diskutiert und in Grenzen bejaht.[1006]

1003 Vgl. BT-Drs. 16/3438, S. 9; Schaub/*Koch*, § 39 Rn. 38; ErfK/*Müller-Glöge*, § 2 WissZVG Rn. 6c; A/P/S/*Schmidt*, § 2 WissZVG Rn. 27; *Kiel*, JbArbR 54 [2017], 51, 65; für eine künftige Konkretisierung durch die Rechtsprechung ebenso: *Mandler/Meißner*, OdW 2016, 33, 44; *Meißner*, Hochschulbefristungsrecht, S. 170, 184.

1004 *Preis/Ulber*, § 2 WissZVG Rn. 75; A/P/S/*Schmidt*, § 2 WissZVG Rn. 27; *Kiel*, JbArbR 54 [2017], 51, 65; kritisch bezüglich der Durchsetzbarkeit *Maschmann/Konertz*, NZA 2016, 257, 264; KR/*Treber*, § 2 WissZVG Rn. 39; so bereits die Verwaltungsvorschrift der Freien Universität Berlin 44/2016 v. 1.11.2016 E II 2 lit. b.

1005 *Günther/Salzmann*, AuA 2017, 86, 88.

1006 Bejahend bei mehr als 50 % nichtwissenschaftlicher Arbeit: *Lehmann-Wandschneider*, Sonderbefristungsrecht, S. 106 f.; Staudinger/*Preis*, § 620 BGB Rn. 283 (für S. 1 Nr. 3); *ders./Ulber*, § 1 WissZVG Rn. 35; § 2 WissZVG Rn. 77 ff.; **a. A.** NK-GA/*Boemke*, § 2 WissZVG Rn. 19; *Dörner*, Befristeter Arbeitsvertrag, Rn. 577 (mit Ausnahme der „krassen" vertragswidrigen Befristung, die als Sachgrundbefristung „versäumte Qualifizierung" nach dem TzBfG auszugestalten ist); A/P/S/*Schmidt*, § 2 WissZVG Rn. 29 (mit Ausnahme der dauerhaft vertragswidrigen Beschäftigung, sofern sie bei Vertragsschluss absehbar war).

Als schwierig erweist sich in diesem Zusammenhang zunächst, dass das WissZVG nicht vorsieht, in welchem konkreten zeitlichen Rahmen die wissenschaftliche Tätigkeit als solche und in welchem Umfang die angestrebte Qualifizierung innerhalb der Dienstzeit zu verfolgen ist. Hierbei differenziert das Gesetz lediglich dahingehend, dass die wissenschaftliche Tätigkeit prägend sein muss. Für den zeitlichen Anteil der Qualifizierung erhalten die Gesetzesmaterialien keine Anhaltspunkte. Diesbezüglich einen Anspruch zuzulassen, würde auf bloßer Willkür beruhen.

b) Analoge Anwendbarkeit des § 2 Abs. 5 WissZVG

Preis und *Ulber* lassen eine analoge Anwendung des § 2 Abs. 5 WissZVG in krassen Fällen der zweckwidrigen Beschäftigung zu und gewähren dem Arbeitnehmer ein Wahlrecht hinsichtlich der Verlängerung.[1007] Ein krasser Fall soll zu bejahen sein, „wenn der Mitarbeiter derart mit nicht-wissenschaftlichen Aufgaben belastet wird, dass seine wissenschaftliche Tätigkeit völlig ins Hintertreffen gerät“[1008]. Mit Bezug auf die Arbeitszeit muss die nicht-wissenschaftliche Tätigkeit also deutlich mehr als 50 % ausmachen.[1009]

Eine analoge Anwendung des § 2 Abs. 5 WissZVG ist unabhängig von der Schwere des Falls abzulehnen, da die Voraussetzungen einer Analogie, nämlich die planwidrige Regelungslücke und die vergleichbare Interessenlage nicht gegeben sind. Zwar liegt eine Regelungslücke vor, diese ist jedoch nicht planwidrig. Der Gesetzgeber hat die Ausnahmetatbestände enumerativ aufgezählt und damit abschließend normiert. Trotz Kenntnis der Kontroverse um einen Verlängerungstatbestand bei zweckwidriger Beschäftigung ist im Rahmen der Novellierung im Jahre 2016 keine neue Ausnahmeregelung ins WissZVG eingefügt worden. Darüber hinaus erscheint die vergleichbare Interessenlage zumindest fragwürdig: Die Tatbestände des § 2 Abs. 5 WissZVG sind allesamt Gründe, die aus der Sphäre des Arbeitnehmers stammen, sodass das allgemeine Rechtsprinzip der Sphären-Verantwortlichkeit des Arbeitsrechts zur Anwendung gelangt.[1010] Demgegenüber rührt eine zweckwidrige Beschäftigung aus der

1007 *Preis/Ulber*, § 2 WissZVG Rn. 78, obgleich in § 2 WissZVG Rn. 182 die Norm für abschließend erklärt wird; **a. A.** *Dörner*, Befristeter Arbeitsvertrag, Rn. 577 (ohne nähere Begründung).

1008 *Preis/Ulber*, § 2 WissZVG Rn. 78.

1009 Vgl. *Preis/Ulber*, § 2 WissZVG Rn. 80.

1010 *Schmalz*, Methodenlehre, Rn. 259.

Sphäre des Arbeitgebers. Eine analoge Anwendung des § 2 Abs. 5 WissZVG im Rahmen einer zweckwidrigen Beschäftigung ist daher abzulehnen.

c) Verstoß gegen § 242 BGB

Dass der Arbeitgeber sich auf die Beendigung des Arbeitsverhältnisses beruft, könnte bei einer zweckwidrigen Beschäftigung des Arbeitnehmers jedoch einen Verstoß gegen § 242 BGB in der Fallgruppe des *venire contra factum proprium* darstellen, sodass es in der Rechtsfolge auch ohne analoge Anwendung des § 2 Abs. 5 WissZVG zur Fortführung des Arbeitsverhältnisses kommt. Hintergrund ist der Rechtsgedanke des § 162 Abs. 2 BGB, nach dem der Eintritt einer Bedingung als nicht erfolgt gilt, wenn er von der Partei, zu deren Vorteil sie gereicht wird, wider Treu und Glauben herbeigeführt wird. Wenn der Arbeitgeber sich auf die Beendigung des Arbeitsverhältnisses durch Fristablauf beruft, obwohl er durch die von ihm angeordnete Beschäftigung die angestrebte Qualifizierung des Arbeitnehmers vereitelt, handelt er widersprüchlich. Somit ist der Vertrag bei zweckwidriger Beschäftigung fortzusetzen.

2. Anwendbarkeit im Rahmen der Drittmittelbefristung

Im Rahmen des Drittmitteltatbestands wird die zweckwidrige Beschäftigung als Verlängerung der Befristungsdauer zwar nicht diskutiert,[1011] ist aber gleichermaßen denkbar. Wenn der betroffene Arbeitnehmer nicht zur Arbeit am Drittmittelprojekt, sondern anderweitig beschäftigt wird, endet der Vertrag durch Zeitablauf ohne dass das Drittmittelprojekt entsprechend vorangetrieben wird. Eine Verlängerung der Befristungsdauer in analoger Anwendung des § 2 Abs. 5 WissZVG scheidet hier *erst Recht* aus, da die Norm auf Befristungen nach § 2 Abs. 2 WissZVG nicht anwendbar ist. Allerdings greift auch im Rahmen der Drittmittelbefristung der Rechtsgedanke des § 162 Abs. 2 BGB, sodass ein Verstoß gegen § 242 BGB vorläge, wenn der Arbeitgeber sich auf die Beendigung des Vertrags beruft.

Problematisch ist, dass – anders als bei der Qualifizierungsbefristung – die Mittel für die Finanzierung des Arbeitnehmers nicht aus dem Haushalt, sondern von Drittmittelgebern stammen und als solche begrenzt sind. Die Kosten für die Weiterbeschäftigung des Arbeitnehmers können folglich nicht oder zumindest nicht überwiegend aus Drittmitteln gedeckt werden. Wie im Rahmen der betriebsbedingten Kündigung nach § 1 Abs. 2 KSchG reicht jedoch das Entfallen

---

1011 Unwirksamkeit der Drittmittelbefristung, *Preis/Ulber*, § 2 WissZVG Rn. 121.

der Drittmittel noch nicht aus, um die fehlende Weiterbeschäftigungsmöglichkeit zu begründen.[1012] Auch hier ist zu prüfen, ob eine unternehmerische Entscheidung zur fehlenden Weiterbeschäftigung des Arbeitnehmers führt oder eine Fortführung des Drittmittelprojekts aus eigenen oder anderen Mitteln möglich ist.[1013] Anknüpfend an diese Grundsätze ist dem Arbeitgeber unter Berücksichtigung des Rechtsgedankens aus § 162 Abs. 2 BGB die unternehmerische Entscheidung zur Einstellung des Drittmittelprojekts nach § 242 BGB zu versagen. Er hat somit das Drittmittelprojekt aus eigenen oder anderen Mitteln mit dem betroffenen Mitarbeiter weiterzuführen und kann sich nicht auf die Beendigung des Arbeitsverhältnisses durch Fristablauf berufen.

1012 A/P/S/*Kiel*, § 1 KSchG Rn. 502.

1013 Statt aller A/P/S/*Kiel*, § 1 KSchG Rn. 502, ausführlich dazu mit weiteren Nachweisen unter § 6 B I 2 d.

§ 7 Das Problem der Kettenbefristung

Ein Sonderproblem der Befristungsdauer ist die Kettenbefristung, bei der aufeinander folgend befristete Arbeitsverträge mit demselben Arbeitnehmer geschlossen werden,[1014] sodass dieser einen nicht unerheblichen Teil seines Erwerbslebens auf Grundlage kurzer befristeter Verträge bei demselben Arbeitgeber verbringt.

A. Gesetzliche Ausgangslage

Das WissZVG selbst normiert zwar die Möglichkeit der Verlängerung befristeter Verträge, schränkt jedoch nicht die Maximalanzahl ein. Einzige Begrenzung für eine Kettenbefristung stellt die in § 2 Abs. 1 S. 1 WissZVG normierte Höchstbefristungsdauer für die Qualifikation dar. Eine solche findet sich jedoch nicht für den Drittmitteltatbestand des § 2 Abs. 2 WissZVG. Auch die allgemeinen befristungsrechtlichen Vorschriften, die über § 1 Abs. 1 S. 5 WissZVG zur Anwendung gelangen, normieren kein Verbot der Kettenbefristung.

B. Unionsrechtliche Maßstäbe und Umsetzung in nationales Recht

Auf unionsrechtlicher Ebene hat der EuGH in seiner Rechtsprechung klargestellt, dass das mit § 5 Nr. 1 Anh. BefristungsRL verfolgte Ziel, missbräuchliche Kettenbefristungen zu verhindern, neben einem sachlichen Grund die Würdigung der Einzelfallumstände verlangt, die mit der Verlängerung des Arbeitsvertrags verbunden sind.[1015] Hierzu zählen tatsächliche Umstände wie Anzahl und Dauer der aufeinanderfolgenden befristeten Verträge mit demselben Arbeitgeber, die Verrichtung gleicher Aufgaben,[1016] aber auch wertende Umstände wie

---

1014 Vgl. §§ 1 lit. b, 5 Nr. 1 Anh. BefristungsRL.

1015 Die Verpflichtung folgt aus dem Effektivitätsgrundsatz: EuGH 26.1.2012 – C-586/10 (*Kücük*), ECLI:EU:C:2012:39 = NZA 2012, 135 Rn. 26; 3.7.2014 – C-362/13 (*Fiamingo*), ECLI:EU:C:2014:2044 = BeckEuRS 2014, 398471 Rn. 62; 26.11.2014, – C-22/13, C-61/13, C-62/13, C-63/13, C-418/13 (*Mascolo u. a.*), ECLI:EU:C:2014:2401 = NZA 2015, 153 Rn. 76; 14.9.2016, 2016 – C-16/15 (*Pérez López*), ECLI:EU:C:2016:679 = NZA 2016, 1265 Rn. 30, 54.

1016 EuGH 26.1.2012 – C-586/10 (*Kücük*), ECLI:EU:C:2012:39 = NZA 2012, 135 Rn. 19; 21.9.2016 – C-614/15 (*Popescu*), ECLI:EU:C:2016:726 = NZA 2016, 1323 Rn. 66.

der Zweck der Befristung, beispielsweise in Gestalt der Vertretung während der Elternzeit[1017].

Das BAG setzte die unionsrechtlichen Vorgaben im Wege einer institutionellen Rechtsmissbrauchskontrolle um.[1018] Ein Rechtsmissbrauch sei anzunehmen, wenn eine Vertragspartei eine zulässige Gestaltung wider Treu und Glauben nur einsetzt, um sich zu Lasten der anderen Vertragspartei Vorteile zu verschaffen, die weder vom Normzweck noch dem Zweck des Rechtsinstituts vorgesehen sind.[1019] Es reiche, wenn der Rechtsmissbrauch objektiv vorliege, da er nicht verhaltensbezogen sei und somit kein subjektives Element erfordere.[1020]

Dieser sehr weit gefasste Kontrollmaßstab ohne feste Anhaltspunkte wurde zu Recht wegen der hieraus resultierenden Rechtsunsicherheit kritisiert[1021] und inzwischen vom BAG dahingehend konkretisiert, dass nunmehr ein an § 14 Abs. 2 TzBfG orientiertes Ampelsystem maßgebend ist, das den erforderlichen Umfang für einen Missbrauch festschreibt[1022]. Eine Kontrolle ist diesem zufolge *angezeigt*, wenn die von § 14 Abs. 2 S. 1 TzBfG vorgesehenen Werte mindestens um ein Vierfaches oder Verlängerungsdauer und Vertragsanzahl kumulativ dreimalig überschritten worden sind.[1023] Konkret muss die Gesamtdauer der befristeten Arbeitsverhältnisse acht Jahre oder zwölf Verlängerungen überschreiten bzw. sechs Jahre *und* neun Vertragsverlängerungen, damit Anlass für eine Missbrauchskontrolle besteht.[1024] Ein Rechtsmissbrauch ist jedoch erst

---

1017 BAG 13.2.2013, NZA 2013, 777 Rn. 23 m. w. N; 22.1.2014, NZA 2014, 483 Rn. 27 ff.; 12.11.2014, NZA 2015, 379 Rn. 28; 29.4.2015, NZA 2015, 928 Rn. 29; kritisch *Schwarze*, RdA 2017, 302 ff.

1018 Grundlegend BAG 18.7.2012, NZA 2012, 1351 Rn. 38; 18.7.2012, NZA 2012, 1359 Rn. 33; 12.11.2014, NZA 2015, 379 Rn. 27; 29.4.2015, NZA 2015, 928 Rn. 24; 7.10.2015, NZA 2016, 354 Rn. 14; 26.10.2016, NZA 2017, 382 Rn. 23.

1019 Grundlegend BAG 18.7.2012, NZA 2012, 1351 Rn. 38; 18.7.2012, NZA 2012, 1359 Rn. 7.

1020 Grundlegend BAG 18.7.2012, NZA 2012, 1351 Rn. 38; 18.7.2012, NZA 2012, 1359 Rn. 7.

1021 A/P/S/*Backhaus*, § 14 TzBfG Rn. 61 ff., ausführlich A/P/S/*Backhaus*, 4. Aufl. § 14 TzBfG. 48c, 61a; Staudinger/*Preis*, § 620 BGB Rn. 54d f.; BAG 26.10.2016, NZA 2017, 382 Rn. 25.

1022 BAG 26.10.2016, NZA 2017, 382 Rn. 26 ff.; näher hierzu *Oberthür*, ArbRB 2017, 79, 80 f.

1023 BAG 26.10.2016, NZA 2017, 382 Rn. 26 ff.

1024 BAG 26.10.2016, NZA 2017, 382 Rn. 26 ff.

indiziert, wenn die Werte des § 14 Abs. 2 S. 1 TzBfG verfünffacht vorliegen, also bei einer Gesamtdauer von 10 Jahren, mehr als 15 Vertragsverlängerungen oder bei einer Gesamtdauer von 8 Jahren und 12 Verlängerungen (vierfache Überschreitung beider Werte).[1025] Es obliegt infolgedessen dem Arbeitgeber, den indizierten Missbrauch zu entkräften.[1026] Strengere Anforderungen an den Befristungsgrund resultieren daraus jedoch nicht.[1027] Darüber hinaus prüft das BAG, ob der Arbeitnehmer denselben Arbeitsplatz und dieselben Arbeitsaufgaben erfüllt und bezieht branchenspezifische Besonderheiten sowie grundrechtlich geschützte Freiheiten in die Beurteilung mit ein.[1028]

Geplant ist laut aktuellem Koalitionsvertrag vom 14. März 2018 jedoch die weitergehende Beschränkung von Kettenbefristungen in Gestalt einer grundsätzlichen Höchstgrenze von fünf Jahren, die nur für § 14 Abs. 1 S. 2 Nr. 4 TzBfG nicht zur Anwendung gelangen soll.[1029] Eine Übertragung auf Befristungen nach dem WissZVG ist indes nicht vorgesehen[1030] und kann jedenfalls auch bei fünf Jahren nicht für die Qualifizierungsbefristung nach § 2 Abs. 1 S. 1 WissZVG erfolgen, da dieser Zeitraum schon für die Qualifizierung in der Pre-Doc-Phase zu kurz bemessen ist. In Betracht käme aber die Einführung eine Begrenzung der Drittmittelbefristungen nach § 2 Abs. 2 WissZVG auf fünf Jahre. Ob eine Einbeziehung des Tatbestands auf die Höchstgrenze beabsichtigt ist, bleibt abzuwarten.

C. Übertragbarkeit auf das WissZVG

Eine Übertragung der Grundsätze zur Rechtsmissbrauchsprüfung der Rechtsprechung auf Befristungen nach dem WissZVG erscheint aufgrund der sehr unterschiedlichen Befristungstatbestände, Zeiträume und teleologischen Besonderheiten zweifelhaft.

1025 BAG 26.10.2016, NZA 2017, 382 Rn. 26 ff.

1026 BAG 26.10.2016, NZA 2017, 382 Rn. 28.

1027 BAG 18.7.2012, NZA 2012, 1351 Rn. 21.

1028 BAG 18.7.2012, NZA 2012, 1351 Rn. 47; 19.2.2014, BeckRS 2014, 67845 Rn. 36; 24.9.2014, NZA 2015, 301 Rn. 36; 7.10.2015 NZA 2016, 354 Rn. 22; 26.10.2016, NZA 2017, 382 Rn. 24.

1029 https://www.cdu.de/system/tdf/media/dokumente/koalitionsvertrag_2018.pdf?file = 1, S. 52, letzter Zugriff: 23.5.2018, 14:01.

1030 Wohl auch *Arnold/Romero*, NZA 2018, 329, 331.

I. Erfordernis einer Rechtsmissbrauchskontrolle

1. Grundsätzliche Erforderlichkeit

In der Literatur wird überwiegend vertreten, dass die Grundsätze zur Kettenbefristung auch auf Hochschulebene gelten,[1031] anderer Ansicht nach ist eine zusätzliche Überprüfung der Befristung nach unionsrechtlichen Maßstäben bzw. den Grundsätzen des institutionellen Rechtsmissbrauchs nicht geboten, da die zeitlichen Grenzen des § 2 Abs. 1 S. 1 WissZVG gelten und das Telos der wissenschaftlichen Qualifizierung indiziere, dass kein Rechtsmissbrauch vorliege[1032]. Dem ist nicht zuzustimmen, vielmehr bedarf es gerade im Wissenschaftsbereich einer Rechtsmissbrauchskontrolle. Die hier erweiterten Befristungsmöglichkeiten erhöhen zugleich das Missbrauchspotential, insbesondere da Verlängerungen nach § 2 Abs. 1 S. 7 WissZVG ausdrücklich zulässig sind und der Höchstbefristungsrahmen durch anrechnungsfreie Tätigkeiten noch weiter gedehnt werden kann, § 2 Abs. 3 WissZVG – zum einen Stellen, die ein Viertel der regelmäßigen Arbeitszeit nicht überschreiten (§ 2 Abs. 3 S. 1 WissZVG, zum anderen die Beschäftigung als studentische Hilfskraft § 2 Abs. 3 S. 3 WissZVG) –, sodass die Befristungen einen beachtlichen Teil des Erwerbslebens ausmachen können. Würde hier die Anwendbarkeit einer Missbrauchskontrolle verneint, stünde der Arbeitnehmer schutzlos vor Kettenbefristungen. Dass viele kurzzeitige Beschäftigungsverhältnisse nicht dem Telos des WissZVG entsprechen, zeigt das 2016 eingeführte Angemessenheitserfordernis der Befristungsdauer im Verhältnis zur Qualifizierung. Die institutionelle Rechtsmissbrauchskontrolle ist demnach unentbehrlich.

2. Keine pauschale Missbrauchsüberprüfung

Sieweke und *Koch* fordern unabhängig vom einschlägigen Befristungstatbestand die Verhinderung von Kettenarbeitsverträgen über eine verfassungskonforme

---

1031 *Mandler*, OdW 2015, 217, 219 ff.; *Maschmann/Konertz*, NZA 2016, 257, 263; ErfK/*Müller-Glöge*, § 2 WissZVG Rn. 11 a (nicht jedoch für die Höchstbefristungsdauer, § 1 WissZVG Rn. 4b); D/D/Z/*Nebe*, WissZVG Vorb. Rn. 7; *Preis/Ulber*, § 1 WissZVG Rn. 162 (bei § 2 Abs. 1 WissZVG nur in Ausnahmefällen wie Vielzahl von Verträgen von wenigen Wochen, § 2 WissZVG Rn. 30, 34); A/P/S/*Schmidt*, § 1 WissZVG Rn. 40; grundsätzlich **a. A.** *Thieme*, Deutsches Hochschulrecht, Rn. 792 („Kettenarbeitsverträge zulässig“).

1032 *Bader/Jörchel*, NZA 2016, 1105, 1109; *Kiel*, JbArbR 54 [2017], 51, 75 (Höchstbefristungsdauer); A/G/*Rambach*, § 2 WissZVG Rn. 6; H/W/K/*Rennpferdt*, § 23 TzBfG Rn. 65.

Auslegung des WissZVG im Lichte des Art. 5 Abs. 3 GG, da dieser neben der Nachwuchsförderung in der Wissenschaft individualrechtlich einen Schutz vor wissenschaftsinadäquater Einwirkung auf die Arbeit gewährleiste.[1033] Dieser würde ausgehebelt, wenn die Entscheidungsbefugnis über eine Vertragsverlängerung die Tätigkeit des wissenschaftlichen Mitarbeiters inhaltlich beeinflusse.[1034]

Eine verfassungsunmittelbare Begrenzung von Kettenbefristungsverträgen ist abzulehnen. Die Befristung von Arbeitsverträgen ist wissenschaftsneutral und greift nicht zielgerichtet in die jeweilige Arbeit des Wissenschaftlers ein.[1035] Darüber hinaus wäre ohnehin fraglich, ab wann ein Kettenarbeitsvertrag Art. 5 Abs. 3 GG beeinträchtigt, da ein erneuter befristeter Vertrag gerade zur Fortführung des Projekts dienlich sein kann und eine Grenzziehung kaum möglich ist. Erforderlich ist demnach eine differenzierte Betrachtung nach den Befristungstatbeständen, zumal teilweise vertreten wird, dass, wenn überhaupt, nur im Rahmen des § 2 Abs. 2 WissZVG eine Missbrauchskontrolle angezeigt ist.[1036]

II. Qualifizierungsbefristung

1. Rechtsprechung

Der EuGH hat keine gesonderten Maßstäbe für befristete Arbeitsverhältnisse auf dem Gebiet der Wissenschaft entwickelt. Das BAG hat bis heute noch keinen Rechtsmissbrauch im Rahmen des WissZVG bejaht, prüft diesen jedoch bei langjährigen Befristungen[1037] und geht damit grundsätzlich von der Anwendbarkeit des institutionellen Rechtsmissbrauchs bei Kettenbefristungen im Wissenschaftsbereich aus. Dies gilt nach Auffassung des BAG aber nur eingeschränkt im Rahmen der Befristung nach § 2 Abs. 1 S. 1 WissZVG, da die

---

1033 *Sieweke/Koch*, NordÖR 2009, 485, 491.

1034 *Sieweke/Koch*, NordÖR 2009, 485, 491.

1035 Dieterich/Preis/*Dieterich*, S. 90.

1036 A/G/*Rambach*, § 2 WissZVG Rn. 6 (keine Anwendung auf sachgrundlose Befristungen); ebenso für § 57b HRG: Knopp/Gutheil/*Henrici*, S. 52; *Lakies*, PersR 2013, 54, 58 = ArbR Aktuell 2014, 94, 96 („Keine Anwendung finden, soweit es um die Befristungen vor und nach der Promotion geht, weil sich die zeitlichen Grenzen aus der Sonderregelung in § 2 Abs. 1 WissZVG ergeben"); K/Z/D/H/*ders.*, § 114 Rn. 357; wohl auch ErfK/*Müller-Glöge*, § 2 WissZVG Rn. 11a; Tschöpe/*Schmalenberg*, Teil 1, E, XI Rn. 207; *Kiel*, JbArbR 54 [2017], 51, 81.

1037 Anders LAG Baden-Württemberg 24.2.2014, BeckRS 2014, 66929 (kein Anlass für vergleichbare Missbrauchskontrolle im Sonderbefristungsrecht).

Höchstbefristungsdauer und die Anrechnungsbestimmung des § 2 Abs. 3 WissZVG bereits hinreichend geeignet seien, der rechtsmissbräuchlichen Befristung entgegen zu wirken.[1038] Ein Rechtsmissbrauch sei lediglich im *Ausnahmefall* möglich.[1039] Maßgebend hierfür ist nach Ansicht des BAG eine hohe Anzahl der Verlängerungstatbestände, also eine Vielzahl kurzzeitiger Befristungen.[1040] Der vermeintlich nahe liegenden Übertragung der zu § 14 TzBfG entwickelten Ampel hat das BAG implizit eine Absage erteilt,[1041] sodass sich die Prüfung an den allgemeinen Grundsätzen zum Rechtsmissbrauch orientiert.

2. Literatur

Teilweise wird in der Literatur davon ausgegangen, dass auf die Höchstbefristungsdauer keine Rechtsmissbrauchskontrolle anwendbar ist.[1042] Vereinzelt wurden gegenteilige Vorschläge vorgebracht. Die Übertragung des Ampelsystems zu § 14 TzBfG wurde jedoch in der Literatur infolge der widersinnigen Resultate abgelehnt: Ein Rechtsmissbrauch wäre bei entsprechender Anwendung erst ab einem Befristungszeitraum von 30 Jahren indiziert.[1043]

Nebe hebt hervor, dass die Befristung nach § 2 Abs. 1 S. 1 WissZVG a. E. im Zuge der Novellierung des WissZVG durch den Zusammenhang von Vertragslaufzeit und Qualifizierungsziel immer mehr der Sachgrundbefristung angenähert wurde und gerade daher eine unionsrechtliche Kontrolle geboten sei,[1044] konkrete Grenzwerte schlägt sie derweil nicht vor. *Brose* bejaht die Missbrauchskontrolle ebenfalls unter Hinweis auf den Anteil der Befristung am Erwerbsleben des jeweiligen Arbeitnehmers, wie hoch dieser sein darf, bevor ein Missbrauch indiziert wird, benennt sie indes nicht.[1045]

Auch *Mandler* geht von einer Anwendbarkeit der Missbrauchskontrolle im Rahmen des § 2 Abs. 1 S. 1 WissZVG aus.[1046] Konkret vertritt er, dass die 12- bzw.

1038 BAG 9.12.2015, NZA 2016, 552 Rn. 46; 20.1.2016, NZA 2016, 824 Rn. 37; 23.3.2016, NZA 2016, 954 Rn. 60; 20.4.2016, NZA 2016, 1078 Rn. 29; 8.6.2016, NZA 2016, 1463 Rn. 37.

1039 BAG 23.3.2016, NZA 2016, 954 Rn. 61; 20.4.2016, NZA 2016, 1078 Rn. 29; 8.6.2016, NZA 2016, 1463 Rn. 37.

1040 BAG 8.6.2016, NZA 2016, 1463 Rn. 33.

1041 BAG 19.12.2015, NZA 2016, 552 Rn. 43, 47.

1042 S. bereits Fn. 1027.

1043 Dies entspricht dem fünffachen Qualifizierungszeitraum, vgl. *Preis/Deutzmann*, AP WissZeitVG § 1 Nr. 7 V. 3.

1044 D/D/Z/*Nebe*, WissZVG Vorb. Rn. 7.

1045 *Brose*, EuZA 2017, 256, 265.

1046 *Mandler*, OdW 2015, 217, 222.

15- jährige Höchstbefristungsgrenze ausgeschöpft sein muss, bevor eine Kettenbefristung in Betracht kommt.[1047] Sodann müsse *zusätzlich* die von der Rechtsprechung gesetzte Missbrauchsgrenze des § 14 Abs. 2 TzBfG überschritten sein, damit eine Rechtsmissbrauchsprüfung statthaft sei.[1048] Maßgebend sei keine abstrakte, sondern eine Einzelfallprüfung unter Würdigung sämtlicher Befristungsmöglichkeiten nach § 2 Abs. 1 WissZVG und den Verlängerungs- und Anrechnungsbestimmungen nach §§ 2 Abs. 1 S. 4 f. und § 2 Abs. 5 WissZVG.[1049]

3. Stellungnahme

Nach hier vertretener Auffassung handelt es sich bei dem Befristungstatbestand des § 2 Abs. 1 S. 1 WissZVG um eine Sachgrundbefristung mit einer zusätzlichen zeitlichen Obergrenze. Konsequenterweise ist ein Missbrauch des Tatbestands nicht vorstellbar: Die angeführte missbräuchliche Vielzahl kurzzeitiger Befristungen unterliegt zunächst der Schranke der angemessenen Befristungsdauer. Wenn die Vertragslaufzeit dieses Kriterium nicht erfüllt, ist bereits das Bestehen des Sachgrunds fraglich und eine Missbrauchskontrolle nicht mehr erforderlich. Der Schutz des Arbeitnehmers ist somit durch die Kodifizierung von zwei der Missbrauchsverhinderungsmittel im Sinne des § 5 Anh. BefristungsRL gesichert.

Nur unter der Annahme, dass es sich nicht um eine Sachgrundbefristung handelt, kann für die Höchstbefristungsdauer eine Überprüfung auf Rechtsmissbrauch statthaft sein. Dies folgt aus der unionsrechtlichen Betrachtungsweise: Sowohl Sachgrund als auch Höchstdauer sind nach § 5 Anh. BefristungsRL taugliche Mittel zur Verhinderung von Rechtsmissbrauch, ohne dass es eine Differenzierung oder Abstufung gibt. Eine Rechtsmissbrauchsprüfung ist der Richtlinie dabei für keines der angeführten Mittel zu entnehmen. Der EuGH geht damit über die Anforderungen der Richtlinie hinaus, um die praktische Wirksamkeit der Mittel zu gewährleisten. Die Missbrauchsprüfung muss infolgedessen aber konsequent angewendet werden: Sofern der EuGH für eines der Mittel die Missbrauchskontrolle verlangt, muss dies für alle von der Richtlinie vorgegebenen Mittel gelten, da die Richtlinie die Mittel ausdrücklich

1047 *Mandler*, OdW 2015, 217, 222; soweit auch *Preis/Ulber*, § 2 WissZVG Rn. 30 (für Befristungen nach § 2 Abs. 1 S. 1 WissZVG, infolgedessen aber unmittelbar auf § 242 BGB gestützte Rechtskontrolle, für Drittmittelbefristungen § 2 WissZVG Rn. 83, 111).

1048 *Mandler*, OdW 2015, 217, 222; so ArbG Aachen 29.1.2013, BeckRS 2014, 66786.

1049 *Mandler*, OdW 2015, 217, 223.

als gleichwertig anerkennt.[1050] Unter der Annahme, dass kein Sachgrunderfordernis vorliegt, ist nur eines der Mittel im Tatbestand normiert, sodass auch im Rahmen eines Höchstbefristungstatbestands eine Überprüfung auf eine missbräuchliche Kettenbefristung hin statthaft ist. Im Einzelnen einschlägige Zeiträume sind in einem Gesamtkonzept unter D. zu erörtern.

III. Drittmittelbefristung

1. Rechtsprechung

Auf die Drittmittelbefristung nach § 2 Abs. 2 WissZVG hat das BAG die Maßstäbe des institutionellen Rechtsmissbrauchs explizit übertragen.[1051] Entscheidend sei, ob eine Vielzahl aufeinanderfolgender Verträge mit erheblicher Gesamtbefristungsdauer auf Grundlage des Drittmitteltatbestands einen Rechtsmissbrauch indiziere.[1052] Dabei sei die Diversität der Aufgaben und des Arbeitsplatzes maßgebend.[1053]

Insbesondere auf Ebene der Arbeitsgerichte waren Kettenbefristungen auf Grundlage des Drittmitteltatbestands bereits häufig Gegenstand von Entscheidungen.[1054] Innerhalb dieser werden jedoch stark divergierende Orientierungsgrenzen vertreten: Das ArbG Aachen hielt eine Befristungsdauer von 14 Jahren auf Grundlage des § 2 Abs. 2 WissZVG in Relation zu den Befristungsmöglichkeiten des § 2 Abs. 1 S. 1 WissZVG für nicht missbräuchlich, da diese Grenzen auch bei einer Drittmittelbefristung um ein Vielfaches überschritten sein müssten, um die Statthaftigkeit einer Missbrauchsprüfung überhaupt annehmen

1050 Treffend insoweit: Preis/Sagan/*Brose*, § 9 Rn. 134 („allein das Ergreifen einer der aufgeführten Maßnahmen führt noch nicht zur Kontrollfreiheit“).

1051 „Dies gilt auch bei einer auf § 2 Abs. 2 WissZVG gestützten Befristung.“ BAG 8.6.2016, NZA 2016, 1463 Rn. 32.

1052 BAG 8.6.2016, NZA 2016, 1463 Rn. 33.

1053 BAG 8.6.2016, NZA 2016, 1463 Rn. 33.

1054 Anderer Maßstab als bei § 2 Abs. 1 S. 1 WissZVG: LAG Köln 6.11.2013, BeckRS 2014, 65322 (23 Arbeitsverträge, Gesamtdauer von 14 Jahren); LAG Köln 6.3.2014, BeckRS 2016, 69115 (Gesamtdauer von 22 Jahren- zurückverwiesen durch BAG 8.6.2016, NZA 2016, 1463 Rn. 35, 49); **offen:** LAG Hessen 5.8.2015, BeckRS 2016, 65719 Rn. 31 (kein Rechtsmissbrauch bei 16 Arbeitsverträgen und 11 Jahren Gesamtdauer wegen Art. 5 Abs. 3 GG und fehlendem dauerhaften Bedarf); LAG Sachsen 6.3.2014, BeckRS 2016, 65719 Rn. 31; **a. A.** LAG Mecklenburg-Vorpommern 19.5.2016, BeckRS 2016, 71794 Rn. 32 ff. (kein Rechtsmissbrauch bei Gesamtdauer von 12 Jahren, da dies schon sachgrundlos nach § 2 Abs. 1 WissZVG möglich ist).

zu können.[1055] Das LAG Köln hob diese Entscheidung mit der Begründung auf, dass für die Drittmittelbefristung nicht die Höchstgrenzen des § 2 Abs. 1 S. 1 WissZVG maßgebend wären, zumal die Tatbestände unterschiedliche Zielsetzungen verfolgten.[1056] § 2 Abs. 2 WissZVG bezwecke im Unterschied zu § 2 Abs. 1 S. 1 WissZVG gerade nicht die Nachwuchsförderung, sondern die Förderung der Forschung.[1057] Das Finanzierungsrisiko der Wissenschaftsinstitutionen dürfe nicht auf die Arbeitnehmer abgewälzt werden.[1058] Anders urteilte wiederum das LAG Mecklenburg-Vorpommern, das die Sicherung der Innovationsfähigkeit der Hochschulen durch Personalfluktuation auch im Rahmen der Drittmittelforschung für erforderlich hält.[1059]

2. Literatur

Die Anwendbarkeit des institutionellen Rechtsmissbrauchs auf Befristungen nach § 2 Abs. 2 WissZVG wird in der Literatur überwiegend bejaht.[1060] Ob dabei auf das Ampelsystem des BAG oder § 2 Abs. 1 S. 1 WissZVG abzustellen ist, wird, wie in der Rechtsprechung, nicht einheitlich beurteilt. *Kiel* spricht sich gegen eine analoge Anwendung der Missbrauchsgrundsätze des § 14 Abs. 2 TzBfG anhand der von § 2 Abs. 1 S. 1 WissZVG vorgesehenen Höchstbefristungszeiträume im Rahmen der Drittmittelbefristung aus, da hierdurch unverhältnismäßig lange Verträge zustande kämen.[1061] Diese sollten durch die Novellierung des WissZVG ausdrücklich verhindert werden.[1062] Vorreiter der Gegenauffassung ist *Löwisch*, der davon ausgeht, dass grundsätzlich kein Rechtsmissbrauch durch

---

1055 ArbG Aachen 29.1.2013, BeckRS 2014, 66786 (23 befristete Verträge).

1056 LAG Köln 6.11.2013, BeckRS 2014, 65322.

1057 LAG Köln 6.11.2013, BeckRS 2014, 65322; zustimmend LAG Düsseldorf 27.7.2016, BeckRS 2016, 74885 Rn. 54; offen LAG Hessen 5.8.2015, BeckRS 2016, 65719 Rn. 31; **a. A.** LAG Mecklenburg-Vorpommern 19.5.2016, BeckRS 2016, 71794 Rn. 33.

1058 LAG Köln 6.11.2013, BeckRS 2014, 65322; LAG Düsseldorf 27.7.2016, BeckRS 2016, 74885 Rn. 54; *Dörner*, Befristeter Arbeitsvertrag, Rn. 586.

1059 LAG Mecklenburg-Vorpommern 19.5.2016, BeckRS 2016, 71794 Rn. 33.

1060 EUArbR/*Krebber*, Anh. § 5 RL 1999/70/EG Rn. 51; H/W/K/*Rennpferdt*, § 23 TzBfG Rn. 74; Tschöpe/*Schmalenberg*, Teil 1, E, XI Rn. 207; **eingeschränkt:** AR/*Löwisch*, § 2 WissZVG Rn. 17 (bloße Konsequenz der Eigenheiten von Drittmitteln); in diese Richtung auch *Mandler*, OdW 2015, 217, 225 (Rechtsmissbrauch verbietet sich wegen der herausragenden Bedeutung der Wissenschaftsfreiheit).

1061 *Kiel*, JbArbR 54 [2017], 51, 77.

1062 „Prekäre Dauerbefristungsarbeitsverhältnisse in der Wissenschaft zu verhindern“: Dieterich/Preis/*Preis*, S. 28 ff.

eine lange Gesamtdauer und eine Vielzahl von Arbeitsverträgen einschlägig sein kann.[1063] Einzig denkbarer Fall eines Gestaltungsmissbrauchs sei das bewusste und gewollte Zusammenwirken von Arbeitgeber und Drittmittelgeber zwecks Befristung.[1064]

3. Stellungnahme

Da die Drittmittelbefristung des § 2 Abs. 2 WissZVG schrankenlos möglich ist, ist eine Missbrauchskontrolle hier unionsrechtlich geboten. Es besteht die Gefahr, dass unter dem Vorwand der Drittmittelbefristung ein dauerhafter Bedarf gedeckt wird. Insbesondere aber führt die Ausgestaltung als Soll-Vorschrift bereits dazu, dass hinsichtlich des Befristungszeitraums ein größerer Spielraum besteht als beispielsweise bei der Qualifizierungsbefristung nach § 2 Abs. 1 S. 1 WissZVG. Zumindest *ultima ratio* muss daher die Missbrauchskontrolle möglich sein. Die Orientierung der Drittmittelbefristung an einer Überschreitung der Höchstgrenzen des § 2 Abs. 1 S. 1 WissZVG ist demgegenüber abzulehnen, da diese auf den vom Gesetzgeber vorgesehenen Qualifizierungsdauern basieren, während Drittmittelprojekte hiervon unabhängig sind und infolge ihrer Vielgestaltigkeit von unterschiedlicher Dauer sein können. Auch die in Abs. 1 und 2 des § 2 WissZVG verfolgten Zielrichtungen – zum einen die Nachwuchsförderung und zum anderen die Förderung der Drittmittelforschung durch Rechtssicherheit und Transparenz – stimmen nicht überein.[1065] Passender erscheint eine Übertragung der Missbrauchsampel, die unter D. genauer zu erörtern ist.

1063 AR/*Löwisch*, § 2 WissZVG Rn. 17 (bloße Konsequenz der Eigenheiten von Drittmitteln); in diese Richtung auch *Mandler*, OdW 2015, 217, 225 (Rechtsmissbrauch verbietet sich wegen der herausragenden Bedeutung der Wissenschaftsfreiheit).

1064 AR/*Löwisch*, § 2 WissZVG Rn. 17; bezugnehmend auf BAG 15.5.2013, NZA 2013, 1214 Rn. 17 für § 14 Abs. 2 S. 2 TzBfG (Umgehung des Anschlussverbots durch Zusammenwirken mit anderen Vertragsarbeitgebern); so wohl auch *Mandler*, OdW 2015, 217 ff.

1065 Ebenso LAG Köln 6.11.2013, BeckRS 2014, 65322; LAG Düsseldorf 27.7.2016, BeckRS 2016, 74885 Rn. 54; *Dörner*, Befristeter Arbeitsvertrag, Rn. 587.

IV. Sukzessive Befristung nach § 2 Abs. 1 S. 1 und § 2 Abs. 2 WissZVG

1. Die Problematik der sukzessiven Befristung

Bei der Konstellation einer sukzessiven Befristung wird der Arbeitnehmer zunächst auf Grundlage der Qualifizierung nach § 2 Abs. 1 S. 1 WissZVG befristet beschäftigt. Nach Ausschöpfung des Qualifizierungsfensters wird derselbe Arbeitnehmer dann nach dem Drittmittelbefristungstatbestand des § 2 Abs. 2 WissZVG beschäftigt, was mangels Obergrenze zeitlich grundsätzlich unbegrenzt wiederholt werden kann. Hierdurch können sich derart lange Befristungszeiträume ergeben, dass der betroffene Arbeitnehmer sein ganzes Leben über in der Wissenschaft befristet beschäftigt werden kann und das befristete Arbeitsverhältnis zum Regelfall wird.

2. Rechtsprechung

In seiner maßgebenden Entscheidung vom 8. Juni 2016 befand das BAG einen Befristungszeitraum von *22 Jahren und elf Beschäftigungsverhältnissen*, der zunächst zwecks Qualifizierung nach § 2 Abs. 1 S. 1 WissZVG erfolgte und sodann zwei Mal auf den Drittmitteltatbestand des § 2 Abs. 2 WissZVG gestützt wurde, für nicht missbräuchlich.[1066] Zwar sei ein Rechtsmissbrauch indiziert, allerdings ergebe sich der Qualifizierungszeitraum aus dem Gesetz selbst, die Ausschöpfung des vorgegebenen Rahmens könne folglich nicht rechtsmissbräuchlich sein.[1067] Auch die drittmittelbefristeten Arbeitsverträge erfüllten die Anforderungen des Befristungstatbestands.[1068] Für einen Rechtsmissbrauch seien demnach keine Anhaltspunkte ersichtlich, vielmehr greife darüber hinausgehend Art. 5 Abs. 3 GG als branchenspezifische Besonderheit, sodass die Kettenbefristungen als wirksam anzusehen seien.[1069] Auf etwaige Schwellenwerte für einen Rechtsmissbrauch ging das BAG in diesem Zusammenhang nicht ein.

3. Literatur

Obwohl *Preis* und *Ulber* einen „Freibrief im Hochschulbereich, die Befristungsmöglichkeit im Drittmittelbereich weitreichend auszudehnen“[1070] fürchten,

1066 BAG 8.6.2016, NZA 2016, 1463 Rn. 31.
1067 BAG 8.6.2016, NZA 2016, 1463 Rn. 37.
1068 BAG 8.6.2016, NZA 2016, 1463 Rn. 36.
1069 BAG 8.6.2016, NZA 2016, 1463 Rn. 37.
1070 *Preis/Ulber*, § 2 WissZVG Rn. 111.

werten sie im Einklang mit dem BAG vorherige Beschäftigungszeiten zugunsten der wissenschaftlichen Qualifizierung des Arbeitnehmers gegen einen Rechtsmissbrauch, da das WissZVG diese legitimiere[1071].

Anderer Ansicht zufolge sei bereits die Herangehensweise des BAG kritisch zu beäugen, zumal es bei der Missbrauchskontrolle nicht um die Wirksamkeit der Einzelbefristungen geht, sondern um das sich hieraus ergebende Gesamtbild.[1072] Im Falle einer unwirksamen Befristung wäre eine Missbrauchskontrolle aufgrund des zweistufigen Prüfungsverfahrens schon nicht statthaft.[1073] Kritisch zu hinterfragen ist nach *Brose* auch die Argumentation, dass unterschiedliche Befristungstatbestände einschlägig seien, da ausweislich der BefristungsRL die Vermeidung von Kettenbefristungen zu bezwecken ist, und zwar unabhängig vom Befristungstatbestand.[1074] Dem Arbeitnehmer soll ein Mindestmaß an Stabilität gewährt werden, unterschiedliche Befristungstatbestände tragen hierzu jedoch nicht bei.[1075]

Die Anführung von Art. 5 Abs. 3 GG als zusätzliche Legitimation einer Kettenbefristung in Gestalt einer branchenspezifischen Besonderheit sei darüber hinaus widersinnig.[1076] Da sich die Befristung und die Befristungsdauer über eine wissenschaftliche Tätigkeit definieren, handele es sich zwar um eine Branche im Sinne der Richtlinie.[1077] Zunächst sei jedoch zweifelhaft, ob hierin ein taugliches Rechtfertigungsmittel liegt, zumal so der Grundstein dafür gelegt würde, dass gesamte Branchen das Missbrauchsverhinderungsziel der Richtlinie konterkarieren[1078] und die dort beschäftigten Arbeitnehmer nicht hinreichend geschützt wären. Selbst unter der Prämisse, dass die Wissenschaftsbranche eine geeignete Rechtfertigung darstelle, könne hierauf keine Kettenbefristung gestützt werden.[1079] Die branchentypische Besonderheit der Wissenschaft spreche vielmehr gegen eine Ausnahme.[1080] Vor dem Hintergrund der Zwecksetzung „Innovation durch Fluktuation" müsse das Ziel der Wissenschaftsbranche

---

1071 *Preis/Ulber*, § 1 WissZVG Rn. 163 f., § 2 WissZVG Rn. 111; ebenso K/Z/D/H/*Lakies*, § 114 Rn. 359 f.

1072 *Brose*, EuZA 2017, 256, 263.

1073 *Brose*, EuZA 2017, 256, 263.

1074 *Brose*, EuZA 2017, 256, 264.

1075 *Brose*, EuZA 2017, 256, 264.

1076 *Brose*, EuZA 2017, 256, 264.

1077 Preis/Sagan/*Brose*, § 9 Rn. 131.

1078 *Brose*, EuZA 2017, 256, 264 f.

1079 *Brose*, EuZA 2017, 256, 264.

1080 *Brose*, EuZA 2017, 256, 264; **a. A.** Wedde/*Lakies*, § 23 TzBfG Rn. 42.

gerade die Vermeidung von Kettenbefristungen sein.[1081] Dies könne also nicht, wie von *Preis* und *Ulber* vertreten, missbrauchsentschärfend gewertet werden.[1082]

4. Stellungnahme

Brose ist insoweit zuzustimmen, als es schon aus dogmatischer Sicht nicht um die Wirksamkeit von Einzelbefristungen geht, sondern um eine Gesamtbetrachtung. Die vorangegangene Qualifizierung ist, trotzdem das WissZVG sie schützt, bei einer Missbrauchskontrolle, die auch Drittmittelbefristungen beinhaltet, nicht außer Acht zu lassen. Wie § 2 Abs. 3 WissZVG die Befristungen auf § 2 Abs. 1 S. 1 WissZVG anrechnet, muss es umgekehrt – wenngleich nicht im identischen Verhältnis von 1:1 – möglich sein, die drittmittelbefristeten Beschäftigungsverhältnisse in einer Gesamtwürdigung mit einzubeziehen. Hinsichtlich der Berücksichtigung branchentypischer Besonderheiten ist *Brose* ebenfalls zuzustimmen, da diese ausweislich der Gesetzesbegründung darin zu sehen sind, den Nachwuchs zu fördern und nicht dieselben Arbeitnehmer über Jahre hinweg befristet zu beschäftigen. Der Innovations- und der damit einhergehende Fluktuationsaspekt streiten daher gegen langwierige Befristungsketten. Künftig sollte daher bei der Beurteilung von Kettenbefristungen zu würdigen sein, dass branchenspezifisch bedingt im Interesse der Innovationsfähigkeit *geringere* Zeiträume erforderlich sind.

D. Ausarbeitung einer Missbrauchskontrolle für das WissZVG

I. Dogmatisches Fundament

Die Missbrauchskontrolle fußt dogmatisch betrachtet auf dem Institut des institutionellen Rechtsmissbrauchs.[1083] In Abgrenzung zum individuellen Rechtsmissbrauch setzt der institutionelle Rechtsmissbrauch nur voraus, dass die Ausübung des Gesetzes nicht vereinbar mit Recht und Sittlichkeit ist, die Rechtsfolgen müssen also untragbar sein.[1084] Ein subjektiv verwerfliches Verhalten

---

1081 *Brose*, EuZA 2017, 256, 264.

1082 *Preis/Ulber*, § 1 WissZVG Rn. 165; § 2 WissZVG Rn. 111; **a. A.** LAG Köln 6.11.2013, BeckRS 2014, 65322 (abstraktes berufen auf Grundrechtsschutz nicht ausreichend, erforderlich seien „negative Auswirkungen auf die Förderung und Freiheit der Forschung"); ebenso LAG Düsseldorf 27.7.2016, BeckRS 2016, 74885 Rn. 55.

1083 Kritisch *Schwarze*, RdA 2017, 302, 303, 311 („unzureichende tatbestandliche Aufbereitung des Rechtsmissbrauchs").

1084 Müko-BGB/*Schubert*, § 242 BGB Rn. 211 f.

ist hier nicht erforderlich, es ergibt sich „bereits aus dem Sinn und Zweck des Rechtsinstituts“[1085]. Der Missbrauch ist im Rahmen der Befristung darin zu sehen, dass der Arbeitgeber die Befristungsmöglichkeit ausnutzt, um hieraus Vorteile abzuleiten, die nicht vom Normzweck und dem Rechtsinstitut intendiert sind.[1086] Die Anknüpfung am jeweiligen Gesetzeszweck ist somit unerlässlich, sodass die Arithmetik des BAG zu § 14 TzBfG sich nicht pauschal auf das WissZVG übertragen lässt.[1087]

II. Konkrete Maßstäbe für einen Missbrauch

Der institutionelle Rechtsmissbrauch erfordert, dass bei der Anwendung der Norm zwischen dem tatbestandlich geschützten Interesse und dem dahinter zurücktretenden Interesse ein krasses Missverhältnis besteht.[1088] Mit der Befristungsampel hat das BAG eine Typisierung dieses Missverhältnisses für § 14 TzBfG vorgenommen,[1089] welche aus Gründen der Rechtssicherheit für die Befristungen nach dem WissZVG gleichermaßen vorzunehmen ist. Für die Befristungszeiträume ist infolge der unterschiedlichen Interessenlage zwischen den jeweiligen Tatbeständen und der sukzessiven Nutzung beider Tatbestände zu differenzieren.

1. Die Qualifizierungsbefristung

Zunächst ist für die Qualifizierungsbefristung zu berücksichtigen, dass der Höchstbefristungszeitraum sich anhand der erfahrungsgemäßen Qualifizierungsdauer von Pre- und Post-Doc-Phase orientiert und nach Art. 5 Abs. 3 S. 1 GG gerechtfertigt ist.[1090] Die Befristungen sind nach hier vertretener Auffassung jedoch zusätzlich auf das Sachgrunderfordernis der Qualifizierung gestützt, sodass kein erhöhtes Bedürfnis für eine Missbrauchskontrolle besteht.[1091]

Sofern dagegen eine reine Höchstbefristungsgrenze angenommen wird, kann die Missbrauchskontrolle nicht auf die Überschreitung der Grenzwerte nach dem TzBfG gestützt werden, da andernfalls schon bei Ausschöpfen des

---

1085 BAG 26.10.2016, NZA 2017, 382 Rn. 26 ff.; *Schwarze*, RdA 2017, 302.

1086 *Schwarze*, RdA 2017, 302 Fn. 7 m. w. N.

1087 Ebenso *Preis/Deutzmann*, AP WissZeitVG § 1 Nr. 7, V. 3.

1088 *Schwarze*, RdA 2017, 302, 309.

1089 *Schwarze*, RdA 2017, 302, 311.

1090 BAG 20.1.2016, NZA 2016, 824 Rn. 16; 23.3.2016, NZA 2016, 954 Rn. 60; 20.4.2016, NZA 2016, 1078 Rn. 29.

1091 BAG 26.10.2016, NZA 2017, 382 Rn. 26; vgl. § 7 C II. 3.

zulässigen Befristungsfensters ein Missbrauch indiziert wäre. Ein Rechtsmissbrauch kann sich daher nur aus der Anzahl der Einzelbefristungen ergeben.[1092]

Das Konzept des WissZVG geht davon aus, wissenschaftliches Personal in befristeten Arbeitsverhältnissen zu qualifizieren und so den Nachwuchs und die Innovation der Wissenschaft zu fördern.[1093] Die Qualifizierung soll ihrerseits Berufschancen eröffnen,[1094] sodass der Gesetzgeber implizit davon ausgeht, dass der Arbeitnehmer nach Erreichen der Qualifizierung anderweitig beschäftigt wird. Eine weitere Qualifizierung ist zwar nicht ausgeschlossen, allerdings indiziert eine Vielzahl auf § 2 Abs. 1 S. 1 WissZVG gestützter Befristungen von kurzer Dauer, dass der Arbeitgeber dieses Instrument missbräuchlich verwendet, da die Nachwuchsförderung schlussendlich nicht erreicht wird, sondern derselbe Arbeitnehmer trotz bereits erfolgter Qualifizierung weiter beschäftigt wird. Ein Missbrauch ist konsequenterweise erst anzunehmen, wenn eine Vielzahl befristeter Arbeitsverträge mit kurzen Laufzeiten auf § 2 Abs. 1 S. 1 WissZVG gestützt wird,[1095] da kurze Befristungszeiträume vom Gesetzgeber grundsätzlich nur vorgesehen sind, wenn der betroffene Arbeitnehmer seine Qualifizierung vorher erreicht[1096].

Eine kurze Laufzeit nimmt das BAG im Rahmen des § 14 Abs. 1 S. 2 TzBfG bei einer Vertragsdauer von wenigen Wochen an.[1097] Im Lichte des § 2 Abs. 1 S. 1 WissZVG ist jedoch weitergehend zu berücksichtigen, dass der Gesetzgeber sich bei der Zielsetzung, kurzzeitige Befristungen zu verhindern, auf die Gesetzesevaluation durch *Jongmannns*, der bei einem Zeitraum von unter einem Jahr einen kurzzeitigen Vertrag annimmt, bezieht.[1098] Da sowohl Pre- als auch Post-Doc-Phase sechs Jahre betragen, sind sechs auf eine der in § 2 Abs. 1 WissZVG vorgesehenen Phasen gestützten Befristungen noch vom Zweck der Regelung getragen.

Eine Rechtsmissbrauchskontrolle ist demgegenüber geboten, wenn dieses zulässige Maß an Verlängerungen um ein Vielfaches überschritten wird.[1099]

1092 So weit auch *Brose*, EuZA 2017, 256, 265.

1093 BT-Drs. 16/3438, S. 10.

1094 BT-Drs. 18/6489, S. 10.

1095 Ebenso *Preis/Deutzmann*, AP WissZeitVG § 1 Nr. 7, V. 4 (bei Vertragslaufzeiten von unter drei bzw. sechs Monaten).

1096 BT-Drs. 18/6489, S. 8 (mit Verweis auf vorherige Publikation, Doktorarbeit oder Fertigstellung eines Projekts).

1097 BAG 29.4.2014, NZA 2015, 301 Rn. 43; hierauf verweisen auch *Preis/Deutzmann*, AP WissZeitVG § 1 Nr. 7, V. 4.

1098 *Jongmanns*, S. 3; BT-Drs. 18/6489, S. 19.

1099 BAG 26.10.2016, NZA 2017, 382 Rn. 26 m. w. N.

Hiervon geht das BAG bei einer Verdreifachung des zulässigen Rahmens aus.[1100] Konsequenterweise ist eine Missbrauchskontrolle bei mindestens 18 auf eine der Phasen des § 2 Abs. 1 S. 1 WissZVG gestützten Befristungen geboten. Indiziert ist ein Rechtsmissbrauch, wenn in besonders gravierendem Ausmaß die Anzahl zulässiger Verlängerungen überschritten wird.[1101] Hiervon ist bei 24 auf § 2 Abs. 1 S. 1 WissZVG gestützten Vertragsverlängerungen auszugehen, da hier keine Nachwuchsförderung mehr gewährleistet ist, sondern eine missbräuchliche Nutzung des Befristungstatbestands durch den Arbeitgeber vorliegt. Dies verdeutlicht, dass unter Zugrundelegung der Qualifizierung als Sachgrund kein Missbrauch in Betracht kommt, da jedenfalls bei 24 befristeten Verträgen innerhalb von sechs Jahren keine angemessene Dauer mehr vorläge und damit bereits der Sachgrund entfiele.

2. Die Drittmittelbefristung

Die Orientierung der Drittmittelbefristung an einer Überschreitung der Höchstgrenzen des § 2 Abs. 1 S. 1 WissZVG ist, wie oben dargelegt, infolge der unterschiedlichen Zielrichtung abzulehnen. Für Drittmittelprojekte gibt es kaum einen greifbaren Durchschnittszeitraum, an den für einen typisierten Rechtsmissbrauch angeknüpft werden könnte. Die in § 2 Abs. 1 S. 1 WissZVG verankerten 12 bzw. 15 Jahre erscheinen für ein Drittmittelprojekt ungewöhnlich lang, sodass eine wesentliche Überschreitung dieses Zeitraums als Maßstab für die Rechtsmissbrauchskontrolle reiner Willkür gleich käme. Entgegen der Auffassung des ArbG Aachen[1102] ist folglich keine mehrfache Überschreitung des Höchstbefristungszeitraums erforderlich.

Es lässt sich jedoch das vom BAG entwickelte Ampelsystem entsprechend anwenden. Bei dem Befristungstatbestand des § 2 Abs. 2 WissZVG geht es teleologisch betrachtet nicht um die Nachwuchsförderung als Ausprägung des Art. 5 Abs. 3 S. 1 GG, vielmehr sollte ein rechtssicherer und transparenter Tatbestand für Drittmittelprojekte geschaffen werden[1103]. Auch in zeitlicher Hinsicht gibt es bezüglich der Drittmittelbefristung keine wesentlichen Besonderheiten gegenüber den Tatbeständen des § 14 Abs. 1 S. 2 TzBfG, da § 2 Abs. 2 WissZVG ebenfalls ein Sachgrunderfordernis normiert, das im Gegensatz zu § 2 Abs. 1 S. 1 WissZVG keine zeitliche Obergrenze kennt. Die Vergleichbarkeit wird zudem

1100 BAG 26.10.2016, NZA 2017, 382 Rn. 26.
1101 BAG 26.10.2016, NZA 2017, 382 Rn. 26.
1102 ArbG Aachen 29.1.2013, BeckRS 2014, 66786.
1103 BT-Drs. 16/3438, S. 1, 14.

dadurch verdeutlicht, dass Drittmittelbefristungen wegen des vorübergehenden Bedarfs auch von dem Befristungstatbestand des § 14 Abs. 1 S. 2 Nr. 1 TzBfG erfasst wären.[1104] Dass die Projektdauer dem Befristungszeitraum entsprechen soll, ist für § 14 Abs. 1 S. 2 Nr. 1 TzBfG gleichermaßen erforderlich.[1105] Es kann jedoch für den Schutz des Arbeitnehmers vor Kettenbefristungen keinen Unterschied machen, ob er nach § 2 Abs. 2 WissZVG oder nach § 14 Abs. 1 S. 2 Nr. 1 TzBfG befristet beschäftigt wird, da der Sachgrund identisch ist. Würde die Missbrauchskontrolle bei § 2 Abs. 2 WissZVG anders ausgestaltet, stünden die Kontrollmaßstäbe faktisch zur Disposition des Arbeitgebers, da eine Projektbefristung nach § 14 Abs. 1 S. 2 Nr. 1 TzBfG dem Ampelsystem unterfiele. Ein Rechtsmissbrauch ist demnach bei 15 Vertragsverlängerungen, einer Gesamtdauer von zehn Jahren oder einer Gesamtdauer von acht Jahren und 12 Verlängerungen indiziert.

3. Die sukzessive Ingebrauchnahme von Befristungstatbeständen

Im Anschluss an die Ausschöpfung der Beschäftigungszeiten nach § 2 Abs. 1 S. 1 WissZVG bleibt eine Befristung nach § 2 Abs. 2 WissZVG und dem TzBfG möglich, sodass insbesondere hier ein erhöhtes Missbrauchspotential besteht, dem Schranken gesetzt werden müssen.[1106] Nach *Preis* und *Deutzmann* ist der Zeitpunkt nach *Ablauf der Höchstbefristungsdauer* entscheidend für die Missbrauchsprüfung. Hier gehe das Konzept des WissZVG vom Übergang des befristeten in ein unbefristetes Arbeitsverhältnis aus, sodass im Fall einer weiteren Befristung um sechs Jahre, also bei einer Verdreifachung des vorgegebenen Befristungszeitraums, der Missbrauchstatbestand indiziert sei und es zu „einer sich sukzessiv verstärkenden Rechtsmissbrauchskontrolle“[1107] komme. Was darunter im Einzelnen zu verstehen ist, wird dennoch nicht konkretisiert.

Unter Geltung der fünfjährigen Höchstbefristungsdauer des HRG, das ebenfalls Anschlussbefristungen zuließ, wurde diese als „Wendepunkt in der Interessenabwägung zwischen Bestandsschutzinteresse des Arbeitnehmers und Befristungsinteresse des Arbeitgebers“[1108] angesehen, was zur Konsequenz hatte,

---

1104 BT-Drs. 16/3438, S. 1.

1105 BAG 25.8.2004, NZA 2005, 357, 359.

1106 So auch *Hirdina*, NZA 2009, 712, 713; *Preis/Ulber*, § 2 WissZVG Rn. 111; weiter BAG 8.6.2016, NZA 2016, 1463 Rn. 36 f.; zustimmend *Lakies*, PersR 2013, 54, 58 = ArbR Aktuell 2014, 94, 96.

1107 *Preis/Deutzmann*, AP WissZeitVG § 1 Nr. 7, V. 3.

1108 *Löwisch*, WissR 1992, 56, 73 (unter Bezugnahme auf: BAG 21.1.1987, NZA 1988, 280, 282; 15.3.1989, BeckRS 1989, 30730402); ähnlich Dieterich/Preis/*Preis*, S. 24.

dass die Anforderungen an den Abschluss eines befristeten Arbeitsvertrags stiegen. Dieser tragende Rechtsgedanke ist, *Preis* und *Deutzmann* zustimmend, auch im Rahmen des WissZVG nicht zu verkennen, insbesondere weil der Befristungsrahmen hier sogar sechs Jahre beträgt. Die pauschale Indizierung eines Missbrauchs nach weiteren sechs Jahren gestaltet sich angesichts der Diversität von Drittmittelprojekten jedoch als schwierig.

Um das Missbrauchspotential des § 2 Abs. 2 WissZVG als Folgebefristung nach Ausschöpfung der Höchstbefristungsdauer abzumildern, ist mit steigender Anzahl ein proportional höherer Tätigkeitsumfang am Drittmittelprojekt zu fordern. Je nachdem, wie lange der betroffene Arbeitnehmer bereits vorher befristet beschäftigt war, muss der Umfang der tätigkeitsbezogenen Aufgaben steigen, sodass 50,1 % nicht mehr ausreichen. Bei einer Ausschöpfung der 12 bzw. 15 Jahresdauer wären 60 % Drittmittelbeschäftigungsanteil erforderlich, welcher um 5 % pro Jahr zunähme. Daraus ergäben sich Maximaldauern von 20 bzw. 23 Jahren in der Wissenschaft. Zwar würden damit die Anforderungen an die Erfüllung des Drittmitteltatbestands erheblich verschärft, es bleibt jedoch zu berücksichtigen, dass der betroffene Arbeitnehmer andernfalls bis ins Rentenalter befristet in der Wissenschaft beschäftigt werden könne, was der Zielsetzung der Nachwuchsförderung zuwiderliefe. Auf diese Weise ist die betroffene Wissenschaftsinstitution gezwungen, kritisch zu hinterfragen, ob der jeweilige Arbeitnehmer wirklich weiter befristet zu beschäftigen ist. Die sukzessiven Befristungen nach § 14 TzBfG bleiben davon unabhängig möglich, da ihnen kein Wissenschaftsbezug innewohnt und hier die Missbrauchsampel des BAG zur Anwendung gelangt.

Der umgekehrte Fall, bei dem zuerst auf Grundlage des § 2 Abs. 2 WissZVG und sodann nach § 2 Abs. 1 S. 1 WissZVG befristet wird, ist demgegenüber infolge der Anrechnungsbestimmung des § 2 Abs. 3 WissZVG unproblematisch.

§ 8 Dispositionsmöglichkeiten des WissZVG

A. Zweiseitig zwingendes Gesetzesrecht

Die Regelungen des WissZVG – wie auch dessen Vorgängerregelungen –[1109] werden hinsichtlich Zulässigkeit und Höchstdauer von befristeten Arbeitsverträgen mit wissenschaftlichem Personal nahezu einhellig[1110] als zweiseitig zwingendes Bundesrecht erachtet.

I. Ausgangspunkt des WissZVG: Keine Abweichung zu Gunsten des Arbeitnehmers

Der Wortlaut des § 1 Abs. 1 S. 2 WissZVG sieht vor, dass von den Normen „durch Vereinbarung nicht abgewichen werden" kann. Mangels Ausnahme impliziert die Formulierung, dass weder zugunsten noch zu Lasten des betroffenen Arbeitnehmers eine Abweichung möglich ist.[1111] Auch die systematische Auslegung bekräftigt dies: Hätte der Gesetzgeber Abweichungen zu Gunsten des

---

1109 *Buchner*, RdA 1985, 258, 277; *Dörner*, Befristeter Arbeitsvertrag, Rn. 539; KR/*Treber*, § 1 WissZVG Rn. 2.

1110 BT-Drs. 16/3438, S. 10; BAG 24.1.1996, NZA 1996, 1036, 1038 (zu §§ 57a ff. HRG); *Adamietz/Künne*, Drittmittelbefristungen, S. 51; NK-GA/*Boemke*, § 1 WissZVG Rn. 19; *Dörner*, Befristeter Arbeitsvertrag, Rn. 539; *Hedermann*, ZESAR 2015, 109; Knopp/Gutheil/*Henrici*, S. 45 (zu § 57a HRG); MüKo-BGB/*Hesse*, § 23 TzBfG Rn. 31; *Hirdina*, NZA 2009, 712, 713; HK-TzBfG/*Joussen*, § 1 WissZVG Rn. 18; *Kersten*, DÖV 2002, 681, 685; Schaub/*Koch*, § 39 Rn. 42; Geis/*Krause*, § 1 WissZVG Rn. 38; Wedde/*Lakies*, § 23 TzBfG Rn. 15; K/Z/D/H/*ders.*, § 114 Rn. 322; *Lehmann-Wandschneider*, Sonderbefristungsrecht, S. 214; AR/*Löwisch*, § 1 WissZVG Rn. 10; HSchR/*ders./Wertheimer*, Kap. X Rn. 159; M/H/H/*Herms*, § 23 TzBfG Rn. 29; ErfK/*Müller-Glöge*, § 1 WissZVG Rn. 18; D/D/Z/*Nebe*, § 1 WissZVG Rn. 14; *Oetker*, in: FS v. Hoyningen-Huene, 335, 345; Staudinger/*Preis*, § 620 BGB Rn. 281; *ders./Hausch*, NJW 2002, 927, 930; *ders./Ulber*, § 1 WissZVG Rn. 85; *Reich*, HRG, § 1 WissZVG Rn. 3; H/W/K/*Rennpferdt*, § 23 TzBfG Rn. 35; L/S/*Schlachter*, § 23 TzBfG, Anh. 2, § 1 WissZVG Rn. 10; A/P/S/*Schmidt*, § 1 WissZVG Rn. 27; KR/*Treber*, § 1 WissZVG Rn. 55; differenzierend nur *Hauck-Scholz*, RdA 2016, 262, 267 (Abweichung zu Gunsten des Arbeitnehmers möglich, es liege ein historisches Versehen vor, die Klausel sollte ursprünglich nur Tarifverträge vereiteln, hierfür gebe es aber jetzt § 1 Abs. 1 S. 2 WissZVG).

1111 *Dörner*, Befristeter Arbeitsvertrag, Rn. 539; *Oetker*, in: FS v. Hoyningen-Huene, 335, 345; **a. A.** *Hauck-Scholz*, RdA 2016, 262, 267.

Arbeitnehmers zulassen wollen, hätte er dies wie in § 22 Abs. 1 TzBfG normativ verankert. Gemäß § 1 Abs. 1 S. 3 WissZVG sind jedoch nur Abweichungen durch Tarifvertrag im Rahmen des tarifoffenen Bereichs zulässig,[1112] im Übrigen sind die Regelungen „arbeitsrechtsfest“[1113]. § 1 Abs. 1 S. 5 WissZVG konkretisiert, dass die allgemeinen arbeitsrechtlichen Vorschriften nur insoweit anwendbar sind, als sie den §§ 2 bis 6 WissZVG nicht widersprechen. Raum bleibt gemäß § 1 Abs. 2 WissZVG für den Abschluss unbefristeter Arbeitsverhältnisse oder eine auf dem TzBfG fußende Befristung.[1114]

In teleologischer Hinsicht ist zu berücksichtigen, dass das WissZVG einen „Flickenteppich“[1115] verhindern und „rechtssichere und verlässliche“[1116] Befristungsmöglichkeiten schaffen möchte. Dies spricht ebenfalls für eine zweiseitig zwingende Ausgestaltung. Historisch betrachtet gründet § 1 Abs. 1 S. 5 WissZVG auf § 57a S. 2 HRG,[1117] wonach arbeitsrechtliche Vorschriften und Grundsätze über befristete Arbeitsverträge nur insoweit anzuwenden waren, als sie den Vorschriften des Gesetzes nicht widersprachen. Das Günstigkeitsprinzip war unter Geltung des § 57a S. 2 HRG dennoch anwendbar. Daraus wird teilweise abgeleitet, dass dieses Prinzip auch für das WissZVG gilt.[1118] Dieser Schlussfolgerung ist jedoch entgegenzuhalten, dass es einer derart ausdifferenzierten Normierung der zulässigen Abweichungen in § 1 Abs. 1 S. 3 ff., § 1 Abs. 2 WissZVG nicht bedurft hätte, sofern der Gesetzgeber die Geltung des Günstigkeitsprinzips gewollt hätte. Darüber hinaus wurde das HRG im Zuge seiner fünften Novellierung[1119] als zweiseitig zwingendes Recht ausgestaltet. Das WissZVG fußt hierauf, nicht jedoch auf der Ausgangsfassung, die Abweichungen zu Gunsten des Arbeitnehmers zuließ. Auch die historische Auslegung bekräftigt deshalb, dass das WissZVG zweiseitig zwingend ausgestaltet ist, sodass das Günstigkeitsprinzip nicht zur Anwendung gelangt.

1112 Staudinger/*Preis*, § 620 BGB Rn. 281; KR/*Treber*, § 1 WissZVG Rn. 56.
1113 HSchR/*Löwisch/Wertheimer*, Kap. X Rn. 159.
1114 S. dazu § 5 E.
1115 BT-Drs. 18/7038, S. 20.
1116 BT-Drs. 18/6489, S. 19; BT-Drs. 18/7038, S. 23.
1117 Eingefügt durch das HFVG v. 14.7.1985, BGBl. S. 1065.
1118 Wohl nur *Hauck-Scholz*, RdA 2016, 262, 267 f.
1119 5. HRG ÄndG v. 16.2.2002, BGBl. S. 693.

II. Anwendbarkeit allgemeiner arbeitsrechtlicher Regelungen

Das WissZVG sieht keinen Vertragstypenzwang vor. Gemäß § 1 Abs. 1 S. 5 WissZVG bleiben die allgemeinen arbeitsrechtlichen Regelungen insoweit anwendbar, als sie den in §§ 2 bis 6 WissZVG getroffenen Regelungen nicht widersprechen und das WissZVG keine abschließende Regelung bereithält.[1120] Diese Öffnungsklausel ist insbesondere von Relevanz, wenn der Höchstbefristungszeitraum ausgeschöpft und eine Befristung nach § 14 TzBfG möglich ist.[1121] § 14 Abs. 2 TzBfG dürfte infolge der Anrechnungsklausel des § 2 Abs. 3 S. 2 WissZVG regelmäßig nicht in Betracht kommen, sodass die Sachgründe des § 14 Abs. 1 S. 2 TzBfG maßgebend sind. Allerdings ist auch für diese nur begrenzt Raum, da den besonderen Bedürfnissen der Wissenschaft hier nicht Rechnung getragen wird.[1122]

B. Gestaltungsspielräume auf Landes- und Hochschulebene

I. Gestaltungsspielräume für den Landesgesetzgeber

Aufgrund des eingangs festgestellten, überwiegend abschließenden Kompetenzgebrauchs des Bundes ist es den Landesgesetzgebern grundsätzlich verwehrt, weitergehende Befristungsregelungen zu treffen.[1123] Nach Art. 72 Abs. 1 GG gilt dies jedoch nur, sofern eine explizite Bundesregelung oder eine bewusste Nichtregelung vorliegt.

1. Anwendungsbereich des WissZVG

Infolge der abschließenden Bestimmung des Anwendungsbereichs scheidet die Normierung von eigenen Personalkategorien, die unter das WissZVG fallen sollen, aus.[1124] Möglich erscheint demgegenüber eine *Konkretisierung* des

---

1120 So in BAG 18.5.2016, NZA 2016, 1276 Rn. 20, wo § 14 Abs. 1 S. 2 Nr. 4 TzBfG aufgrund des abschließenden § 2 Abs. 1 WissZVG die Befristung nicht rechtfertigen konnte; 8.6.2016, NZA 2016, 1463 Rn. 42 ff.; 28.9.2016, NZA 2017, 249 Rn. 32; Staudinger/*Preis*, § 620 BGB Rn. 281; ErfK/*Müller-Glöge*, § 2 WissZVG Rn. 20 (sowohl für Höchstbefristungsdauer als auch für Drittmittelbefristung).

1121 Kritisch wegen der daraus folgenden verringerten Innovationsfähigkeit der Hochschule: ErfK/*Müller-Glöge*, § 1 WissZVG Rn. 7.

1122 Ausführlich dazu unter § 5 E.

1123 BAG 1.6.2011, NZA 2011, 1280 Rn. 26; 20.1.2016, NZA 2016, 824 Rn. 28; *Preis/Ulber*, § 1 WissZVG Rn. 10.

1124 BAG 1.6.2011, NZA 2011, 1280 Rn. 26.

wissenschaftlichen Personals im Rahmen des WissZVG auf Landesebene,[1125] sodass der Landesgesetzgeber beispielsweise festlegen kann, *welche Tätigkeiten das Land seinen Arbeitnehmern übertragen* darf.[1126] Hierdurch wird keine anderweitige Beurteilung herbeigeführt, allerdings könnten durch ein höheres Maß an Rechtssicherheit unwirksame Befristungen vermieden werden. Für eine solche Befugnis spricht die Offenheit des Anwendungsbereichs. Der Gesetzgeber könnte hier lediglich eine Grundsatzentscheidung bzw. ein Mindestmaß getroffen haben und die Ausgestaltung im Einzelnen den Ländern überlassen wollen.[1127]

Dieser Schluss ist jedoch nicht zwingend, da die Ausformung gleichermaßen als Appell an die Jurisprudenz zur näheren Ausgestaltung verstanden werden kann. Bereits unter dem Regime des § 53 HRG, das auf einer Rahmengesetzgebungskompetenz fußte,[1128] entsprach es der ständigen Rechtsprechung, dass die Definition des wissenschaftlichen Personals autonom bundesrechtlich zu bestimmen war[1129] und die Länder nicht befugt waren, weitere Funktionsgruppen

---

1125 BAG 1.6.2011, NZA 2011, 1280 Rn. 25; *Dörner*, Befristeter Arbeitsvertrag, Rn. 534; HK-TzBfG/*Joussen*, § 1 WissZVG Rn. 8; *Kortstock*, ZTR 2007, 350, 352; Geis/*Krause*, § 1 WissZVG Rn. 8; M/H/H/*Herms*, § 23 TzBfG Rn. 27; ErfK/*Müller-Glöge*, § 1 WissZVG Rn. 11; *Oetker*, in: FS v. Hoyningen-Huene, 335, 340; *Preis/Ulber*, § 1 WissZVG Rn. 11; *Raab*, Persönlicher Anwendungsbereich, S. 87, 92, 179 (schon zur Zeit des HRG Konkretisierungsfunktion); **weiter** L/S/*Schlachter*, § 23 TzBfG, Anh. 2, § 1 WissZVG Rn. 7 mit Bezug auf LAG Baden-Württemberg 16.7.2009, BeckRS 2010, 66270 (Regelungsspielraum des Landesgesetzgebers zu dahingehender Konkretisierung, dass *auch* wissenschaftlich Tätige vom WissZVG erfasst sind, einer Prägung bedürfe es nicht, sofern das Land dies nicht vorsehe); ebenso *Kroll*, ZTR 2016, 235; A/P/S/*Schmidt*, § 1 WissZVG Rn. 14; **a. A.** *Löwisch*, NZA 2007, 479; *ders.*, in: FS Otto, 609, 618; *Rambach/Feldmann*, ZTR 2009, 286, 288; A/G/*Rambach*, WissZVG Rn. 3 (alleinige Bestimmung durch die Länder entspreche dem Willen des Gesetzgebers durch Änderung der enumerativen Aufzählung, bezugnehmend auf www.bmbf.de/de/7702.php. „Diese [die Länder] legen grundsätzlich fest, welche Personalkategorien […] zum wissenschaftlichen Personal zählen"); tatsächlicher Umfang der Länderkompetenz aber offen *Rambach/Feldmann*, ZTR 2009, 286, 289 („kann letztlich offenbleiben").

1126 BAG 29.4.2015, BeckRS 2015, 71411 Rn. 20; 20.1.2016, NZA 2016, 824 Rn. 28; LAG Nürnberg, 29.3.2017, BeckRS 2017, 118548 Rn. 78.

1127 *Meißner*, Hochschulbefristungsrecht, S. 137; *Raab*, Persönlicher Anwendungsbereich, S. 90.

1128 BT-Drs. 7/1328, S. 1; BT-Drs.16/6122, S. 1.

1129 BAG 28.1.1998, NZA 1998, 1120, 1122; 21.1.2009, AP HRG § 57b Nr. 32 Rn. 11.

zu erschaffen[1130]. Dass unter dem Regime des HRG bei materiellem Entsprechen der Anforderungen an die Wissenschaftlichkeit eine anderweitige Bezeichnung der Funktionsgruppen des HRG unschädlich war, solange die Wesensmerkmale des Typs noch erkennbar waren und sich zuordnen ließen,[1131] spricht ebenso wenig für eine Konkretisierungsbefugnis der Länder. Es wird vielmehr deutlich, dass auch die Bezeichnungen nichts an der tätigkeitsbezogenen Zuordnung des Personals zum Sonderbefristungsrecht ändern können. Hätte der Gesetzgeber diese Rechtsprechung im Zuge des WissZVG umkehren wollen, so wäre eine Erwähnung in den Gesetzesmaterialien naheliegend gewesen.[1132] Allein die Tatsache, dass keine statusorientierte Betrachtungsweise statthaft ist, um Freiraum für die Personalkategorien der Länder zu lassen, legitimiert keine anderweitige Beurteilung. Wie bereits gezeigt,[1133] hat sich das BAG einer bundeseinheitlichen Definition des Wissenschaftlichkeitsbegriffs angenommen. Eine anderweitige Interpretation der wissenschaftlichen Dienstleistung ist von der Kompetenz des Landesgesetzgebers *erst Recht* nicht getragen.[1134] Hinsichtlich des personellen Anwendungsbereichs bleibt den Ländern daher kein Gestaltungsspielraum.

Sachlich betrachtet haben die Länder dagegen vollumfänglichen Handlungsfreiraum, sofern kein Arbeitsverhältnis im Sinne des WissZVG vorliegt, also bei *unbefristeten Arbeitsverhältnissen* und *befristeten Beamtenverhältnissen.*[1135]

2. Weitere Anknüpfungsmöglichkeiten

a) Befristungsgrundlage

Auf welchen Befristungstatbestand der Arbeitsvertrag bei Erfüllung der Anforderungen mehrerer Tatbestände primär zu stützen ist, gibt das WissZVG nicht vor. Es kann ebenso auf das TzBfG abgestellt werden, wobei hier der *lex specialis*

1130 *Chantelau*, WissR 1990, 45, 56 ff.

1131 *Chantelau*, WissR 1990, 45, 58 (Entsprechung der typusbildenden Maßnahmen).

1132 *Raab*, Persönlicher Anwendungsbereich, S. 91.

1133 Vgl. § 4 B III 1.

1134 So auch *Preis/Ulber*, in: FS Otto, 391, 397; *Raab*, Persönlicher Anwendungsbereich, S. 90 f.; anders *Meißner*, Hochschulbefristungsrecht, S. 136 f. (Zielsetzung durch Mindestanforderung der Wissenschaftlichkeit gewährleistet); **a. A.** *Rambach/Feldmann*, ZTR 2010, 67, 68 (es kommt nicht auf die Erbringung wissenschaftlicher Dienstleistungen an, unter Bezug auf LAG Baden-Württemberg, BeckRS 2010, 66270); *Richardi*, DB 1981, 1461, 1471 (Verbindlich vorschreiben, dass eine Befristung des Arbeitsverhältnisses vorzusehen ist).

1135 *Adamietz/Künne*, Drittmittelbefristungen, S. 30.

Grundsatz den Gestaltungsspielraum begrenzt.[1136] Zwischen Qualifikations- und Drittmitteltatbestand besteht jedenfalls von Gesetzes wegen kein Rangverhältnis. Es könnte folglich in der Kompetenz der Länder liegen, einen vorrangigen Befristungstatbestand vorzugeben.[1137] Um eine möglichst lange Befristung zu ermöglichen, könnten die Landesgesetze vorsehen, dass wissenschaftliches Personal in erster Linie nach § 2 Abs. 1 S. 1 WissZVG zu befristen ist, während einer Drittmittelbefristung nach § 2 Abs. 2 WissZVG subsidiäre Bedeutung zukäme. Hintergrund ist die Anrechnung der befristeten Beschäftigungsverhältnisse auf die Höchstbefristungsdauer, § 2 Abs. 3 WissZVG, wohingegen nach Ausschöpfung dieser noch eine Sachgrundbefristung möglich bleibt. Darüber hinaus gelangen bei einer Befristung nach § 2 Abs. 1 S. 1 WissZVG die sozialen Verlängerungstatbestände zu Gunsten des Arbeitnehmers gemäß §§ 2 Abs. 1 S. 4 ff., 2 Abs. 5 WissZVG zur Anwendung.

Problematisch ist jedoch, dass mit einer derartigen Vorgabe in die Personalhoheit der betroffenen Wissenschaftsinstitutionen und damit in Art. 5 Abs. 3 S. 1 GG eingegriffen würde. Diesen kann nicht vorgeschrieben werden, welcher Arbeitsvertrag auf welcher Rechtsgrundlage abzuschließen ist.[1138] Da der Wissenschaftspflege bereits durch die Befristungsmöglichkeiten als solche genüge getan ist, wäre ein derartiger Eingriff auch nicht gerechtfertigt. Hinsichtlich des Rangs der Befristungsgründe besteht folglich kein Gestaltungsspielraum des Landesgesetzgebers.

Da die Befristung selbst nach § 1 Abs. 2 WissZVG im Ermessen der Hochschulen liegt, ließe sich eine Regelung treffen, die das unbefristete Arbeitsverhältnis wieder zum Regelfall deklariert und das befristete Arbeitsverhältnis als Ausnahmefall festlegt.[1139] Auch eine solche Regelung würde jedoch in unzulässiger Weise in die Personalhoheit der Hochschulen eingreifen. Darüber hinaus würden mit der Abschlussmöglichkeit unbefristeter Arbeitsverhältnisse die Innovationsfähigkeit und die Wissenschaft blockiert, was nicht im Sinne des Gesetzgebers sein kann.[1140]

1136 Dazu unter § 5 E.

1137 So die HRK v. 24.4.2012, darüber hinaus gelangen § 2 Abs. 5 WissZVG und § 2 Abs. 1 S. 4 ff. WissZVG zur Anwendung; ebenso *Adamietz/Künne*, Drittmittelbefristungen, S. 55.

1138 *Epping/Preis*, Beschäftigungsbedingungen, S. 78.

1139 Herrschinger Kodex „Gute Arbeit in der Wissenschaft“ GEW, Abschnitte Nr. 3, 6; *Adamietz/Künne*, Drittmittelbefristungen, S. 48.

1140 D/D/Z/*Nebe*, § 1 WissZVG Rn. 27 f.; ebenso Geis/*Krause*, § 1 WissZVG Rn. 46.

b) *Befristungsdauer*

In Bezug auf die Befristungsdauer ist insbesondere eine Mindestbefristungsdauer im Rahmen des § 2 Abs. 1 S. 1 WissZVG abzulehnen:[1141] Die Vielgestaltigkeit der angemessenen Vertragsdauer mit wissenschaftlichem Personal, insbesondere die Diversität nach Fachrichtung und Thema entzieht sich einer schematischen Grenzziehung. Hier besteht folglich kein Spielraum für den Landesgesetzgeber.

In Erwägung zu ziehen ist lediglich die Festlegung einer Höchstanzahl oder Maximaldauer drittmittelbefristeter Verträge. Letztere ist abzulehnen, da der Bund in Abgrenzung zu § 2 Abs. 1 S. 1 WissZVG in § 2 Abs. 2 WissZVG bewusst keine Höchstdauer geregelt hat.[1142] Darüber hinaus würde sie den Bezug zum Drittmittelprojekt, den das WissZVG festlegt, unterlaufen. Mit einer Höchstanzahl drittmittelbefristeter Verträge würde der Kritik, dass Drittmittelbefristungen „bis zur Pensionierung"[1143] möglich wären, entgegengewirkt. Allerdings würde eine derartige Regelung nicht nur hinter den Anforderungen des WissZVG zurückbleiben, sondern zusätzliche, neue Anforderungen an die Befristung schaffen, die nicht im Einklang mit den Zielsetzungen des WissZVG stehen. Die Festlegung der Befristungsanforderungen ist Kern arbeitsrechtlicher Materie und als solche der Kompetenz des Bundesgesetzgebers zugeordnet, sofern dieser hiervon Gebrauch macht. Hinsichtlich der Drittmittelbefristung besteht somit ein abschließender bundesrechtlicher Kompetenzgebrauch, es verbleibt weder hinsichtlich der Maximaldauer noch der Höchstanzahl eine Regelungsmöglichkeiten des Landesgesetzgebers.

c) *Verlängerungsmöglichkeiten*

Ob sich die Befristungsdauer nach § 2 Abs. 1 S. 4 ff. WissZVG verlängert, unterliegt nicht der Entscheidungskompetenz der Arbeitgeber, sondern erfolgt automatisch, sodass eine landesrechtliche Regelung nicht erforderlich ist.[1144]

Mangels Anwendbarkeit der Verlängerungstatbestände nach § 2 Abs. 1 S. 4 ff. WissZVG und des § 2 Abs. 5 WissZVG ist an eine Modifizierung zu Gunsten drittmittelbefristeter Arbeitnehmer auf Landesebene zu denken. Wie jedoch dargelegt[1145] fehlt es dem Gesetzgeber hier an der Kompetenz, weil eine abschließende Bundesregelung vorliegt.

1141 Vgl. ausführlich § 2 A III 1 b (2) (b).

1142 Vgl. ausführlich § 2 A III 1 b (2).

1143 *Hirdina*, NZA 2009, 712, 715; vgl. § 2 B I 2 a.

1144 **A. A.** *Adamietz/Künne*, Drittmittelbefristungen, S. 55 f.

1145 Vgl. § 2 A III.

II. Gestaltungsspielräume auf Hochschulebene

1. Kompetenzen und Grenzen

Das Gesetzgebungsverhältnis zwischen Bund und Ländern ist durch Art. 72, 74 GG abschließend geklärt. Nicht erfasst ist jedoch das materielle Verhältnis, also der Gesetzesvollzug, sodass Freiraum für den Erlass organisationsrechtlicher Vorschriften auf Verwaltungsebene bleibt.[1146]

Sofern nicht der Landesgesetzgeber, sondern die Behördenleitung eine Regelung trifft, stellt sich das Problem der fehlenden Kompetenzregelung nicht. Diese bedürfen ihrerseits einer Ermächtigungsgrundlage, was im Rahmen des jeweiligen Gestaltungsmittels genauer zu untersuchen ist.

Nach § 1 Abs. 1 S. 2 WissZVG sind vom Abweichungsverbot nur *Vereinbarungen* erfasst, sodass im Umkehrschluss hochschulrechtliche Instrumente wie Satzungen, Verwaltungsvorschriften, Zielvereinbarungen und Beschlüsse des Präsidiums bzw. des Senats nicht einbezogen sind.[1147] Infolge der Bindung an Recht und Gesetz nach Art. 20 Abs. 3 GG müssen diese im Einklang mit dem WissZVG und der Wissenschaftsfreiheit stehen.[1148] Aus der in Art. 20 Abs. 3 GG normierten Bindung der Judikative und der Exekutive an Recht und Gesetz ergibt sich der *Vorrang des Gesetzes,*[1149] der „als eine Kollisionsregel, nach der alle untergesetzlichen Rechtsakte dem parlamentarischen Gesetz nicht widersprechen dürfen"[1150], zu verstehen ist. Einer gesonderten Normierung des Abweichungsverbots für hochschulrechtliche Regelungsinstrumente im WissZVG bedurfte es daher nicht. Individuelle Vereinbarungen werden demgegenüber nicht von der Gesetzesbindung im Sinne des Art. 20 Abs. 3 GG erfasst,[1151] sodass die normative Verankerung zur Absicherung der WissZVG Regelungen erforderlich war.

Mithin ist bei den Dispositionsmöglichkeiten für hochschulrechtliche Regelungen – sofern erforderlich – nicht nur auf die Kompetenz zum Erlass abzustellen, sondern insbesondere darauf, ob in der getroffenen Vorschrift ein Verstoß gegen die Bestimmungen des WissZVG oder gegen Art. 5 Abs. 3 GG zu sehen ist.

1146 *Hauck-Scholz*, RdA 2016, 262, 267.
1147 *Adamietz/Künne*, Drittmittelbefristungen, S. 51.
1148 *Adamietz/Künne*, Drittmittelbefristungen, S. 51 f.
1149 Maunz/Dürig/*Grzeszick*, Art. 20 GG VI Rn. 72; Sachs/*Sachs*, Art. 20 GG Rn. 112.
1150 Maunz/Dürig/*Grzeszick*, Art. 20 GG VI Rn. 73.
1151 Vgl. Sachs/*Sachs*, Art. 20 GG Rn. 118 (materielle Rechtsnormen).

2. Insbesondere: Vereinbarkeit einer Mindestbefristungsdauer

Besondere praktische Relevanz kommt der Festlegung einer Mindestbefristungsdauer im Wege hochschulrechtlicher Regelungsinstrumente zu. Da es auf die Gesetzgebungskompetenz nicht ankommt, stellt sich die Frage nach einem Verstoß gegen § 2 Abs. 1 S. 3 WissZVG, der eine im Einzelfall angemessene Befristungsdauer zwingend vorschreibt. Bei der Festlegung einer Mindestbefristungsdauer würde die einzelfallabhängige Befristungsdauer als wesentliches Prinzip des WissZVG umgangen, was durch Landesgesetze und Vereinbarungen gerade nicht möglich ist, sodass ein Verstoß gegen § 2 Abs. 1 S. 3 WissZVG vorliegt.

Darüber hinaus ist ein Verstoß gegen die Wissenschaftsfreiheit aus Art. 5 Abs. 3 S. 1 GG gegeben: Die Wissenschaftsfreiheit dient gerade nicht dem Schutz des Präsidiums, sondern dem Schutz der Hochschullehrer, da ihnen die Pflege der Forschung und Lehre „anvertraut“[1152]ist. Auch bei Organisationsnormen ist daher zu berücksichtigen, dass den Hochschullehrern ein weiter Raum für die freie wissenschaftliche Betätigung zukommt.[1153] Als zuständige Betreuungsperson des jeweiligen Arbeitnehmers würde den Hochschullehrern durch eine festgelegte Mindestbefristungsdauer vorgeschrieben, wie sie einen Arbeitnehmer zu beschäftigen haben. Sofern dieser die Qualifizierung vor Ablauf der Mindestbefristungsdauer erreicht, wird der jeweilige Hochschullehrer gezwungen, den Arbeitnehmer weiter zu beschäftigen und ihm wird die Möglichkeit genommen, an dessen Stelle Nachwuchskräfte zu fördern. Daher ist die Vereinbarung einer Mindestbefristungsdauer auch mittels hochschulrechtlicher Regelungsinstrumente nicht möglich.

C. Gestaltungsspielräume für die Privatautonomie

I. Inhalt der Vereinbarungssperre, § 1 Abs. 1 S. 2 WissZVG

Der Begriff der Vereinbarung wird synonym zum Vertrag verstanden.[1154] Von der Vereinbarungssperre des § 1 Abs. 1 S. 2 WissZVG werden mangels Einschränkung sowohl Einzelarbeitsverträge als auch Tarifverträge erfasst, gleiches gilt für Dienst- und Betriebsvereinbarungen.[1155] Darüber hinaus sind Zielvereinbarungen vom Begriff erfasst.[1156]

1152 BVerfG 29.5.1973, BVerfGE 35, 79, 126; BeckOK-GG/*Kempen*, Art. 5 GG Rn. 184.

1153 BVerfG 29.5.1973, BVerfGE 35, 79 (LS. 7).

1154 *Creifelds*, Rechtswörterbuch, S. 1093.

1155 Geis/*Krause*, § 1 WissZVG Rn. 38.

1156 https://de.wikipedia.org/wiki/Vereinbarung, letzter Zugriff: 31.7.2018, 15:10.

II. Öffnungsklausel für Tarifvertragsparteien

Die Vereinbarungssperre des § 1 Abs. 1 S. 2 WissZVG wird in § 1 Abs. 1 S. 3 WissZVG anhand einer beschränkten Öffnungsklausel relativiert, nach der nur für *bestimmte* Fachrichtungen und Forschungsbereiche tarifliche Regelungen bezüglich Höchstbefristungsdauer und Verlängerungsanzahl im Sinne des § 2 Abs. 1 S. 1 WissZVG zulässig sind. Das Grundprinzip der Befristung steht jedoch nicht zur Disposition.[1157] Hintergrund dieser Tariföffnungsklausel ist die Möglichkeit, den spezifischen Anforderungen der jeweiligen Fachrichtungen und Forschungsbereiche Rechnung zu tragen, sodass tarifliche Regelungen, die pauschal formuliert sind, ausscheiden[1158].

1. Begriff der Fachrichtung

Der Begriff der Fachrichtung im Sinne des § 1 Abs. 1 S. 3 WissZVG ist an § 70 Abs. 1 Nr. 2 HRG angelehnt und stellt den Oberbegriff für eine Mehrheit von Studiengängen aus einem Wissenschaftsgebiet dar, die unterschiedliche Abschlüsse haben können, wie beispielweise Wirtschafts-, Sozialwissenschaften oder Informatik.[1159]

2. Begriff der Forschungsbereiche

Unter einem Forschungsbereich sind demgegenüber Forschungsprojekte zu verstehen, die inhaltlich – im Regelfall durch ein gemeinsames, fächerübergreifendes Forschungsziel – verbunden sind.[1160] Die Drittmittelforschung ist insoweit nicht vom Begriff der Forschungseinrichtung im Sinne des § 1 Abs. 1 S. 3 WissZVG erfasst, als sie über ihre Finanzierung und nicht über ihren Inhalt bestimmt wird.[1161]

1157 *Lakies*, Leitfaden, Rn. 408.

1158 Geis/*Krause*, § 1 WissZVG Rn. 41 unter Verweis auf SR 2y BAT und § 30 TVöD bzw. § 30 TV-L.

1159 Geis/*Krause*, § 1 WissZVG Rn. 41; D/D/Z/*Nebe*, § 1 WissZVG Rn. 18; *Preis/Ulber*, § 1 WissZVG Rn. 95; A/P/S/*Schmidt*, § 1 WissZVG Rn. 30.

1160 Geis/*Krause*, § 1 WissZVG Rn. 41; D/D/Z/*Nebe*, § 1 WissZVG Rn. 18

1161 *Preis/Ulber*, § 1 WissZVG Rn. 96; D/D/Z/*Nebe*, § 1 WissZVG Rn. 18.

3. Ausnahme der Drittmittelbefristungen

Der Sachgrund der Drittmittelbefristung nach § 2 Abs. 2 WissZVG ist demgegenüber der Tarifautonomie vollständig verschlossen,[1162] da sich die Öffnungsklausel in § 1 Abs. 1 S. 3 WissZVG ausschließlich auf die Befristung nach § 2 Abs. 1 WissZVG beschränkt. Hieraus folgt im Umkehrschluss, dass nicht § 2 Abs. 1 WissZVG, sondern § 2 Abs. 2 WissZVG uneingeschränkt gilt. Die Auffassung, dass eine differenzierte Tarifregelung in Betracht kommt, welche nur für nicht-wissenschaftliches Personal gilt, ist mit dem WissZVG-Änderungsgesetz gegenstandslos geworden.[1163]

III. Reichweite und Schranken bei der Verlängerungs- und Verkürzungsmöglichkeit

1. Begriff der von § 2 Abs. 1 WissZVG vorgesehenen Fristen

Das WissZVG spricht in seinem § 1 Abs. 1 S. 3 von einer Abweichung der in § 2 Abs. 1 WissZVG „vorgesehenen Fristen". Hieran knüpft die Frage an, ob sich dies nur auf die enumerativ festgelegten 12 bzw. 15 Jahre für die Qualifizierung bezieht oder auch auf den Begriff der Angemessenheit der Dauer in § 2 Abs. 1 S. 3 WissZVG. Unter einer Frist wird begrifflich „ein bestimmter oder zumindest bestimmbarer Zeitraum verstanden, der vor, innerhalb oder nach einem bestimmten Ereignis Rechtswirkungen auslösen kann"[1164]. Die Angemessenheit

---

1162 § 14 Abs. 2 S. 3 TzBfG geht demgegenüber weiter, Hintergrund ist die Wahrung der Bundeseinheitlichkeit („Flickenteppich"), BT-Drs. 18/7038, S. 20; *Dörner*, Befristeter Arbeitsvertrag, Rn. 541; *Hirdina*, NZA 2009, 712, 713; ErfK/*Müller-Glöge*, § 1 WissZVG Rn. 19; D/D/Z/*Nebe*, § 1 WissZVG Rn. 18; L/S/*Schlachter*, § 23 TzBfG Anh. 2, § 1 WissZVG Rn. 11; A/P/S/*Schmidt*, § 1 WissZVG Rn. 29; KR/*Treber*, § 1 WissZVG Rn. 60; **a. A.** *Preis/Ulber*, § 1 WissZVG Rn. 100; Geis/*Krause*, § 1 WissZVG Rn. 42 (Wortlaut, Wille des Gesetzgebers, um endlose Befristungsketten zu vermeiden); *Mandler*, OdW 2015, 217, 221 (Höchstzahl zulässiger Verträge durch Tarifvertragsparteien regelbar; Gleichlauf von Tarifsperre und Tariföffnungsklausel; Konkretisierung des § 2 Abs. 1 WissZVG beziehe sich lediglich auf die Fristen, bzgl. § 2 Abs. 2 WissZVG sei dies sinnlos, da dieser solche nicht vorsehe; im Übrigen hätte der Gesetzgeber in den Gesetzesmaterialien deutlich gemacht, dass § 2 Abs. 2 WissZVG tariffester sein solle als § 2 Abs. 1 WissZVG).

1163 Hierfür zuvor *Koststock*, ZTR 2007, 1, 7; *Lehmann-Wandschneider*, Sonderbefristungsrecht, S. 31; *Preis*, § 1 WissZVG Rn. 44; *ders./Ulber*, § 1 WissZVG Rn. 91; *Räder/Steinheimer*, PersR 2007, 328, 329; L/S/*Schlachter*, § 23 TzBfG, Anh. 2, § 1 WissZVG; KR/*Treber*, 11. Aufl., § 1 WissZVG Rn. 65; **a. A.** *Dörner*, Befristeter Arbeitsvertrag, Rn. 540; Geis/*Krause*, § 1 WissZVG Rn 39; *Löwisch*, NZA 2007, 479, 483.

1164 https://de.wikipedia.org/wiki/Frist, letzter Zugriff: 31.7.2018, 15:29.

ist zwar nicht in Ziffern bestimmt, aber in Verknüpfung mit der Qualifizierung lässt sich ein Zeitraum bestimmen, sodass sie in grammatikalischer Hinsicht von der Tarifdispositivität erfasst ist. Insbesondere können aber auch sachlogisch keine Verkürzungen oder Verlängerungen stattfinden, ohne dass die Angemessenheit der Befristungsdauer beeinflusst wird. In systematischer Hinsicht lassen sich keine Rückschlüsse auf die Herausnahme der Angemessenheit aus dem tarifoffenen Bereich ziehen, sodass mangels Ausnahmeregelung davon auszugehen ist, dass diese ebenso zu den Fristen des § 2 Abs. 1 WissZVG zählt. Teleologisch betrachtet war der Zweck der Tariföffnung, eine wissenschaftsspezifische Lösung für einzelne Fachrichtungen und Forschungsbereiche zu ermöglichen. Die Besonderheiten einzelner Bereiche schlagen sich gerade in der Bestimmung der Angemessenheit des Befristungszeitraums im Verhältnis zur Qualifizierung nieder. Sinn und Zweck verlangen deshalb nach einer Einbeziehung der Angemessenheit als Frist in den tarifoffenen Bereich. In historischer Sicht ist die Formulierung des § 1 Abs. 1 S. 3 WissZVG mit der Novellierung im Jahre 2016 trotz der Modifizierung des § 2 Abs. 1 WissZVG geblieben. Da der Gesetzgeber jedoch Großteile des WissZVG geändert hat, ist davon auszugehen, dass er dies bei § 1 Abs. 1 S. 3 WissZVG und damit auch beim uneingeschränkten Verweis auf Fristen nach § 2 Abs. 1 WissZVG bewusst nicht getan hat. Daher spricht die Gesetzesbegründung für die Tarfidispositivität des Angemessenheitsbegriffs.

2. Verlängerungs- und Verkürzungsmöglichkeiten

Die begrenzte Tariföffnungsklausel ermöglicht Verlängerungen und Verkürzungen der Befristungszeiträume.[1165] Des Weiteren können die Tarifvertragsparteien die Verlängerungsanzahl begrenzen und so dem Problem der Kettenbefristungen entgegenwirken.[1166] Hintergrund ist, dass eine ausdifferenzierte und sachnahe Gestaltung durch die Tarifparteien *im Einzelfall* interessengerechter sein kann.[1167] Allerdings sind die Grenzen dieser Dispositionsmöglichkeiten unklar.

1165 Geis/*Krause*, § 1 WissZVG Rn. 42; HSchR/*Löwisch/Wertheimer*, Kap. X Rn. 159; B/T/M/*Mayer*, § 2 WissZVG Rn. 14; D/D/Z/*Nebe*, § 1 WissZVG Rn. 19; *Preis/Ulber*, § 1 WissZVG Rn. 98; **a. A.** *Reich*, HRG, § 1 WissZVG Rn. 4.

1166 Geis/*Krause*, § 1 WissZVG Rn. 42; *Preis/Ulber*, § 1 WissZVG Rn. 99; KR/*Treber*, § 1WissZVG Rn. 60.

1167 BT-Drs. 14/6853, S. 31 (zum 5. HRGÄndG); BT-Drs. 16/3438, S. 10.

a) Schranken der Verlängerung

aa) Grammatikalische Auslegung

Der Gesetzgeber hat im Gesetzeswortlaut weder Ober- noch Untergrenzen für Verlängerungsmodalitäten, die die Tarifvertragsparteien treffen können, festgesetzt.[1168] Dies spricht gegen eine Beschränkung der Abweichungsmöglichkeit.

bb) Systematische Auslegung

In systematischer Hinsicht zeigt der eng begrenzte tarifdispositive Rahmen, dass es sich bei § 1 Abs. 1 S. 3 WissZVG um eine Ausnahmebestimmung handelt, da das Gesetz im Übrigen durch ein in sich geschlossenes System geprägt ist. Als solche ist die Öffnungsklausel daher restriktiv auszulegen, was gegen eine grenzenlose Dispositionsmöglichkeit bezüglich der Fristen spricht.

cc) Teleologische Auslegung

Der Sinn und Zweck der Öffnungsklausel ist darin zu sehen, eine spezifischere Regelung treffen zu können, die den Besonderheiten einer Fachrichtung oder eines Forschungsbereichs Rechnung trägt. Pre- und Post-Doc-Phase des § 2 Abs. 1 S. 1 WissZVG sind jedoch bereits an die übliche Dauer derartiger Qualifizierungen angepasst, sodass der Gestaltungsspielraum der Tarifvertragsparteien insoweit begrenzt ist, als er nicht dazu führen kann, dass das gesetzgeberische Konzept ausgehebelt wird.

dd) Historische Auslegung

Das vor dem WissZVG geltende HRG sah keinerlei tarifdispositive Regelungen vor. Allerdings hat der Gesetzgeber in der Gesetzesbegründung keine Ausführungen zu einer spezifischen Grenze getätigt. Die Öffnungsklausel ist gegenüber dem HRG eine mildere Regelung, sie stellt eine Besonderheit dar, die nicht schrankenlos sein kann.

ee) Verfassungskonforme Auslegung

Die Wissenschaftsfreiheit nach Art. 5 Abs. 3 S. 1 GG und die Berufsfreiheit aus Art. 12 Abs. 1 S. 1 GG i. V. m. dem Sozialstaatsprinzip aus Art. 20 Abs. 1 i. V. m.

1168 Staudinger/*Preis*, § 620 BGB Rn. 281; *ders./Ulber*, § 1 WissZVG Rn. 98: Bestandsschutz kann ausgehöhlt werden; ohne feste Grenzen aber grundsätzlich für eine Einschränkung für § 14 Abs. 2 TzBfG: BAG 15.8.2012, NZA 2013, 45 Rn. 24 ff.

Art. 28 Abs. 1 S. 1 GG schützen den Wissenschaftler als Individuum vor einer allzu kurzen Befristungsdauer, während die Wissenschaftseinrichtung vor einer „Blockade von Wissenschaftlerstellen“[1169] aus Art. 5 Abs. 3 S. 1 GG bewahrt wird. Die tarifliche Regelung darf nicht hinter diesem Schutzminimum zurückbleiben und das dem WissZVG zugrundeliegende Konzept aushebeln.[1170] Dieses Untermaßverbot gebietet folglich eine Begrenzung der Regelungsbefugnis der Tarifvertragsparteien.[1171]

ff) Unionsrechtskonforme Auslegung

In unionsrechtlicher Hinsicht haben die Tarifvertragsparteien bei der Wahrnehmung ihrer Regelungskompetenz auch das Ziel der BefristungsRL zu berücksichtigen und müssen daher missbräuchliche Kettenbefristungen verhindern, woraus eine Grenze des Gestaltungsspielraums resultiert.[1172] Andernfalls wäre die praktische Wirksamkeit des Unionsrechts gefährdet und der Gesetzgeber könnte sich seiner Verantwortung dadurch entziehen, dass er eine Tariföffnungsklausel schafft.

gg) Zwischenergebnis

Dass die Regelungsbefugnis der Tarifvertragsparteien nicht schrankenlos ist, hat die Auslegung eindeutig gezeigt. Im Interesse der Rechtssicherheit ist jedoch eine quantitative Begrenzung des Gestaltungsrahmens zu erwägen, die gleichzeitig die Einschätzungsprärogative der Tarifvertragsparteien hinreichend wahrt.

b) Analoge Anwendung der Grundsätze zu § 14 Abs. 2 S. 3 TzBfG

Eine Parallele findet sich in der Tariföffnungsklausel des § 14 Abs. 2 S. 3 TzBfG, in der die Zahl zulässiger Verlängerungen und die Vertragshöchstdauer zur Disposition der Tarifvertragsparteien gestellt werden. Auch hier findet sich *expressis verbis* keine Begrenzung. Die Einschränkung ergibt sich im Rahmen des § 14

1169 *Lehmann-Wandschneider*, Sonderbefristungsrecht, S. 33.

1170 Geis/*Krause*, § 1 WissZVG Rn. 42; HSchR/*Löwisch/Wertheimer*, Kap. X Rn. 159 unter Verweis auf BVerfG 24.4.1996, BVerfGE 94, 268, 293 f. (§§ 57a ff. HRG seien zur Wahrung der Wissenschaftsfreiheit erforderlich, auch für Tarifvertragsparteien); D/D/Z/*Nebe*, § 1 WissZVG Rn. 19; *Preis/Ulber*, § 1 WissZVG Rn. 98; KR/*Treber*, § 1 WissZVG Rn. 59; *Zimmermann*, Drittmittelfinanzierung, S. 172 ff.; **a. A.** *Reich*, HRG, § 1 WissZVG Rn. 4: keine Verkürzung möglich.

1171 So auch für § 14 Abs. 2 S. 3 TzBfG: BAG 26.10.2016, NZA 2017, 463 Rn. 23.

1172 So auch für § 14 Abs. 2 S. 3 TzBfG: BAG 26.10.2016, NZA 2017, 463 Rn. 26; D/D/Z/*Nebe*, § 1 WissZVG Rn. 19.

Abs. 2 S. 3 TzBfG nach Auffassung des BAG jedoch aus der Gesetzessystematik, dem Telos der Norm sowie aus verfassungs- und unionsrechtlichen Aspekten.[1173] Deshalb hat das BAG – in Anlehnung an seine Rechtsprechung zum institutionellen Rechtsmissbrauch – Obergrenzen für die Tarifvertragsparteien geschaffen, die neun Vertragsverlängerungen zulassen und eine Maximalbefristungsdauer von sechs Jahren.[1174]

Diese Grundsätze könnten analog auf das WissZVG Anwendung finden. Im WissZVG besteht zwar mangels Regelung eine Lücke, dessen Planwidrigkeit aber bereits fraglich ist, da der Gesetzgeber auch in § 14 Abs. 2 S. 3 TzBfG keine Regelung normiert hat und in Kenntnis der BAG Rechtsprechung im Zuge der Novellierung des WissZVG keine diesbezügliche Änderung vorgenommen hat. Ob die Regelungslücke planwidrig ist, kann jedenfalls dahinstehen, da schon keine vergleichbare Interessenlage gegeben ist. So handelt es sich anders als bei § 14 Abs. 2 S. 1 TzBfG bei § 2 Abs. 1 S. 1 WissZVG um eine Sachgrundbefristung, also eine ganz andere Befristungskonzeption. Eine analoge Anwendung der Rechtsprechungsgrundsätze zu § 14 Abs. 2 S. 3 TzBfG ist folglich abzulehnen.

c) Festlegung von immanenten Grenzen in Anlehnung an institutionellen Rechtsmissbrauch

Eine Begrenzung der Dispositionsmöglichkeiten der Tarifvertragsparteien im WissZVG lässt sich ebenso wie beim TzBfG aus den Grundsätzen zur Missbrauchskontrolle herleiten. Die Verlängerungsanzahl für den Anlass einer Rechtsmissbrauchskontrolle liegt für § 2 Abs. 1 S. 1 WissZVG bei 18 je Qualifizierungsphase, sodass dies auch als Grenze für die Tarifvertragsparteien zu berücksichtigen ist. Hinsichtlich der Modifikation des Höchstbefristungszeitraums als solchem ist dagegen bereits bei der Verdoppelung einer Qualifikationsphase eine Grenze zu ziehen, da mit 18 bzw. 21 Jahren in der Medizin befristeter Beschäftigung der Großteil des Erwerbslebens des Arbeitnehmers eingenommen und die Gefahr missbräuchlicher Kettenbefristungen indiziert ist. Die Tarifvertragsparteien dürfen also die Verlängerungsanzahl maximal auf 18 begrenzen und den Höchstzeitraum auf maximal 18 bzw. 21 Jahre erweitern.

1173 BAG 5.12.2012, NZA 2013, 515 Rn. 21 ff.; 15.8.2012, NZA 2013, 45 Rn. 23 ff.; 18.3.2015, NZA 2015, 821 Rn. 22; 26.10.2016, NZA 2017, 463 Rn. 18.

1174 BAG 26.10.2016, NZA 2017, 463 Rn. 31 ff.

3. Vereinbarkeit einer faktischen Mindestbefristungsdauer

Eine Mindestbefristungsdauer festzusetzen ist *prima facie* nicht von der Tariföffnungsklausel erfasst. Allerdings sind die Tarifvertragsparteien befugt, die Anzahl der Verlängerungen[1175] zu begrenzen. Sofern diese beispielsweise auf zwei begrenzt ist und gleichzeitig innerhalb der Befristungsdauer eine Qualifizierung von einigem Gewicht erfolgen soll, ist eine wirksame Befristung unter Berücksichtigung des Qualifizierungszeitraums nicht unter zwei bzw. drei Jahren möglich. Hierdurch würden nicht nur Kettenbefristungen verhindert, sondern auch eine *faktische* Mindestbefristungsdauer eingeführt. Dies steht im Einklang mit dem Gesetzeszweck, unsachgemäße Kurzbefristungen zu vermeiden, und wahrt das weit auslegbare Angemessenheitserfordernis.[1176]

4. Kein Rückschluss auf Befugnis für den Landesgesetzgeber

Die Öffnungsklausel transferiert die Ausgestaltungsmodalitäten auf die Tarifvertragsparteien. Daraus lässt sich indes nicht im Umkehrschluss folgern, dass die Regelungsgegenstände grundsätzlich dispositiv sind und so auch der Landesgesetzgeber berechtigt ist, an deren Stelle eigene Regelungen zu treffen.[1177] Zu Gunsten der Länder bestehen nur die soeben aufgezeigten Gestaltungsspielräume.

IV. Dienst- und Betriebsvereinbarungen

1. Grundsätzliches zu Dienst- und Betriebsvereinbarungen

Als Absprachen nicht tarifvertraglicher Natur sind die ebenfalls kollektiv wirkenden Dienst- und Betriebsvereinbarungen nicht von der Öffnungsklausel des § 1 Abs. 1 S. 3 WissZVG erfasst.[1178] Als Vereinbarungen unterliegen sie nicht nur dem Abweichungsverbot des § 1 Abs. 1 S. 2 WissZVG, sondern insgesamt

---

1175 Mangels Begrenzung durch den Gesetzgeber kann eine solche durch die Tarifvertragsparteien vorgenommen werden: *Adamietz/Künne*, Drittmittelbefristungen, S. 54; D/D/Z/*Nebe*, § 1 WissZVG Rn. 19; bereits zu § 57a Abs. 1 HRG *de lege ferenda* Dieterich/Preis/*Dieterich*, S. 111.

1176 *Hauck-Scholz*, RdA 2016, 262, 268.

1177 Ebenso *Reich*, HRG, § 1 WissZVG Rn. 4; **a. A.** *Löwisch*, NZA 2005, 321, 323 („Sache der Landesgesetzgeber, einen dadurch etwa erweiterten Rahmen zum Abschluss befristeter Arbeitsverträge auszuschöpfen oder nicht").

1178 Brüggen/*Brüggen/Birkenbusch*, Rn. 1552.

dem zwingenden höherrangigen Recht,[1179] sodass die jeweilige Vereinbarung bei einem Widerspruch zum WissZVG nach § 134 BGB unwirksam ist.[1180]

Jedoch könnte mittels Dienst- und Betriebsvereinbarungen (§ 77 Abs. 2 BetrVG bzw. § 73 Abs. 1 BPersVG) zugunsten der Rechtssicherheit eine Konkretisierung über die Handhabung des WissZVG erreicht werden. Infolge der Freiwilligkeit sind nicht nur Gegenstände von Mitbestimmungsrechten, sondern auch innerbetriebliche Angelegenheiten, die nicht mitbestimmungspflichtig sind, regelbar, sofern noch ein Zusammenhang zum Dienst- bzw. Arbeitsverhältnis besteht.[1181] Insbesondere erfasst sind Regelungsgegenstände, die Abschluss, Inhalt und Beendigung des Arbeitsverhältnisses betreffen. Als Teil der Beendigung des Arbeitsverhältnisses fällt die Befristung unter die potentiellen Regelungsgegenstände.

Die Normsetzungskompetenz für Betriebs- und Dienstvereinbarungen ist nicht explizit geregelt, sie wird vielmehr in § 77 Abs. 4 S. 1 BetrVG, der die unmittelbare und zwingende Wirkung vorsieht, vorausgesetzt.[1182] Auch der Dienstvereinbarung kommt normative Wirkung zu,[1183] was über eine analoge Anwendung des § 77 Abs. 4 S. 1 BetrVG begründet wird, da die Wirkung ausdrücklich nur in Bremen normiert ist, § 62 Abs. 3 S. 1 BremPVG.[1184] Der Bundesgesetzgeber lässt demzufolge Dienstvereinbarungen nur insoweit zu, als eine ausdrückliche Rechtsgrundlage hierfür besteht.[1185] Die Personalvertretungsgesetze der Länder divergieren untereinander stark: Teilweise sind Dienstvereinbarungen wie auf Bundesebene nur bei ausdrücklicher gesetzlicher Ermächtigung zulässig.[1186] In den Personalvertretungsgesetzen in Berlin, Brandenburg, Bremen, Hamburg, Niedersachsen, Nordrhein-Westfalen, Sachsen-Anhalt und Schleswig-Holstein ist eine Dienstvereinbarung dagegen stets zulässig, sofern Gesetz oder

---

1179 *Adamietz/Künne*, Drittmittelbefristungen, S. 60; R/D/W/*Kaiser*, § 75 BPersVG Rn. 215.

1180 *Oetker*, in: FS v. Hoyningen-Huene, 335, 348; *Preis/Ulber*, § 1 WissZVG Rn. 86.

1181 BVerwG 6.10.2010, NZA-RR 2011, 111 Rn. 8; OVG Berlin 13.2.1998, BeckRS 1998, 30917761; *Adamietz/Künne*, Drittmittelbefristungen, S. 59 f.; *Edenfeld*, Betriebsverfassungsrecht, Rn. 209 für die BV.

1182 *Linsenmaier*, RdA 2014, 336, 337.

1183 R/D/W/*Weber*, § 73 BPersVG Rn. 5.

1184 *Hauck-Scholz*, öAT 2014, 68, 68.

1185 *Mehlinger*, Personalvertretungsrecht, S. 64.

1186 § 85 Abs. 1 LPVG BW; Art. 73 Abs. 1 S. 1 BayPVG; § 113 Abs. 2 S. 1 HPVG; § 76 Abs. 1 S. 1 SPersVG; § 84 Abs. 1 S. 1 SächsPersVG; § 72 Abs. 1 S. 1 ThürPersVG.

Tarifvertrag nicht entgegenstehen.[1187] In Rheinland-Pfalz ist zusätzlich ein entsprechender Antrag erforderlich.[1188]

2. Dienstvereinbarungen im Einzelnen

Dienstvereinbarungen können je nach Zuständigkeit zwischen dem Personalrat und der Hochschule als Dienststelle oder dem Hochschulpersonalrat und dem jeweiligen Landesministerium als übergeordnete Dienststelle geschlossen werden.[1189] Bei Befristungsregelungen ist als maßgebende Dienststelle die Hochschule zuständig.[1190] In einigen Ländern ist darüber hinausgehend festgelegt, dass wissenschaftliche Mitarbeiter einen eigenen Personalrat bilden.[1191]

a) Zulässigkeit im Lichte des WissZVG

Die Ausgestaltung befristeter Arbeitsverhältnisse ist von den bundesgesetzlichen Tatbeständen der Dienstvereinbarung (§§ 75 Abs. 3, 76 Abs. 2 BPersVG) nicht erfasst, sodass sich die Rechtsgrundlagen der Dienstvereinbarung aus landesrechtlichen Vorschriften ergeben. Auch in den Personalvertretungsgesetzen der Länder finden sich jedoch keine Rechtsgrundlagen für eine Dienstvereinbarung über die Ausgestaltung von Befristungen. Sofern diese nach Landesrecht erforderlich ist, scheidet eine diesbezügliche Dienstvereinbarung somit *de lege lata* aus.[1192]

Die Befristung ist je nach Land bereits als Mitbestimmungsrecht tauglicher Gegenstand einer Dienstvereinbarung,[1193] im Übrigen jedoch als innerbetriebliche Angelegenheit Regelungsgegenstand, sodass der Differenzierung insoweit keine Bedeutung zukommt. Die *generelle* Möglichkeit einer Dienstvereinbarung

1187 § 74 Abs. 1 S. 1 PersVG Berlin; § 70 Abs. 1 PersVG Bbg; § 62 Abs. 1 S. 2 BremPersVG; 84 Abs. 1 HmbPersVG; § 66 Abs. 1 S. 1 PersVG M-V; § 78 Abs. 1 S. 1 NPersVG; § 70 Abs. 1 S. 1 LPVG NW.

1188 §§ 98, 81 S. 1, 2 LPersVG RheinPf; restriktiver noch § 57 Abs. 1 S. 2 MBG Schl.-H.; § 70 Abs. 1 S. 2 PersVG Bbg; § 70 Abs. 1 S. 1, 2 PersVG LSA; *Adamietz/Künne*, Drittmittelbefristungen, S. 59 f.

1189 *Adamietz/Künne*, Drittmittelbefristungen, S. 57.

1190 *Adamietz/Künne*, Drittmittelbefristungen, S. 58.

1191 § 11 Abs. 4 HmbPersVG; § 76 Abs. 2 PersVG M-V, § 105 Abs. 1 LPVG NW; § 97 S. 2 SPersVG; § 77 Abs. 2 MBG Schl.-H.; *Adamietz/Künne*, Drittmittelbefristungen, S. 57 ff.

1192 *Adamietz/Künne*, Drittmittelbefristungen, S. 59.

1193 § 75 Abs. 1 Nr. 2 LPVG BW; § 63 Abs. 1 Nr. 4 PersVG Bbg; § 72 Abs. 1 S. 1 Nr. 1 LPVG NW; § 78 Abs. 2 Nr. 2 LPersVG RheinPf.

zwecks Ausgestaltung der aufgezeigten Regelungsspielräume des WissZVG[1194] besteht demnach in der Mehrzahl der Bundesländer. Letzteres schränkt zwar nicht von der formellen Seite die Möglichkeit von Dienstvereinbarungen ein, aber in materieller Hinsicht. Wie eingangs bereits erörtert, darf kein Verstoß gegen die Vorschriften des Bundesrechts vorliegen, Art. 20 Abs. 3 GG.

b) Dienstvereinbarungen in der Praxis

aa) Umsetzung

In der praktischen Umsetzung divergieren die Personalvertretungsgesetze der Länder ebenfalls. Je nachdem, ob und welche Art von Initiativrecht besteht, lässt sich eine Dienstvereinbarung durch die Einigungsstelle erzwingen. Ein solches kann auch von einem Mitbestimmungsrecht im jeweiligen Landespersonalvertretungsgesetz abhängig gemacht werden.[1195] Letzteres kann wiederum durch Art. 5 Abs. 3 S. 1 GG begrenzt sein, sofern es um eine wissenschaftsbezogene Einstellung oder Kündigung geht.

bb) Relevanz

Die praktische Bedeutung von Dienstvereinbarungen ist derzeit als gering einzustufen. Lediglich an der Universität Bremen (v. 22. Mai 2012)[1196] und der Technischen Universität Ilmenau (v. 29. September 2008)[1197] finden sich entsprechende Vereinbarungen. Diesen ist gemeinsam, dass sie insbesondere Mindestbefristungsdauern von drei Jahren (vorbehaltlich zu begründender Ausnahmefälle) bei Qualifikationsstellen vorsehen.[1198] In Bremen wurde bereits vor der Novelle des WissZVG in der Dienstvereinbarung vorgesehen, dass die Vertragslaufzeit bei Drittmittelbeschäftigten sich an der Projektdauer orientieren soll. In Ilmenau findet sich darüber hinaus die Klarstellung, dass Daueraufgaben von

1194 Dazu unter § 8 B.

1195 R/D/W/*Kaiser*, § 70 BPersVG Rn. 36 ff.; *Adamietz/Künne*, Drittmittelbefristungen, S. 62.

1196 „Vereinbarung zwischen dem Rektor und dem Personalrat der Universität Bremen": https://www.uni-bremen.de/fileadmin/user_upload/sites/personalrat/Dienstvereinbarungen_Gesetze/VB_Dauer_Arbeitsvertraege_WiMi_2005.pdf, letzter Zugriff: 6.3.2018, 13:39.

1197 „Vereinbarung zur Stellenbesetzung": https://www.tu-ilmenau.de/fileadmin/public/personalrat/DV%20Stellenbesetzung.pdf, letzter Zugriff: 6.3.2018, 13:39.

1198 Ablehnend *Preis/Ulber*, § 2 WissZVG Rn. 28 („Kein Personalverantwortlicher in der Wirtschaft würde so handeln" und verweisen auf das Erfordernis einer Vorbereitungsphase von einem Jahr).

unbefristetem Personal zu erfüllen sind. Insbesondere die Mindestbefristungsdauer dürfte bei der Ausgestaltung von Arbeitsverhältnissen eine erhebliche praktische Relevanz entfalten.

cc) Wirksamkeit

Die Ausgestaltung einer Mindestbefristungsdauer in Dienstvereinbarungen ist zwar von der Kompetenz erfasst, allerdings ginge mit ihr die Verpflichtung einher, eine Befristungsdauer, die nicht angemessen für die Qualifizierung ist, zu vereinbaren.

(1) Verstoß gegen das WissZVG

Eine Mindestbefristungsdauer verstößt gegen die einzelfallabhängige Bestimmung der Befristungsdauer nach § 2 Abs. 1 S. 3 WissZVG, der bewusst von einer bundesgesetzlichen Festlegung absieht. Zwar ist nicht ausgeschlossen, dass die Mindestbefristungsdauer hinsichtlich einzelner Qualifizierungen angemessen ist. Allerdings verstößt schon die allgemeine Festsetzung gegen § 2 Abs. 1 S. 3 WissZVG, sodass es auf eine mögliche Übereinstimmung im Einzelfall nicht ankommt.

(2) Verstoß gegen Art. 5 Abs. 3 S. 1 GG

Wie geprüft stellt die Mindestbefristungsdauer auch einen Verstoß gegen die Wissenschaftsfreiheit nach Art. 5 Abs. 3 S. 1 GG dar, welche den zuständigen Hochschullehrern einen entsprechenden wissenschaftlichen Betätigungsfreiraum zugesteht und ihnen infolgedessen nicht die Beschäftigung von bereits qualifizierten Arbeitnehmern oktroyieren kann.

(3) Zwischenergebnis

In diesem Regelungspunkt sind die Dienstvereinbarungen daher nicht mit dem Vorrang des Gesetzes aus Art. 20 Abs. 3 GG vereinbar. Im Übrigen sind die aufgezeigten Regelungen bloß klarstellender Natur, sodass weder ein Verstoß gegen das WissZVG noch die Wissenschaftsfreiheit aus Art. 5 Abs. 3 S. 1 GG vorliegt.

c) Wirkung

Dienstvereinbarungen wirken für Arbeitgeber und betroffene Arbeitnehmer unmittelbar und zwingend und können, sofern es sich nicht um Organisationsnormen handelt, Ansprüche des einzelnen Arbeitnehmers begründen, die dieser gerichtlich geltend machen kann.[1199] Die Entscheidung über die Wirksamkeit

---

1199 *Adamietz/Künne*, Drittmittelbefristungen, S. 63.

einer Dienstvereinbarung obliegt den Verwaltungsgerichten im Wege des Beschlussverfahrens, § 83 Abs. 1 Nr. 4 BPersVG, und erfasst die Überprüfung mit zwingendem Bundesrecht[1200]. Die zu überprüfende Dienstvereinbarung kann vom jeweiligen Verwaltungsgericht verworfen werden, da das Verwerfungsmonopol des BVerfG bei Vereinbarungen nicht einschlägig ist[1201].

3. Betriebsvereinbarungen im Einzelnen

Auf Ebene der Forschungseinrichtungen kommt die Betriebsvereinbarung als Äquivalent zur Dienstvereinbarung nach § 77 BetrVG in Betracht. Problematisch ist hier jedoch der besondere Tendenzschutz des § 118 BetrVG. Je nach Inhalt der Regelung gelangt § 77 BetrVG daher zur Anwendung. Sofern es sich um eine Angelegenheit handelt, die in unmittelbarem Zusammenhang zum Tendenzcharakter des Unternehmens steht, greift § 77 BetrVG nicht.[1202] Die vom WissZVG gelassenen Regelungsspielräume, die im Wege einer Betriebsvereinbarung ausgeschöpft werden könnten, sind unmittelbar mit der Wissenschaftsfreiheit verknüpft: Die Befristungsdauer ist an der Qualifizierung zu messen und damit wissenschaftsorientiert, gleiches gilt für die Konkretisierung der Personalkategorien und eine Zuweisung von Aufgaben zu diesen. Somit ist eine Ausgestaltung im Wege der Betriebsvereinbarung nicht möglich.

4. Zwischenergebnis

Festzuhalten ist, dass Dienstvereinbarungen im Rahmen des WissZVG zwar ein taugliches Konkretisierungsinstrument darstellen, als solches aber erheblichen Einschränkungen unterliegen.

V. Dienstabsprachen

Möglich sind darüber hinausgehend formlose Dienstabsprachen zwischen Personalrat und Dienststellenleitung. Allerdings sind solche Abreden als freiwillige Selbstverpflichtungen für beide Parteien rechtlich unverbindlich und beanspruchen keine normative Wirkung.[1203] Dies würde jedoch dazu führen, dass die Hochschule keine der Absprache zuwiderlaufenden Befristungen abschließt. Sofern die Absprache jedoch die Vorgaben des WissZVG wahrt,

---

1200 R/D/W/*Treber*, § 83 BPersVG Rn. 35.

1201 Vgl. BeckOK-GG/*Morgenthaler*, Art. 100 GG Rn. 9 (förmliche Gesetze).

1202 Richardi/*Forst*, § 118 BetrVG Rn. 129.

1203 *Adamietz/Künne*, Drittmittelbefristungen, S. 63.

ist dies unerheblich. In Betracht kommen kann hier für den Arbeitnehmer ein Anspruch aus dem Institut der Selbstbindung der Verwaltung, sofern die Hochschule die Dienstabsprache stetig einhält.

VI. Zwischenergebnis

Als kollektivrechtliche Regelungsinstrumente kommen sowohl der Tarifvertrag als auch die Dienstvereinbarung bzw. Dienstabsprache in Betracht. Für den Tarifvertrag greift die beschränkte Öffnungsklausel in § 1 Abs. 1 S. 3 WissZVG, sodass eine faktische Mindestbefristungsdauer verankert werden kann. Auch Dienstvereinbarungen sind je nach Landespersonalvertretungsrecht grundsätzlich möglich, unterliegen aber dem Abweichungsverbot des § 1 Abs. 1 S. 2 WissZVG und haben daher einen wesentlich geringeren Gestaltungsspielraum.

D. Regelungsinstrumente auf Landes- und Hochschulebene im Einzelnen

I. Überblick zu den Handlungsinstrumenten

Als weitere Gestaltungsinstrumente kommen auf Verwaltungsebene zunächst Rechtsverordnungen des zuständigen Landesministeriums in Betracht. Auch Satzungen kann infolge der Satzungsautonomie von Hochschulen eine erhöhte Relevanz zukommen. Daneben gibt es das Regelungsinstrument der Verwaltungsvorschrift für interne organisatorische und Verfahrensfragen. Wesentliche Bedeutung kommt auf Hochschulebene auch Gremienbeschlüssen zu, wobei hier insbesondere Beschlüsse der zentralen Organe, also des Präsidiums und des Senats, im Vordergrund stehen. Zuletzt sind Zielvereinbarungen zwischen Ländern und Hochschulen als taugliches Gestaltungsinstrument zu prüfen.

II. Rechtsverordnungen der Länder

Über den Erlass einer Rechtsverordnung ließe sich eine für Hochschulen ebenso verbindliche Regelung schaffen wie über Landeshochschulgesetze.[1204] Die Kompetenz für Regelungen über das WissZVG liegt insbesondere bei dem für Wissenschaft und Forschung zuständigen Ministerium.[1205] Voraussetzung einer Rechtsverordnung ist nach Art. 80 Abs. 1 GG bzw. dem jeweiligen Landesverfassungsrecht eine konkrete Ermächtigung der Exekutive zu diesem Erlass.

1204 *Maurer/Waldhoff*, VerwR, § 4 Rn. 20.
1205 *Adamietz/Künne*, Drittmittelbefristungen, S. 33.

Für die Regelung befristeter Arbeitsverhältnisse durch Rechtsverordnung sind derzeit keine Ermächtigungsgrundlagen in den Hochschulgesetzen der Länder ersichtlich. Zwar findet sich im Hochschulgesetz Brandenburg in § 33 Abs. 2 die Ermächtigung zur Regelung der Modalitäten der Nachwuchsförderung. Diese ist jedoch sehr weit gefasst und nicht darauf ausgerichtet, die Befristung von Arbeitsverhältnissen als Bestandteil der Nachwuchsförderung im Wege einer Rechtsverordnung zu regulieren. Üblich ist deren Erlass überwiegend für den Hochschulzugang oder die Regelung von Lehrverpflichtungen.[1206] Eine Ausgestaltung über Rechtsverordnungen ist demnach nur insoweit möglich, als eine hinreichend spezifizierte Ermächtigungsgrundlage geschaffen wird. Allerdings vermag auch diese die fehlende Gesetzgebungskompetenz nicht zu überwinden und muss vereinbar mit dem WissZVG sein. Die Rechtsverordnung ist damit kein taugliches Gestaltungsinstrument.

III. Satzungen der Länder und Hochschulen

1. Satzungsbefugnis

Als Rechtsnormen, die zwecks Regelung eigener Angelegenheiten von einer juristischen Person des öffentlichen Rechts erlassen werden,[1207] können Satzungen von Hochschulen geschaffen werden und auch befristungsrechtliche Fragen regeln. In Abgrenzung zur Rechtsverordnung bedarf es hierfür grundsätzlich keiner spezialgesetzlichen Ermächtigung, sofern sich die Regelungen auf Gegenstände universitärer Selbstverwaltung (im Sinne des Art. 5 Abs. 3 S. 1 GG) beschränken,[1208] da sie dann von der Satzungsautonomie der Hochschulen getragen sind[1209]. Bei der Ausgestaltung befristeter Arbeitsverhältnisse nach dem WissZVG handelt es sich im Wesentlichen um Personalangelegenheiten, die im Wege der Auftragsverwaltung ausgeführt werden, sofern kein unmittelbarer Zusammenhang zur Wissenschaftsfreiheit besteht.[1210] Dies ist bei

---

1206 Vgl. § 44 Abs. 4 HG BW; Art. 5 Abs. 2 S. 1 BayHSchPG; § 96 Abs. 1 BerlHG; § 50 BbgHG; § 29 Abs. 1 S. 1 BremHG; § 34 Abs. 4 HmbHG; § 69 S. 1 HessHG; § 75 Abs. 2 SächsHG; § 47 Abs. 1 HschG RheinPf; § 44 Abs. 8 SHSG; § 96 Abs. 5 S. 1 ThürHG.

1207 *Maurer/Waldhoff*, VerwR, § 4 Rn. 24.

1208 *Maurer/Waldhoff*, VerwR, § 4 Rn. 26 f; klarstellend § 8 Abs. 5 HG BW; § 3 S. 4 BremHG; § 2 Abs. 2 HmbHG; § 2 Abs. 1 S. 2 LHG M-V; § 7 Abs. 1 HG RheinPf; § 6 Abs. 2 HSG SH.

1209 HSchR/*Kempen*, Kap. I Rn. 129.

1210 BVerfG 29.5.1973, BVerfGE 35, 79, 123; *Thieme*, Deutsches Hochschulrecht, Rn. 97; *Adamietz/Künne*, Drittmittelbefristungen, S. 34, 67.

der Beschäftigung wissenschaftlichen Personals jedoch der Fall. Infolgedessen bedarf es einer Grundlage im jeweiligen Landeshochschulgesetz. Teilweise wird die Satzungsbefugnis darüber hinausgehend an einen Genehmigungsvorbehalt geknüpft.[1211]

2. Qualifizierungstatbestand

Für die Qualifizierungsbefristungen des § 2 Abs. 1 S. 1 WissZVG findet sich ausschließlich im schleswig-holsteinischen Hochschulgesetz in § 69 Abs. 3 eine Satzungsermächtigung. Die Norm sieht Arbeitsverhältnisse studentischer und wissenschaftlicher Hilfskräfte von jeweils bis zu 12 Monaten bei einer Maximalbefristungsdauer von vier bzw. insgesamt acht Jahren vor; näheres kann hier ausdrücklich durch Satzung geregelt werden. Die Hochschulen können demzufolge die Befristungsdauer im Rahmen des § 69 Abs. 3 HSG SH konkretisieren. Problematisch ist jedoch, dass die Regelung des Landes selbst bereits mangels Kompetenz nichtig ist, gleiches gilt für die darauf fußende Satzung[1212] infolge der Bindung an Recht und Gesetz, Art. 20 Abs. 3 GG. Der Bund hat mit § 2 Abs. 1 S. 1 und § 6 WissZVG wissenschaftliche und studentische Hilfskräfte bereits abschließend mit einer Höchstbefristungsdauer von 12 bzw. sechs Jahren normiert. Für wissenschaftliche Hilfskräfte, die nicht Studierende sind, ist die Befristungsdauer an der Qualifizierung zu messen, sodass auch die Maßgabe einer Vertragslaufzeit von bis zu 12 Monaten nichtig ist. Bei studentischen Hilfskräften ist in § 6 S. 1 WissZVG demgegenüber nur eine Höchstdauer normiert. Ein Kompetenzgebrauch des Bundes hat folglich auch hier stattgefunden. Konsequenterweise ist es auch nicht möglich, durch Satzung weitere Ausgestaltungen vorzunehmen.

3. Drittmitteltatbestand

Für Modalitäten der Drittmittelforschung finden sich in Berlin, Bremen und Hamburg Ermächtigungsgrundlagen.[1213] An der Freien Universität Berlin sieht

---

1211 § 13 Abs. 4 S. 5 LHG BW; Art. 13 Abs. 2 BayHSchG; § 18a Abs. 5 BerlHG; § 15 Abs. 4 S. 1 BbgHG; § 13 Abs. 2 S. 4 BremHG; § 103 Abs. 1 S. 2 HmbHG; § 80 S. 1 HessHG; § 13 Abs. 5 S. 2 LHG M-V; § 69 Abs. 1 S. 3 NHG; § 53 Abs. 4 S. 1 HG NRW; § 7 Abs. 3 HochSchG RheinPf; § 83 Abs. 6 S. 2 SHSG; § 13 Abs. 1 S. 1 HSG LSA; § 8 Abs. 2 S. 5 HSG SH; § 3 Abs. 1 ThürHG.

1212 http://www.mnf.uni-kiel.de/de/download/hiwi-und-werkvertraege/hiwi-satzung, letzter Zugriff 1.8.2018, 16: 18.

1213 Für Drittmittelforschung § 40 S. 2 BerlHG; § 74 Abs. 3 BremHG; § 77 Abs. 7 HmbHG.

die Drittmittelsatzung vor, dass drittmittelfinanziertes Personal befristet zu beschäftigen ist,[1214] im Übrigen finden sich in den Satzungen keine Bezüge zu den Arbeitsverhältnissen.

4. Ergebnis

Schließlich ist festzuhalten, dass der Satzung ebenso wie der Rechtsverordnung eine geringe praktische Bedeutung zukommt, da hier infolge der Überschreitung der Selbstverwaltungsangelegenheiten Ermächtigungsgrundlagen von Nöten sind. Weiterhin ist die Wirkkraft von Satzungen in ihrem personellen Anwendungsbereich abgeschwächt, da grundsätzlich nur Mitglieder der Hochschule hieraus Rechte ableiten können, welche in den Landeshochschulgesetzen festgelegt sind.[1215]

IV. Verwaltungsvorschriften der Länder und Hochschulen, insb. Richtlinien

1. Grundsätzliches

Weiterhin ist eine Ausgestaltung des WissZVG über Verwaltungsvorschriften möglich. Darunter sind Richtlinien, Verfügungen, Durchführungsverordnungen und Erlasse zu verstehen.[1216] Als Regelungsinstrument für interne Organisations- und Verfahrensfragen von Behörden sollen sie die Einheitlichkeit der Verwaltung sicherstellen und können nicht nur von Hochschulen, sondern bei entsprechender Weisungsbefugnis oder Ermächtigungsgrundlage auch von den jeweiligen Ministern der Länder erlassen werden.[1217] Derartige Verwaltungsvorschriften der Länder sind im *Innenverhältnis* gegenüber der Hochschulverwaltung rechtsverbindlich, da die Personalhoheit bei den Ländern liegt und nur im Wege der Auftragsverwaltung von den Hochschulen ausgeübt wird.[1218] Besondere Relevanz kommt insoweit *norminterpretierenden Verwaltungsvorschriften* zu, die als Interpretationshilfe der betroffenen Behörden bei der Auslegung unbestimmter Rechtsbegriffe dienen.[1219]

1214 § 5 Abs. 1 S. 1 der Drittmittelsatzung der Freien Universität Berlin v. 14.5.2009 (FU-Mitteilungen 20/2009); *Adamietz/Künne*, Drittmittelbefristungen, S. 34.

1215 Ausführlich *Adamietz/Künne*, Drittmittelbefristungen, S. 69.

1216 *Adamietz/Künne*, Drittmittelbefristungen, S. 33.

1217 *Maurer/Waldhoff*, VerwR, § 24 Rn. 1.

1218 Vgl. W/B/S/K/*Stober*, § 24 Rn. 19.

1219 *Maurer/Waldhoff*, VerwR, § 24 Rn. 11.

2. Problem der Anspruchsbegründung

Als Regelungen des verwaltungsinternen Bereichs kommen Verwaltungsvorschriften in Abgrenzung zur Rechtsverordnung und zur Satzung keine Außenwirkung zu,[1220] sodass der Arbeitnehmer hieraus keine rechtlichen Ansprüche herleiten kann. Es kommen nur in Ausnahmefällen Ansprüche über Art. 3 Abs. 1 GG i. V. m. dem Institut der Selbstbindung der Verwaltung, die eine quasinormative Außenwirkung begründet, in Betracht.[1221] Ein Anspruch ist dann zu bejahen, wenn die Verwaltung von einer gleichförmig entwickelten Verwaltungspraxis abweicht, es sei denn, dass hierfür ein sachlicher Grund besteht. Ein Verstoß kann auch im Wege „antizipierter Verwaltungspraxis" angenommen werden, wenn die Regelung gerade erst in Kraft getreten ist.[1222]

Ihre Grenzen findet die Selbstbindung der Verwaltung im Unrecht: Da Art. 3 Abs. 1 GG nicht vor einer Ungleichbehandlung im Unrecht schützt,[1223] kommt das Institut der Selbstbindung der Verwaltung nicht zum Tragen.

3. Ausgestaltung in der Praxis

a) Befristungen nach § 2 Abs. 1 S. 1 WissZVG

Eine weitreichende Verwaltungsvorschrift findet sich an der Freien Universität Berlin.[1224] Hierin ist vorgesehen, dass die befristete Beschäftigung im Einklang mit dem WissZVG zur Förderung der wissenschaftlichen bzw. künstlerischen Qualifizierung erfolgt. Darüber hinausgehend wird jedoch die arbeitsvertragliche Festsetzung des Qualifizierungsziels vorgeschrieben. An Stelle der Angemessenheit normiert die Verwaltungsvorschrift, dass „das angestrebte Qualifikationsziel erreicht werden kann"[1225], wobei in der Pre-Doc-Phase von einer Regelpromotionszeit von vier Jahren ausgegangen wird und in der Post-Doc-Phase eine dreijährige Mindestbefristung angesetzt wird.[1226] Für diese Mindestbefristungsdauer besteht zwar spätestens seit der Novellierung des WissZVG keine Gesetzgebungskompetenz mehr, dies ist jedoch für die Wirksamkeit der Verwaltungsvorschrift zunächst unerheblich, zumal diese nicht vom

---

1220 *Maurer/Waldhoff*, VerwR, § 24 Rn. 1 f.
1221 *Badura*, StaatsR, F Rn. 24.
1222 BVerwG 24.3.1977, BVerwGE 52, 193, 199.
1223 BVerwG 26.2.1993, BVerwGE 92, 153, 157; Epping/Hillgruber/*Kischel*, Art. 3 GG Rn. 107 m. w. N.
1224 FU-Mitteilungen 44/2016 v. 1.11.2016.
1225 FU-Mitteilungen 44/2016 v. 1.11.2016, B Nr. 1, 3; C Nr. 1, 2.
1226 FU-Mitteilungen 44/2016 v. 1.11.2016, B Nr. 1, 3; C Nr. 1, 2.

Landesgesetzgeber, sondern von der Behördenleitung erlassen wird. Relevant ist die bereits erörterte Tatsache, dass kein Verstoß gegen höherrangiges Recht vorliegen darf. Ein solcher liegt vor, da die Mindestbefristung für die Qualifizierung unangemessen sein kann, sodass gegen die Wissenschaftsfreiheit nach Art. 5 Abs. 3 S. 1 GG verstoßen wird. In der arbeitsvertraglichen Verankerung des Qualifizierungsziels ist demgegenüber kein Verstoß gegen höherrangiges Recht zu sehen.

Darüber hinausgehend sieht die Verwaltungsvorschrift sowohl für die Pre- als auch die Post-Doc-Phase vor, dass bei Nichterreichen des Qualifizierungsziels in begründeten Fällen zweimalig eine Verlängerung erfolgen kann. Dies stellt keinen Verstoß, sondern vielmehr eine wirksame Konkretisierung des WissZVG dar, welches eine Verlängerung ausdrücklich zulässt.

b) Befristungen nach § 2 Abs. 2 WissZVG

Im Drittmittelbereich sind Verwaltungsvorschriften in Gestalt von Richtlinien deutlich häufiger, ihnen kommt eine größere Bedeutung als im Rahmen des § 2 Abs. 1 S. 1 WissZVG zu. So haben nicht nur die Universitäten in Hamburg und im Saarland Drittmittelrichtlinien erlassen,[1227] sondern auch die Länder Baden-Württemberg, Bayern, Brandenburg, Rheinland-Pfalz und Sachsen[1228]. Während Sachsen vorsieht, dass Drittmittelbeschäftigte befristet anzustellen sind,[1229] und Rheinland Pfalz ausdrücklich unbefristete Arbeitsverhältnisse zulässt,[1230] schweigen die Richtlinien der übrigen Länder zur arbeitsrechtlichen Thematik. Die hochschulrechtlichen Richtlinien in Hamburg und im Saarland sehen vor, dass ein drittmittelfinanziertes Arbeitsverhältnis mit wenigen Ausnahmen befristet ist.[1231] In der Verwaltungsvorschrift der Freien Universität Berlin findet

---

1227 Durchführungshinweise zur Verwaltung und Verwendung von Drittmitteln HH v. 15.3.1995; Drittmittelrichtlinie v. 17.9.2002 Saarland.

1228 DMRL BW v. 16.4.2010; DriMiR Bay v. 21.10.2002; Drittmittelrichtlinie Bbg v. 27.8.2010; Drittmittelvorschrift des Ministeriums RheinPf. v. 24.7.2005; VwV Drittmittel Sachsen v. 4.4.2005.

1229 IV.2.4 der VwV Drittmittel Sachsen.

1230 8.3 der Drittmittelvorschrift des Ministeriums RheinPf.

1231 5.3.2. f. der Drittmittelrichtlinie Saarland (Befristung rechtlich nicht mehr möglich); 9.5.4 der Durchführungshinweise zur Verwaltung und Verwendung von Drittmitteln HH (haushaltsrechtlich explizit für zulässig erklärt oder kontinuierliche Drittmittelzuwendungen zweifelsohne zu erwarten und Einwilligung der Behörde für Wissenschaft und Forschung).

sich ebenfalls eine Bestimmung zu Drittmittelbefristungen, welche auf die deklaratorische Wiedergabe des WissZVG begrenzt ist.[1232]

c) Auswirkungen unwirksamer Verwaltungsvorschriften

aa) Pflicht zur Anwendung

Zwar kann das zuständige Verwaltungsorgan die jeweilige Verwaltungsvorschrift – ebenso wie bei Rechtsverordnungen und Satzungen – im Rahmen einer verwaltungsinternen Normenkontrolle überprüfen und gegenüber dem zuständigen Organ rügen, allerdings besteht auch bei Feststellung der Unwirksamkeit und erfolgloser Remonstration die Anwendungspflicht der in Frage stehenden Vorschrift.[1233] Hintergrund ist die fehlende *Nichtanwendungskompetenz,* da mit der Verleihung einer solchen die Relativierung der Gesetzesbindung im Sinne des Art. 20 Abs. 2 und 3 GG einherginge.[1234] Eine Ausnahme gilt nur dann, wenn die Vorschrift erkennbar von einem nicht zuständigen Organ erlassen wurde, sinnlos oder verfassungs- oder strafrechtswidrig ist.[1235]

bb) Einschlägiges Verfahren

(1) Normenkontrollverfahren

Die Überprüfung der genannten Handlungsinstrumente ist nicht Bestandteil des Verwerfungsmonopols des BVerfG, sondern erfolgt im Wege des Normenkontrollverfahrens vor dem zuständigen Oberverwaltungsgericht, § 47 Abs. 1 Nr. 2 VwGO. Sofern das Oberverwaltungsgericht die Unwirksamkeit der in Frage stehenden Norm feststellt, wirkt die Entscheidung allgemein verbindlich, § 47 Abs. 5 S. 2 VwGO. Erfasst sind neben Rechtsverordnungen und Satzungen auch Verwaltungsvorschriften, sofern sie Außenwirkung entfalten.[1236] Die Verwaltungsvorschriften zum WissZVG sollen im Kern das Handeln der betroffenen Institutionen leiten und lenken, sodass ihnen nur über das Institut der Selbstbindung der Verwaltung Außenwirkung gegenüber dem Bürger zukommt. Dies genügt den Anforderungen an § 47 Abs. 1 Nr. 2 VwGO nicht, sodass das Normenkontrollverfahren nicht statthaft ist.

1232 FU-Mitteilungen 47/2011 v. 27.9.2011, D.

1233 W/B/S/K/*Stober*, Verwaltungsrecht I, § 28 Rn. 23.

1234 W/B/S/K/*Stober*, Verwaltungsrecht I, § 28 Rn. 23.

1235 W/B/S/K/*Stober*, Verwaltungsrecht I, § 28 Rn. 23.

1236 BeckOK-VwGO/*Giesberts*, § 47 VwGO Rn. 26, 29.

(2) Inzidentprüfung bei Entfristungsklage

Für Verwaltungsvorschriften ohne Außenwirkung besteht kein gesondertes Überprüfungsverfahren. Vielmehr wird die jeweilige Regelung inzident überprüft. Sofern die Befristungsdauer also auf einer Verwaltungsvorschrift fußt, erfolgt die Überprüfung durch das zuständige Arbeitsgericht, das den Arbeitsvertrag prüft und nach § 48 ArbGG i. V. m. § 17 Abs. 2 GVG den Rechtsstreit unter allen in Betracht kommenden rechtlichen Gesichtspunkten entscheidet.

d) Zwischenergebnis

Infolge der fehlenden Außenwirkung bieten Verwaltungsvorschriften für den betroffenen Arbeitnehmer weniger Vorteile als der Erlass einer Rechtsverordnung oder Satzung.

V. Gremienbeschlüsse

1. Grundsätzliches

Gremienbeschlüsse können ebenso taugliches Handlungsinstrument auf Hochschulebene sein, um einen Umgang mit Befristungsregelungen zu etablieren.[1237] Besondere Relevanz kommt den Beschlüssen des Senats, als traditionell zentralem Beschlussorgan[1238] und Vertreter sämtlicher Statusgruppen der Hochschule, und Beschlüssen des Präsidiums zu. Letzteres ist als Leitung der Hochschule insbesondere für die Aufstellung des Struktur-, Entwicklungs- und des Haushaltsplans[1239] und damit einhergehend für die Mittelverteilung bei wissenschaftlichem Personal zuständig. Inhaltlich begrenzt ist der Handlungsspielraum der Gremien durch Kompetenz- und Zuständigkeitsordnungen.[1240] Die Beschlüsse entfalten jedoch keine unmittelbare Außenwirkung, sondern binden lediglich den „Funktionskreis, für den das jeweilige Gremium zuständig ist"[1241]. Als Leiter der Hochschulverwaltung[1242] trägt der Kanzler dafür Sorge, dass die von der Verwaltung umzusetzenden Beschlüsse des Präsidiums eingehalten werden, z. B. § 83 Abs. 1 S. 1 HmbHG. Mangels unmittelbarer Außenwirkung verfügen Gremienbeschlüsse jedoch über eine schwache Durchsetzbarkeit. Ein Anspruch des einzelnen Arbeitnehmers kann sich wie bei den Verwaltungsvorschriften

1237 *Adamietz/Künne*, Drittmittelbefristungen, S. 56.
1238 HSchR/*v. Coelln*, Kap. VII Rn. 105.
1239 https://www.uni-kiel.de/gf-praesidium/de/gremien, letzter Zugriff: 2.8.2018, 10:37.
1240 *Adamietz/Künne*, Drittmittelbefristungen, S. 70.
1241 *Adamietz/Künne*, Drittmittelbefristungen, S. 70.
1242 HSchR/*v. Coelln*, Kap. VII Rn. 131.

nur aus Art. 3 Abs. 1 GG i. V. m. dem Institut der Selbstbindung der Verwaltung ergeben.

Von entscheidender Bedeutung für das WissZVG sind die unter dem Aspekt der *Good Governance* ergangenen Kodizes.[1243] Kodizes, zu denen sich die Hochschulen bekennen können, finden sich nicht nur auf Landes-, sondern auch auf Bundesebene (Herrschinger Kodex)[1244].

2. Ausgestaltung in Nordrhein-Westfalen, § 34a HG NRW

Eine besondere Ausgestaltung findet sich im „Rahmenkodex für gute Beschäftigungsbedingungen“[1245] in Nordrhein-Westfalen. Dieser sollte den Arbeitnehmerinteressen Rechnung tragen und über die Wirkung eines Gremienbeschlusses als solchen hinaus unmittelbar und zwingend gelten. Um dies zu erreichen, verankerte der nordrhein-westfälische Landesgesetzgeber die Bindung in § 34a HG NRW und entfernte sich damit weitgehend vom eigentlichen Instrument des Kodexes. Bereits die dogmatische Ausgestaltung erscheint daher äußerst fragwürdig: Neben der unmittelbaren und zwingenden Wirkung ist in § 34a Abs. 1 S. 3 HG NRW die Möglichkeit einer Allgemeinverbindlicherklärung vorgesehen. Hierdurch wird nicht nur in die Personalhoheit der Hochschulen eingegriffen, sondern auch jeglicher Handlungsformenvorbehalt für Rechtsetzung durchbrochen.[1246] Darüber hinaus wird die Sperrwirkung potentieller Tarifverträge missachtet und die Verhandlungsparität gestört, da Hochschulen *qua lege* dem Arbeitgeberverband des Landes angehören (z. B. § 34 Abs. 1 S. 1 HG NRW) und ihnen somit die Möglichkeit genommen wird, eigene Tarifverträge abzuschließen.[1247] Anstelle der Gewerkschaften treten zudem das Ministerium, welches eigentlich im Arbeitgeberlager zu verorten ist, und die Landespersonalrätekonferenzen auf, welche keine Gewerkschaften darstellen.[1248] Dennoch ist es den betroffenen Arbeitnehmern verwehrt, die aus dem Rahmenkodex erwachsenen

---

1243 Hamburg: Code of Conduct; Schleswig-Holstein: § 3 Abs. 6 HSG (hochschulrechtliche Pflicht zum Erlass von Verhaltenskodizes).

1244 https://www.gew.de/wissenschaft/herrschinger-kodex/, letzter Zugriff: 6.3.2018, 13:08.

1245 Ausführlich hierzu: *Epping/Preis*, Beschäftigungsbedingungen.

1246 *Epping/Preis*, Beschäftigungsbedingungen, S. 99 („rechtsverordnungsähnliche Kodexkonstruktion“).

1247 *Epping/Preis*, Beschäftigungsbedingungen, S. 96, 99.

1248 Kritisch *Epping/Preis*, Beschäftigungsbedingungen, S. 21 (insbesondere wegen der fehlenden Gegnerunabhängigkeit).

Rechte geltend zu machen, sodass *Epping* und *Preis* die vermeintlich arbeitnehmerfreundliche Bestimmung treffend als „Chimäre“ betiteln.[1249]

Inhaltlich sieht der Kodex in Art. 4, 9 Abs. 2 und 10 besondere Bestimmungen zur Festlegung des Befristungszeitraums vor. So sieht Art. 4 Abs. 3 Nr. 2 eine vierjährige Maximalbefristungsdauer für Absolventen eines Masterstudiengangs vor. Damit wird die Qualifizierungsphase des § 2 Abs. 1 S. 1 WissZVG unzulässigerweise verkürzt, es liegt also ein Verstoß gegen höherrangiges Recht vor. Eine Beschäftigung als wissenschaftliche Hilfskraft nach der Promotion untersagt Art. 4 Abs. 4 des Rahmenkodexes entgegen der Möglichkeit des WissZVG vollständig. Hierin ist nicht nur ein Verstoß gegen das WissZVG zu sehen, sondern auch ein unverhältnismäßiger Eingriff in die von Art. 12 Abs. 1 S. 1 GG geschützte Berufsfreiheit des Arbeitnehmers. In Art. 9 Abs. 2 des Kodexes ist eine Mindestbefristungsdauer von 12 Monaten vorgeschrieben. Weitergehend ordnet Art. 10 Abs. 4 eine Regelbefristungsdauer von drei Jahren vorbehaltlich einer kürzeren Laufzeit nach Fächerkultur an. Wie gezeigt verstoßen Mindestbefristungsdauern, die nicht nur die zeitlichen Komponenten des WissZVG wiedergeben – trotz der generellen Kompetenz zur Vereinbarung eines Kodexes – gegen § 2 Abs. 1 S. 1 WissZVG bzw. Art. 5 Abs. 3 S. 1 GG und sind unwirksam, Art. 20 Abs. 3 GG.[1250]

Praktische Konsequenz ist zunächst, dass die (Fach-)Hochschulen Nordrhein-Westfalens nicht gezwungen werden können, die Vorgaben des Kodexes auszuführen.[1251] Sollten sie dies wegen des mit § 34a HG NRW einhergehenden „ministerialen und legislativen Druck[s]“ gleichwohl tun, handelt es sich um einen öffentlich-rechtlichen Vertrag, der dahingehend unwirksam ist, dass er unter mehreren Aspekten[1252] gegen die verfassungsmäßige Ordnung des Bundes und des Landes verstößt.[1253] Folglich entfalten insbesondere auch die im Widerspruch zum WissZVG und der Wissenschaftsfreiheit stehenden Regelungen keine Außenwirkung gegenüber dem wissenschaftlichen Personal.[1254] Die Verwaltung der Hochschule ist *erst Recht* nicht an die Regelungen gebunden.

1249 *Epping/Preis*, Beschäftigungsbedingungen, S. 96.

1250 Ebenso *Epping/Preis*, Beschäftigungsbedingungen, S. 72 ff.

1251 *Epping/Preis*, Beschäftigungsbedingungen, S. 97.

1252 Neben den Verstößen gegen den Vorrang des Gesetzes finden sich insbesondere Verstöße gegen Art. 9 Abs. 3 GG und die Gesetzgebungskompetenz des Bundes, vgl. ausführlich *Epping/Preis*, Beschäftigungsbedingungen, S. 98.

1253 *Epping/Preis*, Beschäftigungsbedingungen, S. 98.

1254 *Epping/Preis*, Beschäftigungsbedingungen, S. 98.

3. Zwischenergebnis

Gremienbeschlüsse gewähren keine weitergehenden Vorteile gegenüber Rechtsverordnungen und Satzungen. Wie Verwaltungsvorschriften entfalten sie nur im Innenverhältnis Wirkung und dienen vornehmlich dazu, die Hochschulen anzuspornen, sich an die selbst vorgeschriebenen Regelungen zu halten.[1255]

VI. Hochschulverträge und Zielvereinbarungen

Weiterhin möglich ist der Abschluss von Hochschulverträgen und Zielvereinbarungen zwischen Ländern und Hochschulen, die zwar dem Abweichungsverbot des § 1 Abs. 1 S. 2 WissZVG unterliegen, aber als Grundlage für die Zuordnung finanzieller Mittel Relevanz entfalten können.[1256] Als rechtliche Grenze ist Art. 20 Abs. 3 GG zu beachten, wobei insbesondere das Organisationsrecht, das jeweilige Fachrecht und das Haushaltsrecht Beschränkungen vorgeben.[1257] Ob eine Zielvereinbarung verbindlich ist, bedarf der Auslegung im Einzelfall.[1258]

Adamietz und *Künne* schlagen vor, in Zielvereinbarungen Mittel für eine langzeitige Beschäftigung von Arbeitnehmern festzulegen.[1259] Unabhängig von der bereits problematischen praktischen Umsetzung taugt eine derartige Bestimmung nicht zur Konkretisierung der Anwendung des WissZVG und ist vielmehr von grundlegender Bedeutung für die Wahl zwischen befristeten oder unbefristeten Beschäftigungen.

Eine Zielvereinbarung im Kontext zum WissZVG besteht derzeit einzig in Nordrhein-Westfalen. Hierin sind die Verpflichtung zum verantwortungsvollen Umgang mit Befristungen und die Anerkennung des soeben erörterten „Kodex für gute Arbeit" festgelegt. Da der Kodex in unzulässiger Weise vom WissZVG abweicht, kann die Hochschule sich infolge der Bindung an Gesetz und Recht, Art. 20 Abs. 3 GG, nicht zur Einhaltung verpflichten. Darüber hinaus wäre die Zielvereinbarung nach § 1 Abs. 1 S. 2 WissZVG unwirksam.

Für den betroffenen Arbeitnehmer bietet eine Zielvereinbarung indes keinerlei Vorteile, zumal sich daraus kein konkreter Anspruch ableitet. Insbesondere der in Nordrhein-Westfalen vorgesehene verantwortungsvolle Umgang ist nicht einklagbar.[1260]

1255 Ähnlich *Adamietz/Künne*, Drittmittelbefristungen, S. 72.
1256 *Adamietz/Künne*, Drittmittelbefristungen, S. 64.
1257 *Schmidt*, DÖV 2008, 760, 763.
1258 *Schmidt*, DÖV 2008, 760, 764.
1259 *Adamietz/Künne*, Drittmittelbefristungen, S. 64 f.
1260 *Adamietz/Künne*, Drittmittelbefristungen, S. 65.

VII. Schlussfolgerungen und Ergebnis

Die Untersuchung hat gezeigt, dass infolge der zweiseitig zwingenden Ausgestaltung des Befristungsregimes im Wissenschaftsbereich nur geringe Gestaltungsmöglichkeiten bleiben. Aus Arbeitnehmersicht dürfte bei Ausgestaltungen durch Hochschulinstrumente insbesondere dem Anspruch der Selbstbindung der Verwaltung Relevanz zukommen. Im Wesentlichen ist die Funktion dieser Instrumente jedoch darin zu sehen, dass die Hochschule ihre eigene Befristungspolitik kritisch hinterfragt und auf einheitliche Grundsätze stützt. Den Regelungsinstrumenten insgesamt kritisch gegenüber zeigen sich *Preis* und *Ulber*, die die landesrechtliche Ausgestaltungen als „Ausdruck eines mangelnden Respekts vor den abschließenden Wertungen des WissZeitVG hinsichtlich der angemessenen Befristungsmöglichkeiten im Hochschulbereich“[1261] betiteln. Eine derart pauschale Kritik ist abzulehnen, da das WissZVG nicht auf einem ausschließlichen Kompetenztitel des Grundgesetzes fußt, sondern zumindest stellenweise Lücken zugunsten der Länder lässt, die diese insoweit auch nutzen können.

1261 *Preis/Ulber*, Anh. 2 Rn. 18.

§ 9 Rechtsfolgen einer sachlich nicht gerechtfertigten Befristung

A. Anknüpfungspunkte der fehlenden Rechtfertigung

I. Qualifizierungsbefristung

Eine unwirksame Befristung kann im Rahmen des Qualifizierungstatbestands daraus resultieren, dass der Arbeitnehmer nicht zum wissenschaftlichen Personal im Sinne des § 1 Abs. 1 WissZVG gehört oder keine taugliche Qualifizierung im Sinne des § 2 Abs. 1 S. 1 WissZVG anstrebt. Daneben kommt auch eine fehlende zeitliche Rechtfertigung der Befristung als integraler Bestandteil des Sachgrunds nach § 2 Abs. 1 S. 3 WissZVG in Betracht. Dies gilt jedoch nicht für den Fall, dass Arbeitnehmer trotz objektiv angemessener Befristungsdauer das vereinbarte Qualifizierungsstadium nicht innerhalb der Laufzeit erreichen. Andernfalls würde die Befristung faktisch zur Disposition des Arbeitnehmers gestellt, der durch seine Arbeitsweise das Erreichen der Qualifizierung steuern kann. Es muss daher eine objektiv unangemessene Befristungsdauer vorliegen. Ob diese unangemessen kurz oder unangemessen lang im Sinne des § 2 Abs. 1 S. 3 WissZVG ist, ist unerheblich, da in beiden Konstellationen der Befristungsgrund den Befristungszeitraum nicht trägt, sodass indiziert wird, dass der Sachgrund nur vorgeschoben und die sachliche Rechtfertigung der Befristung fehlt. Keine unwirksame Befristung liegt demgegenüber vor, wenn ein Verstoß gegen landesrechtliche Normen unter Einhaltung der WissZVG-Vorschriften begangen wird.[1262]

II. Drittmittelbefristung

Auch im Rahmen der Drittmittelbefristung kann der Fehler vorliegen, dass es sich nicht um wissenschaftliches Personal im Sinne des § 1 Abs. 1 WissZVG handelt oder dass kein Drittmittelprojekt im Sinne des § 2 Abs. 2 WissZVG vorliegt. Ferner kann die Befristungsdauer nicht dem Zeitraum des Drittmittelprojekts entsprechen. Anders als im Rahmen des § 2 Abs. 1 S. 3 WissZVG handelt es sich bei dem Entsprechenserfordernis nicht um ein zwingendes Erfordernis, sondern um eine Sollvorschrift, sodass es einer signifikanten Abweichung des

---

1262 *Löwisch*, NZA 2007, 479, 480; *Preis/Ulber*, § 2 WissZVG Rn. 25.

Vertragszeitraums vom Drittmittelprojekt bedarf, um die Indizwirkung, dass der Sachgrund nur vorgeschoben ist, herbeizuführen.[1263]

B. Anwendbarkeit des § 16 TzBfG im Rahmen der Befristungskontrolle

I. Einschlägiges Verfahren

Einleitung einer jeden Befristungsüberprüfung ist die arbeitsgerichtliche Befristungskontrollklage nach § 17 TzBfG i. V. m. §§ 8 Abs. 2, 64 ArbGG innerhalb der materiellen Präklusionsfrist (§ 17 S. 1 TzBfG i. V. m. §§ 66 Abs. 1 S. 1, 5 ArbGG § 7 KSchG), die auch für Befristungen nach dem WissZVG gilt[1264]. Dies ergibt sich aus dem uneingeschränkten Verweis des § 1 Abs. 1 S. 5 WissZVG auf die Regelungen des TzBfG, da mangels eigenständiger Regelung kein Widerspruch zu den §§ 2 bis 6 WissZVG vorliegt.[1265]

Ziel einer Befristungskontrollklage ist stets die Entfristung des Arbeitsverhältnisses, § 16 TzBfG. Maßgebender Prüfungsgegenstand der Befristungskontrolle ist dabei nur die letzte Befristung.[1266] Vorherige Befristungen können nur im Falle eines vereinbarten Prüfungsvorbehalts[1267] gerügt werden oder sofern es sich bei der neuen Befristungsvereinbarung um einen bloßen Annex zum zuvor geschlossenen Vertrag handelt[1268]. Im Rahmen der Missbrauchskontrolle bei Kettenbefristungen sind demgegenüber materiell-rechtlich auch vorherige Befristungen zu berücksichtigen; § 17 S. 1 TzBfG greift insoweit nicht. Der Missbrauch wiegt hier schwerer als das Interesse an der Rechtssicherheit, da ohne vollumfängliche Würdigung des Sachverhalts keine effektive Kontrolle möglich wäre. Die Beweislast obliegt dem Arbeitgeber, zumal dieser sich auf die wirksame Befristung als rechtsvernichtende Einrede zwecks Beendigung des Arbeitsverhältnisses stützt.[1269]

1263 Vgl. § 6 D. I.

1264 BAG 8.6.2016, NZA 2016, 1463 Rn. 38.

1265 MAH-ArbR/*Plum*, § 41 Rn. 181; A/P/S/*Schmidt*, § 2 WissZVG Rn. 29.

1266 BAG 8.5.1985, NZA 1986, 569, 570 (Aufgabe der vorherigen Rechtsprechung [der sachliche Grund der letzten Befristung rechtfertige diese nur, sofern auch die vorherigen Befristungen sachlich gerechtfertigt waren] im Anschluss an BAG 20.10.1983, BeckRS 1983, 04784 Rn. 13; BAG 7.10.2015, NZA 2016, 354 Rn. 26).

1267 BAG 18.7.2012, NZA 2012, 1351 Rn. 12.

1268 BAG 21.1.1987, NZA 1988, 280, 281; 23.5.2018, NZA 2018, 1399 Rn. 15.

1269 BAG 12.10.1994, NZA 1995, 780, 781; A/T/*Kühn*, § 23 TzBfG Rn. 222; *Jobs/Bader*, DB 1981 Beilage Nr. 21, 1, 3.

II. Anwendbarkeit des § 16 TzBfG auf Befristungen nach dem WissZVG

Sofern die Befristung nach dem WissZVG unwirksam, rechtzeitig Klage erhoben worden und keine Befristung auf Grundlage anderer Normen möglich ist, gilt der Vertrag bei Anwendbarkeit des § 16 TzBfG unabhängig vom Grund der fehlenden Rechtfertigung als auf unbestimmte Zeit geschlossen. Ob dieser tatsächlich vom Verweis des § 1 Abs. 1 S. 5 WissZVG erfasst ist, ist im Folgenden zu untersuchen. Wie gezeigt,[1270] stellt sich die Frage jedoch nur unter der Annahme, dass es sich bei der Befristungsdauer um einen integralen Bestandteil des Sachgrunds handelt.

1. Ausgangspunkt: § 1 Abs. 1 S. 5 WissZVG

a) Grammatikalische Auslegung

§ 1 Abs. 1 S. 5 WissZVG verweist auf die Anwendbarkeit der Regelungen des allgemeinen Befristungsrechts und damit maßgeblich auf das TzBfG. Einzige Rechtsfolgenregelung ist hier § 16 TzBfG, nach dem eine unwirksame Befristung unabhängig vom Unwirksamkeitsgrund zwingend die Fiktion eines unbefristeten Arbeitsverhältnisses nach sich zieht. Die Normen des allgemeinen Befristungsrechts finden jedoch nur insoweit Anwendung, als sie nicht im Widerspruch zu den §§ 2 bis 6 WissZVG stehen. Da das WissZVG keine eigene Rechtsfolgenregelung für unwirksame Befristungen vorsieht, liegt grammatikalisch betrachtet kein Widerspruch vor. Eine weitere Begrenzung beinhaltet der Verweis in § 1 Abs. 1 S. 5 WissZVG nicht, sodass § 16 TzBfG dem Wortlaut zufolge anwendbar ist.

b) Systematische Auslegung

In systematischer Hinsicht findet sich trotz des ausdifferenzierten Regelungssystems im WissZVG keine Rechtsfolgenbestimmung für unwirksame Befristungen. Auch im allgemeinen Befristungsrecht gibt es keine von § 16 TzBfG abweichende Rechtsfolgenregelung; die Norm gelangt unabhängig vom konkreten Unwirksamkeitsgrund zur Anwendung. Nicht von § 16 TzBfG erfasst sind nur solche Fälle, in denen sich das Vertragsende nicht eindeutig bestimmen lässt,[1271] sodass die Anwendbarkeit hier gegeben ist. Die systematische Auslegung spricht folglich für die pauschale Anwendbarkeit der Norm.

1270 Dazu § 6 C II 1.

1271 D/L/W/*Hoß*, Kap. 5 Rn. 182.

c) Teleologische Auslegung

Zweck des § 1 Abs. 1 S. 5 WissZVG ist es, die Besonderheiten des WissZVG bei Anwendung der allgemeinen Befristungsregelungen zu wahren. Problematisch ist, dass das durch § 16 TzBfG zustande kommende unbefristete Arbeitsverhältnis die Nachwuchsförderung hemmt. Dies ist jedoch durch die Sicherung des effektiven Arbeitnehmerschutzes gerechtfertigt.[1272]

d) Historische Auslegung

Das WissZVG sah auch in seiner früheren Fassung keine Rechtsfolgenregelung vor. Sowohl in der Rechtsprechung[1273] als auch in der Literatur[1274] wurde die Anwendbarkeit des § 16 TzBfG bejaht. Hätte der Gesetzgeber dies ändern wollen, hätte er im Zuge der Novellierung eine eigene Rechtsfolgenregelung für das WissZVG treffen können. Allerdings wurden die zeitlichen Vorgaben der Befristungstatbestände sowohl in § 2 Abs. 1 S. 3 WissZVG als auch in § 2 Abs. 2 WissZVG erst mit der Gesetzesnovellierung eingeführt, sodass es sich bei dem pauschalen Verweis des § 1 Abs. 1 S. 5 WissZVG auch um ein gesetzgeberisches Versehen handeln könnte. Wiederum kann der Gesetzgeber angesichts der umfassenden Neuerungen auch bewusst auf eine andere Rechtsfolgenregelung verzichtet haben, sodass die historische Auslegung keinen eindeutigen Schluss zulässt.

e) Ergebnis

Die Auslegung spricht weit überwiegend für die Anwendbarkeit des § 16 TzBfG im Rahmen des WissZVG.

2. Vorrangige Verlängerung ex lege bei unpassender Befristungsdauer – entsprechende Anwendung der Grundsätze zu §§ 281 Abs. 1, 323 Abs. 1 BGB

a) Zulässigkeit einer Vertragsverlängerung

Aus der unpassenden Befristungsdauer könnte sich jedoch – vorrangig zur Anwendbarkeit des § 16 TzBfG – eine Vertragsverlängerung ergeben, die den

1272 BeckOK-ArbR/*Bayreuther*, § 16 TzBfG Rn. 3.

1273 BAG 6.4.2011, NZA 2011, 970 Rn. 30 f.

1274 BeckOK-ArbR/*Bayreuther*, § 16 TzBfG Rn. 3; Müko-BGB/*Hesse*, § 23 TzBfG Rn. 32; L/S/*Schlachter*, § 16 TzBfG Rn. 1; AR/*Löwisch*, § 2 WissZVG Rn. 19; *Preis/Ulber*, § 2 WissZVG Rn. 239.

Grundsätzen zu §§ 281 Abs. 1, 323 Abs. 1 BGB nachgebildet ist. Diese Rechtsfolge könnte auch eingreifen, wenn – entgegen der hier vertretenen Auffassung – davon ausgegangen wird, dass die Befristungsdauer gesondert zu prüfen und nicht nur als integraler Bestandteil des Sachgrunds anzusehen ist.

Sofern der Gläubiger dem Schuldner eine unangemessen kurze Frist setzt, tritt an ihre Stelle *ex lege* eine angemessen lange Nachfrist,[1275] sodass – übertragen auf eine unpassende Befristungsdauer – die Vertragslaufzeit kraft Gesetzes angepasst wird.

Zwar würde durch die Änderung der Befristungsdauer in die verfassungsrechtlich von Art. 2 Abs. 1 GG geschützte Vertragsfreiheit der Wissenschaftsinstitution eingegriffen, zumal dieser die Möglichkeit des Vertragsschlusses mit anderen Arbeitnehmern für den jeweiligen Zeitraum verwehrt wird. Allerdings ist zu berücksichtigen, dass die Vertragsfreiheit durch die Regelung des § 16 TzBfG viel weiter beschnitten würde, da die Institution hier nicht nur länger, sondern dauerhaft an den Arbeitnehmer gebunden ist und warten muss, bis sie diesen ordentlich kündigen kann. Der Eingriff bedarf damit keiner gesonderten Rechtfertigung, sondern wird *a maiore ad minus* von § 16 TzBfG getragen.

b) Begründung der Nachfristverlängerung

aa) Ausgangsinteressen von Gläubiger und Schuldner

Das Ziel der Nachfrist ist, als Ausprägung des Prinzips *pacta sunt servanda*, dem Schuldner eine „zweite Chance" zur vertragsgemäßen Leistung zu gewähren und dem Interesse des Gläubigers an der Aufrechterhaltung des Vertrags Rechnung zu tragen, sodass ein „fairer Ausgleich" der Interessen stattfindet.[1276] Durch die Fristsetzung wird der Schuldner vor einer überraschenden Vertragsauflösung und überraschenden Schadensersatzansprüchen geschützt.[1277] Die Fristlänge beurteilt sich nach den Einzelfallumständen anhand objektiver Maßstäbe, sie soll jedoch dem Schuldner nicht die Gelegenheit geben, seine Leistung

---

1275 Grundlegend: RG 16.12.1903, RGZ 56, 231, 234; 15.11.1905, RGZ 62, 66, 68; 20.11.1917, RGZ 91, 204, 207; 19.12.1922, 106, 89, 90; zu § 326 BGB a. F., deren Rechtsprechung der Gesetzgeber auch nach der Schuldrechtsreform beibehalten wollte, vgl. BT-Drs. 14/6040, S. 138: BGH 21.6.1985, NJW 1985, 2640 m. w. N.; nach der Schuldrechtsreform BGH 12.8.2009, NJW 2009, 3153 Rn. 11; 13.7.2016, NJW 2016, 3654 Rn. 31; *Dubovitskaya*, JZ 2012, 328, 329; MüKo-BGB/*Ernst*, § 323 BGB Rn. 79; Soergel/*Gsell*, § 323 BGB Rn. 83; Staudinger/*Schwarze*, § 281 BGB Rn. B 49 ff.

1276 *Canaris*, in: FS Kropholler, 3, 11; *Dubovitskaya*, JZ 2012, 328, 329.

1277 *Dubovitskaya*, JZ 2012, 328, 328.

vollständig zu erbringen, sondern lediglich die Möglichkeit, die bereits begonnene Leistung zu vollenden.[1278]

bb) Interessenlage bei der Fristverlängerung ex lege

Dass auch eine zu kurze Frist ausreicht, um eine angemessene Nachfrist in Gang zu setzen, ergibt sich aus Schutzerwägungen: Es kann dem Gläubiger nicht aufgebürdet werden, das Risiko der Angemessenheit zu tragen. Dieser hat weder Einblick in die Sphäre des Schuldners noch vermag er als Laie einzuschätzen, welche konkrete Dauer im Einzelfall angemessen im Sinne des Gesetzes ist,[1279] sodass er das Risiko der Unangemessenheit auch nicht tragen soll[1280]. Ginge die Einschätzung zu seinen Lasten, so wäre der Gläubiger im Ungewissen, ob überhaupt eine Frist zu laufen begonnen hat und er würde im Zweifel aus Vorsicht eine längere Frist als erforderlich setzen, sodass das vertragswidrige Verhalten des Schuldners „mit einem Zeitbonus" [1281] belohnt würde. Bei einer zu kurzen Frist liefe der Gläubiger wiederum Gefahr, dass diese wirkungslos ist, was angesichts der Tatsache, dass der Schuldner derjenige war, der sich vertragswidrig verhalten hat, eine nicht „sachgerecht[e]"[1282] Risikoverteilung bewirken würde. Deshalb wird dem Gläubiger das Risiko, eine zu kurze und damit unwirksame Frist zu setzen, genommen, während der Schuldner die Sicherheit hat, innerhalb einer angemessenen Frist nacherfüllen zu können.[1283] Denn auch für den Schuldner kann im Einzelfall nicht sicher sein, welche Dauer angemessen ist, sodass es insbesondere bei geringfügigen Abweichungen von der Angemessenheit für beide Parteien unzumutbar wäre, wenn keine Frist zu laufen beginnen würde. Rechtsunsicherheit wären damit Tür und Tor geöffnet. Dem Schuldner wird auch bei einer zu kurzen Frist deutlich, dass er innerhalb eines begrenzten Zeitfensters ordnungsgemäß nachleisten muss, sodass der dem Fristsetzungserfordernis inneliegenden Warnfunktion genüge getan ist und der Zweck auch bei einer unangemessen kurzen Frist erreicht wird, da der Schuldner vor einer überraschenden Vertragsauflösung und überraschenden Schadensersatzansprüchen

---

1278 BGH 6.12.1984, NJW 1985, 855, 857; MüKo-BGB/*Ernst*, § 323 BGB Rn. 72.

1279 *Dubovitskaya*, JZ 2012, 328, 330; *Koch*, NJW 2010, 1636, 1637.

1280 So bereits RG 15.11.1905, RGZ 62, 66, 69; *Faust*, JZ 2010, 202, 203; *Höpfner*, NJW 2016, 3633, 3636; *Koch*, NJW 2010, 1636, 1637; Staudinger/*Schwarze*, § 323 BGB Rn. B 53.

1281 *Dubovitskaya*, JZ 2012, 328, 330; *Koch*, NJW 2010, 1636, 1637.

1282 *Koch*, NJW 2010, 1636, 1637.

1283 *Koch*, NJW 2010, 1636, 1638.

geschützt wird.[1284] Es handelt sich mithin um eine „im Interesse aller Beteiligten liegende und statthafte Ergänzung der [...] abgegebenen Willenserklärung"[1285].

c) Übertragbarkeit auf das WissZVG

aa) Übertragbarkeit auf § 2 Abs. 1 WissZVG

Gemäß § 2 Abs. 1 S. 3 WissZVG ist die Vertragslaufzeit in ein angemessenes Verhältnis zur angestrebten Qualifizierung zu setzen. Sofern die Befristungsdauer zu kurz bemessen wurde, besteht auf Arbeitnehmerseite das Interesse, das vorgesehene Qualifizierungsziel zu erreichen oder zumindest erheblich voranzutreiben, während auf Arbeitgeberseite das Interesse, den betroffenen Arbeitnehmer zu qualifizieren, neben dem Interesse der Nachwuchsförderung durch Neubesetzung der Stelle steht. Der Arbeitgeber hat damit ebenso wie der Gläubiger im Rahmen der §§ 281 Abs. 1, 323 Abs. 1 BGB ein Interesse am Fortbestand des Vertrags, wenn das Ziel, die bereits begonnene Leistung (hier also die Qualifizierung des Arbeitnehmers), zu Ende zu bringen, zeitnah erreicht wird. Für den Arbeitgeber ergäbe sich durch die Vertragsverlängerung der Vorteil, dass er den Arbeitnehmer mangels Entfristung nicht dauerhaft beschäftigen muss, sondern absehbar ist, dass zeitnah eine Neubesetzung der Stelle möglich ist. Die Position des Arbeitnehmers ähnelt demgegenüber der des Schuldners im Sinne der §§ 281 Abs. 1, 323 Abs. 1 BGB, da er durch die Vertragsanpassung als „Leistung" seine Qualifizierung fördern bzw. erreichen kann – es fände also ein vergleichbarer „fairer Ausgleich" der Interessen statt.

Ähnlich wie dem Gläubiger kann es auch dem Arbeitgeber bei Vertragsschluss schwer zugemutet werden, zu bestimmen, welche Befristungsdauer angemessen ist, da er ebenso wenig Einblick in die Sphäre des Arbeitnehmers hat. Die Untersuchung hat bereits gezeigt, dass es selbst bei formalen Qualifizierungszielen wie der Promotion keine einheitliche Beurteilung gibt. Hinzu tritt, dass sich die Befristung wie im Rahmen der §§ 281 Abs. 1, 323 Abs. 1 BGB nicht ausschließlich subjektiv, sondern nach dem Einzelfall anhand objektiver Maßstäbe beurteilt.[1286] Die Risikoverteilung zwischen Arbeitnehmer und Arbeitgeber wäre mit einer Verlängerung des Vertrags *ex lege* ausgeglichen und vergleichbar mit der Interessenlage von Gläubiger und Schuldner bei der Nachfrist im BGB. Sofern der Arbeitnehmer im Rahmen der ursprünglichen Vertragslaufzeit die

1284 HK-BGB/*Schulze*, § 281 BGB Rn. 11, § 323 BGB Rn. 5.
1285 Vgl. RG 16.12.1903, RGZ 56, 231, 234.
1286 Vgl. dazu § 6 C II.

Qualifizierung nicht zu erbringen vermag, verlängert sich sein Arbeitsvertrag folglich um einen angemessenen Zeitraum.

bb) Übertragbarkeit auf § 2 Abs. 2 WissZVG

Im Rahmen der Drittmittelbefristung nach § 2 Abs. 2 WissZVG soll der Befristungszeitraum dem des Drittmittelprojekts entsprechen. Es besteht auf Arbeitnehmerseite das Interesse, weiter an dem Forschungsprojekt mitzuwirken, wobei auf Arbeitgeberseite infolge mangelnder Finanzierungsmöglichkeiten das Interesse besteht, den Arbeitnehmer nicht unbefristet weiter zu beschäftigen. Daneben tritt jedoch auch das Interesse, das Drittmittelprojekt abzuschließen. Bei einer Verlängerung des Arbeitsvertrags im Rahmen der Projektdauer wird dem Interesse des Arbeitgebers Rechnung getragen, das Drittmittelprojekt abzuschließen und er wird gleichzeitig davor geschützt, dass ein unbefristetes Arbeitsverhältnis entsteht, während der Arbeitnehmer die Möglichkeit erhält, seine „Leistung" in Gestalt der Tätigkeit am Drittmittelprojekt zu beenden. Auch hier käme es demnach wie bei Gläubiger und Schuldner im Rahmen des §§ 281 Abs. 1, 323 Abs. 1 BGB zu einem fairen Interessenausgleich der Parteien und einer ausgewogenen Risikoverteilung. Im Fall einer nicht dem Drittmittelprojekt entsprechenden Vertragslaufzeit verlängert sich diese mithin automatisch entsprechend.

d) Rechtliche Auswirkungen einer Vertragsmodifikation

Mit einer Verlängerung des Vertrags könnte die Beteiligung des Betriebs- bzw. Personalrats nach §§ 99 Abs. 1 BetrVG, 75 Abs. 1 BPersVG einhergehen.[1287] Zwar handelt es sich bei der angemessenen Verlängerung um eine wissenschaftsbezogene Entscheidung, die dem Tendenzschutz des § 118 BetrVG bzw. dem Antragserfordernis des § 77 Abs. 1 S. 1 BPersVG unterliegt. Unter der Prämisse, dass die Mitbestimmungsrechte trotzdem zur Anwendung gelangen oder bei Vorliegen eines Antrags, erscheint jedoch fraglich, ob die Verlängerung eines befristeten Vertrages ein Beteiligungsrecht überhaupt auslöst. Die Verlängerung des

1287 Anerkannt, dass die Verlängerung eines befristeten Arbeitsverhältnisses eine Einstellung im mitbestimmungsrechtlichen Sinn ist: BAG 7.8.1990, NZA 1991, 150 (LS. 1); Richardi/*Thüsing*, § 99 BetrVG Rn. 39 m. w. N.; es kann keinen Unterschied machen, ob ein Arbeitnehmer länger im Betrieb verweilt, weil er unmittelbar verlängert wird, oder nach einer Unterbrechung neu eingestellt wird. Infolge der Vergleichbarkeit der tatsächlichen Situation und der rechtlichen Tatbestände gilt dies auch für § 75 Abs. 1 Nr. 1 BPersVG, vgl. R/D/W/*Kaiser*, § 75 BPersVG Rn. 9, 13 m. w. N.

Vertrags erfolgt *ex lege* und steht nicht zur Disposition des Arbeitgebers. Das VG Mainz entschied zu den Verlängerungstatbeständen des § 2 Abs. 5 WissZVG, wo es nur eines Einverständnisses des Arbeitnehmers bedarf, dass eine personalvertretungsrechtliche Mitbestimmung nicht geboten sei, weil der jeweiligen Dienststelle eine Handlungs- bzw. Entscheidungsmöglichkeit fehlt.[1288] Nichts anderes kann für die Vertragsverlängerung kraft Gesetzes gelten, da diese nicht durch ein Beteiligungsrecht des Personalrats entwertet werden kann. Etwas anderes ergibt sich auch nicht für den Betriebsrat, zumal diesem keine weiterreichenden Möglichkeiten zukommen als dem Personalrat. Ein Mitbestimmungsrecht bei der Vertragsverlängerung scheidet mithin aus.

e) Praktische Durchsetzbarkeit

Der Arbeitnehmer muss Klage gemäß § 17 S. 1 TzBfG, § 256 Abs. 1 ZPO auf Feststellung erheben, dass das Arbeitsverhältnis auf Grund der Befristung nicht beendet ist. Im Regelfall des § 16 TzBfG käme es sodann zur Entfristung des Arbeitsverhältnisses, bei der *ex lege* Verlängerung ist dagegen im Rahmen der Feststellungsklage über die Dauer des Fortbestands des Arbeitsverhältnisses zu entscheiden, also den Zeitpunkt, zu dem das Arbeitsverhältnis tatsächlich endet. Da es nicht um den Neuabschluss des Vertrags geht, sondern um die Feststellung des Fortbestands des Arbeitsverhältnisses, ist – wie auch beim Anspruch des Arbeitnehmers auf Wiederbeschäftigung – die Erhebung der Leistungsklage nicht statthaft.[1289]

Die Ausfüllung des angemessenen Verlängerungszeitraums obliegt somit der Rechtsprechung, die – sofern vorhanden – unter Berücksichtigung der Leitlinien einzelfallabhängig das Ende des Arbeitsverhältnisses bestimmt.

f) Ergebnis

Die Rechtsfolge des § 16 TzBfG gelangt im Rahmen des WissZVG grundsätzlich über den Verweis des § 1 Abs. 1 S. 5 WissZVG zur Anwendung. Vorrangig ist im Rahmen einer unpassenden Befristungsdauer jedoch sowohl bei § 2 Abs. 1 WissZVG als auch bei § 2 Abs. 2 WissZVG eine Vertragsverlängerung *ex lege*, sodass eine angemessene bzw. dem Drittmittelprojekt entsprechende Befristungsdauer an die Stelle des ursprünglich vereinbarten Zeitraums tritt. Ein Mitbestimmungsrecht des Betriebs- bzw. Personalrats ist mit der Verlängerung

1288 VG Mainz 6.12.2016, BeckRS 2016, 115200 Rn. 14; ErfK/*Müller-Glöge*, § 2 WissZVG Rn. 17; H/W/K/*Rennpferdt*, § 23 TzBfG Rn. 62.

1289 A/P/S/*Backhaus*, § 17 TzBfG Rn. 74, 80 m. w. N.

nicht verbunden. Der Festlegung des Verlängerungszeitraums erfolgt im Rahmen der Feststellungsklage des Arbeitnehmers durch die Rechtsprechung.

3. Teleologische Reduktion des Verweises auf § 16 TzBfG bei zeitlich fehlender Rechtfertigung

Sofern die hier vertretene Konstruktion einer *ex lege* Verlängerung in entsprechender Anwendung der Grundsätze zu §§ 281 Abs. 1, 323 Abs. 1 BGB abgelehnt wird, stellt sich die Frage, ob § 16 TzBfG gleichwohl bei fehlender zeitlicher Rechtfertigung der Befristungsabrede anwendbar ist. Diese Frage stellt sich jedoch nicht, sofern der Ansicht gefolgt wird, dass die Befristungsdauer eine gesonderte Tatbestandsvoraussetzung und nicht – wie hier vertreten – *integraler Bestandteil des Sachgrunds* ist.

a) Im Rahmen der Qualifizierungsbefristung

Die Entfristungsregelung des § 16 TzBfG bezweckt insbesondere, den Arbeitnehmer zu schützen, und ist auf die nach dem TzBfG erfolgenden Befristungen zugeschnitten. Die Wertungen, die hinter § 2 Abs. 1 WissZVG stehen, werden dabei nicht berücksichtigt. Würde eine unangemessene Befristung im betroffenen Wissenschaftsbereich stets einen unbefristeten Vertrag nach sich ziehen, so wären die Förderung des Nachwuchses und die Innovationskraft in erheblichem Maße gehemmt.[1290] Zwar blieben die Möglichkeit der ordentlichen Kündigung seitens der Wissenschaftsinstitution sowie die (eher unwahrscheinliche) Aufgabe der Stelle durch den betroffenen Arbeitnehmer, allerdings verlöre die Institution bis dahin jedwede Disponibilität über die Stelle. Es ist ihr verwehrt, diese neu zu besetzen, die Stelle auf zwei Arbeitnehmer aufzuteilen oder der Stelle eine neue Aufgabe zuzuordnen.[1291] Es kann nicht im Sinne des Gesetzgebers gewesen sein, bei jeder auch nur geringfügig von der Angemessenheit abweichenden Befristungsdauer sofort ein unbefristetes Beschäftigungsverhältnis entstehen zu lassen, da andernfalls die von diesem bezweckte Nachwuchsförderung und die damit einhergehend Innovationsfähigkeit der Wissenschaft als tragendes Prinzip des WissZVG gefährdet würde. Daher bedarf es einer eingeschränkten

1290 *Lehmann-Wandschneider*, Sonderbefristungsrecht, S. 215 (erachtet die Rechtsfolge des § 16 TzBfG als mit dem WissZVG Zweck „nicht in Einklang zu bringen", nimmt dies aber als Anwendung allgemeiner arbeitsrechtlicher Grundsätze und unter Arbeitnehmerschutzgesichtspunkten hin).

1291 So bereits *Röken*, ZBR 1984, 112, 115.

Anwendung, sodass Sinn und Zweck des WissZVG nicht gefährdet werden.[1292] Eine Einschränkung ist jedoch weder in § 16 TzBfG noch in § 1 Abs. 1 S. 5 WissZVG vorgesehen. Sämtliche Befristungen nach dem WissZVG sind vom Wortsinn des § 16 TzBfG erfasst, sodass eine anderweitige Auslegung nicht möglich und die negative Voraussetzung einer teleologischen Reduktion erfüllt ist.

aa) Reduktionshypothese

Eine Rechtsfortbildung mittels teleologischer Reduktion kommt für den Verweis aus § 1 Abs. 1 S. 5 WissZVG in Betracht. Dementsprechend könnte der Anwendungsbereich des § 16 TzBfG im Fall einer unangemessenen Befristungsdauer vom Verweis des § 1 Abs. 1 S. 5 WissZVG ausgenommen sein, obwohl er *prima facie* nicht in unmittelbarem Widerspruch zu den §§ 2 bis 6 WissZVG steht.

bb) Voraussetzungen der teleologischen Reduktion

Die teleologische Reduktion soll das Auseinanderfallen von Wortlaut und Gesetzeszweck und somit eine zweckwidrige Anwendung der Norm vermeiden.[1293] Bei Vorliegen der Voraussetzungen ermöglicht die teleologische Reduktion eine Restriktion des Anwendungsbereichs.[1294] In positiver Hinsicht ist erforderlich, dass eine gesetzliche Regelung zu weit greift und insoweit lückenhaft ist, als keine Ausnahmeregelung getroffen worden ist.[1295]

(1) Ermittlung der Gesetzeslücke

Eine Gesetzeslücke ist zu definieren als planwidrige Unvollständigkeit des Gesetzes.[1296] Sie kann nicht nur auf Tatbestands-, sondern auch auf Rechtsfolgenseite

---

1292 **A. A.** A/T/*Kühn*, § 23 TzBfG Rn. 219; *Lehmann-Wandschneider*, Sonderbefristungsrecht, S. 215 (keine andere Rechtsfolge, die Zweck und Arbeitnehmerschutz in Einklang bringt); *Maschmann/Konertz*, NZA 2016, 257, 262 („liegt durchaus im Sinne des Gesetzgebers").

1293 *Brandenburg*, Teleologische Reduktion, S. 76.

1294 *Brandenburg*, Teleologische Reduktion, S. 76.

1295 *Larenz*, Methodenlehre, S. 391 = *Larenz/Canaris*, Methodenlehre, S. 210 f.; **a. A.** *Brandenburg*, Teleologische Reduktion, S. 76, (der nicht die Lücke, sondern das Sinn- und Zweckargument als Rechtfertigung der teleologischen Reduktion anerkennt); dies hat vorliegend aber keinerlei Auswirkungen, da das Institut der teleologischen Reduktion anerkannt ist und sowohl die „Lücke" vorliegt als auch der unterschiedliche Zweck.

1296 *Canaris*, Feststellung von Lücken, S. 16; *Larenz*, Methodenlehre, S. 373 = *Larenz/Canaris*, Methodenlehre, S. 194.

bestehen.[1297] Das WissZVG selbst ist insoweit lückenhaft, als keine Rechtsfolgenbestimmung für unwirksame Befristungen vorgesehen ist. Diese wird jedoch über die Verweisung des § 1 Abs. 1 S. 5 WissZVG geschlossen. § 16 TzBfG enthält ebenso wenig eine Lücke, sondern kodifiziert bewusst ohne Differenzierung die schon zuvor in der Rechtsprechung angewandte Entfristung eines unwirksam befristeten Arbeitsverhältnisses.[1298] Die für die teleologische Reduktion entscheidende Lücke besteht in der uneingeschränkten Verweisung auf § 16 TzBfG, der eine *im Lichte der WissZVG Zwecksetzung* unpassende Regelung darstellt. Eine fehlende Regelung als solche genügt noch nicht den Anforderungen einer Gesetzeslücke, die Planwidrigkeit muss positiv nachgewiesen werden.[1299] Der Gesetzgeber darf *bewusst* keine eigenständige Regelung getroffen, vielmehr muss er sich bewusst für die Entfristung unwirksamer Befristungen nach dem WissZVG entschieden haben.

(2) Ermittlung der Planwidrigkeit

Die Planwidrigkeit der Lücke bemisst sich vom Standpunkt des Gesetzes aus: Ob die fehlende Regelung von dem zugrunde liegenden Gesetzeskonzept abweicht, ist nach der Teleologie des jeweiligen Gesetzes zu ermitteln.[1300] Anhaltspunkt hierfür können die Gesetzesbegründung selbst, ein allgemeines Rechtsprinzip oder der allgemeine Gleichheitssatz sein.[1301]

(a) Anhand der Gesetzesbegründung

Die Gesetzesbegründung fungiert als erster Anhaltspunkt für die Teleologie des Gesetzes.[1302] Maßstab ist hierbei nicht das TzBfG, sondern das WissZVG, da es um die Reduktion des hierin enthaltenen Verweises geht. Der Gesetzesbegründung des WissZVG ist zu entnehmen, dass es der Wissenschaftspflege dienen soll, indem es durch die Befristung von Arbeitsverhältnissen die

---

1297 *Zippelius*, Juristische Methodenlehre, S. 70.

1298 BAG 12.10.1960, AP BGB § 620 Befristeter Arbeitsvertrag Nr. 16; 16.10.1987, BeckRS 9998, 180142; 27.1.1988, AP BGB § 620 Befristeter Arbeitsvertrag Nr. 116; 20.12.1995, NZA 1996, 642, 644; 12.9.1996, NZA 1997, 313, 315; A/P/S/*Backhaus*, § 16 TzBfG Rn. 5.

1299 *Canaris*, Feststellung von Lücken, S. 39 f.; *Larenz*, Methodenlehre, S. 370 = *Larenz/Canaris*, Methodenlehre, S. 191.

1300 *Canaris*, Feststellung von Lücken, S. 35 ff.; *Larenz*, Methodenlehre, S. 373 = *Larenz/Canaris*, Methodenlehre, S. 194.

1301 *Larenz*, Methodenlehre, S. 374 = *Larenz/Canaris*, Methodenlehre, S. 195; *Zippelius*, Juristische Methodenlehre, S. 65 ff.

1302 *Larenz*, Methodenlehre, S. 330 = *Larenz/Canaris*, Methodenlehre, S. 151.

Innovationsfähigkeit der Wissenschaft sichert.[1303] Eine vollständige Entfristung sämtlicher unwirksamer Befristungen liefe diesen Zielsetzungen zuwider, da die Fluktuation beeinträchtigt und eine Blockade der Innovation drohen würde. Von der Gesetzesbegründung her ist die fehlende Ausnahmeregelung daher planwidrig.

(b) Anhand eines allgemeinen Rechtsprinzips

Hinsichtlich der allgemeinen Rechtsprinzipien ist zu hinterfragen, ob die Regelungslücke von einem solchen abweicht. Im konkreten Fall ist daher zu ermitteln, ob die Entfristung des Arbeitsverhältnisses als Konsequenz einer unwirksamen Befristung ein allgemeines Rechtsprinzip darstellt. Nach *Larenz* lässt sich dies im Wege der Rechts- bzw. Gesamtanalogie feststellen.[1304] Erforderlich ist, dass diversen Normen, die nicht zufällig zusammentreffen, sondern vielmehr ein allgemeingültiges Konzept enthalten, ein gemeinsamer Rechtsgedanke innewohnt.[1305]

(aa) Arbeitnehmerschutz als allgemeines Rechtsprinzip

Die Entfristung des Arbeitsverhältnisses ist eine Ausprägung des Arbeitnehmerschutzes.[1306] Der Schutz des Arbeitnehmers ist ein allgemeingültiges Prinzip, das sich durch sämtliche arbeitsrechtliche Normen (TzBfG, AGG, KSchG) zieht. Insbesondere soll nicht der grundrechtlich verankerte Bestandsschutz des Arbeitnehmers durch Umgehung des KSchG beeinträchtigt werden.[1307] Der Arbeitgeber soll daher das Risiko der unwirksamen Befristung vollumfänglich tragen.[1308]

(bb) Missachtung des Rechtsprinzips

Eine Missachtung dieses Schutzprinzips stellt das WissZVG nicht dar, zumal die Verweisung § 16 TzBfG erfasst und so mit der Entfristungsfolge auch den Arbeitnehmerschutz verwirklicht. Folglich wäre eine planwidrige Gesetzeslücke eigentlich abzulehnen.

1303 BT-Drs. 15/4132, S. 17.

1304 *Larenz*, Methodenlehre, S. 383 ff. = *Larenz/Canaris*, Methodenlehre, S. 204; **a. A.** *Canaris*, Feststellung von Lücken, S. 97 f.: Feststellung im Wege der Induktion.

1305 *Larenz*, Methodenlehre, S. 369 f. = *Larenz/Canaris*, Methodenlehre, S. 205; **a. A.** *Canaris*, Feststellung von Lücken, S. 97 ff., 100 (Rechtsprinzip auch aus einzelner Norm).

1306 ErfK/*Müller-Glöge*, § 16 TzBfG Rn. 3.

1307 Vgl. § 2 B I 1.

1308 BeckOK-ArbR/*Bayreuther*, § 16 TzBfG Rn. 1.

(cc) Rechtfertigung der Abweichung

Bei einer Abweichung vom allgemeinen Rechtsprinzip kann diese durch spezifische Besonderheiten gerechtfertigt sein. *E contrario* muss aber auch die Wahrung des allgemeinen Rechtsprinzips aus besonderen Gründen eine Planwidrigkeit indizieren können. Das allgemeine Rechtsprinzip muss „aus einem besonderen Geltungsgrund Wirksamkeit“[1309] beanspruchen, sodass im Umkehrschluss die Nichtgeltung aus einem besonderen Grund zu rechtfertigen ist. Konkret müsste daher die mit der teleologischen Reduktion bezweckte Einschränkung des Arbeitnehmerschutzes durch wissenschaftsspezifische Besonderheiten gerechtfertigt sein, sodass die Abweichung legitimiert ist. In der Wissenschaft tätige Arbeitnehmer sind zwar nicht weniger schutzbedürftig, aber die Interessen der betroffenen Institutionen wiegen unter Wahrung der Wissenschaftsfreiheit schwerer als die eines privaten Arbeitgebers. Die Zwecksetzung des § 16 TzBfG wird vom *Zweck des § 2 Abs. 1 S. 3 WissZVG überlagert.* Die Sanktionierung des Arbeitgebers wird damit nicht vollständig aufgehoben.

(dd) Zwischenergebnis

Das allgemeine Rechtsprinzip des Arbeitnehmerschutzes als Argument gegen eine planwidrige Gesetzeslücke kann anhand einer erforderlichen Ausnahmeregelung entkräftet werden, sodass weiter von der Planwidrigkeit auszugehen ist.

(c) Anhand des allgemeinen Gleichheitssatzes

Möglich bleibt die Ermittlung der Planwidrigkeit anhand einer Verletzung des allgemeinen Gleichheitssatzes. Zwar wird durch die Ausnahmeregelung in den allgemeinen Gleichheitssatz eingegriffen, es gilt jedoch die oben aufgezeigte Rechtfertigung durch Besonderheiten der Wissenschaftsfreiheit aus Art. 5 Abs. 3 S. 1 GG.

(d) Zwischenergebnis

Das TzBfG bezweckt primär, die Arbeitnehmer zu schützen, und würdigt in seiner Teleologie nicht die für das WissZVG maßgebliche Wissenschaftsfreiheit nach Art. 5 Abs. 3 S. 1 GG. Da hier eine andere Interessenlage besteht, hätte es einer Ausnahme des Verweises in § 1 Abs. 1 S. 5 WissZVG für unangemessene Vertragslaufzeiten bedurft.[1310] Eine planwidrige Gesetzeslücke liegt damit aufgrund der Gesetzesbegründung vor.

1309 *Canaris*, Feststellung von Lücken, S. 96.

1310 *Larenz*, Methodenlehre, S. 391 = *Larenz/Canaris*, Methodenlehre, S. 211 „an der dem Gesetz *eigenen* Teleologie ausgerichtet“.

(3) Keine Ausnahmeregelung

Die Verweisung müsste insoweit lückenhaft sein, als sie keine Ausnahmeregelung enthält. § 1 Abs. 1 S. 5 WissZVG erklärt das TzBfG ausdrücklich für anwendbar, sofern die §§ 2 bis 6 WissZVG nicht entgegenstehen. Von „entgegenstehen" im Sinne eines Widerspruchs kann hier nicht ausgegangen werden, da das WissZVG selbst keinerlei Bestimmungen zur Rechtsfolge einer unwirksamen Befristung trifft, sodass es bei der Anwendbarkeit des § 16 TzBfG bleibt. Eine Ausnahmeregelung liegt daher nicht vor.

(4) Zwischenergebnis

Die Voraussetzungen der teleologischen Reduktion sind gegeben.

cc) Umfang der teleologischen Reduktion

Der Umfang einer teleologischen Reduktion bemisst sich grundsätzlich nach der sinngemäß erforderlichen Einschränkung.[1311] Eine vollständige Ausnahme des Verweises auf § 16 TzBfG würde zu weit führen, da infolgedessen weder eine Rechtsfolgenbestimmung für eine unangemessene Befristung noch für eine aus anderen Gründen unwirksame Befristung vorläge und somit keinerlei Arbeitnehmerschutzaspekte mehr berücksichtigt würden. Ein derartiges Resultat vermag auch die Wissenschaftsfreiheit nicht zu rechtfertigen. Geboten ist die Einschränkung lediglich im Hinblick auf zeitlich unangemessene Befristungsdauern, sodass für diese § 16 TzBfG nicht zur Anwendung gelangt.

dd) Grenze der teleologischen Reduktion

Ob damit auch die Grenzen des Instituts der teleologischen Reduktion gewahrt sind, ist zweifelhaft. Die Ergänzung um den Ausnahmetatbestand ist bei der teleologischen Reduktion aus „dem Gebot des negativen Gleichheitssatzes"[1312] legitimiert, sodass die Regelung nicht verdeckt vollkommen außer Kraft gesetzt werden darf.[1313] Außerdem besteht eine Begrenzung insoweit, als eine über sinn- und zweckgemäße Auslegung hinausgehende Korrektur vorgenommen wird.[1314] Es darf folglich keine dem Gesetzeswortlaut und Zweck entgegengesetzte Auslegung stattfinden.[1315]

1311 *Larenz*, Methodenlehre, S. 391 = *Larenz/Canaris*, Methodenlehre, S. 210.

1312 *Canaris*, Feststellung von Lücken, S. 189.

1313 *Canaris*, Feststellung von Lücken, S. 189.

1314 *Brandenburg*, Teleologische Reduktion, S. 71.

1315 BVerfG 19.6.1973, BVerfGE 35, 263, 278 f.

Durch eine Einschränkung der Verweisung in § 1 Abs. 1 S. 5 WissZVG würde weder die Verweisung selbst noch § 16 TzBfG verkappt außer Kraft gesetzt werden. Vielmehr würde diese für die anderen Unwirksamkeitsgründe der fehlenden Qualifizierung oder des nicht eröffneten Anwendungsbereichs nach § 1 Abs. 1 WissZVG weiterhin gelten. Dem Zweck entsprechend wäre jedoch bei zeitlich unangemessenen Befristungen die Entfristungsfolge im Interesse der Wissenschaftskulitivierung abbedungen. Die Grenzen der teleologischen Reduktion sind folglich gewahrt.

Auch der Einklang mit dem Unionsrecht, das für die Missbrauchsverhinderung bei befristeten Arbeitsverhältnissen die Festsetzung von effektiven, abschreckenden Sanktionen fordert, ist sichergestellt:[1316] Da die Richtlinie selbst keine Entfristung des unwirksamen Arbeitsverhältnisses vorsieht, ist diese Folge nicht zwingend.[1317] Vielmehr kommen andere Sanktionen, beispielsweise ein Entschädigungsanspruch und Lohnfortzahlung wie bei der Kündigung eines unbefristeten Arbeitsverhältnisses in Betracht.[1318] Im Fall einer Verlängerung müsste der Arbeitgeber den Lohn fortzahlen, darüber hinaus wäre ein Entschädigungsanspruch des Arbeitnehmers in Erwägung zu ziehen.

ee) Zwischenergebnis

Die Verweisung in § 1 Abs. 1 S. 5 WissZVG ist daher für auf § 2 Abs. 1 S. 1, 2 WissZVG gestützte Befristungen insoweit teleologisch zu reduzieren, als der Befristungszeitraum unangemessen im Sinne des § 2 Abs. 1 S. 3 WissZVG ist, sodass die Rechtsfolge des § 16 TzBfG nicht einschlägig ist.[1319]

b) Im Rahmen der Drittmittelbefristung

Die Regelung des § 16 TzBfG berücksichtigt die Wertungen des § 2 Abs. 2 WissZVG ebenso wenig wie die des § 2 Abs. 1 WissZVG. Sofern bei einem Auseinanderfallen von Befristungszeitraum und Dauer des Drittmittelprojekts kein begründeter Ausnahmefall vorliegt, entsteht demnach ein unbefristetes Arbeitsverhältnis. Dies ist insoweit problematisch, als nicht nur die

---

1316 EuGH 26.11.2014 – C-22/13, C-61/13, C-62/13, C-63/13, C-418/13 (*Mascolo u. a.*), ECLI:EU:C:2014:2401 = NZA 2015, 153 Rn. 77; *Krebber*, EuZA 2017, 3, 13 f.

1317 *Krebber*, EuZA 2017, 3, 13 f.

1318 EuGH 24.4.2009 – C-519/08 (*Koukou*), ECLI:EU:C:2009:269 Rn. 60 ff.; *Krebber*, EuZA 2017, 3, 14.

1319 Zum Ergebnis der Unbeachtlichkeit einer unangemessenen Befristungsdauer kommt auch Schaub/*Koch*, § 39 Rn. 39, jedoch ohne dogmatische Begründung.

Finanzierung zeitlich begrenzt ist, sondern auch der wissenschaftliche Beschäftigungsbedarf des Arbeitnehmers, da dieser nur für das Drittmittelprojekt eingestellt worden ist. Sofern dieses abgeschlossen ist, ist zweifelhaft inwieweit eine passende Beschäftigungsmöglichkeit für den Arbeitnehmer besteht, sodass auch hier eine teleologische Reduktion des § 1 Abs. 1 S. 5 WissZVG in Betracht zu ziehen ist.

aa) Ermittlung der Gesetzeslücke

Die Gesetzeslücke ist darin zu sehen, dass für unpassende Befristungszeiträume nach § 2 Abs. 2 WissZVG ein uneingeschränkter Verweis auf die Rechtsfolgenregelung des § 16 TzBfG besteht, die wiederum nicht die Besonderheiten des Drittmitteltatbestands berücksichtigt. Eine Gesetzeslücke liegt vor.

bb) Ermittlung der Planwidrigkeit

Die Planwidrigkeit der fehlenden Ausnahmeregelung bemisst sich nach der Gesetzesteleologie. Die Gesetzesbegründung, die hierfür den ersten Anhaltspunkt bietet, geht davon aus, dass der Drittmittelbefristungstatbestand dazu dient, rechtssichere und transparente Beschäftigungsverhältnisse zu ermöglichen, um Drittmittelforschung und damit einhergehend die freie Wissenschaft zu fördern.[1320] Durch die Gefahr eines unbefristeten Arbeitsverhältnisses bei einer vom Drittmittelprojekt abweichenden Dauer würde die Drittmittelforschung jedoch nicht gefördert, sondern vielmehr gehemmt, sodass die Zwecksetzung bei der Anwendbarkeit des § 16 TzBfG konterkariert würde. Nach der Gesetzesbegründung ist die Gesetzeslücke somit planwidrig. Das für die Teleologie des Gesetzes weiterhin maßgebliche allgemeine Rechtsprinzip des Arbeitnehmerschutzes bedarf wie auch im Rahmen des § 2 Abs. 1 WissZVG einer Einschränkung in Bezug auf zeitlich abweichende Befristungszeiträume. Die Rechtfertigung folgt aus dem Erfordernis der Förderung der Wissenschaft und Forschung im Sinne des Art. 5 Abs. 3 S. 1 GG, sodass der Zweck des § 2 Abs. 2 WissZVG den des § 16 TzBfG überlagert. Auch der Eingriff in den allgemeinen Gleichbehandlungsgrundsatz ist folglich gerechtfertigt. Im Ergebnis ist deshalb von der Planwidrigkeit der Regelungslücke auszugehen.

cc) Ergebnis

Da eine Ausnahmeregelung nicht gegeben ist und eine planwidrige Regelungslücke vorliegt, ist eine teleologische Reduktion hinsichtlich der zeitlich nicht

---

1320 BT-Drs. 16/3438, S. 8.

dem Drittmittelprojekt entsprechenden Befristungen geboten. Die Grenzen der teleologischen Reduktion werden hierdurch nicht überschritten, da weder die Verweisung des § 1 Abs. 1 S. 5 WissZVG noch § 16 TzBfG verdeckt außer Kraft gesetzt würden.

c) Rechtsfolge der teleologischen Reduktion

Da § 16 TzBfG nicht anwendbar ist, kommt es nicht zur Entfristung des Arbeitsverhältnisses, dieses endet vielmehr durch Zeitablauf. Wegen der unpassenden Befristungsdauer ist jedoch von einem Anspruch des Arbeitnehmers auf Neuabschluss eines Arbeitsvertrags, der bis zum Ablauf der angemessenen Frist geht, aus § 242 BGB auszugehen.[1321] Diese Erwägung gilt gleichermaßen für Qualifizierungs- und Drittmittelbefristung.

C. Präventive Kontrolle der Befristungsdauer

I. Präventive Vertragsgestaltung

1. Qualifizierungsbefristung

Bevor es zu einer unwirksamen Befristung kommt, besteht die Möglichkeit, eine dahingehende vertragliche Abrede zu schaffen, dass der Arbeitsvertrag automatisch verlängert wird, wenn sich die Qualifizierungsdauer als unangemessen herausstellt und die Promotions- bzw. Habilitationsarbeit sich in fortgeschrittenem Stadium befindet.[1322] *Hauck-Scholz* schlägt hierfür vor, folgende Klausel künftig in die Arbeitsverträge aufzunehmen:

> *„Sollte sich während der Promotions-/Habilitationszeit herausstellen, dass diese in diesem Vertrag zu kurz bemessen worden ist, vereinbaren die Parteien schon jetzt eine automatische Verlängerung des vorliegenden Vertrages um einen Zeitraum von zwei Jahren. Voraussetzung hierfür ist der durch den Betreuer der Arbeit bzw. des Vorsitzenden des Prüfungsausschusses auszustellende Nachweis, dass sich die Arbeit zum Vertragsende in einem fortgeschrittenen Stadium befindet.“* [1323]

Eine präventive Regelung für unwirksame Befristungen zu treffen, ist im Interesse der Rechtssicherheit und zur Entlastung der Gerichte begrüßenswert. Hierin finden sich dennoch zweierlei Probleme. Zunächst die pauschale Verlängerung

---

1321 So im Ergebnis auch Schaub/*Koch*, § 39 Rn. 39 für die unangemessene Dauer nach § 2 Abs. 1 S. 3 WissZVG, allerdings ohne Anspruchsgrundlage.

1322 *Hauck-Scholz*, RdA 2016, 262, 266.

1323 *Hauck-Scholz*, RdA 2016, 262, 266.

um zwei Jahre. Diese kann kaum das Angemessenheitskriterium des § 2 Abs. 1 S. 3 WissZVG erfüllen, da hier eine Einzelfallbetrachtung, insbesondere unter Würdigung der bereits erfolgten Qualifizierungsfortschritte, einschlägig ist. Darüber hinaus ergibt sich ein noch gravierenderes Problem: Die Zulässigkeit einer derartigen Klausel. Es bestehen Zweifel an der Vereinbarkeit mit §§ 22 Abs. 1 TzBfG i. V. m. 16 TzBfG, die auch *Hauck-Schulz* selbst einräumt.[1324]

Durch die Verlängerung liegt eine Abweichung zuungunsten des Arbeitnehmers von § 17 TzBfG vor, da die Vereinbarung als Verzicht auf die gerichtliche Geltendmachung der unwirksamen Befristung auszulegen ist.[1325] Gemäß § 22 Abs. 1 TzBfG ist eine Abweichung mit Ausnahme der §§ 12 Abs. 3, 13 Abs. 4, 14 Abs. 2 S. 3, 4 TzBfG zuungunsten des Arbeitnehmers unzulässig, weshalb auch ein Verzicht auf § 17 TzBfG unwirksam ist.[1326] In der Rechtsfolge liegt mangels *pactum de non petendo* kein fingiert wirksam befristetes Arbeitsverhältnis im Sinne des § 7 KSchG vor. Auch unter der Annahme, dass die Vereinbarung keinen Klageverzicht beinhalten soll, wird jedenfalls eine potentielle Entfristung nach § 16 TzBfG abbedungen, was ebenfalls nach § 22 TzBfG unwirksam ist. Eine derartige Vereinbarung für den Fall der unangemessenen Befristungsdauer ist damit unabhängig von der festgelegten Verlängerungsdauer unwirksam.

2. Drittmittelbefristung

Eine vertragliche Vereinbarung, durch welche die Befristungsdauer der Drittmittelbefristung im Falle der Unwirksamkeit verlängert wird, ist – ebenso wie im Rahmen des § 2 Abs. 1 WissZVG – infolge des Verstoßes gegen §§ 22 Abs. 1 TzBfG i. V. m. 16 TzBfG abzulehnen. Hinzu kommt, dass eine Verlängerung im Widerspruch zur für die Drittmittelbefristung charakteristischen Endlichkeit der Finanzierungsbewilligung stünde, sodass nur eine Vergütung aus eigenen Mitteln nach Ablauf der ursprünglichen Befristungsdauer möglich wäre. Diese würde jedoch nicht mehr die Voraussetzungen des § 2 Abs. 2 WissZVG erfüllen, sodass ein neuer Vertrag, gestützt auf eine andere Befristungsgrundlage, erforderlich wäre. Auch hier scheidet die Vermeidung der unwirksamen Befristung durch eine entsprechende Vertragsgestaltung daher aus.

1324 *Hauck-Scholz*, RdA 2016, 262, 266 Fn. 23.
1325 *Hauck-Scholz*, RdA 2016, 262, 266 Fn. 23.
1326 BAG 13.6.2007, BeckRS 2007, 46664 Rn. 8.

II. Betriebs- bzw. Personalrat als Hüter der Befristungsdauer?

Um den Arbeitnehmerschutz zu wahren, gleichzeitig die Arbeitgeber vor einer potentiellen Entfristungsklage zu schützen und die Gerichte zu entlasten, ist eine präventive Kontrolle der Befristungsdauer durch den jeweiligen Betriebs- bzw. Personalrat in Erwägung zu ziehen.[1327] Diese könnten einerseits dahingehend geschult werden, dass sie fachspezifische Kenntnisse über mögliche Qualifizierungsdauern erhalten und ein Einschätzungsvermögen für die Angemessenheit der Vertragslaufzeit im Einzelfall erhalten. Andererseits könnten hierdurch auch die für Drittmittelbefristungen gewählten Zeiträume überprüft werden. Im Streitfall käme es sodann zu einem Verfahren vor der Einigungsstelle, die über die Angemessenheit oder das Entsprechen von Befristungsdauer und Drittmittelprojekt urteilen kann. Auf diese Weise hätten sowohl der betroffene Arbeitnehmer als auch der Arbeitgeber frühzeitig ein erhöhtes Maß an Rechts- und Planungssicherheit.

1. Mitbestimmungsrecht bei der Einstellung

Dem Betriebs- bzw. Personalrat kommt – je nach betroffener Institution – bei der Einstellung ein Mitbestimmungsrecht nach § 99 Abs. 1 BetrVG (Forschungseinrichtungen oder gemeinsamer Betrieb aus staatlicher Hochschule und privater Forschungseinrichtung)[1328] bzw. § 75 Abs. 1 Nr. 1 BPersVG (Hochschulen) zu. Als Versagungsgrund kommt ein Gesetzesverstoß gegen § 2 Abs. 1 S. 3 bzw. § 2 Abs. 2 WissZVG in Betracht, § 99 Abs. 2 Nr. 1 BetrVG bzw. § 77 Abs. 2 Nr. 1 BPersVG.

Die Befristung könnte einen wesentlichen Bestandteil der Einstellung darstellen und als solcher von § 99 Abs. 1 BetrVG bzw. § 75 Abs. 1 Nr. 1 BPersVG erfasst sein.[1329] Hiergegen wird ins Feld geführt, dass kein Gesetzesverstoß bei der Einstellung vorliege, sondern vielmehr ein Verstoß bezüglich der späteren Vertragsbeendigung.[1330] Da der Arbeitsvertrag durch bloßen Zeitablauf endet

---

1327 In diese Richtung gehend wohl auch ArbG Aachen 13.9.2018, NZA-RR 2018, 679 Rn. 34, das davon ausgeht, dem Personalrat müssten Betreuungszeiten und Qualifizierungszweck mitgeteilt werden.

1328 BAG 24.1.1996, NZA 1996, 1110, 1113; BVerwG 13.6.2001, BVerwGE 114, 313, 318 ff.; kritisch HSchR/*Löwisch/Wertheimer*, Kap. X Rn. 373.

1329 Ebenso *Dammann*, AuR 1978, 65, 72; **a. A.** ArbG Berlin 10.4.1975 – 19 BV 1/75 n. v. (nur eine Klausel, nicht der gesamte Vertrag verstößt gegen ein Gesetz); *Jobs/Bader*, DB 1981 Beilage Nr. 21, 1, 7.

1330 *Jobs/Bader*, DB 1981 Beilage Nr. 21, 1, 7.

und somit – anders als bei einer Kündigung – kein Mitbestimmungsrecht nach der Einstellung als zweite Sicherheitsschranke mehr folgt, ist das Zustimmungsverweigerungsrecht bei der Einstellung die einzige Möglichkeit, der Umgehung des Kündigungsschutzes und einer Entfristungsklage rechtzeitig entgegen zu wirken[1331]. Damit ließe sich die Befristung als Teil des Mitbestimmungsrechts auslegen.

Problematisch bleibt allerdings, dass ein solches – weder im BetrVG noch im BPersVG – in ein Mittel zur umfassenden Inhaltskontrolle des Vertrags umgewandelt werden darf.[1332] Gegenstand ist nur die konkret beabsichtigte Einstellung, nicht jedoch das Beschäftigungsverhältnis im Übrigen.[1333] Die Überprüfung der Befristungsdauer ist demnach grundsätzlich nicht vom Mitbestimmungsrecht erfasst.[1334] In einigen Bundesländern[1335] ist die Befristung von Arbeitsverhältnissen als gesondertes Mitbestimmungsrecht normiert und somit von Gesetzes wegen auf die inhaltliche Ausgestaltung des Vertrags erstreckt[1336]. Der *konkreten* Befristungsvereinbarung muss vor Abschluss des Arbeitsvertrags zugestimmt worden sein, andernfalls ist diese unwirksam und zieht ein unbefristetes Arbeitsverhältnis nach sich.[1337] Die Zustimmung erfasst sowohl den Befristungsgrund als auch die Befristungsdauer,[1338] der Personalrat kann demgemäß eine Prüfung anhand der Grundsätze einer arbeitsgerichtlichen Befristungskontrolle durchführen[1339]. Darüber hinausgehend soll ihm teilweise sogar

---

1331 *Dammann*, AuR 1978, 65, 72 (arbeitsrechtlicher Status verändert).

1332 BAG 25.1.2005, NZA 2005, 1199, 1202 m. w. N; 27.10.2010, NZA 2011, 418 Rn. 23; I/W/S/*Sommer*, § 75 BPersVG Rn. 6; kritisch: *Nebe*, JbArBR [48], 89, 115 (effektive kollektivrechtliche Mitwirkung erforderlich) und *Plander*, PersR 2006, 54, 55 f.

1333 I/W/S/*Sommer*, § 75 BPersVG Rn. 6.

1334 BVerwG 17.8.1989, BVerwGE 82, 288 (LS. 1); 15.11.1989, BeckRS 1989, 31269836 (LS. 1); I/W/S/*Sommer*, § 75 BPersVG Rn. 6.

1335 § 75 Abs. 1 Nr. 2 LPVG BW; § 72 Abs. 1 S. 1 Nr. 1 LPVG NW; § 63 Abs. 1 Nr. 4 PersVG Bbg; § 78 Abs. 2 Nr. 2 LPersVG RheinPf, *Lakies*, Leitfaden, Rn. 147, D/L/W/*Huß*, Kap. 5 Rn. 134 f.; R/D/W/*Kaiser*, § 75 BPersVG Rn. 29.

1336 BAG 13.4.1994, NZA 1994, 1099, 1101; 8.7.1998, NZA 1998, 1296; 9.6.1999, NZA 2000, 109; 27.9.2000, NZA 2001, 339; 20.2.2002, NZA 2002, 811; 18.6.2008, NZA 2009, 35 Rn. 30; *Lakies*, Leitfaden, Rn. 147.

1337 BAG 13.4.1994, NZA 1994, 1099, 1101 f.; 8.7.1998, NZA 1998, 1296; 20.2.2002, NZA 2002, 811; 18.6.2008, NZA 2009, 35 Rn. 16; für das WissZVG bejahend: ArbG Aachen 13.9.2018, NZA-RR 2018, 679 Rn. 43; *Lakies*, Letifaden, Rn. 148.

1338 *Lakies*, Leitfaden, Rn. 151; **a. A.** VGH Mannheim 24.1.2017, NZA-RR 2017, 446 Rn. 24 mit Bezug auf LT-Drs. 11/6312, 51.

1339 VGH Mannheim 24.1.2017, NZA-RR 2017, 446 Rn. 24.

die Befugnis zustehen, im Wege einer Zweckmäßigkeitskontrolle zugunsten des Arbeitnehmers auf ein unbefristetes Arbeitsverhältnis hinzuwirken.[1340] Wenn schon Zweckmäßigkeitserwägungen ausreichen, um die Zustimmung zur befristeten Beschäftigung zu verweigern, müssen *erst Recht* Erwägungen hinsichtlich einer angemessenen oder dem Drittmittelprojekt entsprechenden Befristungsdauer dem Personalrat die Verweigerung der Zustimmung ermöglichen. Nicht ausreichend ist demgegenüber die Allzuständigkeit oder die Mitbestimmung bei der Verlängerung eines befristeten Arbeitsverhältnisses im LPersVG, da hieraus kein Mitbestimmungsrecht hinsichtlich des Vertragsinhalts erwächst.[1341]

Unabhängig von den landesgesetzlichen Regelungen kann die Zustimmungsverweigerung durch den Personalrat sodann nur aus Gründen erfolgen, die im Rahmen des Schutzzwecks der Mitbestimmung liegen,[1342] nicht zulässig sind „allgemeine formelhafte Wendungen […], die keinen Bezug zu dem konkreten Fall mehr erkennen lassen“[1343]. An dieser Stelle obläge es dem Personalrat, mit Bezug zur Qualifizierung oder zum Drittmittelprojekt des jeweiligen Arbeitnehmers eine unpassende Befristungsdauer darzulegen, sodass die Zustimmung zur Dauer verweigert werden kann.

Schlussendlich ist daher ein Mitbestimmungsrecht hinsichtlich der Befristungsdauer anzunehmen, sofern die Befristung als Teil dieses im jeweiligen LPersVG normiert ist. Im Übrigen, insbesondere im Geltungsbereich des BetrVG, ist der Zeitraum nicht erfasst, da andernfalls das fehlende Recht des Betriebs- bzw. Personalrats auf eine Inhaltskontrolle unterlaufen würde.

2. Anwendbarkeit infolge des Tendenzschutzes

Zwar sind Mitbestimmungsrechte des Personalrats auch im WissZVG zu beachten,[1344] da die Festlegung der Befristungsdauer jedoch wissenschaftsbezogen ist, gilt grundsätzlich der in § 77 Abs. 1 BPersVG verankerte Tendenzschutz, sodass die Anwendbarkeit des § 75 Abs. 1 Nr. 1 BPersVG nur auf Antrag gegeben ist, § 77 Abs. 1 BPersVG. Durch das Antragserfordernis ist jedoch der Schutz des

1340 Für § 75 Abs. 1 Nr. 2 LPVG BW: VGH Mannheim 24.1.2017, NZA-RR 2017, 446 Rn. 24; für § 72 Abs. 1 Nr. 1 LPVG NW: ArbG Aachen 13.9.2018, NZA-RR 2018, 679 Rn. 40.

1341 R/D/W/*Kaiser*, § 75 BPersVG Rn. 29; kritisch *Plander*, PersR 2006, 54, 56.

1342 BVerwG 27.9.1993, BVerwGE 94, 178, 180; 6.9.1995, BVerwGE 99, 201, 203; jüngst VGH Mannheim 24.1.2017, NZA-RR 2017, 446 Rn. 22.

1343 VGH Mannheim 24.1.2017, NZA-RR 2017, 446 Rn. 22.

1344 K/Z/D/H/*Lakies*, § 114 Rn. 325.

Arbeitnehmers gewährleistet, da es in seiner Hand liegt, eine zusätzliche Absicherung der Befristungsdauer durch die Mitbestimmung des Personalrats zu erhalten.

3. Ergebnis

In den Bundesländern, in denen das Mitbestimmungsrecht auf die Befristung erstreckt ist, ließe sich also bereits *de lege lata* eine Kontrolle der Befristungsdauer als Missbrauchsschranke etablieren, sodass dem Zweck des WissZVG entsprechend unsachgemäß kurze Befristungen verhindert werden können. *De lege ferenda* ließe sich dies in sämtliche Landespersonalvertretungsgesetze einführen, damit der Schutz der Arbeitnehmer nicht vom jeweiligen Tätigkeitsort abhängt.

§ 10 Anspruch auf Verlängerung bei rechtmäßiger Befristung

A. Qualifizierungsbefristung

I. Problemstellung und Abgrenzung

Wenn der Arbeitnehmer trotz angemessener Befristungsdauer die angestrebte Qualifizierung nicht erreicht, stellt sich die Frage, ob ihm ein Anspruch auf Vertragsverlängerung zusteht, da nur mit einer Weiterqualifikation die Nachwuchsförderung effektiv gesichert werden kann. § 2 Abs. 1 S. 7 WissZVG normiert zwar die Möglichkeit von Verlängerungsverträgen, ist jedoch nicht als Anspruchsgrundlage ausgestaltet und hat demnach nur insoweit deklaratorische Bedeutung, als die Vertragslaufzeit nicht die Höchstbefristungsdauer ausmachen muss.[1345]

Auch die Regelung des § 2 Abs. 1 S. 2 WissZVG, wonach sich die zulässige Befristungsdauer der Post-Doc-Phase im Umfang ungenutzter Zeiten aus der Pre-Doc-Phase verlängert, normiert keinen Anspruch des Arbeitnehmers auf Vertragsverlängerung, es geht lediglich um die Übertragung ersparter Zeiten, die eine zügige Qualifizierung honorieren. Andernfalls entstünde ein Anspruch des Arbeitnehmers auf Übernahme von der Pre- in die Post-Doc-Phase, welcher abzulehnen ist,[1346] weil er mit dem Ziel der Nachwuchsförderung durch personelle Fluktuation nicht zu vereinbaren wäre. Das WissZVG selbst normiert folglich keinen Verlängerungsanspruch.

Abzugrenzen ist weiterhin ein Verlängerungsanspruch nach Ausschöpfung der Höchstbefristungsdauer: Diese soll nicht umgangen werden und ist nach gesetzgeberischem Willen nur durch die enumerativ aufgezählten Tatbestände modifizierbar,[1347] sodass ein derartiger Anspruch nicht Gegenstand der nachfolgenden Untersuchung ist. Weiterhin abzugrenzen ist die überwiegend anerkannte Befristung zwecks *sozialer Überbrückung*. Statthaft ist diese nur in besonders gelagerten Ausnahmefällen kurz vor Abschluss der Promotion bzw. Habilitation für einen geringen Zeitraum, um dem Arbeitnehmer den Übergang

---

1345 BT-Drs. 16/3438, S. 13.

1346 A/T/*Kühn*, § 23 TzBfG Rn. 199; ErfK/*Müller-Glöge*, § 2 WissZVG Rn. 2a; L/S/*Schlachter*, § 23 TzBfG, Anh. 2, § 2 WissZVG Rn. 2; A/P/S/*Schmidt*, § 2 WissZVG Rn. 12, 15; Geis/*Krause*, § 2 WissZVG Rn. 18; *Reich*, HRG, § 2 WissZVG Rn. 4.

1347 Befristung nur noch nach § 14 Abs. 1 TzBfG möglich: Schaub/*Koch*, § 39 Rn. 40.

in den Arbeitsmarkt zu erleichtern, sodass die Befristung zwecks sozialer Überbrückung auch nur gerechtfertigt ist, wenn die Arbeitnehmerinteressen im Vordergrund stehen.[1348] Bei der Verlängerung der Qualifizierungsbefristung ist jedoch wesentlich, dass das Qualifizierungsziel erreicht wird, nicht dagegen der Übergang in den Arbeitsmarkt.

II. Anspruchsgrundlage

1. Verfassungsunmittelbarer Anspruch aus Art. 5 Abs. 3 S. 1 GG

a) Grundrechte als Leistungsrechte – status positivus

Bereits seit der noch heute anerkannten Statuslehre von *Jellinek* steht fest, dass Grundrechte auch eine positive Komponente enthalten, durch die der Einzelne die Freiheit erhält, Leistungen vom Staat geltend zu machen (status positivus bzw. status civitatis).[1349] Diese kann in der Gewährung von Schutz, finanziellen Leistungen, sonstigen Förderungen oder der Bereitstellung und Zulassung zu öffentlichen Einrichtungen bestehen.[1350] Insbesondere kann der Staat dem Einzelnen Rechtsmittel gewähren, damit er seine Tätigkeit realisieren kann.[1351] Ein auf Verlängerung des Arbeitsverhältnisses gerichteter Anspruch bezieht sich neben der Einrichtungsnutzung vornehmlich auf die freie wissenschaftliche Entfaltung durch finanzielle Leistungen, da die Fortzahlung des Gehalts maßgeblicher Bestandteil des Arbeitsverhältnisses ist. Das BVerfG hat in seiner Rechtsprechung gebilligt, dass der Staat seiner Verpflichtung zur Pflege und Förderung der Wissenschaft sowohl durch *organisatorische* als auch *finanzielle Mittel* nachkommen kann.[1352] Infolge der Monopolstellung des Staats besteht hieran ein Teilhaberecht des Einzelnen.[1353]

1348 BAG 3.10.1984, BeckRS 9998, 151320; 12.12.1985, NZA 1986, 571, 572; 7.7.1999, NZA 1999, 1335 für das allgemeine Befristungsrecht dem § 14 Abs. 1 S. 2 Nr. 2 TzBfG nahestehend A/P/S/*Backhaus*, § 14 TzBfG Rn. 288; *Brötzmann*, öAT 2016, 48, 51; *Dörner*, Befristeter Arbeitsvertrag, Rn. 592; *Kersten*, DÖV 2002, 682, 689; HSchR/*Löwisch/Wertheimer*, Kap. X Rn. 198; kritisch wegen der Prognoserisiken ErfK/*Müller-Glöge*, § 2 WissZVG Rn. 21; *Preis/Hausch*, NJW 2002, 927, 936; *Reich*, HRG, § 1 WissZVG Rn. 7; A/P/S/*Schmidt*, § 2 WissZVG Rn. 61; KR/*Treber*, § 1 WissZVG Rn. 79; *Wiedemann*, RdA 1977, 85, 93.

1349 *Jellinek*, Subjektiv öffentliche Rechte, S. 87.

1350 *Alexy*, Theorie der Grundrechte S. 402 f.; *Kloepfner*, § 48 Rn. 19, 21.

1351 *Jellinek*, Subjektiv öffentliche Rechte, S. 114; *Alexy*, Theorie der Grundrechte, S. 238.

1352 BVerfG 29.5.1973, BVerfGE 35, 79, 114 f.

1353 BVerfG 29.5.1973, BVerfGE 35, 79, 115; *Lohfeld*, Befristung an Hochschulen, S. 349; HK-GG/*Antoni*, Art. 5 GG Rn. 34.

b) Ausmaß eines individuellen Teilhaberechts

Das Teilhaberecht umfasst ein Recht auf für die Grundrechtsausübung unerlässliche staatliche Maßnahmen, die diese erst ermöglichen.[1354] Seine Grenzen findet das Teilhaberecht in der angemessenen Berücksichtigung bei der Mittelverteilung, also im Ausschluss einer *willkürfreien Entscheidung*.[1355] Nicht erfasst sind demgemäß konkrete Förderungspflichten des Staats oder individuelle Ansprüche auf ganz bestimmte Leistungen.[1356] Aufgrund der vielfältigen Möglichkeiten, die Wissenschaftsfreiheit aus Art. 5 Abs. 3 S. 1 GG zu gewährleisten, erscheint es daher fernliegend, aus diesem Teilhaberecht einen Anspruch auf Verlängerung der Vertragslaufzeit herzuleiten. Der Staat ist bei der Förderung nicht zwingend auf wissenschaftliches Personal begrenzt, sondern sämtlichen Wissenschaftlern gegenüber verpflichtet.

Lohfeld erachtet es als staatliche „Pflicht, dem Wissenschaftler einen ausreichend langen Vertragszeitraum zur Verfügung zu stellen“[1357], da dies ein entscheidender Teil der effektiven Grundrechtsausübung und als solcher vom Teilhaberecht erfasst sei, sofern die Befristungsdauer objektiv zu kurz ist.[1358] Er schließt sich damit *Däubler* an, der ebenfalls vertritt, dass es dem Arbeitnehmer von Verfassung wegen zustünde, ein gebilligtes Projekt zu Ende zu bringen.[1359]

Ein derartiger Anspruch für den noch erforderlichen Zeitraum des genehmigten Projekts ist abzulehnen. Ausreichend ist im Rahmen der Befristung von Wissenschaftlern seit jeher die *Weiter*bildung, nicht der Abschluss eines Projekts. Die Bejahung eines derartigen Anspruchs hätte verheerende Auswirkungen: Sofern jeder Wissenschaftler sein genehmigtes Projekt als Arbeitnehmer zu Ende führen könnte, obwohl er bereits innerhalb einer angemessenen Befristungsdauer die Möglichkeit dazu hatte, würde die Stelle lange belegt und die Nachwuchsförderung gehemmt. Darüber hinaus wäre bei Vergabe der Leistungen an

---

1354 BVerfG 29.5.1973, BVerfGE 35, 79, 115 f.; 20.7.2010, BVerfGE 127, 87, 114 f.; HK-GG/*Antoni*, Art. 5 GG Rn. 34; Epping/Hillgruber/*Kempen*, Art. 5 GG Rn. 196.

1355 BVerwG 22.4.1977, BVerwGE 52, 339, 350; *Lohfeld*, Befristung an Hochschulen, S. 349; BK/*Fehling*, Art. 5 III GG (Wissenschaftsfreiheit) Rn. 41.

1356 BK/*Fehling*, Art. 5 III GG (Wissenschaftsfreiheit) Rn. 40.

1357 *Lohfeld*, Befristung an Hochschulen, S. 349.

1358 *Lohfeld*, Befristung an Hochschulen, S. 349.

1359 In diese Richtung *Däubler*, Arbeitsrecht 2, S. 784 („Kein Anspruch auf Dauertätigkeit, wohl aber die Notwendigkeit, Befristungen und wissenschaftliche Vorhaben aufeinander abzustimmen“).

wissenschaftliches Personal die praktische Ausgestaltung zumindest fragwürdig. Der Anspruch würde mit dem Anspruch anderer Wissenschaftler auf Qualifizierung *im Rahmen der zur Verfügung stehenden Mittel* kollidieren und im Falle einer anteiligen Vergabe wohl kaum den vollumfänglichen Vergütungsanspruch abdecken. Hier eine Reihenfolge festzulegen, nach der Arbeitnehmer ihren vollen Anspruch erhalten, erscheint mangels spezifizierbarer Kriterien nur schwer möglich. Zwar käme eine Berücksichtigung nach Wartezeit in Betracht, allerdings knüpft sich hier das Folgeproblem an, wie lange diese beträgt und ob der Arbeitnehmer nicht bereits in dieser Zeit sein Projekt abgeschlossen hat.

c) Ergebnis

Nach alledem ist ein verfassungsunmittelbarer Anpassungsanspruch abzulehnen.

2. Ergänzende Vertragsauslegung, §§ 157, 133 BGB

a) Regelungslücke

Die ergänzende Vertragsauslegung kommt in Betracht, wenn in einem regelungsbedürftigen Punkt eine Bestimmung fehlt, der nicht durch dispositives Recht geschlossen werden kann.[1360] Die Befristungsdauer stellt einen regelungsbedürftigen Punkt dar, in dem eine Bestimmung über den Fortgang des Arbeitsverhältnisses fehlt, wenn die vertraglich vorgesehene Qualifizierung nicht erreicht wird. Für diesen Fall sieht das WissZVG keine Regelung vor, sodass die Lücke nicht durch dispositives Gesetzesrecht geschlossen werden kann.

b) Auslegungsverfahren

Für die Lückenschließung durch die ergänzende Vertragsauslegung ist auf den hypothetischen Parteiwillen abzustellen, also „welche Regelung die Parteien im Hinblick auf den mit dem Vertrag verfolgten Zweck bei sachgerechter Abwägung ihrer beiderseitigen Interessen nach Treu und Glauben und unter Berücksichtigung der Verkehrssitte getroffen hätten“[1361]. Die ergänzende Vertragsauslegung scheidet demgegenüber aus, wenn die hypothetische Parteivereinbarung

1360 MüKo-BGB/*Busche*, § 157 BGB Rn. 26.

1361 BGH 19.3.1975, NJW 1975, 1116; 1.2.1984, NJW 1984, 1177, 1179; 14.3.1990, NJW-RR 1990, 817, 819; Jauernig/*Mansel*, § 157 BGB Rn. 4; MüKo-BGB/*Busche*, § 157 BGB Rn. 47 m. w. N.

nicht erkennbar ist, insbesondere wenn mehrere Gestaltungsmöglichkeiten bestehen.[1362]

aa) Anspruch auf Vertragsverlängerung

Der mit dem Vertrag verfolgte Zweck ist in der Qualifizierung zu sehen. In diesem Hinblick steht auf Arbeitnehmerseite das Interesse, die Qualifizierung zu erreichen, sodass ein Anspruch auf Vertragsverlängerung dessen Interesse entspräche. Auf Arbeitgeberseite steht jedoch nicht nur das Interesse zum Abschluss der Qualifizierung, sondern auch das Interesse, die Stelle anderweitig zu besetzen, da er dem Arbeitnehmer bereits einen objektiv angemessenen Zeitraum zur Qualifizierung zur Verfügung gestellt hat und nunmehr den Nachwuchs fördern möchte. Auf Arbeitgeberseite ist daher insbesondere relevant, wie weit die Qualifizierung vorangeschritten ist und wie lange der Arbeitnehmer bei einer Vertragsverlängerung die Stelle besetzen würde sowie die Stellenverfügbarkeit als solche. Um diesen Umständen hinreichend Rechnung tragen zu können, hätte es dem Willen des Arbeitgebers – auch unter Berücksichtigung des Arbeitnehmerinteresses an dem Erreichen der Qualifizierung – nicht entsprochen, diesem pauschal einen Anspruch auf Vertragsverlängerung zu gewähren. Hierin läge kein gerechter Interessenausgleich, sondern eine allein im Interesse des Arbeitnehmers liegende Vereinbarung. Ein Anspruch lässt sich aus der ergänzenden Vertragsauslegung somit nicht folgern.

bb) Antragsrecht des Arbeitnehmers

Dem Arbeitnehmer könnte jedoch ein dahingehendes Antragsrecht auf Verlängerung bei Nichterreichen der Qualifizierung zustehen, das der Arbeitgeber nur in engen Grenzen ablehnen kann, also beispielsweise, wenn indiziert ist, dass der Arbeitnehmer auch innerhalb der Verlängerung die Qualifizierung nicht erreicht. Hier gäbe es jedoch verschiedene Gestaltungsmöglichkeiten hinsichtlich des Verlängerungsumfangs und der tauglichen Versagungsgründe des Arbeitgebers. Auch ist unklar, ab welchem Qualifizierungsfortschritt ein Antragsrecht eingeräumt würde. Ein Antragsrecht und dessen Grenzen festzulegen würde folglich die Schranken der ergänzenden Vertragsauslegung überschreiten und ist deshalb abzulehnen.

cc) Ergebnis

Die fehlende Regelung über den Fortgang des Arbeitsverhältnisses bei nicht erreichtem Qualifizierungsziel lässt sich nicht im Wege der ergänzenden Vertragsauslegung schließen.

1362 MüKo-BGB/*Busche*, § 157 BGB Rn. 55.

3. Störung der Geschäftsgrundlage, § 313 Abs. 1 BGB

Ein Anpassungsanspruch könnte sich aus § 313 Abs. 1 BGB in Form der gestörten Geschäftsgrundlage ergeben. Diese liegt vor, wenn sich die Umstände, die zur Vertragsgrundlage geworden sind, nach Vertragsschluss so schwerwiegend verändert haben, dass die Parteien bei dessen Kenntnis den Vertrag nicht geschlossen hätten. Die Voraussetzungen der Norm sind im Einzelnen das Bestehen einer Geschäftsgrundlage, deren Veränderung, der hypothetische Entfall des Vertragsschlusses bei Kenntnis der Elemente sowie die Unzumutbarkeit, am Vertrag festzuhalten.[1363] In der Rechtsfolge ermöglicht das Institut der gestörten Geschäftsgrundlage sodann nicht nur die Möglichkeit der Lossagung vom Vertrag, sondern auch dessen *Anpassung*.[1364] Eine derartige Konstruktion wurde bereits infolge der Nichtigerklärung des 5. HRGÄndG zur Abwicklung der darauf basierenden Arbeitsverhältnisse erwogen, schlussendlich jedoch aus unterschiedlichen Gründen abgelehnt.[1365]

Da die Anpassung des Befristungszeitraums angestrebt wird, müsste diese die Geschäftsgrundlage darstellen, also einen subjektiv oder objektiv zur Grundlage des Vertrags gewordenen Umstand[1366]. Eine Befristung stellt grundsätzlich eine bloße Modalität des Vertrags dar, die Grundlage ist in der Arbeitsvereinbarung zu sehen. Selbst wenn sich unter dem Gesichtspunkt der beim WissZVG im Vordergrund stehenden Nachwuchsförderung und der Fluktuation von Personal im wissenschaftlichen Bereich die Befristung als objektive Geschäftsgrundlage noch bejahen ließe, fehlt es an der Unvorhersehbarkeit der Änderung der Geschäftsgrundlage bei Vertragsschluss. Die Befristungsdauer und das Qualifizierungsvorhaben standen bei Vertragsschluss *qua lege* fest, sodass sie in ein angemessenes Verhältnis gesetzt wurden. Dass der Arbeitnehmer innerhalb dieser Zeitspanne die Qualifizierung nicht erreicht, entstammt seiner eigenen Risikosphäre. Auch das Erreichen der Qualifizierung selbst scheidet folglich als

---

1363 Jauernig/*Stadler*, § 313 BGB Rn. 15.

1364 Jauernig/*Stadler*, § 313 BGB Rn. 28.

1365 *Kortstock*, ZTR 2004, 558, 561 (abzulehnen, da Eingriff ins Geschäft nicht Grundlage und Regelung durch alte Fassung; Schutz würde unterlaufen, da die Befristung in unzulässiger Weise eingreifen würde); *O. Müller*, AuR 2004, 401 f. (Rechtsfolge unklar); *Preis*, NJW 2004, 2782, 2786 (für Arbeitgeber ist Festhalten am Vertrag nicht zumutbar); *Löwisch*, NZA 2004, 1065, 1067 f. (zu bejahen bei Wirksamkeit nach zugrunde gelegtem Hochschulrecht); bejahend *Scheel/Schenk*, ZTR 2004, 614, 617 (Kündigung als passende Rechtsfolge).

1366 Jauernig/*Stadler*, § 313 BGB Rn. 14.

gestörte Geschäftsgrundlage aus. Eine Vertragsverlängerung lässt sich demnach nicht nach § 313 Abs. 1 BGB konstruieren.

4. Kollektivrechtliche Ausgestaltungsmöglichkeiten eines Verlängerungsanspruchs

a) *Ausgestaltung mittels Tarifvertrag*

Die Tariföffnungsklausel des § 1 Abs. 1 S. 3 WissZVG lässt für einzelne Fachrichtungen und Forschungsbereiche die Abweichung von den in § 2 Abs. 1 WissZVG vorgesehenen Fristen und die Festlegung der Zahl zulässiger Verlängerungen zu. Während erstere durch den Verlängerungsanspruch nicht berührt werden sollen, könnte der Verlängerungsanspruch von der Festlegung der Zahl zulässiger Verlängerungen erfasst sein. Wenn die Tarifvertragsparteien schon berechtigt sind, die Anzahl der Verlängerungen zu begrenzen oder zu erweitern, könnten sie *a maiore ad minus* berechtigt sein, die Zulässigkeit der Verlängerung als solcher und damit einhergehend auch die Voraussetzungen eines Anspruchs hierauf festzulegen.

Die Figur des Erst-Recht-Schlusses setzt voraus, dass ein ähnlicher Tatbestand vorliegt, für den die *ratio legis* der gesetzlichen Regel in erhöhtem Maß zutrifft.[1367] Die Festlegung eines Verlängerungsanspruchs ist jedoch kein Minus zur Bestimmung der Anzahl möglicher Verlängerungen, sondern ein *aliud*, da durch die Verankerung eines Anspruchs tiefer in die Wissenschaftsfreiheit aus Art. 5 Abs. 3 S. 1 GG eingegriffen wird. Die Nachwuchsförderung wird dem Arbeitgeber versagt, da die Stelle weiter durch denselben Arbeitnehmer besetzt wird, sodass der Anspruch auf die *ratio legis* der Öffnungsklausel gerade nicht zutrifft. Es handelt sich gegenüber der bloßen Begrenzung und Erweiterung der Verlängerungsmöglichkeiten um ein *aliud*, das von der Öffnungsklausel nicht getragen ist. Die Tarifvertragsparteien verfügen somit nicht über die Kompetenz, einen Anspruch auf Verlängerung festzulegen.

b) *Ausgestaltung mittels Dienst- oder Betriebsvereinbarung*

Der Abschluss von Dienst- und Betriebsvereinbarungen unterliegt der Schranke des Art. 20 Abs. 3 GG, sodass kein Verstoß gegen höherrangiges Recht vorliegen darf. Ein Verlängerungsanspruch des Arbeitnehmers könnte gegen § 2 Abs. 1 S. 7 WissZVG verstoßen. Hierin hat der Gesetzgeber explizit normiert, dass die Verlängerung eines befristeten Arbeitsvertrags innerhalb der jeweils zulässigen

1367 *Larenz*, Methodenlehre, S. 389 = *Larenz/Canaris*, Methodenlehre, S. 208 f.

Befristungsdauer *möglich* ist. Einen Anspruch hierauf gewährt die Norm gerade nicht, obgleich das Gesetz selbst die Ausgestaltung beispielsweise als aufschiebend bedingtes Gestaltungsrecht in § 2 Abs. 5 WissZVG kennt und diese auch für § 2 Abs. 1 S. 7 WissZVG hätte wählen können. Sinn und Zweck der Ausgestaltung ist die Klarstellung, dass die Vertragsdauer nicht den Höchstdauern entsprechen muss,[1368] nicht jedoch dem Arbeitnehmer eine längere Befristungsdauer als angemessen zu gewähren. Auch im Zuge der Novellierung des Jahres 2016 hat sich an der Ausgestaltung nichts geändert, obwohl sich dies im Rahmen der umfassenden Neuerungen angeboten hätte. Hinter § 2 Abs. 1 S. 7 WissZVG steht folglich die gesetzgeberische Entscheidung, dass eine Verlängerung lediglich möglich ist, *aber gerade kein Anspruch* hierauf bestehen soll. Einen solchen über eine Dienst- oder Betriebsvereinbarung zu gewähren, würde somit gegen höherrangiges Recht verstoßen. Folglich kann ein Anspruch des Arbeitnehmers auf Verlängerung nicht im Wege einer Dienst- oder Betriebsvereinbarung gewährt werden.

5. Landesgesetzliche Anspruchsgrundlage

Möglich könnte auch die Kodifizierung einer Anspruchsgrundlage auf Landesebene sein. Allerdings hat der Bund in § 2 Abs. 1 S. 7 WissZVG explizit festgelegt, dass Verlängerungen lediglich zulässig sind und kein Anspruch hierauf besteht. Es liegt eine bewusste Nichtregelung hinsichtlich des Verlängerungsanspruchs und somit ein abschließender Kompetenzgebrauch vor. Für die Verankerung eines Anspruchs fehlt den Ländern folglich die Gesetzgebungskompetenz.

III. Ergebnis

Ein Anspruch des Arbeitnehmers auf Vertragsverlängerung kommt bei einer objektiv angemessenen Befristungsdauer nicht in Betracht.

B. Drittmittelbefristung

I. Problemstellung

Auch im Rahmen von Drittmittelprojekten kann ein Verlängerungsbedürfnis bestehen, sofern der ursprünglich für das Projekt beantragte Zeitraum nicht bewilligt wird und demnach die Finanzierung und auch die Beschäftigung des Arbeitnehmers enden, bevor das Drittmittelprojekt abgeschlossen ist. Es

---

1368 A/P/S/*Schmidt*, § 2 WissZVG Rn. 30.

stellt sich daher ebenfalls die Frage, ob und inwieweit dem Arbeitnehmer ein Anspruch auf Vertragsverlängerung zusteht.

II. Anspruchsgrundlage

1. Kein verfassungsunmittelbarer Anspruch aus Art. 5 Abs. 3 S. 1 GG

Ebenso wie im Rahmen der Qualifizierung ist auch für die Drittmittelbefristung ein verfassungsunmittelbarer Anspruch auf Vertragsverlängerung abzulehnen, da der Abschluss eines Projekts nicht von Art. 5 Abs. 3 S. 1 GG geschützt ist, sondern lediglich die freie wissenschaftliche Betätigung als solche.

2. Ergänzende Vertragsauslegung, §§ 157, 133 BGB

Hinsichtlich des Fortbestands des Arbeitsverhältnisses im Fall einer nicht ausreichenden Dauer für den Abschluss des Drittmittelprojekts fehlt es an einer vertraglichen Bestimmung. Mangels Regelung kann diese Lücke auch nicht durch dispositives Gesetzesrecht geschlossen werden.

Für die Ermittlung des hypothetischen Parteiwillens ist auf Arbeitnehmerseite das Interesse der Fertigstellung des Drittmittelprojekts gleichermaßen zu würdigen wie auf Arbeitgeberseite. Andererseits steht auf Arbeitgeberseite auch das Interesse, den Arbeitnehmer wegen der fehlenden finanziellen Mittel nicht weiterzubeschäftigen, da die erforderliche Stelle nicht im Haushaltsplan ausgewiesen ist. Ein Anspruch des Arbeitnehmers würde also dem Arbeitgeberwillen widersprechen. Aufgrund der vielfältigen Ausgestaltungsmöglichkeiten eines Antragsrechts des Arbeitnehmers und seiner Versagungsmöglichkeiten durch den Arbeitgeber ist ein solches ebenfalls abzulehnen. Die Grenzen der ergänzenden Vertragsauslegung würden überschritten, sodass über dieses Institut keine Lückenschließung möglich ist.

3. Kollektivrechtliche Ausgestaltungsmöglichkeiten eines Anspruchs

Mangels Öffnungsklausel für Befristungen nach § 2 Abs. 2 WissZVG scheidet die tarifvertragliche Festlegung eines Verlängerungsanspruchs von vornherein aus. Eine Dienst- oder Betriebsvereinbarung über die Verlängerung des Arbeitsverhältnisses scheitert an einem Verstoß gegen § 2 Abs. 2 WissZVG, da dieser abschließend ist und keine Verlängerung zulässt. Insbesondere ist der Befristungstatbestand von sämtlichen anderen Verlängerungstatbeständen ausgenommen, diese beziehen sich konsequent nur auf Befristungen nach § 2 Abs. 1 WissZVG, damit die Fremdbestimmtheit der Befristung hinreichend gewürdigt wird. Die Verankerung eines Verlängerungsanspruchs würde dies konterkarieren und deshalb gegen höherrangiges Recht verstoßen.

4. Landesrechtliche Ausgestaltungsmöglichkeiten

Der Bund hat die Drittmittelbefristung abschließend in § 2 Abs. 2 WissZVG geregelt und von jeglichen Verlängerungsmöglichkeiten abgesehen, sodass ein abschließender Kompetenzgebrauch in Gestalt einer bewussten Nichtregelung vorliegt. Folglich können auch die Länder keinen Verlängerungsanspruch normieren.

III. Ergebnis

Ein Anspruch des Arbeitnehmers auf Vertragsverlängerung bis zum Abschluss des Drittmittelprojekts scheidet folglich aus.

§ 11 Konsequenzen der Untersuchung de lege lata und de lege ferenda

A. Schlussfolgerungen

Obwohl der Gesetzgeber im Laufe der Jahre schon viele Schwierigkeiten auf dem Gebiet der hochschulrechtlichen Befristungen behoben hat, bestehen auch nach der Novellierung des WissZVG noch viele Imponderabilien, die die Rechtsprechung nur im Einzelfall zu konkretisieren vermag. Insbesondere durch die neu eingebrachten Formulierungen (§ 2 Abs. 1 S. 3 WissZVG „angemessen", § 2 Abs. 1 S. 6 WissZVG „schwerwiegende chronische Erkrankung") wurde das Maß an Rechtsunsicherheit merklich erhöht. Kurze Befristungen werden durch die Novellierung des WissZVG ebenso wenig verhindert wie zuvor, da Mindestdauern nicht kodifiziert wurden und die Angemessenheit einer Befristung zu vage ist, als dass sie längere Befristungen absichert. Durch den weit gefassten Qualifizierungsbegriff können kurzzeitige Befristungen das Angemessenheitserfordernis erfüllen. Darüber hinaus ist festzuhalten, dass die rechtlich unverbindlichen Leitlinien kein taugliches Instrument darstellen, die Angemessenheit der Befristungsdauer im Einzelfall festzusetzen. Diese berücksichtigen ausschließlich grobe Richtwerte und können nicht beurteilen, welche Qualifizierungsdauer im Einzelnen erforderlich ist. Gleichzeitig divergieren sie untereinander stark, sodass eine Rechtszersplitterung unvermeidbar ist.

Pro futuro bleibt auch die mögliche Begrenzung von Kettenbefristungen unklar. Das Gesetzestelos streitet gerade gegen diese als branchenspezifische Besonderheiten. Dennoch erklärt das BAG Kettenbefristungen trotz eines Gesamtbefristungszeitraums von 22 Jahren in der Wissenschaft für zulässig. Es ist nicht absehbar, dass sich diese Rechtsprechung bei einem auf dem neuen WissZVG basierenden Sachverhalt ändert.

Abschließend ist zu sagen, dass das Spannungsverhältnis zwischen den Erfordernissen einer intakten Wissenschaft und der Stabilität der Arbeitsverhältnisse sowie der damit einhergehenden Würdigung persönlicher Aspekte der betroffenen Arbeitnehmer nie vollständig ausgewogen sein wird.[1369] Dies sollte den Gesetzgeber dennoch nicht davon abhalten, weiterhin nach einem bestmöglichen Gleichgewicht zu streben, das sowohl im Interesse der Arbeitgeber als auch der Arbeitnehmer rechtssicher und transparent gestaltet ist.

1369 Ausführlich hierzu *Kewenig/Thomashausen*, NJW 1981, 417, 423 ff.

B. Ausarbeitung eines Gesetzesvorschlags

I. § 1 WissZVG de lege ferenda

1. Neufassung des § 1 WissZVG i. V. m. einer Konkretisierung durch Landesgesetz

Um den Anwendungsbereich der wissenschaftlichen Tätigkeit zu präzisieren und eine Abgrenzung zu vereinfachen, erwägt *Raab* eine dualistische Konkretisierung des Anwendungsbereichs mittels eines Landesgesetzes sowie einer Neufassung des § 1 WissZVG.

a) Landesgesetzliche Konkretisierung

Die bestehende Rechtsunsicherheit könnte nach *Raab* insoweit begrenzt werden, als die Länder die Befugnis erhalten, mittels Benennung von Personalkategorien den Anwendungsbereich zu präzisieren.[1370] Der Anwendungsbereich wäre sodann stets eröffnet, wenn die landesrechtliche Bestimmung der betroffenen Personalkategorie schwerpunktmäßig wissenschaftsbezogene Aufgaben zuteilt und der betroffene Arbeitnehmer die vom Land vorgesehenen Tätigkeiten ausführt.[1371] Eine Anwendung käme im Umkehrschluss dann nicht in Betracht, wenn als wissenschaftliche Mitarbeiter titulierte Arbeitnehmer ausschließlich Verwaltungstätigkeiten ausführten.[1372]

Die Gesetzgebungskompetenz des Bundes aus Art. 74 Abs. 1 Nr. 12 GG stünde dem Vorschlag nicht entgegen, da die Länder sich im Rahmen der ihnen verbliebenen Kompetenz hielten.[1373] *Raab* sieht die Vorteile des Vorschlags in der rechtssicheren Handhabe solcher Kategorien und in der Entlastung der Gerichte durch den verminderten Prüfungsumfang bei der Einordnung des Personals.[1374] Er verweist auf die damit einhergehende faktische Rückkehr zum *status quo ante*, wo der Anwendungsbereich des HRG nahezu unstreitig war.[1375]

1370 *Raab*, Persönlicher Anwendungsbereich, S. 176; in diese Richtung auch *Meißner*, Hochschulbefristungsrecht, S. 136 f.

1371 *Raab*, Persönlicher Anwendungsbereich, S. 177; ähnlich *Mandler/Meißner*, OdW 2016, 127, 129 f. (Vermutung der Länderkategorien für die Wissenschaftlichkeit der Tätigkeit, bezugnehmend auf ArbG Freiburg 9.12.2008, BeckRS 2009, 69654).

1372 *Raab*, Persönlicher Anwendungsbereich, S. 177.

1373 *Raab*, Persönlicher Anwendungsbereich, S. 176.

1374 *Raab*, Persönlicher Anwendungsbereich, S. 176.

1375 *Raab*, Persönlicher Anwendungsbereich, S. 176 f.; so auch *Maschmann/Konertz*, NZA 2016, 257, 258.

Weiter führt *Raab* die bleibende Einflussnahme durch die Rahmenvorgabe seitens des Bundes ins Feld und die darin enthaltene hinreichende Legitimation der Befristung aus Art. 5 Abs. 3 S. 1 GG, wodurch auch ein Missbrauch ausgeschlossen werden könnte.[1376] Trotz der offenkundigen Vorteile verbleibt bei dieser Lösung das Problem eines von Land zu Land divergierenden Anwendungsbereichs. Zwar würde dies durch den vom Bund vorgegebenen Anwendungsbereichsrahmen eingeschränkt, eine bundeseinheitliche Anwendung wäre dennoch nicht gewährleistet. Hierdurch kann es landesabhängig zu ungleichmäßigen Einschränkungen der Wissenschaftsfreiheit kommen. Dadurch entstünde eine ungleichförmige Belastung von in der Wissenschaft tätigen Arbeitnehmern, die je nach Land geradezu beliebig dem Befristungsregime des WissZVG unterlägen. Insbesondere vor dem Hintergrund des Art. 3 Abs. 1 GG erscheint dies problematisch, da kein sachlicher Grund für eine Ungleichbehandlung zwischen den Ländern ersichtlich ist. Weiterhin ist zweifelhaft, inwieweit die Gerichte tatsächlich entlastet werden, wenn es einer weiteren Überprüfung bedarf, ob die landesrechtliche Aufgabenbeschreibung als solche wissenschaftlich ist und darüber hinaus tatsächlich ausgeführt wird. Diese ist aber angesichts der Gefahr, dass Landesgesetze gängige Berufsbezeichnungen durch eigene Definitionen entwerten können, erforderlich.[1377]

b) Neufassung des § 1 WissZVG

Ergänzend plädiert *Raab* für eine Neuregelung des § 1 WissZVG. Die wesentliche Modifikation findet sich dabei in § 1 Abs. 2 des Vorschlags:

> *„(2) Wissenschaftliches und künstlerisches Personal sind die Beschäftigten, denen wissenschaftliche oder künstlerische Dienstleistungen obliegen. Hierzu zählen auch Unterstützungs- und Hilfstätigkeiten, sofern diese einen unmittelbaren Bezug zu Forschung und Lehre haben und der Qualifizierung der Beschäftigten für eine Tätigkeit innerhalb oder außerhalb der Hochschule dienlich sind. Näheres kann durch Landesgesetz bestimmt werden.“*[1378]

§ 1 Abs. 2 S. 1 WissZVG *de lege ferenda* beschreibt, wie in vielen Landesgesetzen normiert, dass wissenschaftliche und künstlerische Tätigkeiten ebensolche Dienstleistungen sind. S. 2 lässt mutmaßen, dass die Anforderungen tendenziell niedrig sein sollen und evoziert das Problem, ob die wissenschaftliche Tätigkeit

1376 *Raab*, Persönlicher Anwendungsbereich, S. 177.

1377 So bspw. der „wissenschaftliche Mitarbeiter“, der reine Verwaltungstätigkeiten ausübt, *Raab*, Persönlicher Anwendungsbereich, S. 177.

1378 *Raab*, Persönlicher Anwendungsbereich, S. 177 f.

prägend sein muss, damit der Anwendungsbereich eröffnet ist. Darüber hinaus ist unklar, wann ein unmittelbarer Bezug zu Forschung und Lehre anzunehmen ist und wo Grenzen zu ziehen sind. Die von *Raab* bezweckte Rechtssicherheit wird durch neue auslegungsbedürftige Begriffe wieder ausgehebelt. Spätestens an dieser Stelle wird auch die vermeintliche gerichtliche Entlastung hinfällig, da die Überprüfung nur von der Wissenschaftlichkeit auf die Landesregelung und die Einhaltung des neuen § 1 Abs. 2 WissZVG verlagert würde. Die nähere Bestimmung durch ein Landesgesetz nach S. 3 nimmt Bezug auf den soeben erläuterten Konkretisierungsvorschlag durch die Bundesländer. Insoweit wird auf die oben genannte Kritik verwiesen.

c) Zwischenergebnis

Der zweigleisige Vorschlag von *Raab* ist schlussendlich insgesamt abzulehnen, da er im Kern des Problems zu keiner Lösung führt, sondern dieses lediglich verlagert.

2. Konturierung in Anlehnung an § 53 Abs. 2 S. 1 HRG

Kroll schlägt derweil eine Konturierung anhand einer bis zum 31. Dezember 2004 gültigen Fassung des § 53 Abs. 2 S. 1 HRG vor,[1379] der im Wege kategorischer Aufzählung sämtliche vom Gesetz erfassten Tätigkeiten benannte. Er verweist darauf, dass mit der Umformulierung der Vorschrift zur „wissenschaftlichen Dienstleistung" ausweislich der Gesetzesbegründung keine inhaltliche Modifikation oder Restriktion verbunden und die genannten Tätigkeiten weiter vom gesetzlichen Anwendungsbereich erfasst sein sollten.[1380] Dies bekräftige auch die Rechtsprechung, die bis zum Inkrafttreten des WissZVG die wissenschaftliche Dienstleistung weiter anhand der Kategorien des § 53 HRG auslegte.[1381] In seiner Entscheidung vom 29. April 2015 verwies das BAG zudem auf den zu § 2 WissZVG wortgleichen § 57 Abs. 3 S. 1 HRG.[1382] Dass im Laufe des Gesetzgebungsverfahrens die Formulierung des wissenschaftlichen und künstlerischen Personals genutzt wurde, sei dabei unbeachtlich.[1383] Der Gesetzgeber

1379 *Kroll*, ZTR 2016, 235; in diese Richtung auch ErfK/*Müller-Glöge*, § 1 WissZVG Rn. 11.

1380 BT-Drs. 15/4132, S. 17.

1381 BAG 28.1.1998, NZA 1998, 1120, 1121; *Kroll*, ZTR 2016, 235; KR/*Treber*, § 1 WissZVG Rn. 34, 36.

1382 BAG 29.4.2015, BeckRS 2015, 71411 Rn. 11; *Kroll*, ZTR 2016, 235.

1383 *Kroll*, ZTR 2016, 235.

habe nur von einer kategorischen Auflistung des erfassten Personals abgesehen, um Raum für eine Weiterentwicklung der Personalstruktur auf Landesebene zu lassen.[1384] Infolgedessen erstrebt *Kroll*, die Lehrkräfte in § 1 Abs. 1 WissZVG explizit zu nennen, sofern sie den Studierenden praktische Fertigkeiten oder wissenschaftliche Methodik vermitteln.[1385] Damit bliebe eine inhaltlich-aufgabenbezogene Betrachtung trotz engerer Formulierung aufrechterhalten und die Länder würden nicht die Kompetenz zur Modifikation des Anwendungsbereichs des WissZVG mittels landesrechtlicher Kategorien erlangen.[1386]

Trotz der potentiell vereinfachten Anwendbarkeit weist die Lösung mehrere Schwächen auf: Zunächst kann eine enumerative Aufzählung der zum Anwendungsbereich des WissZVG gehörenden Tätigkeiten mittels bestimmter Kategorien das in der Wissenschaft vorhandene Spektrum kaum hinreichend abdecken. Weiterhin ist eine Zuordnung mannigfaltiger Tätigkeiten zu einer bestimmten Kategorie im Lichte der voranschreitenden Personalentwicklung schwierig; gerade dieser wollte der Gesetzgeber mit der offenen Gestaltung des Anwendungsbereichs Rechnung tragen[1387]. Darüber hinaus erscheint der von *Kroll* angeführte Verweis aus der Gesetzesbegründung auf die inhaltlich überführten §§ 57a ff. HRG[1388] nicht stichhaltig: Eben dieser Verweis erfasst gerade nicht den für das Personal maßgeblichen § 53 Abs. 1 S. 2 HRG, weder in der bis zum 31. Dezember 2004 geltenden Fassung noch in der darauffolgenden Fassung, sodass diesbezüglich von einer bewussten Nichtübernahme der Norm auszugehen ist. Es verbietet sich daher auf die Personalkategorien des HRG zurückzugreifen, da so der vom Gesetzgeber gewollte Spielraum missachtet würde.[1389] Eine inhaltlich-aufgabenbezogene Betrachtungsweise lässt sich zudem kaum mit festen Kategorien vereinbaren. Sobald eine hochschulrechtliche Kategorie ins WissZVG Eingang fände, hätten die Länder infolge ihrer Gesetzgebungskompetenz über das Hochschulrecht aus Art. 74 Abs. 1 Nr. 33 GG die Befugnis, diese auszugestalten, und könnten so trotz fehlender Kompetenz für das Arbeitsrecht Einfluss auf den Anwendungsbereich des WissZVG nehmen. Dies

---

1384 *Kroll*, ZTR 2016, 235; BT-Drs. 16/4043, S. 9

1385 *Kroll*, ZTR 2016, 235.

1386 *Kroll*, ZTR 2016, 235.

1387 BT-Drs. 16/4043, S. 9; diesen Aspekt sieht auch *Kroll*, ZTR 2016, 235, nicht jedoch die damit einhergehende Problematik, dass gerade keine fortschreitende Personalentwicklung durch Kategorien möglich ist.

1388 BT-Drs. 16/3438, S. 8, 10.

1389 Brüggen/*Brüggen/Birkenbusch*, Rn. 1542.

zöge wiederum das Problem der unterschiedlichen Anwendungsbereiche von Land zu Land nach sich.[1390] Schlussendlich ist der Konturierungsvorschlag daher abzulehnen.

3. Eigener Vorschlag: Kodifizierung der Rechtsprechung nach dem Vorbild des § 611a Abs. 1 BGB

Mangels konkretisierender Auslegungsmöglichkeiten bedarf es einer Neuformulierung des Anwendungsbereichs in § 1 Abs. 1 WissZVG. Zur Vermeidung einer Rechtszersplitterung und der hinreichenden Berücksichtigung der Wissenschaftsfreiheit nach Art. 5 Abs. 3 S. 1 GG ist erforderlich, dass diese durch den Bundesgesetzgeber erfolgt.[1391] Als Vorbild hierfür kann der mit Wirkung zum 1. April 2017 neu eingefügte § 611a Abs. 1 BGB herangezogen werden,[1392] der den aus der Rechtsprechung geprägten Arbeitnehmerbegriff kodifiziert hat. Ebenso wie die Wissenschaftlichkeit der Tätigkeit den Anwendungsbereich des WissZVG generiert, ist die Anwendbarkeit arbeitsrechtlicher Vorschriften durch den Arbeitnehmerbegriff vorgegeben. Auch hier ist eine normative Verankerung erforderlich, um die missbräuchliche (Ketten-)Befristung zwecks Bewältigung von Daueraufgaben zu verhindern.[1393] Durch die Kodifizierung der Rechtsprechung entstünde im WissZVG ebenso wie im BGB kein zusätzlicher Aufwand für die betroffenen Stellen, aber „eine entlastende Wirkung durch die Beseitigung der Rechtsunsicherheit“[1394], zumal den Abgrenzungskriterien dann normative Wirkung zukäme[1395]. Übertragen auf § 1 Abs. 1 WissZVG hieße dies *de lege ferenda*:

> *S. 1: Für den Abschluss von Arbeitsverträgen für eine bestimmte Zeit (befristete Arbeitsverträge) mit wissenschaftlichem und künstlerischem Personal mit Ausnahme der Hochschullehrerinnen und Hochschullehrer an Einrichtungen des Bildungswesens, die nach Landesrecht staatliche Hochschulen sind, gelten die §§ 2, 3 und 6.*

1390 Dies verkennt *Kroll* in seiner Schlussbemerkung in ZTR 2016, 235 ohne nähere Begründung.

1391 In diese Richtung auch *Mandler/Meißner*, OdW 2016, 127, 130 (ohne Nennung von Personalkategorien „wissenschaftliches, wozu auch lehrendes Personal gehört“ parallel zur Formulierung des studentischen Personals nach § 6 WissZVG).

1392 Gesetz v. 28.2.2017, BGBl. I S. 258.

1393 Abgrenzend hierzu bezweckt § 611a BGB die Missbrauchsverhinderung bei Fremdpersonaleinsatz.

1394 BT-Drs. 294/16, S. 13.

1395 ErfK/*Preis*, § 611a BGB Rn. 9.

S. 2: Wissenschaftlich tätig ist, wer neue Erkenntnisse zu gewinnen und zu verarbeiten sucht, um den Erkenntnisstand der jeweiligen wissenschaftlichen Disziplin zu sichern oder zu erweitern.
S. 3: Hierzu zählen auch Lehrkräfte, sofern es sich nicht um eine repetierende Lehre ohne Wissenschaftsbezug handelt und dem Arbeitnehmer hinreichend Freiraum zur Forschung und Reflektion verbleibt; die Wissenschaftlichkeit muss zeitlich überwiegen oder das Arbeitsverhältnis prägen.
S. 4: Für die Feststellung der Wissenschaftlichkeit einer Tätigkeit ist auf den geschlossenen Vertrag abzustellen. Etwas anderes gilt nur dann, wenn die tatsächliche Durchführung zeigt, dass der Arbeitnehmer überhaupt keine wissenschaftlichen Dienstleistungen erbringt.

Damit wäre zwar *prima facie* nur die Rechtsprechung im WissZVG kodifiziert. Allerdings hat die Untersuchung gezeigt, dass es weder möglich ist, eine Konturierung über eine Länderregelung vorzunehmen noch durch die bundesgesetzliche Festsetzung wissenschaftlicher Personalkategorien. Infolgedessen muss der weit gefasste Anwendungsbereich beibehalten werden, sodass eine Parallelität zur Wissenschaftsfreiheit aus Art. 5 Abs. 3 S. 1 GG besteht; dies ist nur durch die an der Verfassung orientierte Rechtsprechung des BAG möglich. Durch eine Kodifikation ist der Arbeitgeber gemahnt, die Voraussetzungen kritisch zu hinterfragen und zu prüfen.

II. § 2 WissZVG de lege ferenda

1. Befristungsdauer, § 2 Abs. 1 S. 3 WissZVG

Maßgebendes Problem des § 2 Abs. 1 WissZVG ist nach wie vor die Bemessung der Befristungsdauer im Spannungsfeld von Arbeitnehmerschutz und Wissenschaftsfreiheit. Die Untersuchung hat verdeutlicht, dass trotz des neu eingefügten Angemessenheitskriteriums keine rechtssichere Ausgestaltung gegeben ist.

a) Korrektur über eine Begrenzung der Verlängerungsmöglichkeiten im Rahmen des Höchstbefristungszeitraums

Preis schlug im Gesetzgebungsverfahren vor, § 2 Abs. 1 S. 3 WissZVG insgesamt zu streichen.[1396] Dadurch werde zum einen vermieden, dass die Rechtsprechung vor „unlösbaren Aufgaben“[1397] steht und zum anderen, dass die Befristung nach Hochschulleitlinien erfolgt.[1398] Durch die vollständige Streichung des

1396 *Preis*, AusDrs. 18 (18) 143a, S. 5.
1397 *Preis*, AusDrs. 18 (18) 143a, S. 6.
1398 *Preis*, AusDrs. 18 (18) 143a, S. 6.

Angemessenheitskriteriums unterläge die Befristung wieder allein dem Höchstbefristungsregime des § 2 Abs. 1 S. 1 WissZVG. Als neues Korrektiv der Befristung schlägt *Preis* vor, die Anzahl der Verlängerungsmöglichkeiten durch einen gesetzlich vorgegebenen Rahmen von maximal fünf Verlängerungen in der Pre-Doc und maximal zwei Verlängerungen in der Post-Doc-Phase in einem neu einzufügenden § 2 Abs. 1 S. 7 WissZVG zu begrenzen.[1399]

Grund der Einführung war die Vermeidung unsachgemäßer Kurzbefristungen[1400] und die Herstellung von Einzelfallgerechtigkeit[1401]. Würde § 2 Abs. 1 S. 3 WissZVG ausnahmslos entfernt, wären beide Zielsetzungen hinfällig. Es bedarf folglich eines Normersatzes, damit die Novellierung praktische Wirksamkeit entfalten kann. Die von *Preis* vorgeschlagene Begrenzung der Verlängerungsanzahl von Verträgen vermag zwar den Missbrauch durch Kettenbefristungen zu verhindern, nicht dagegen unsachgemäß kurze Verträge, zumal auch ein Jahr im Verhältnis zur angestrebten Qualifizierung in der Pre-Doc-Phase zu kurz sein kann. Es ist davon auszugehen, dass der Gesetzgeber in der Regel längere Zeiträume vor Augen hatte als Jahresverträge, da die in der Gesetzesbegründung angeführten Richtlinien überwiegend Zeiträume von mindestens 24 Monaten aufzeigen. Der Vorschlag von *Preis* würde dem Novellierungszweck nicht gerecht und ist daher abzulehnen.

b) Korrektur über tarifvertragliche Regelungen

Maschmann und *Konertz* sprechen sich für präzise Normierungen der Vertragslaufzeiten aus und fordern eine tarifvertragliche Abweichungsmöglichkeit *de lege ferenda*.[1402] Die Tarifvertragsparteien verfügten durch die begrenzte Öffnungsklausel in § 1 Abs. 1 S. 3 WissZVG bereits über die Möglichkeit, für bestimmte Fachrichtungen und Forschungsbereiche von den in § 2 Abs. 1 S. 1 WissZVG normierten Befristungsgrenzen abzuweichen und die Verlängerungsanzahl der Verträge zu begrenzen, sodass ihre Kompetenz lediglich erweitert werden müsste.

Auch dieser Vorschlag ist abzulehnen, da er der Gesetzessystematik widerspricht und sich in Anbetracht der historischen Auslegung nicht mit dem Grundkonzept des WissZVG vereinbaren lässt: Der Gesetzgeber hat den

1399 *Preis*, AusDrs. 18 (18) 143a, S. 5, 6.

1400 BT-Drs. 18/6489, S. 10.

1401 BT-Drs. 18/6489, S. 11.

1402 *Maschmann/Konertz*, NZA 2016, 257, 263; ebenso die Forderung des Bundesrats BT-Drs. 18/6489, S. 20; ähnlich *Marburger Bund*, AusDrs. 18 (18) 162k, S. 2.

Tarifvertragsparteien bewusst nur einen Teil des WissZVG geöffnet. Es liefe der Wertung zuwider, wenn diese vollständig über die Befristungsdauer verfügen könnten. Hierdurch wäre jegliche Einheitlichkeit der Regelungen verloren und einer Rechtszersplitterung würde Tür und Tor geöffnet. Zudem bestünde die Gefahr, dass die Tarifvertragsparteien hauptsächlich ihrer Bestimmung zufolge[1403] den Arbeitnehmerschutzgedanken verfolgen und so die Wertung der Wissenschaftsfreiheit nach Art. 5 Abs. 3 S. 1 GG, die beim WissZVG gerade im Vordergrund steht, vernachlässigen würden.

Dicht bei diesem Vorschlag liegt die Idee *Antons*: Dieser versucht unsachgemäße Kurzbefristungen mittels Rückgriffs auf das öffentliche Tarifrecht, das bereits eine Ausgewogenheit zwischen Arbeitnehmer- und Arbeitgeberinteressen beinhalte, einzugrenzen.[1404] Exemplarisch bezieht *Anton* sich auf § 30 Abs. 3 S. 1 TV-L, der eine Mindestlaufzeit von zwölf, wenigstens jedoch von sechs Monaten vorsieht.[1405] Dem ist entgegen zu halten, dass eine sechsmonatige Mindestbefristungsdauer noch keine Verbesserung gegenüber den gegebenen Zuständen darstellt, zumal selbst ein Jahr für die meisten Fälle zu knapp bemessen ist. Darüber hinaus ist zumindest zweifelhaft, ob das von *Anton* angeführte Ausgewogenheitsverhältnis auf Wissenschaftseinrichtungen pauschal übertragbar ist, zumal die Arbeitgeberinteressen hier anders liegen und wesentlich durch Art. 5 Abs. 3 S. 1 GG bestimmt werden. Auch käme erneut keine bundeseinheitliche Regelung zustande und die Befristung unterläge mit neuen Tarifverhandlungen einem ständigen Wandel, was Rechtsunsicherheit fördern statt eindämmen würde.

c) Teleologische Reduktion des Angemessenheitsbegriffs

Mandler plädiert für eine dahingehende teleologische Reduktion des Angemessenheitserfordernisses, dass ein abstrakter Ansatz für die Befristungsdauer gewählt wird, um so Justiziabilität herzustellen.[1406] Im Einzelnen sei daher auf die übliche Dauer entsprechender Qualifizierungsvorhaben abzustellen, wobei eine sachlich gerechtfertigte Abweichung möglich bleibe.[1407]

1403 Gemeint ist die Förderung der Arbeits- und Wirtschaftsbedingungen im Sinne des Art. 9 Abs. 3 GG.

1404 *Anton*, ZTR 2016, 432, 434.

1405 *Anton*, ZTR 2016, 432, 434.

1406 *Mandler*, OdW 2017, 199, 202 f.

1407 *Mandler*, OdW 2017, 199, 203.

Zwar ist die Praktikabilität des Vorschlags nicht von der Hand zu weisen, allerdings bleibt methodisch betrachtet schon kein Raum für eine teleologische Reduktion. Diese erfordert, dass eine Regelung Fälle erfasst, die der Teleologie der Norm widersprechen.[1408] Zweck ist gerade die Flexibilitätswahrung im Einzelfall und zwar bei jeder Befristungsdauer nach § 2 Abs. 1 S. 1 WissZVG. Eine Reduktion des Anwendungsbereichs, um einen Einzelfall zu berücksichtigen, kommt daher schon nicht in Betracht. Darüber hinaus ergäbe sich das Folgeproblem, ob der Befristungszeitraum der üblichen Qualifizierungsdauer entsprechen bzw. welchen Anteil der Befristungszeitraum ausmachen soll.

d) Aufhebung der kalendermäßigen Bestimmbarkeit

De lege ferenda ließe sich zunächst erwägen, dass die Befristung nicht mehr zeitlich festgelegt sein muss, sondern auch die Vereinbarung einer auflösenden Bedingung im Sinne des § 158 Abs. 2 BGB möglich ist. Mit Erreichung des angestrebten Qualifizierungsziels, beispielsweise der Einreichung der Promotionsschrift, wäre die Bedingung eingetreten und das Arbeitsverhältnis beendet. Damit entfiele das Problem, die Angemessenheit der Vertragsdauer festzulegen. Dagegen spricht jedoch, dass der Arbeitnehmer allein es in der Hand hätte, ob und wann die Bedingung eintritt und das Arbeitsverhältnis endet. Dieser Befürchtung begegnet zwar die Schranke des § 162 Abs. 1 BGB, nach der eine Bedingung als eingetreten gilt, sofern derjenige, zu dessen Nachteil sie gereicht, sie wider Treu und Glauben verhindert. Nicht ausgeräumt werden kann jedoch die Tatsache, dass es ausreichend ist, wenn durch die wissenschaftliche Tätigkeit das Qualifizierungsziel *gefördert* wird. Wann eine derartige Förderung eintritt, ist nahezu unmöglich zu bestimmen. Eine derartige Rechtsunsicherheit wäre mit Art. 20 Abs. 3 GG nicht in Einklang zu bringen, sodass es bei einer kalendermäßigen Bestimmung des Befristungszeitraums bleiben muss.

e) Einführung einer Mindestbefristungsdauer

Um einen umfassenden, einheitlichen Schutz des Arbeitnehmers zu gewährleisten, eine Rechtszersplitterung zu vermeiden und Rechtssicherheit herzustellen ist eine Gesetzesnovellierung in Erwägung zu ziehen. Diesbezüglich ist die soeben erörterte Grundidee eines konkreten Rahmens des Bundesgesetzgebers von *Preis* beizubehalten. Dies ist jedoch – entgegen der dargelegten Auffassung von *Mandler* – methodisch *de lege lata* mit § 2 Abs. 1 S. 3 WissZVG nicht in Einklang zu bringen.

1408 *Schmalz*, Methodenlehre, Rn. 342.

De lege ferenda ist die Formulierung des § 2 Abs. 1 S. 3 WissZVG daher zu streichen und eine Neufassung zu erlassen, die eine Mindestbefristungsdauer von zwei Jahren festlegt, welche in Ausnahmefällen wiederum auf ein Jahr begrenzt werden kann.[1409] Darunter liegende Befristungen sind dagegen nicht mehr zulässig. Aus der Zusammenschau mit der Höchstbefristungsdauer aus § 2 Abs. 1 S. 1 WissZVG ergibt sich dann, dass im Regelfall höchstens drei Vertragsverlängerungen möglich sind, sodass nicht nur unangemessen kurze Befristungen, sondern auch Kettenbefristungen vermieden werden. Durch die Möglichkeit, in Ausnahmefällen die Vertragsdauer auf ein Jahr zu verkürzen, bleibt hinreichend Flexibilität, den konkreten Einzelfall zu berücksichtigen. Ein Qualifizierungsziel, bei dem eine kürzere Befristungsdauer angemessen ist, ist nicht ersichtlich. Einzig problematisch bleibt die Gefahr, dass das Regel-Ausnahme-Verhältnis durch Begründungen wie die Nachwuchsförderung ausgehebelt wird, da dies bereits bei der Ausgestaltung des WissZVG berücksichtigt wurde. Erforderlich ist daher zu Gunsten der Rechtssicherheit eine Normierung zulässiger Ausnahmefälle *de lege ferenda*.

Relevanz entfaltet zunächst der Umstand eines bereits erreichten Qualifizierungsgrads auf Arbeitnehmerseite, der die Befristungsdauer im Verhältnis zur angestrebten Qualifizierung zu verkürzen mag. Eine weitere Ausnahme ließe sich über einen – im Arbeitsvertrag zu spezifizierenden – Forschungsfreiheitsaspekt konstruieren, beispielsweise wenn eine Qualifizierung oder das Qualifizierungsziel nachweislich einer geringeren Befristungsdauer bedarf. Hier wäre der Zweck des befristeten Arbeitsverhältnisses erreicht und der Arbeitnehmer nicht schutzwürdig.[1410] Hilfsweise ließe sich als dritte Ausnahme auf besonders zu rechtfertigende Aspekte aus Treu und Glauben im Sinne des § 242 BGB abstellen. Im Laufe der Zeit könnten sich sodann weitere Fallgruppen herausbilden, die von den ersten beiden Ausnahmebestimmungen nicht erfasst und doch von

---

1409 In diese Richtung schon BT-Drs. 17/6336, S. 5; BT-Drs. 17/6488, S. 2; BT-Drs. 17/11044, S. 5; BT-Drs. 17/12531 S. 2; der Gesetzesentwurf von Bündnis 90/Die Grünen, BT-Drs. BT-Drs. 18/7038, S. 3; Bundesrat BT-Drs. 18/6489, S. 22; weitergehend: Die Linke: (36 Monate Mindestvertragslaufzeit), BT-Drs. 18/7038, S. 3; befürwortend auch die SPD-Fraktion: BT-Drs. 18/7038, S. 22; *Absenger*, ifo Schnelldienst 18/2015, 3, 5; *Maschmann/Konertz*, NZA 2016, 257, 262; D/D/Z/*Nebe*, § 2 WissZVG Rn. 31; ablehnend Geis/*Krause*, § 2 WissZVG Rn. 13.

1410 Ähnlich bereits in Bayern mit einjähriger Mindestbefristungsdauer: Grundsätze der staatlichen bayerischen Hochschulen zum Umgang mit dem WissZVG und zur Förderung von Karriereperspektiven für den wissenschaftlichen Nachwuchs v. März 2015.

erheblicher Relevanz sind. In Erwägung zu ziehen wäre an dieser Stelle weiterhin der Wunsch des Arbeitnehmers nach einer kürzeren Befristung aus persönlichen Gründen. Damit ginge jedoch die Gefahr eines *Unterbietungswettbewerbs* einher, so dass Arbeitgeber denjenigen Arbeitnehmer bevorzugen könnten, der eine kürzere Befristung, gleich aus welchen Gründen, annimmt. Für eine derartige Ausnahmeregelung besteht darüber hinaus auch kein zwingendes Bedürfnis, da einerseits die Möglichkeit eines einvernehmlichen Aufhebungsvertrags in Betracht kommt und andererseits ein Sonderkündigungsrecht vereinbart werden kann (§ 1 Abs. 1 S. 5 WissZVG i. V. m. § 15 TzBfG).

Die CDU/CSU-Fraktion hat eine Mindestvertragslaufzeit als „völlig widersprüchlich zu der erforderlichen Flexibilität“[1411] bezeichnet, die die Angemessenheit zur Qualifizierung nicht berücksichtige und Vertragsmöglichkeiten für Wissenschaftler verringere.[1412] Sowohl der Vorschlag des Bundesrats einer Mindestvertragslaufzeit von zwei Jahren[1413] als auch weitere Änderungsanträge, die Mindestvertragslaufzeiten anstrebten, wurden abgelehnt.[1414] Allerdings entspricht die Mindestlaufzeit von zwei Jahren gerade dem Minimum der Leitlinien verschiedener Wissenschaftsinstitutionen, auf welche die Gesetzesbegründung selbst Bezug nimmt. Meist liegen deren vorgesehene Zeiträume sogar höher.[1415] Das maßgebliche Argument für die Einführung der Gesetzesnovelle, unsachgemäße Kurzbefristungen zu verringern, verlangt danach, längere Verträge abzuschließen. Hierfür muss das Gesetz jedoch einen geeigneten Rahmen schaffen, der gleichzeitig die Möglichkeit zu kurzer Verträge beschränkt.

Die von der Regierung angeführte Flexibilität ist ohne Frage wünschenswert, doch bestand diese mangels Einschränkung schon vor der Gesetzesnovelle und hat keinen verantwortungsvollen Umgang der betroffenen Institutionen, sondern vielmehr einen Missbrauch zu Lasten der Arbeitnehmer bewirkt. Die hinreichende Flexibilität bleibt bei dem vorgeschlagenen Konzept aber weitgehend

---

1411 BT-Drs. 18/7038, S. 20.

1412 BT-Drs. 18/7038, S. 20; **a. A.** *Marburger Bund*, AusDrs 18 (18) 162k, S. 1 (Mindestvertragslaufzeiten von zwei Jahren); *GJF*, AusDrs 18 (18) 144g, S. 1 (drei Jahre); *Frauenhofer GBR*, AusDrs. 18 (18) 144b, S. 2 (drei Jahre); *LPKwiss NRW*, AusDrs. 18 (18) 144a, S. 5 (zwei Jahre); *DGB*, AusDrs. 18 (18) 143f, S. 3 (drei Jahre); *ver.di*, AusDrs. 18 (18) 143g, S. 4 (drei Jahre); *Keller*, AusDrs. 18 (18) 143e, S. 16.

1413 BT-Drs. 18/6489, S. 24.

1414 Dazu *Hauck-Scholz*, RdA 2016, 262, 267.

1415 Nr. II a Leitlinie der Helmholtz-Gesellschaft zur Durchführung von Promotionsvorhaben: 3–4 Jahre; Leitlinie Befristungspolitik des Frauenhofer-Instituts: Maximalzeiten von 6–8 Jahren.

dadurch gewährleistet, dass die Mindestvertragslaufzeit nur den Regelfall darstellt und Ausnahmen zulässig bleiben. Im Gegensatz zu dem Verweis auf die untereinander stark divergierenden Leitlinien wird hierdurch Einheitlichkeit gewährleistet. Darüber hinaus wäre die vom WissZVG bezweckte innovatorische Kraft trotz der zweijährigen Mindestbefristungsdauer gewahrt, da der Arbeitgeber bei kurzzeitigen Beschäftigungen nicht vollumfänglich vom Arbeitnehmer profitiert. Eine gewisse Einarbeitungszeit ist stets erforderlich, um sich mit der entsprechenden wissenschaftlichen Methodik in vertiefendem Umfang zu befassen. Zudem erlangt der Arbeitnehmer bei einer längeren Befristungsdauer eine erhöhte Qualifizierung, was ebenfalls dem Arbeitgeber zu Gute kommen kann. Unangemessene Kurzbefristungen schaden demnach nicht nur dem betroffenen Arbeitnehmer, sondern liefen schlussendlich dem Zweck zuwider, die Wissenschaft zu pflegen und zu fördern, da die Förderung erst nach einer Einarbeitungszeit möglich ist.[1416] Die Innovation wird nicht nur durch Fluktuation erzielt, sodass eine normativ verankerte Mindestbefristungsdauer auch im Einklang mit dem Gesetzeszweck steht. Darüber hinaus dürfte eine solche Perspektive hinreichend attraktiv sein, um Spitzenleute für die Stellen zu werben und so die Qualität der Wissenschaft weiter voranzubringen[1417]. Nach alledem ist § 2 Abs. 1 S. 3 WissZVG *de lege ferenda* wie folgt zu formulieren:

> **Die vereinbarte Befristungsdauer beträgt in der Regel zwei Jahre, es sei denn, dass eine der nachfolgenden Ausnahmen einschlägig ist; dies ist insbesondere der Fall, wenn:**
> ***Nr. 1: Der betroffene Arbeitnehmer bereits mit der Qualifizierung begonnen hat oder***
> ***Nr. 2: Das angestrebte Qualifizierungsziel einer geringeren Dauer bedarf.***

f) Der Arbeitnehmerwunsch als besonderer sachlicher Grund im WissZVG

Mandler und *Meißner* haben bereits im Zuge des Gesetzgebungsverfahrens in Anknüpfung an den Entwurf des Bundesrats vorgeschlagen, dass der Arbeitnehmerwunsch zu einem besonderen sachlichen Grund im Sinne des § 2 Abs. 1 S. 3 WissZVG *de lege ferenda* erhoben werden könne und so „die Beschäftigung auf Wunsch des Betroffenen kürzer erfolgt, wobei dies schriftlich im Arbeitsvertrag zu vermerken ist“[1418]. Als konkrete Fälle nennen *Mandler* und *Meißner*

1416 So beinhaltet auch die sechsjährige Pre-Doc-Phase eine Einarbeitungszeit von 1–2 Jahren zum Erwerb der wissenschaftlichen Kompetenzen: Brüggen/*Brüggen/Birkenbusch*, Rn. 1563.

1417 Ausführlich zur Erforderlichkeit: *Walter*, MittHV 1983, 289, 292.

1418 *Mandler/Meißner*, OdW 2016, 33, 41; *Meißner*, Hochschulbefristungsrecht, S. 166.

einen möglicherweise bevorstehenden Auslandsaufenthalt oder eine Kinderbetreuung.[1419] Die Rahmenbedingung dieses Vorschlags war jedoch die Kodifizierung der 24-monatigen Mindestbefristungsdauer, die der Bundesrat im Zuge des Gesetzgebungsverfahrens forderte.[1420] Für einen derartigen sachlichen Grund lässt das WissZVG infolge der Novellierung keinen Raum, da die Befristungstatbestände abschließend geregelt sind.

2. Novellierungen des § 2 Abs. 2 WissZVG

Hinsichtlich des Drittmittelbefristungstatbestands bedarf es mangels Höchstgrenze einer Änderung, um der Gefahr zu begegnen, dass der betroffene Arbeitnehmer sein gesamtes oder zumindest einen Großteil seines Erwerbslebens nach § 2 Abs. 2 WissZVG befristet beschäftigt wird und der Regelfall des unbefristeten Arbeitsverhältnisses ausgehebelt wird. Auch dem mit der Länge der Befristungsdauer wachsenden Bestandsschutz des wissenschaftlichen Personals sollte künftig Rechnung getragen werden. Infolgedessen ist § 2 Abs. 2 WissZVG *de lege ferenda* wie folgt zu formulieren:

> *Die Befristung von Arbeitsverträgen des in § 1 Abs. 1 S. 1 genannten Personals ist auch* ***bis zu einer Dauer von sechs Jahren*** *zulässig, wenn die Beschäftigung überwiegend aus Mitteln Dritter finanziert wird, die Finanzierung für eine bestimmte Aufgabe und Zeitdauer bewilligt ist und die Mitarbeiterin oder der Mitarbeiter überwiegend der Zweckbestimmung dieser Mittel entsprechend beschäftigt wird; die vereinbarte Befristungsdauer soll dem bewilligten Projektzeitraum entsprechen.* ***Eine über diesen Zeitraum hinausgehende befristete Beschäftigung bedarf einer gesonderten Rechtfertigung. Diese liegt insbesondere vor, wenn der Arbeitnehmer mehr als überwiegend eine zweckbestimmte Tätigkeit ausübt (70 Prozent).***

3. Nichtanrechnung von Beschäftigungsverhältnissen – § 2 Abs. 3 S. 1 WissZVG

Als unionsrechtlich unvereinbar hat sich die pauschale und zeitlich unbegrenzte Nichtanrechnung von geringfügigen Beschäftigungsverhältnissen erwiesen. Durch die unbegrenzte Anrechnungsfreiheit befristeter geringfügiger Beschäftigungsverhältnisse nach § 2 Abs. 3 S. 1 WissZVG mangelt es an einem Mittel im Sinne des § 5 Anh. BefristungsRL zur Begrenzung von Kettenbefristungen. Eine unionsrechtskonforme Ausgestaltung lässt sich durch die Einführung einer zu

1419 *Mandler/Meißner*, OdW 2016, 33, 41; *Meißner*, Hochschulbefristungsrecht, S. 166.
1420 BR-Drs. 395/15, S. 5.

§ 2 Abs. 3 S. 3 WissZVG äquivalenten Höchstgrenze der Anrechnungsfreiheit erreichen. Wie bei studienbegleitenden Beschäftigungsverhältnissen ist der Hintergrund der Nichtanrechnung geringfügiger Beschäftigungsverhältnisse, dass sie nicht geeignet sind, die Qualifizierung voranzubringen. Daher scheint ein Gleichlauf der Anrechnungsfreiheit geboten. Auch für Arbeitsverhältnisse von nicht mehr als einem Viertel der üblichen Beschäftigungsdauer dürfen konsequenterweise nicht mehr als sechs Jahre bei der Höchstbefristungsdauer unberücksichtigt bleiben.

Darüber hinaus hat sich die pauschale Nichtanrechnung geringfügiger Beschäftigungsverhältnisse als unvereinbar mit der TeilzeitarbeitsRL herausgestellt. Die Nichtberücksichtigung bei unter einem Viertel der regelmäßigen Arbeitszeit ist sachlich zwar gerechtfertigt, sodass es an dieser Stelle keiner Modifikation bedarf. Allerdings müssen ab 1/4 der Arbeitszeit Abstufungen eingeführt werden, damit keine Diskriminierung zwischen den in Teilzeit beschäftigten Arbeitnehmern besteht und die Anforderungen der Richtlinie erfüllt werden. Normativ betrachtet würde § 2 Abs. 3 WissZVG wie folgt lauten:

> *Auf die in Absatz 1 geregelte zulässige Befristungsdauer sind alle befristeten Arbeitsverhältnisse mit mehr als einem Viertel der regelmäßigen Arbeitszeit, die mit einer deutschen Hochschule oder einer Forschungseinrichtung im Sinne des § 5 abgeschlossen wurden, sowie entsprechende Beamtenverhältnisse auf Zeit und Privatdienstverträge nach § 3* ***ihrem Umfang entsprechend*** *anzurechnen;* ***geringfügig befristete Arbeitsverhältnisse sind bis zu einer Dauer von sechs Jahren anrechnungsfrei.*** *Angerechnet werden auch befristete Arbeitsverhältnisse, die nach anderen Rechtsvorschriften abgeschlossen wurden. Die Sätze 1 und 2 gelten nicht für Arbeitsverhältnisse nach § 6 sowie vergleichbare studienbegleitende Beschäftigungen, die auf anderen Rechtsvorschriften beruhen.*

4. Probleme des § 2 Abs. 4 WissZVG

a) Ausweitung des Zitiergebots

Als Wegweiser der Befristungsdauer und insbesondere den damit zusammenhängenden Beweisschwierigkeiten ist das Zitiergebot *de lege ferenda* auf die Qualifizierung zu erstrecken. Auf diese Weise lässt sich die Wahrung der Tatbestandsvoraussetzungen vereinfacht überprüfen und einem Missbrauch vorbeugen. Der Arbeitnehmer erlangt dadurch einen umfassenderen Schutz, als wenn nur die (vermeintlich) einschlägige Norm zitiert wird. § 2 Abs. 4 S. 1 WissZVG ist demgemäß umzuformulieren:

> *Im Arbeitsvertrag ist anzugeben, ob die Befristung auf den Vorschriften dieses Gesetzes beruht* ***und welche Qualifizierung im Sinne des Abs. 1 S. 1 angestrebt wird.***

b) Kalendermäßig bestimmbare Befristungsdauer

Wie festgestellt entspricht auch der sich nur auf § 2 Abs. 1 WissZVG beziehende § 2 Abs. 4 S. 3 WissZVG nicht den tatsächlichen Erfordernissen der Praxis, da er weder Drittmittelbefristungen noch befristete Verträge über wissenschaftliche und künstlerische Hilfstätigkeiten mit Studierenden nach § 6 WissZVG mit einbezieht. Konsequenterweise müsste § 2 Abs. 4 S. 3 WissZVG *de lege ferenda* wie folgt lauten:

> *Die Dauer der Befristung muss bei Arbeitsverträgen* ***nach diesem Gesetz*** *kalendermäßig bestimmt oder bestimmbar sein.*

§ 12 Untersuchungsergebnisse

1. Das WissZVG fußt ohne Einschränkung durch die landesrechtliche Hochschulkompetenz auf der Kompetenzzuweisung des Art. 74 Abs. 1 Nr. 12 GG. Es ist formell verfassungskonform. Der Bund hat weitgehend abschließend Gebrauch von seiner Kompetenz gemacht, insbesondere hinsichtlich der Befristungsdauer. Anderweitige Bestimmungen in Landeshochschulgesetzen sind demzufolge mangels Kompetenz nichtig, bleiben aber infolge des Verwerfungsmonopols des BVerfG vorübergehend anwendbar. Etwas anderes ergibt sich nur, wenn die Landesnorm bereits vor dem Bundesrecht in Kraft getreten war, sodass über ihre Anwendbarkeit nicht mehr das BVerfG, sondern die Arbeitsgerichte entscheiden.
2. Materiellrechtlich greift das WissZVG zwar in Art. 3 Abs. 1 GG, Art. 12 Abs. 1 GG, Art. 5 Abs. 3 S. 1 GG und Art. 9 Abs. 3 GG ein. Die Eingriffe sind durch die Verpflichtung des Staates zur Förderung der Wissenschaft nach Art. 5 Abs. 3 S. 1 GG als gerechtfertigt anzusehen.
3. Das WissZVG verstieß vor der Novellierung im Jahre 2016 in mehrfacher Hinsicht gegen die Vorgaben der BefristungsRL. Mit den Änderungen im WissZVG wurde der Verstoß des § 2 Abs. 1 S. 1 i. V. m. § 2 Abs. 3 S. 1 WissZVG zumindest in Bezug auf die unbegrenzte Befristungsmöglichkeit studentischer Arbeitnehmer behoben, die nunmehr eindeutig der Höchstbefristungsdauer unterliegt. Keine Konformität wurde hinsichtlich der Anrechnungsfreiheit geringfügiger Beschäftigungsverhältnisse geschaffen, sodass § 2 Abs. 1 S. 1 WissZVG richtlinienwidrig bleibt. Im Regelfall liegt jedoch ein Fall der vertikalen Direktwirkung vor, sodass die Richtlinienbestimmung gegenüber dem Arbeitgeber unmittelbar anwendbar ist.
4. Die pauschale Nichtanrechnung geringfügiger Beschäftigungsverhältnisse verstößt gegen die TeilzeitarbeitsRL und bleibt ebenso vorbehaltlich der vertikalen Direktwirkung grundsätzlich anwendbar. Im Übrigen ist das WissZVG unionsrechtskonform.
5. Der über die Wissenschaftlichkeit definierte personelle Anwendungsbereich des WissZVG ist mangels Neuerung weiterhin vor dem Hintergrund der Rechtssicherheit problematisch. Konturierungsvorschläge erweisen sich wegen der verfassungsrechtlichen Wertung und der vielfältigen Tätigkeitsfelder als schwierig. Zumindest eine normative Verankerung der Rechtsprechung, wie sie im Rahmen des § 611a Abs. 1 BGB erfolgt ist, ist im Interesse der Rechtssicherheit erstrebenswert.

6. In Abgrenzung zu § 2 Abs. 1 S. 1 WissZVG verlangt § 6 S. 1 WissZVG eine wissenschaftliche bzw. künstlerische Hilfstätigkeit nebst Studierendenstatus und Berufsqualifizierung des Studiengangs. Der Befristungstatbestand stellt höhere Anforderungen als § 57e HRG und räumt die Problematik, welche Tätigkeiten im Einzelnen erfasst sind, nicht aus dem Weg. Die Befristungsdauer beträgt einmalig sechs Jahre, ist nicht verlängerbar und wird nicht auf die Qualifizierungsdauer des § 2 Abs. 1 S. 1 WissZVG angerechnet.
7. Mit der Einführung des Qualifizierungserfordernisses ist der Höchstbefristungstatbestand des § 2 Abs. 1 S. 1 WissZVG entgegen der Gesetzesbegründung dogmatisch betrachtet einem Sachgrunderfordernis unterworfen worden. Die Angemessenheit der Befristungsdauer ist als Teil dieses Sachgrunds anzusehen. Der Qualifizierungsbegriff ist im Lichte von Art. 5 Abs. 3 S. 1 GG auszulegen. Er erfasst auch nicht formale Aus- und Weiterbildungsmöglichkeiten und bringt daher Rechtsunsicherheit mit sich.
8. Durch die Verknüpfung der Drittmittelbefristungsdauer mit dem bewilligten Projektzeitraum nach § 2 Abs. 2 WissZVG wird Missbrauch entgegengewirkt und eine Kongruenz angestrebt. Dennoch ist das Erfordernis nicht zwingender Natur und lässt in besonders gelagerten Fällen Raum für Abweichungen, da es sich in dogmatischer Hinsicht um eine Sollvorschrift handelt.
9. Eine Befristung (nicht-)wissenschaftlichen Personals ist an den betroffenen Institutionen auch nach § 14 Abs. 1 und Abs. 2 TzBfG möglich. Taugliche Sachgründe sind nur die vom WissZVG in der Regel nicht verdrängten Tatbestände des § 14 Abs. 1 S. 2 Nr. 1, 3, 6, 7, 8 TzBfG. Die sachgrundlose Befristung des § 14 Abs. 2 TzBfG wird von der Anrechnungsklausel des § 2 Abs. 3 WissZVG erfasst und kommt nur in Betracht, wenn zuvor kein Arbeitsverhältnis mit demselben Arbeitgeber bestanden hat.
10. Die Befristungsdauer des § 2 Abs. 1 S. 1 WissZVG bemisst sich zum einen nach dem zulässigen Höchstbefristungszeitraum und zum anderen nach einem angemessenen Verhältnis der angestrebten Qualifizierung zur Vertragslaufzeit. Die Verweisung der Gesetzesbegründung auf Leitlinien der Hochschulen stellt keine versteckte Delegationsnorm an die Wissenschaftsorganisationen dar. Die Angemessenheit ist ein unbestimmter Rechtsbegriff mit Beurteilungsspielraum, der wiederum durch die Leitlinien etc. konkretisiert wird. Die Überprüfung durch die Rechtsprechung ist daher begrenzt.
11. Um eine Kontrolle der Befristungsdauer zu erlangen, kann zum Schutz des Arbeitnehmers auf das in einigen Ländern verankerte Mitbestimmungsrecht des Personalrats bei der Befristung abgestellt werden. Zwecks Einheitlichkeit und Rechtssicherheit ist die Einführung einer Mindestbefristungsdauer, die

streng regulierten Ausnahmetatbeständen unterliegt, *de lege ferenda* unentbehrlich.

12. Die Verlängerungstatbestände des § 2 Abs. 1 S. 4 ff. WissZVG erfassen hinsichtlich der familienfreundlichen Komponente nunmehr die Betreuung von Pflege- und Stiefkindern (§ 2 Abs. 1 S. 5 WissZVG). Gemäß § 2 Abs. 1 S. 6 WissZVG unterliegt auch die schwere chronische Krankheit einer Verlängerungsoption der Höchstbefristungsdauer. Welche Anforderungen hieran konkret zu stellen sind, bleibt unklar und ist durch die Judikative im Einzelnen auszugestalten. Rechtsdogmatisch gewährt § 2 Abs. 1 S. 4 ff. WissZVG eine automatische Verlängerung des Vertrags.
13. Die Grundsätze der Rechtsprechung zur Kettenbefristung sind auf beide Befristungstatbestände des WissZVG anwendbar, da es sich bei beiden um Mittel im Sinne des § 5 Anh. BefristungsRL handelt, welche einer zusätzlichen Kontrolle unterworfen werden. Eine Übertragung der Befristungsampel zu § 14 TzBfG scheidet aus. Es bedarf eines eigenen, an den Wertungen des WissZVG angepassten Maßstabs. Eine besondere Rechtfertigung wegen branchenspezifischer Besonderheiten ist abzulehnen, da das WissZVG der Innovation durch Nachwuchsförderung dient und Arbeitnehmer gerade nicht über Jahre hinweg befristet beschäftigt werden sollen.
14. Das WissZVG ist zweiseitig zwingendes Recht und sieht eine begrenzte Öffnungsklausel für Tarifvertragsparteien vor, wodurch diese beispielsweise Mindestbefristungsdauern regeln können. Hieraus lässt sich nicht auf eine entsprechende Kompetenz des Landesgesetzgebers schließen. Dienst- und Betriebsvereinbarungen sind zulässig, unterliegen jedoch dem Abweichungsverbot des WissZVG und sind daher von geringer Relevanz.
15. Dem Landesgesetzgeber verbleibt infolge der zweiseitig zwingenden Ausgestaltung nur ein geringer Handlungsspielraum. Er kann, um mehr Rechtssicherheit zu schaffen, einen Verlängerungsanspruch für die Tatbestände des § 2 Abs. 1 S. 4 ff. WissZVG kodifizieren.
16. Weitere Gestaltungsinstrumente zur Konkretisierung stellen Rechtsverordnung, Satzung, Verwaltungsvorschrift, Gremienbeschluss und Zielvereinbarung dar. Auch sie unterliegen wegen des in Art. 20 Abs. 3 GG verankerten Vorrangs des Gesetzes dem Abweichungsverbot des WissZVG. Dennoch können sie geeignet sein, die Handhabung des WissZVG im Rahmen ihrer Reichweite zu vereinheitlichen. Die praktische Relevanz ist insbesondere bei Kodizes zu sehen, wobei diese dem Einzelnen keinen Anspruch gewähren, es sei denn, dass die Voraussetzungen der Selbstbindung der Verwaltung vorliegen.

17. Eine unangemessene Befristung zieht nicht die Unwirksamkeit der gesamten Befristung nach sich. Die Verweisung in § 1 Abs. 1 S. 5 WissZVG auf § 16 TzBfG lässt sich für unangemessen kurze Befristungszeiträume teleologisch reduzieren. In der Rechtsfolge lässt sich aber über eine Anwendung der zu §§ 281 Abs. 1, 323 Abs. 1 BGB bestehenden Grundsätze die automatische Verlängerung der zu kurzen Befristungsdauer auf einen angemessen langen Zeitraum begründen.
18. Ein Anspruch auf Verlängerung trotz objektiv angemessener bzw. dem Drittmittelprojekt entsprechender Befristungsdauer lässt sich weder für die Qualifizierungs- noch für die Drittmittelbefristung begründen.

Literaturverzeichnis

Absenger, Nadine: Zeitverträge in der Wissenschaft – zwingender Reformbedarf zur Begrenzung ausufernder atypischer Beschäftigung, ifo Schnelldienst 18/2015, 3–6

Adam, Vanessa: „Das andere Befristungsrecht" – Zum Verhältnis der Befristung nach dem WissZeitVG und dem Teilzeit- und Befristungsgesetz, Forschung & Lehre 2018, 32–34

Adamietz, Laura; *Künne, Johanna*: Drittmittelbefristungen und Selbstverpflichtungen: Wie aktiv darf die Personalpolitik der Hochschulen sein? Ein Rechtsgutachten im Auftrag der Max-Traeger Stiftung, Frankfurt im Februar 2013, abrufbar unter http://www.gew-hessen.de/fileadmin/user_upload/bildung/hochschule/drittmittelbefristung.pdf, letzter Zugriff: 27.2.2018, 16.33 (zit.: *Adamietz/Künne*, Drittmittelbefristungen)

Alexy, Robert: Theorie der Grundrechte, Frankfurt a.M. 1986 (zit.: *Alexy*, Theorie der Grundrechte)

Annuß, Georg; *Thüsing, Gregor* (Hrsg.): Kommentar zum Teilzeit- und Befristungsgesetz, 2. Aufl., Frankfurt a.M. 2006 (zit.: AT/*Bearbeiter*, 2. Aufl.)

Annuß, Georg; *Thüsing, Gregor* (Hrsg.): Kommentar zum Teilzeit- und Befristungsgesetz, 3. Aufl., Frankfurt a.M. 2012 (zit.: AT/*Bearbeiter*)

Anton, Christian: Das Erste Gesetz zur Änderung des Wissenschaftszeitvertragsgesetzes (WissZeitVG) und seine Auswirkungen auf die Personalpraxis der Universitätsklinika, ZTR 2016, 432–437

Arnold, Christian; *Romero, Sibylle*: Die Große Koalition kommt – was wird sich im Arbeitsrecht ändern?, NZA 2018, 329–332

Arnold, Manfred; *Gräfl, Edith* (Hrsg.): Teilzeit- und Befristungsgesetz – Praxiskommentar zum TzBfG und zu angrenzenden Vorschriften, 4. Aufl., Freiburg 2016 (zit.: A/G/*Bearbeiter*)

Ascheid, Reiner; *Preis, Ulrich*; *Schmidt, Ingrid* (Hrsg.): Kündigungsrecht – Großkommentar zum gesamten Recht der Beendigung von Arbeitsverhältnissen, 3. Aufl., München 2007 (zit.: A/P/S/*Bearbeiter*, 3. Aufl.)

Ascheid, Reiner; *Preis, Ulrich*; *Schmidt, Ingrid* (Hrsg.): Kündigungsrecht – Großkommentar zum gesamten Recht der Beendigung von Arbeitsverhältnissen, 5. Aufl., München 2017 (zit.: A/P/S/*Bearbeiter*)

Backmeister, Thomas; *Trittin, Wolfgang*; *Mayer, Udo*: Kündigungsschutzgesetz mit Nebengesetzen – Kommentar zum Kündigungsschutzrecht und weiteren wichtigen Vorschriften des Kündigungsrechts, 4. Aufl., München 2009 (zit.: B/T/M/*Bearbeiter*)

Bader, Peter; *Jörchel, Gabriele*: Das Befristungsrecht in Bewegung – Eine kritische Bestandsaufnahme seit 2014, NZA 2016, 1105–1112

Bader, Peter; *Etzel, Gerhard*; *Fischermeier, Ernst* u.a. (Hrsg.): KR – Gemeinschaftskommentar zum Kündigungsschutzgesetz und zu sonstigen kündigungsschutzrechtlichen Vorschriften, 9. Aufl., Köln 2009 (zit.: KR/*Bearbeiter*, 9. Aufl.)

Bader, Peter; *Etzel, Gerhard*; *Fischermeier, Ernst* u.a. (Hrsg.): KR – Gemeinschaftskommentar zum Kündigungsschutzgesetz und zu sonstigen kündigungsschutzrechtlichen Vorschriften, 11. Aufl., Köln 2016 (zit.: KR/*Bearbeiter*, 11. Aufl.)

Bader, Peter; *Fischermeier, Ernst*; *Gallner, Inken* u. a. (Hrsg.): KR – Gemeinschaftskommentar zum Kündigungsschutzgesetz und zu sonstigen kündigungsschutzrechtlichen Vorschriften, 12. Aufl., Köln 2019 (zit.: KR/*Bearbeiter*)

Badura, Peter: Staatsrecht – Systematische Erläuterungen des Grundgesetzes für die Bundesrepublik Deutschland, 7. Aufl., München 2018 (zit.: *Badura*, StaatsR)

Bamberger, Heinz Georg; *Roth, Herbert*; *Hau, Wolfgang*; *Poseck, Roman* (Hrsg.): BeckOK BGB, 4. Edition, Stand 1.11., München 2018 (zit.: BeckOK-BGB/*Bearbeiter*)

Bauschke, Hans-Joachim: Zur Problematik befristeter Arbeitsverträge im Hochschulbereich, ZTR 1998, 49–54

Becker, Friedrich; *Etzel, Gerhard*; *Bader, Peter*: KR – Gemeinschaftskommentar zum Kündigungsschutzgesetz und zu sonstigen kündigungsschutzrechtlichen Vorschriften, 8. Aufl., Neuwied 2007 (zit.: KR/*Bearbeiter*, 8. Aufl.)

Benda, Ernst; *Klein, Eckhart*; *Klein, Oliver*: Verfassungsprozessrecht – Ein Lehr- und Handbuch, 3. Aufl., Heidelberg 2012 (zit.: *Benda/Klein*, Verfassungsprozessrecht)

Beyer, Asco: Zur Rechtsproblematik der Zeitverträge im Wissenschaftsbereich (Eine Übersicht über den derzeitigen Stand der Rechtsprechung), ArbuR 1985, 150–154

Blaha, Ralf; *Mehlich, Tobias*: Unbefristeter Arbeitsvertrag durch Wahl? – Vertragsfreiheit contra „Azubi-Schutz", NZA 2005, 667–672

Blum, Jürgen; *Rödler, Elgar*: Die Problematik befristeter Arbeitsverträge im Hochschulbereich, WissR 1980, 97–11

Blum, Nikolaus; *Vehling, Katrin*: „Alles wird gut?" – Anmerkungen zur geplanten Novellierung des WissZeitVG, OdW 2015, 189–198

Boecken, Winfried; *Düwell, Franz Josef*; *Diller, Martin*; *Hanau, Hans* (Hrsg.): Nomos Kommentar – Gesamtes Arbeitsrecht, Band 1–3, Baden Baden 2016 (zit.: NK-GA/*Bearbeiter*)

Boecken, Winfried; *Joussen, Jacob*: Teilzeit- und Befristungsgesetz Handkommentar, 5. Aufl., Baden Baden 2018 (zit.: HK-TzBfG/*Bearbeiter*)

Boemke, Burkhard; *Schönfelder, Johanna*: Befristung im Wissenschaftsbereich nach abgeschlossener Promotion, WissR 2015, 53–62

Bolenius, Sonja; *Böning, Marta*: Befristungen in der Wissenschaft – Reform, PersR 2016, Nr. 4, 14–18

Bolenius, Sonja; *Böning, Marta*: Befristungen bleiben ein Problem, PersR 2018, Nr. 1, 27–31

Brandenburg, Hans-Friedrich: Die teleologische Reduktion: Grundlagen und Erscheinungsformen der auslegungsunterschreitenden Gesetzeseinschränkung im Privatrecht, Diss. Göttingen 1983 (zit.: *Brandenburg*, Teleologische Reduktion)

Brock, Martin: Wirksamkeit einer Befristung nach WissZeitVG, öAT 2017, 193

Brötzmann, Ulrich: Die Änderung des Wissenschaftszeitvertragsgesetzes 2016 (WissZeitVG), öAT 2016, 48–51

Brose, Wiebke: Die Missbrauchskontrolle bei Kettenbefristungen an Hochschulen, EuZA 2017, 256–266

Brüggen, Georg: Handbuch des Sächsischen Hochschulrechts – Kommentierung Sächsisches Hochschulgesetz und Wissenschaftszeitvertragsgesetz, Dresden 2011 (zit.: Brüggen/*Bearbeiter*)

Bruns, Patrick: Teilzeit- und Befristungsrecht, München 2013 (zit.: *Bruns*, Teilzeit- und Befristungsrecht)

Buchner, Herbert: Gesetzgeberische Entscheidung zum Zeitvertrag – Bundesregierung beschließt Gesetzentwurf über Zeitverträge in Hochschule und Forschung, MittHV 1984, 230–237

Buchner, Herbert: Befristete Arbeitsverhältnisse mit wissenschaftlichem Personal an Hochschulen und Forschungseinrichtungen, RdA 1985, 258–282

Calliess, Christian; *Ruffert, Matthias*: EUV/AEUV Das Verfassungsrecht der Europäischen Union mit Europäischer Grundrechtecharta Kommentar, 5. Aufl., München 2016 (zit.: Calliess/Ruffert/*Bearbeiter*)

Canaris, Claus-Wilhelm: Die Feststellung von Lücken im Gesetz – Eine methodologische Studie über Voraussetzungen und Grenzen der richterlichen Rechtsfortbildung praeter legem, 2. Aufl., Berlin 1983 (*Canaris*, Feststellung von Lücken)

Canaris, Claus-Wilhelm: Teleologie und Systematik der Rücktrittsrechte nach dem BGB, in Festschrift für Jan Kropholler zum 70. Geburtstag, Tübingen 2008, 3–22 (zit.: *Canaris*, in: FS Kropholler)

Chantelau, Frank: Personalstruktur und Typenzwang im Hochschulrahmenrecht, WissR 1990, 45–65

Däubler, Wolfgang: Wissenschaftsfreiheit im Arbeitsverhältnis – Eine erste Skizze, NZA 1989, 945–950

Däubler, Wolfgang: Das Arbeitsrecht 2 – Leitfaden für Arbeitnehmer, 4., erweiterte und überarbeitete Aufl., Reinbek 1986 (zit.: *Däubler*, Arbeitsrecht 2)

Däubler, Wolfgang; *Hjort, Jens Peter*; *Schubert, Michael*; *Wolmerath, Martin* (Hrsg.): Arbeitsrecht, Individualarbeitsrecht mit kollektivrechtlichen Bezügen, Handkommentar, 4. Aufl., Baden Baden 2017 (zit.: HK-ArbR/*Bearbeiter*)

Dallinger, Peter: Neue Möglichkeiten für Zeitverträge mit wissenschaftlichen Angestellten, NZA 1985, 648–653

Dammann, Klaus: Zur rechtlichen Zulässigkeit befristeter Arbeitsverträge, AuR 1978, 65–73

Denninger, Erhard (Hrsg.); *Nagel, Bernhard* (Bearb.): Fristverträge an Hochschulen und Forschungseinrichtungen, Kommentar, zugleich Nachtrag zum Kommentar zum Hochschulrahmengesetz, München 1986 (zit.: Denninger/*Nagel*)

Dieterich, Thomas; *Preis, Ulrich*: Befristete Arbeitsverhältnisse in Wissenschaft und Forschung, Konzept einer Neuregelung im Hochschulrahmengesetz, Köln 2001 (zit.: Dieterich/Preis/*Bearbeiter*)

Dieterich, Thomas; *Preis, Ulrich*: Das Hochschulrecht in der Verfassungsfalle? Erwiderung auf Löwisch, NZA 2004, 1065 ff., NZA 2004, 1241–1246

Dörner, Hans-Jürgen: Neues aus dem Befristungsrecht, NZA 2007, 57–63

Dörner, Hans-Jürgen: Der befristete Arbeitsvertrag, 2. Aufl., München 2011 (zit.: *Dörner*, Befristeter Arbeitsvertrag)

Dörner, Klemens; *Luczak, Stefan*; *Wildschütz, Martin*; *Baeck, Ulrich*; *Hoß, Axel*: Handbuch des Fachanwalts Arbeitsrecht, 14. Aufl., Köln 2018 (zit.: D/L/W/*Bearbeiter*)

Dornbusch, Gregor; *Fischermeier, Ernst*; *Löwisch, Manfred* (Hrsg.): AR – Kommentar zum gesamten Arbeitsrecht, 8. Aufl., Köln 2016 (zit.: AR/*Bearbeiter*, 8. Aufl.)

Dornbusch, Gregor; *Fischermeier, Ernst*; *Löwisch, Manfred* (Hrsg.): AR – Kommentar zum gesamten Arbeitsrecht, 9. Aufl., Köln 2019 (zit.: AR/*Bearbeiter*)

Dreier, Horst (Hrsg.): GG – Grundgesetz Kommentar, Bd. I (Art. 1–19), 2. Aufl., Tübingen 2004 (zit.: Dreier/*Bearbeiter*, 2. Aufl.)

Dreier, Horst (Hrsg.): GG – Grundgesetz Kommentar, Bd. I (Art. 1–19), 3. Aufl., Tübingen 2013 (zit.: Dreier/*Bearbeiter*)

Dreier, Horst (Hrsg.): GG – Grundgesetz Kommentar, Bd. II (Art. 20–82) Supplementum, 2. Aufl., Tübingen 2007 (zit.: Dreier/*Bearbeiter*)

Dubovitskaya, Elena: Fristsetzung im Schuldrecht: Neue Obliegenheit für den säumigen Schuldner?, JZ 2012, 328–333

Düwell, Franz Josef: Das Erste Gesetz zur Änderung des Wissenschaftszeitvertragsgesetzes (WissZeitVG-E), jurisPR-ArbR 2/2016, Anm. 1, 1–9

Düwell, Franz Josef; *Göhle-Sander, Kristina*; *Kohte, Wolfhard* (Hrsg.): Vereinbarkeit von Familie und Beruf, juris PraxisKommentar, Saarbrücken 2009 (zit.: JurisPK FuB/*Bearbeiter*)

Edenfeld, Stefan: Betriebsverfassungsrecht – Mitbestimmung in Betrieb, Unternehmen und Behörde, 4. Aufl., Heidelberg 2014 (zit.: *Edenfeld*, Betriebsverfassungsrecht)

Ennuschat, Jörg; *Ulrich, Carsten*: Neuverteilung der Kompetenzen von Bund und Ländern im Schul- und Hochschulbereich nach der Föderalismusreform, VBlBW 2007, 121–125

Epping, Volker; *Hillgruber, Christian* (Hrsg.): GG – Grundgesetz Kommentar, 2. Aufl., München 2013 (zit.: Epping/Hillgruber/*Bearbeiter*)

Epping, Volker; *Preis, Ulrich*: Verfassungs-, hochschul- und arbeitsrechtliche Fragen der Regelung guter Beschäftigungsbedingungen im Gesetz über die Hochschulen des Landes NRW (HG NW) auf Anregung der Landesrektorenkonferenz, September 2015, abrufbar unter: http://homepage.rub.de/Michael.Jost/Rechtsgutachten_34a_HG-NRW-Endfassung-17-9-15.pdf, letzter Zugriff: 27.2.2018 16:30 (zit.: *Epping/Preis*, Beschäftigungsbedingungen)

Fitting, Karl; *Engels, Gerd*; *Schmidt, Ingrid*; *Trebinger, Yvonne*; *Linsenmaier, Wolfgang* (Begr./Bearb.): Betriebsverfassungsgesetz Handkommentar, 29. Aufl., München 2018 (zit.: *Fitting*)

Franzen, Martin; *Gallner, Inken*; *Oetker, Hartmut* (Hrsg.): Kommentar zum europäischen Arbeitsrecht, 2. Aufl., München 2018 (zit.: EUArbR/*Bearbeiter*)

Friauf, Karl Heinrich; *Höfling, Wolfram* (Hrsg.): Berliner Kommentar zum Grundgesetz, Band 1 (Art. 1-12a), Stand: Mai, Berlin 2018 (zit.: Friauf/Höfling/*Bearbeiter*)

Geis, Max-Emmanuel: Hochschulrecht zwischen Freiheit und Effizienzgebot, Die Verwaltung 34, 2001, 543–560

Geis, Max-Emmanuel: Wider den Berliner Kulturzentralismus – Das Karlsruher Urteil zur Juniorprofessur, Forschung und Lehre 2004, 478–480

Geis, Max-Emanuel (Hrsg.): Hochschulrecht in Bund und Ländern – Kommentar, Band 1–3, EL 50 Stand: März, Berlin 2018 (zit.: Geis/*Bearbeiter*)

Gewerkschaft Erziehung und Wissenschaft (Hrsg.)/ *Hansel, Rainer*; *Jähne, Matthias* (Bearb.): Ratgeber – Befristete Arbeitsverträge in der Wissenschaft – Mit den Regeln des neuen Wissenschaftszeitvertragsgesetzes von 2016, abrufbar unter: https://www.gew.de/fileadmin/media/publikationen/hv/Hochschule_und_Forschung/Broschueren_und_Ratgeber/WissZeitVG_Ratgeber_A5-2016-04.pdf, letzter Zugriff: 7.3.2018, 15:08 (zit.: GEW Ratgeber)

Gröbing, Karl: Verfassungsbeschwerde gegen das Zeitvertragsgesetz, ZTR 1987, 49–52

Gronemeyer, Sarah: Die verfassungsrechtliche Zulässigkeit landesrechtlicher Befristungsregelungen für angestellte Hochschulprofessoren, RdA 2016, 24–30

Groß, Thomas: Das Selbstverwaltungsrecht der Universitäten – Zusätzliches zur Wissenschaftsfreiheit, DVBL 2006, 721–728

Grottel, Bernd; *Schmidt, Stefan*; *Schubert, Wolfgang*; *Winkeljohann, Norbert* (Hrsg.): Beck'scher Bilanz-Kommentar, Handels- und Steuerbilanz, §§ 238 bis 339, 342 bis 342e HGB, 11. Aufl., Münchnen 2018 (zit.: Beck Bil-Komm/*Bearbeiter*)

Günther, Sebastian; *Salzmann, Annika*: Das Wissenschaftszeitvertragsgesetz – Novellierung 2016 und aktuelle Rechtsprechung, AuA 2017, 86–90

Häde, Ulrich: Zur Föderalismusreform in Deutschland, JZ 2006, 930–940

Hänlein, Andreas: Ende des Streits um den befristeten Arbeitsvertrag von Fremdsprachenlektoren – zur Änderung des § 57b III HRG, NZA 1999, 513–518

Hammer, Ulrich: Tarifautonomie zwischen Dogmatik und Beliebigkeit? PersR 1997, 104–113

Hanau, Peter; *Steinmeyer, Heinz-Dietrich*; *Wank, Rolf*: Handbuch des europäischen Arbeits- und Sozialrechts, München 2002 (zit.: H/S/W/*Bearbeiter*)

Haratsch, Andreas; *Holljesiefken, Anke*: Studentische Hilfskraft auf Lebenszeit? Die Befristung von Arbeitsverträgen mit studentischen Hilfskräften, NZA 2008, 207–211

Hartmer, Michael; *Detmer, Hubert* (Hrsg.): Hochschulrecht – Ein Handbuch für die Praxis, 3. Aufl., Heidelberg 2017 (zit.: HSchR/*Bearbeiter*)

Hauck-Scholz, Peter; *Neie, Thomas*: Befristete Arbeitsverträge in Hochschule und Forschung – Die Rechtsprechung des BAG zur Auslegung der §§ 57a ff. HRG, NZA-RR 1999, 169–179

Hauck-Scholz, Peter: Aktuelle Probleme des Wissenschaftszeitvertragsgesetzes (WissZeitVG), öAT 2013, 89–91

Hauck-Scholz, Peter: Rechtskontrolle von Dienstvereinbarungen, öAT 2014, 68–71

Hauck-Scholz, Peter: Erneuter Systemwechsel bei Befristungen im Wissenschaftsbereich – Auslegungsprobleme des novellierten WissZeitVG –, RdA 2016, 262–270

Hauck-Scholz, Peter: Hochschularbeitsrecht – Regelungen für einen Sonderbereich des Arbeitslebens, öAT 2018, 114–117

Hedermann, Denis: Vereinbarkeit von befristeten Arbeitsverhältnissen nach dem WissZeitVG mit der europäischen Befristungsrichtlinie, ZESAR 2015, 109–113

Henssler, Martin; *Willemsen, Heinz Josef*; *Kalb*; *Heinz-Jürgen* (Hrsg.): Arbeitsrecht Kommentar, 8. Aufl., Köln 2018 (zit.: H/W/K/*Bearbeiter*)

Hirdina, Ralph: Befristung wissenschaftlicher Mitarbeiter verfassungs- und europarechtswidrig!, NZA 2009, 712–716

Hochschulrektorenkonferenz v. 24.4.2012, abrufbar unter: https://www.hrk.de/uploads/media/Empfehlung_Leitlinien_Befristung_MV_24042012.pdf, letzter Zugriff: 9.2.2018, 14:11 (zit.: HRK v. 24.4.2013)

Hohendanner, Christian: Befristete Beschäftigung: Mögliche Auswirkungen der Abschaffung sachgrundloser Befristungen, IAB-Stellungnahme Nr. 1/2014, Institut für Arbeitsmarkt- und Berufsforschung, Nürnberg, abrufbar unter https://www.econstor.eu/bitstream/10419/120928/1/782582834.pdf, letzter Zugriff: 20.2.2018, 10:34 (zit.: *Hohendanner*, Abschaffung sachgrundloser Befristungen)

Hömig, Dieter; *Wolff, Heinrich Amadeus* (Hrsg.): Grundgesetz für die Bundesrepublik Deutschland Handkommentar, 12. Aufl., Baden Baden 2018 (zit.: HK-GG/*Bearbeiter*)

Höpfner, Clemens: Anforderungen an die Fristsetzung – Bestimmtheitsgebot und Angemessenheit der Frist, NJW 2016, 3633–3637

Huh, Young: Probleme der konkreten Normenkontrolle – insbesondere die Zuständigkeit zur Verwerfung verfassungswidriger Gesetze nach dem Grundgesetz der Bundesrepublik Deutschland und nach der Verfassung der Republik von Korea, Diss. Berlin 1971 (zit.: *Huh*, Normenkontrolle)

Humboldt, Wilhelm von: Über die innere und äußere Organisation der höheren wissenschaftlichen Anstalten in Berlin (1809/1810), in: Die Idee der deutschen Universität, Hrsg.: Ernst Anrich, S. 375–386 (zit.: *V. Humboldt*, Organisation der höheren wissenschaftlichen Anstalten).

Ilbertz, Wilhelm; *Widmaier, Ulrich*; *Sommer, Stefan* (Hrsg.): Bundespersonalvertretungsgesetz mit Wahlordnung unter Einbeziehung der Landespersonalvertretungsgesetze Kommentar, 14. Aufl., Stuttgart 2018 (zit.: I/W/S/*Bearbeiter*)

Isensee, Josef; *Kirchhof, Paul* (Hrsg.): Handbuch des Staatsrechts der Bundesrepublik Deutschland, Band 3: Demokratie – Bundesorgane, 3. Aufl., Heidelberg 2005 (zit.: HStR/*Bearbeiter*)

Jarass, Hans; *Pieroth, Bodo*: Grundgesetz für die Bundesrepublik Deutschland – Kommentar, 15. Aufl., München 2018 (zit.: Jarass/Pieroth/*Bearbeiter*)

Jauernig, Othmar (Begr.); *Stürner, Rolf* (Hrsg.): BGB – Bürgerliches Gesetzbuch Kommentar, 17. Aufl., München 2018 (zit.: Jauernig/*Bearbeiter*)

Jellinek, Georg: System der subjektiven öffentlichen Rechte, 2. Aufl. 1905, unveränderter Nachdruck, Darmstadt 1963 (zit.: *Jellinek*, Subjektiv öffentliche Rechte)

Jobs, Friedhelm; *Bader, Peter*: Der befristete Arbeitsvertrag – Eine Darstellung anhand der Rechtsprechung des Bundesarbeitsgerichts unter Einbeziehung spezieller Probleme aus dem Schul- und Hochschulbereich, DB 1981, Beilage Nr. 21 zu Heft Nr. 38 v. 18.9.1981, 1–8

Jongmanns, Georg: Evaluation des Wissenschaftszeitvertragsgesetzes (WissZeitVG) – Gesetzesevaluation im Auftrag des Bundesministeriums für Bildung und Forschung, 2011 (zit.: *Jongmanns*, Evaluation)

Joussen, Jacob: Aktuelle Fragen des Befristungsrechts, Gemeinsame Anmerkung zu BAG, Urteile vom 18.5.2016 – 7 AZR 533/14 und 8.6.2016 – 7 AZR 568/14, RdA 2017, 250–255

Kahl, Wolfgang; *Waldhoff, Christian*; *Walter, Christian* (Hrsg.): Bonner Kommentar zum Grundgesetz, 192. Aktualisierung Stand August, Heidelberg 2018 (zit.: BK/*Bearbeiter*)

Kalm, Harald von: Die Befristung von Arbeitsverhältnissen mit wissenschaftlichem und künstlerischem Personal nach der 5. HRG-Novelle, WissR 2002, 76–80

Kempen, Otto Ernst; *Zachert, Ulrich* (Begr.): TVG – Tarifvertragsgesetz, 5. Aufl., Frankfurt a.M. 2014 (zit.: Kempen/Zachert/*Bearbeiter*, TVG)

Kersten, Jens: Die Neuregelung der befristeten Arbeitsverhältnisse an den Hochschulen und öffentlichen Forschungseinrichtungen, DÖV 2002, 682–689

Kewenig, Wilhelm Alexander; *Thomashausen, Andre*: Rundfunkfreiheit, Wissenschaftsfreiheit und Sozialstaatsprinzip – Zur verfassungsrechtlichen Problematik von freien bzw. befristeten Beschäftigungsverhältnissen, NJW 1981, 417–425

Keyser, Hans-Joachim: Befristete Arbeitsverträge – Mit einer systematischen Zusammenstellung der Fallgruppen eines ausreichenden sachlichen Grundes, Diss. Bielefeld 1984 (zit.: *Keyser*, Befristete Arbeitsverträge)

Kiel, Heinrich.: Die Rechtsprechung des Siebten Senats zu Befristungen nach dem Wissenschaftszeitvertragsgesetz, JbArbR Band 54, Dokumentation für das Jahr 2016, 2017, 51–82

Kiel, Heinrich; *Lunk, Stefan*; *Oetker, Hartmut* (Hrsg.): Münchener Handbuch zum Arbeitsrecht – Gesamtwerk in vier Bänden, Bd. 1 (Individualarbeitsrecht I), 4. Aufl., München 2018 (zit.: MHdBArbr/*Bearbeiter*)

Kittner, Michael; *Zwanziger, Bertram*; *Deinert, Olaf*; *Heuschmid, Johannes* (Hrsg.): Arbeitsrecht, Handbuch für die Praxis, 9. Aufl., Frankfurt a.M. 2017 (zit.: K/Z/D/H/*Bearbeiter*)

Knemeyer, Franz-Ludwig: Lehrfreiheit, Bad Homburg, 1969 (zit.: *Knemeyer*, Lehrfreiheit)

Knopp, Lothar: Neue Personalstrukturen an den Hochschulen und neue Professorenbesoldung – Hochschulrecht im Umbruch –, ZBR 2003, 149–158

Knopp, Lothar; *Gutheil, Ulrike*: Neues Hochschulrecht – Reform mit Haken, NJW 2002, 2828–2834

Knopp, Lothar; *Gutheil, Ulrike*: Neues Hochschulrahmengesetz (HRG) und Professorenbesoldungsreformgesetz (ProfBesReformG), Wiesbaden 2003 (zit.: Knopp/Gutheil/*Bearbeiter*)

Koch, Franz-Michael: Probleme bei drittmittelfinanzierten Arbeitsverträgen, AuA 1994, 317–320

Koch, Raphael: Die Fristsetzung zur Leistung oder Nacherfüllung – mehr Schein als Sein? Was bleibt noch vom Fristsetzungserfordernis? NJW 2010, 1636–1639

Konsortium Bundesbericht Wissenschaftlicher Nachwuchs (Hrsg.): Statistische Daten und Forschungsbefunde zu Promovierenden und Promovierten in Deutschland, http://www.buwin.de/dateien/2013/6004283_web_verlinkt.pdf, letzter Zugriff: 20.2.2018, 10:41 (zit.: *BuWiN*, Konsortium Bundesbericht Wissenschaftlicher Nachwuchs (2013))

Kopp, Ferdinand (Begr.); *Schenke, Wolf-Rüdiger* (Hrsg.): Verwaltungsgerichtsordnung Kommentar, 24. Aufl., München 2018 (zit.: Kopp/Schenke/*Bearbeiter*)

Koppenfels, Katharina von: Verlängerungsvereinbarungen i. S. d. § 14 Abs. 2 Satz 1 TzBfG bzw. § 1 Abs. 1 Satz 2 BeschFG – Zeitpunkt des Abschlusses und Formanforderungen, AuR 2002, 241–245

Kortstock, Ulf: Auswirkungen des BVerfG-Urteils zur Juniorprofessur auf die Befristung von Arbeitsverträgen nach dem Hochschulrahmengesetz, ZTR 2004, 558–563

Kortstock, Ulf: Reform des Hochschulbefristungsrechts – Entwurf eines Wissenschaftszeitvertragsgesetzes, ZTR 2007, 2–11

Kortstock, Ulf: Befristung von Arbeitsverhältnissen im Hochschulbereich – Wissenschaftszeitvertragsgesetz in Kraft getreten, ZTR 2007, 350–355

Krebber, Sebastian: Die unionsrechtlichen Vorgaben zur Zulässigkeit der Befristung von Arbeitsverhältnissen, EuZA 2017, 3–22

Kroll, Sebastian: Die Novellierung des Wissenschaftszeitvertragsgesetzes, ZTR 2016, 235–238

Lakies, Thomas: Änderung des Kündigungsschutzgesetzes und allgemeiner Kündigungsschutz nach § 242 BGB – Verfassungsrechtliche Fragen, DB 1997, 1078–1083

Lakies, Thomas: Befristete Arbeitsverträge – Ein Leitfaden für die Praxis, 3. Aufl., Berlin 2012 (zit.: *Lakies*, Leitfaden)

Lakies, Thomas: Neue Rechtsprechung zu Kettenbefristungen, PersR 2013, 54–58

Lakies, Thomas: „Kettenbefristungen" sind (nicht immer) zulässig, ArbR Aktuell 2014, 94–96

Lakies, Thomas: Das neue Befristungsrecht an Hochschulen und Forschungseinrichtungen (§§ 57 a bis 57 f HRG n. F.), ZTR 2002, 250–257

Larenz, Karl: Methodenlehre der Rechtswissenschaft, 6. Aufl., Berlin 1991 (zit.: *Larenz*, Methodenlehre)

Larenz, Karl; *Canaris, Claus-Wilhelm*: Methodenlehre der Rechtswissenschaft, 3. Aufl., Berlin 1995 (zit.: *Larenz/Canaris*, Methodenlehre)

Laux, Helga; *Schlachter, Monika*: Teilzeit- und Befristungsgesetz Kommentar, 2. Aufl., München 2011 (zit.: L/S/*Bearbeiter*)

Lehmann-Wandschneider, Ulrike: Das Sonderbefristungsrecht an Hochschulen und Forschungseinrichtungen nach dem Wissenschaftszeitvertragsgesetz, Diss. Rostock 2009 (zit.: *Lehmann-Wandschneider*, Sonderbefristungsrecht)

Lenk, Andreas: Die befristete Professur im Angestelltenverhältnis an staatlichen und staatlich anerkannten Hochschulen, WissR 2009, 50–78

Leonhardt, Paul: Die Verfassungsmäßigkeit des Kodifikationsprinzips im Rahmen der konkurrierenden Gesetzgebung, Diss. Berlin 1964 (zit.: *Leonhardt*, Konkurrierende Gesetzgebung)

Lieb, Manfred: Zur Befristung von Beschäftigungsverhältnissen im Bereich der Rundfunkfreiheit – Anmerkungen zum Beschluß des Bundesverfasstungsgerichts vom 13. Januar 1982, in Festschrift für Marie Luise Hilger und Hermann Stumpf zum 70. Geburtstag, München 1983, 408–427 (zit.: *Lieb*, in: FS Hilger/Stumpf)

Linder, Georg Wulff: Probleme der rechtlichen Zulässigkeit befristeter Arbeitsverträge, DB 1975, 2082–2087

Lindner, Josef Franz: Darf der Bund das Hochschulrahmengesetz aufheben? Zur Kategorie einer Aufhebungskompetenz kraft zeitlichen Annexes, NVwZ 2007, 180–182

Linsenmaier, Wolfgang: Arbeitsvertrag und Betriebsvereinbarung – Kompetenz und Konkurrenz, RdA 2014, 336–345

Löwisch, Manfred: Befristung von Arbeitsverträgen mit wissenschaftlichem Personal bei Großforschungseinrichtungen, WissR 1992, 56–75

Löwisch, Manfred: Befristungen im Hochschulbereich – Rechtslage nach dem Urteil des BVerfG zur Juniorprofessur, NZA 2004, 1065–1071

Löwisch, Manfred: Die gesetzliche Reparatur des Hochschulbefristungsrechts, NZA 2005, 321–323

Löwisch, Manfred: Die Ablösung der Befristungsbestimmungen des Hochschulrahmengesetzes durch das Wissenschaftszeitvertragsgesetz, NZA 2007, 479–484

Löwisch, Manfred: Tarifverträge für das Hochschulpersonal – Zum Verhältnis von Koalitionsfreiheit, Wissenschaftsfreiheit und staatlichem Organisationsrecht, Festschrift für Thomas Würtenberger zum 70. Geburtstag, Berlin 2013, 1165–1175 (zit.: *Löwisch*, in: FS Würtenberger)

Löwisch, Manfred; *Neumann, Daniela*: Befristung auf Grund gerichtlichen Vergleichs im Hochschulbereich, NJW 2002, 951–952

Löwisch, Manfred; *Würtenberger, Thomas*: Betreuungsvereinbarungen im Promotionsverfahren, OdW 2014, 103–112

Löwisch, Manfred; *Rieble, Volker*: Tarifvertragsgesetz – Kommentar, 4. Aufl., München 2017 (zit.: *Löwisch/Rieble*, Tarifvertragsgesetz)

Lohfeld, Gerhard: Die Befristung von Arbeitsverträgen mit wissenschaftlichem Personal an Hochschulen und Forschungseinrichtungen, Diss. Bremen 1991 (zit.: *Lohfeld*, Befristung an Hochschulen)

Loth, Katharina: Prognoseprinzip und Vertragskontrolle im befristeten Arbeitsverhältnis, Diss. Berlin 2015 (zit.: *Loth*, Prognoseprinzip)

Lübbert, Joachim: Befristete Arbeitsverhältnisse im Hochschulbereich und in außeruniversitären Forschungseinrichtungen, Diss. Berlin 1985 (zit.: *Lübbert*, Arbeitsverhältnisse im Hochschulbereich)

Lübbert, Joachim: Befristete Arbeitsverträge mit wissenschaftlichem Personal an Hochschulen und Forschungseinrichtungen, WissR 1985, 141–162

Mandler, Tobias: Die Verlängerung von Arbeitsverhältnissen gem. § 2 Abs. 5 WissZeitVG, OdW 2014, 221–236

Mandler, Tobias: Rechtsmissbrauch bei Drittmittelbefristungen gem. § 2 Abs. 2 WissZeitVG, OdW 2015, 217–228

Mandler, Tobias; *Meißner, Markus*: Der persönliche Anwendungsbereich des WissZeitVG – Anmerkung zu BAG Urteil vom 29.4.2015 – 7 AZR 519/13, OdW 2016, 127–130

Mandler, Tobias; *Meißner, Markus*: Entwurfsdiskussion WissZeitVG – Möglichkeiten, Einschränkungen, Verbesserungspotential, OdW 2016, 33–50

Mandler, Tobias; *Meißner, Markus*: Die Angemessenheit der Befristungsdauer nach § 2 Abs. 1 Satz 3 WissZeitVG, OdW 2017, 199–210

Mandler, Tobias; *Wegmann, Laura*: Der Befristungsgrund gem. § 14 Abs. 2 TzBfG im Anwendungsbereich des WissZeitVG, OdW 2018, 201–212

Mangoldt, Hermann von; *Klein, Friedrich* (Begr.); *Starck, Christian* (Hrsg.): Das Bonner Grundgesetz – Kommentar, Band 1: Art. 1–19 und Band 2: Art. 20–82, 7. Aufl., München 2018 (zit.: M/K/S/*Bearbeiter*)

Maschmann, Frank; *Konertz, Roman*: Das Hochschulbefristungsrecht in der Reform: Die Novelle des Wissenschaftszeitvertragsgesetzes, NZA 2016, 257–267

Maschmann, Frank; *Konertz, Roman*: Wissenschaftszeitvertragsgesetz, NZA 2018, 641

Maunz, Theodor; *Dürig, Günter*: Grundgesetz – Kommentar Loseblatt, 84. EL August, München 2018 (zit.: Maunz/Dürig/*Bearbeiter*)

Maurer, Hartmut: Staatsrecht I – Grundlagen, Verfassungsorgane, Staatsfunktionen, 6. Aufl., München 2010 (zit.: *Maurer*, StaatsR I)

Maurer, Hartmut; *Waldhoff, Christian*: Allgemeines Verwaltungsrecht, 19. Aufl., München 2017 (zit.: *Maurer/Waldhoff*, VerwR)

Mehlinger, Rudolf: Grundlagen des Personalvertretungsrechts, 1996 (zit.: *Mehlinger*, Personalvertretungsrecht)

Meinel, Gernod; *Heyn, Judith*; *Herms, Sascha*: TzBfG – Teilzeit- und Befristungsgesetz Kommentar, 5. Aufl., München 2015 (zit.: M/H/H/*Bearbeiter*)

Meißner, Markus: Entstehung und Entwicklung des Hochschulbefristungsrechts, Diss. Freiburg 2016 (zit.: *Meißner*, Hochschulbefristungsrecht)

Moll, Wilhelm: Münchener Anwaltshandbuch Arbeitsrecht, 4. Aufl., München 2017 (zit.: MAH-ArbR/*Bearbeiter*)

Morgenroth, Carsten: Die Wissenschaftlichkeit der Dienstleistung im WissZVG, Teil 1, DÖD 2016, 43–48

Morgenroth, Carsten: Die Wissenschaftlichkeit der Dienstleistung im WissZVG, Teil 2, DÖD 2016, 61–66

Müller, Carsten: Die Drittmittelbefristung nach Wissenschaftszeitvertragsgesetz (WissZeitVG), öAT 2010, 224–227

Müller, Carsten: Die neue studienbegleitende Beschäftigung nach dem Wissenschaftszeitvertragsgesetz (WissZeitVG), öAT 2016, 90–93

Müller, Olaf: Befristete Arbeitsverträge im Hochschulbereich nach der Entscheidung des Bundesverfassungsgerichtes vom 27. Juli 2004, AuR 2004, 401–402

Müller, Olaf: Persönlicher Geltungsbereich des Wissenschaftszeitvertragsgesetzes, NZA-RR 2012, 10–11

Müller-Glöge, Rudi/Preis, Ulrich/Schmidt, Ingrid (Hrsg.): Erfurter Kommentar zum Arbeitsrecht, 19. Aufl., München 2019 (zit.: ErfK/*Bearbeiter*)

Münch, Ingo von (Begr.); *Kunig, Philip* (Hrsg.): Grundgesetz Kommentar, Band 3, Art. 70–146, 5. Aufl., München 2003 (zit.: v. Münch/Kunig/*Bearbeiter*, 5. Aufl.)

Münch, Ingo von (Begr.); *Kunig, Philip* (Hrsg.): Grundgesetz Kommentar, Band 1, Präambel, Art. 1–69 und Band 2, Art. 70–146, 6. Aufl., München 2012 (zit.: v. Münch/Kunig/*Bearbeiter*)

Nagel, Bernhard: Wann darf der Staat in Tarifverträge eingreifen? RdA 1997, 351–355

Nagel, Bernhard: Anmerkung zu BAG, Urteil vom 30.3.1994 – 7 AZR 229/93, AP HRG § 57 a Nr. 1

Nebe, Katja: Das befristete Arbeitsverhältnis im deutschen und europäischen Arbeitsrecht – vom sozialen zum richterlichen Dialog, JbArBR Band 48, 89–117

Oberthür, Nathalie: Das Prognoseprinzip im Befristungsrecht, DB 2001, 2246–2250

Oberthür, Nathalie: Endlich Rechtssicherheit! Die neue Rechtsprechung zum Rechtsmissbrauch bei Kettenbefristungen, ArbRB 2017, 79–81

Oetker, Hartmut: Befristung studentischer Hilfskräfte im Spannungsfeld von Arbeitsrecht und Hochschulrecht, in Festschrift für Gerrick Frhr. von Hoyningen-Huene zum 70. Geburtstag, München 2014, 335–349 (zit.: *Oetker*, in: FS v. Hoyningen-Huene)

Ossenbühl, Fritz: Die verfassungsrechtliche Problematik der befristeten Arbeitsverhältnisse im Wissenschaftsbereich, WissR 1983, 201–220

Palandt, Otto (Begr.): Bürgerliches Gesetzbuch Kommentar, 78. Aufl., München 2019 (zit.: Palandt/*Bearbeiter*)

Papier, Hans-Jürgen: Arbeitsmarkt und Verfassung, RdA 2000, 1–7

Peiseler, Manfred: Probleme des befristeten Arbeitsverhältnisses, NZA 1985, 238–243

Pestalozza, Christian: Verfassungsprozessrecht – Die Verfassungsgerichtsbarkeit des Bundes und der Länder mit einem Anhang zum Internationalen Rechtsschutz, 3. Aufl., München 1991 (zit.: *Pestalozza*, Verfassungsprozessrecht)

Plander, Harro: Befristung von Anstellungsverhältnissen im Bereich der Drittmittelforschung, WissR 1982, 3–40

Plander, Harro: Arbeitsplatz Hochschule, Wissenschaftspolitik, Beschäftigung und Personalstruktur im Hochschulbereich, Freiburg 1986 (zit.: *Plander*, Arbeitsplatz Hochschule)

Plander, Harro: Der Staat als Hoheitsträger und Tarifvertragspartei im Rollenkonflikt, AuR 1986, 65–78

Plander, Harro: Wissenschaftliche Hilfskräfte in hochschul- und tarifrechtlicher Sicht, WissR 1987, 127–145

Plander, Harro: Tarifverträge für das an den Hochschulen tätige wissenschaftliche Personal?, ZTR 1988, 365–370

Plander, Harro: Die Mitbestimmung über Befristungsabreden im Zeitenwandel, PersR 2006, 54–57

Plander, Harro; *Schmidt, Volker*: Grenzen der Befristung von Anstellungsverhältnissen wissenschaftlicher Mitarbeiter, AuR 1979, 321–333

Preis, Ulrich: Verfassungswidrigkeit der HRG-Novelle – Kontraproduktive Folgen der Nichtigkeit der Befristungsregeln, NJW 2004, 2782–2787

Preis, Ulrich: Kommentar zum Wissenschaftszeitvertragsgesetz, 1. Aufl., Köln 2008 (zit.: *Preis*)

Preis, Ulrich; *Hausch, Tobias*: Die Neuordnung der befristeten Arbeitsverhältnisse im Hochschulbereich, NJW 2002, 927–936

Preis, Ulrich; *Ulber, Daniel*: Risiken im Wissenschaftszeitvertragsrecht im Kontext der Föderalismusreform, in Festschrift für Hansjörg Otto zum 70. Geburtstag am 23. Mai 2008, Berlin 2008, 391–403 (zit.: *Preis/Ulber*, in: FS Otto)

Preis, Ulrich; *Ulber, Daniel*: Kommentar zum Wissenschaftszeitvertragsgesetz, 2. Aufl., Köln 2017 (zit.: *Preis/Ulber*)

Preis, Ulrich; *Sagan, Adam* (Hrsg.): Europäisches Arbeitsrecht: Grundlagen, Richtlinien, Folgen für die deutsche Rechtspraxis, Köln 2015 (zit.: Preis/Sagan/*Bearbeiter*)

Preis, Ulrich; *Deutzmann, Lukas*: Gemeinsame Anmerkung zu BAG 28.9.2016 – 7 AZR 549/14, 18.5.2016 – 7 AZR 533/14, 8.6.2016 – 7 AZR 259/14, AP WissZVG § 1 Nr. 7

Pres, Antje: Das studentische Arbeitsverhältnis unter besonderer Berücksichtigung spezifischer Befristungsmöglichkeiten, Diss. München 2007 (zit.: *Pres*, Studentisches Arbeitsverhältnis)

Raab, Thomas: Der persönliche Anwendungsbereich des Gesetzes über befristete Arbeitsverträge in der Wissenschaft (WissZeitVG) in Wissenschaftsrecht, Zeitschrift für deutsches und europäisches Wirtschaftsrecht, Beiheft 23 (zit.: *Raab*, Persönlicher Anwendungsbereich)

Räder, Evelyn; *Steinheimer, Karl-Heinrich*: Das neue Wissenschaftszeitvertragsgesetz – Ausufernde Möglichkeiten für Befristungen in Hochschulen und Forschungseinrichtungen, PersR 2007, 328–332

Rambach, Peter H.M.; *Feldmann, Cornelia*: Fremdsprachenlektoren als wissenschaftliches Personal nach dem Wissenschaftszeitvertragsgesetz, ZTR 2009, 286–292

Rambach, Peter H.M.; *Feldmann, Cornelia*: Die Befristung von Arbeitsverträgen mit Fremdsprachenlektoren nach dem WissZeitVG, ZTR 2010, 67–69

Reich, Andreas: Hochschulrahmengesetz mit Wissenschaftszeitvertragsgesetz – Kommentar, 11. Aufl., Bad Honnef 2012 (zit.: *Reich*, HRG)

Reil, Barbara: Reformüberlegungen zur Richtervorlage – Beitrag zur Funktionsverteilung zwischen Bundesverfassungsgericht und Fachgerichtsbarkeiten bei der Kontrolle des parlamentarischen Gesetzgebers, Diss. Regensburg 2005 (zit.: *Reil*, Reformüberlegungen)

Richardi, Reinhard: Die Bedeutung der Personalstruktur für die Befristung von Arbeitsverhältnissen im Hochschulbereich, DB 1981, 1461–1467

Richardi, Reinhard (Hrsg.): Betriebsverfassungsgesetz mit Wahlordnung Kommentar, 16. Aufl., München 2018 (zit.: Richardi/*Bearbeiter*)

Richardi, Reinhard; *Dörner, Hans-Jürgen*; *Weber, Christoph* (Hrsg.): Personalvertretungsrecht – Bundespersonalvertretungsgesetz mit Erläuterungen zu den Personalvertretungsgesetzen der Länder, 4. Aufl., München 2012 (zit.: R/D/W/*Bearbeiter*)

Rieble, Volker: Personalabbau in Forschungseinrichtungen – Kündigungsschutz und Sozialplan, WissR 1994, 40–63

Riesenhuber, Karl: Europäisches Arbeitsrecht – Eine systematische Darstellung, Heidelberg 2009 (zit.: *Riesenhuber*, Europäisches Arbeitsrecht)

Riesenhuber, Karl (Hrsg.): Europäische Methodenlehre: Handbuch für Ausbildung und Praxis, 3. Aufl., Berlin 2016 (zit.: Riesenhuber/*Bearbeiter*, Europäische Methodenlehre)

Röken, Heribert: Zur verfassungsrechtlichen Seite der Entfristungsproblematik bei Arbeitsverträgen im Tertiären Bildungsbereich, ZBR 1984, 112–118

Rolfs, Christian; *Giesen, Richard*; *Kreikebohm, Ralf*; *Udsching, Peter* (Hrsg.): BeckOK Arbeitsrecht, 50. Edition, Stand 1.1., München 2019 (zit.: BeckOK-ArbR/*Bearbeiter*)

Sachs, Michael (Hrsg.): Grundgesetz Kommentar, 8. Aufl., München 2018 (zit.: Sachs/*Bearbeiter*)

Säcker, *Franz Jürgen*; *Rixecker*, *Roland*; *Oetker*, *Hartmut*; *Limperg*, *Bettina* (Hrsg.): Münchener Kommentar zum Bürgerlichen Gesetzbuch, Band 1, 2 und 4, 7. Aufl., München 2016 (zit.: MüKo-BGB/*Bearbeiter*)

Salje, *Peter*; *Bultmann*, *Stephan J.*: Der unbefristet befristete Arbeitsvertrag – Überlegungen im Grenzbereich von auflösenden, bedingten, befristeten und unbefristeten Arbeitsverträgen –, DB 1993, 1469–1475

Schaub, *Günter* (Begr.): Arbeitsrechts-Handbuch, 17. Aufl., München 2017 (zit.: Schaub/*Bearbeiter*)

Scheel, *Tobias*; *Schenk*, *Simon Markus*: Befristete Arbeitsverhältnisse an Hochschulen – Lösung durch den Gesetzgeber?, ZTR 2004, 614–618

Schlaich, *Klaus*; *Korioth*, *Stefan*: Das Bundesverfassungsgericht -- Stellung, Verfahren, Entscheidungen, 11. Aufl., München 2018 (zit.: *Schlaich/Korioth*, Bundesverfassungsgericht)

Schmalz, *Dieter*: Methodenlehre für das juristische Studium, 4. Aufl., Baden Baden 1998 (zit.: *Schmalz*, Methodenlehre)

Schmidt, *Karsten* (Hrsg.): Münchener Kommentar zum Handelsgesetzbuch, Band 4, §§ 238–342e, 3. Aufl., München 2013 (zit.: MüKo-HGB/*Bearbeiter*)

Schmidt, *Thorsten Ingo*: Zielvereinbarungen als Herausforderung des Allgemeinen Verwaltungsrechts, DÖV 2008, 760–765

Schmidt-Bleibtreu, *Bruno*; *Klein*, *Franz* (Hrsg.): GG – Kommentar zum Grundgesetz, 10. Aufl., Neuwied 2004 (zit.: Schmidt-Bleibtreu/Klein/*Bearbeiter*)

Schmidt-Bleibtreu, *Bruno* (Begr.); *Hofmann*, *Hans*; *Henneke*, *Hans-Günter* (Hrsg.): Grundgesetz Kommentar, 14. Aufl., Köln 2018 (zit.: S/H/H/*Bearbeiter*)

Schulz-Prießnitz, *Almuth*: Einheit von Forschung und Lehre, Berlin 1981 (zit.: *Schulz-Prießnitz*, Forschung und Lehre)

Schulzer, *Reiner*; *Dörner*, *Heinrich*; *Ebert*, *Ina*; *Hoeren*, *Thomas*; *Kemper*, *Rainer*; *Schreiber*, *Klaus*; *Schulte-Nölke*, *Hans*; *Staudinger*, *Ansgar*; *Wiese*, *Volker* (Bearb.): Bürgerliches Gesetzbuch: BGB Handkommentar, 10. Aufl., Baden Baden 2019 (zit.: HK-BGB/*Bearbeiter*)

Schwarze, *Roland*: Der Missbrauchstatbestand bei der befristungsrechtlichen Missbrauchskontrolle, RdA 2017, 302–311

Sievers, *Jochen*: TzBfG Teilzeit- und Befristungsgesetz Kommentar, 4. Aufl., Köln 2012 (zit.: TK-TzBfG/*Sievers*)

Sievers, *Jochen*: TzBfG Teilzeit- und Befristungsgesetz Kommentar, 6. Aufl., Köln 2019 (zit.: TK-TzBfG/*Sievers*)

Sieweke, *Simon*; *Koch*, *Malte*: Die arbeitsrechtliche Stellung der wissenschaftlichen Mitarbeiter im deutschen Hochschulsystem, NordÖR 2009, 485–492

Smend, Rudolf: Das Recht der freien Meinungsäußerung, VVdStRL Bd. 4 (1928), 44–74

Soergel, Hans-Theodor (Begr.); *Siebert, Wolfgang* (Hrsg.): Bürgerliches Gesetzbuch mit Einführungsgesetz und Nebengesetzen, Schuldrecht 3/2, §§ 320–327, 13. Aufl., Stuttgart 2005 (zit.: Soergel/*Bearbeiter*)

Starck, Christian (Hrsg.): Bundesverfassungsgericht und Grundgesetz – Festgabe aus Anlaß des 25jährigen Bestehend des Bundesverfassungsgerichts, 1. Band: Verfassungsgerichtsbarkeit, Tübingen 1976 (zit.: Starck/*Bearbeiter*, BVerfG und GG)

Staudinger, Julius von (Begr.): Kommentar zum Bürgerlichen Gesetzbuch – Buch 2: Recht der Schuldverhältnisse, §§ 255–304 (Leistungsstörungsrecht 1), Berlin 2014; Vorbem. zu §§ 620 ff., §§ 620–630 (Dienstvertragsrecht 3), Berlin 2016 (zit.: Staudinger/*Bearbeiter*)

Steiner, Udo: Beschäftigung und Beschäftigungsförderung aus grundgesetzlicher Sicht, NZA 2005, 657–662

Streinz, Rudolf (Hrsg.): EUV/AEUV Vertrag über die Europäische Union und die Arbeitsweise der Europäischen Union, 3. Aufl., München 2018 (zit.: Streinz/*Bearbeiter*)

Stumpf, Gerrit Hellmuth: Befristete Arbeitsverhältnisse im Wissenschaftsbetrieb – Europarechtskonformität der in § 2 III WissZeitVG normierten Nichtanrechnungsklauseln, NZA 2015, 326–332

Tettinger, Peter Josef: Möglichkeiten und Grenzen einer Bundesgesetzgebung über befristete Arbeitsverträge im Hochschulbereich, RdA 1981, 351–360

Tettinger, Peter Josef: Befristete Arbeitsverträge im Hochschulbereich – Möglichkeiten und Grenzen einer Bundesgesetzgebung, MittHV 1981, 303–304

Thieme, Werner: Deutsches Hochschulrecht – Das Recht der Universitäten sowie der künstlerischen und Fachhochschulen in der Bundesrepublik Deutschland, 3. Aufl., Köln 2004 (zit.: *Thieme*, Deutsches Hochschulrecht)

Thüsing, Gregor; *Fütterer, Johannes*; *Thieken, Jan*: Prognosesicherheit und Befristung – Zur Zulässigkeit einer Befristung nach § 2 Abs. 2 WissZeitVG –, ZfA 2014, 3–27

Tschöpe, Ulrich: Arbeitsrecht Handbuch, 9. Aufl., Köln 2015 (zit.: Tschöpe/*Bearbeiter*, 9. Aufl.)

Tschöpe, Ulrich: Arbeitsrechts Handbuch, 10. Aufl., Köln 2017 (zit.: Tschöpe/*Bearbeiter*)

Voßkuhle, Andreas: Entscheidungsspielräume der Verwaltung (Ermessen, Beurteilungsspielraum, planerische Gestaltungsfreiheit), JuS 2008, 117–119

Walter, Christian; *Grünewald, Benedikt* (Hrsg.): BeckOK BVerfGG, 5. Edition, Stand 1.6., München 2018 (zit.: BeckOK-BverfGG/*Bearbeiter*)

Walter, Hannfried: Zur Gesetzgebungszuständigkeit der Länder für befristete Arbeitsverhältnisse im öffentlichen Dienst, DÖV 1983, 925–934

Walter, Hannfried: Wissenschaftliche Nachwuchsförderung auf Stellen in der Personalstruktur des Hochschulrahmengesetzes – Vorschlag zur Verbesserung von Karriereperspektiven –, MittHV 1983, 289–294

Wassermann, Rudolf (Hrsg.): Reihe Alternativkommentare – Kommentar zum Grundgesetz für die Bundesrepublik Deutschland in zwei Bänden, Bd. 2 (Art. 38–146), 3. Aufl., München 2002 (zit.: AK-GG/*Bearbeiter*)

Wedde, Peter (Hrsg.): Arbeitsrecht – Kompaktkommentar zum Individualarbeitsrecht mit kollektivrechtlichen Bezügen, 6. Aufl., Frankfurt a.M. 2018 (zit.: *Wedde*/Bearbeiter)

Wiedermann, Herbert: Die Zulässigkeit von Zeitarbeitsverträgen im öffentlichen Dienst, insbesondere im Hochschulbereich, RdA 1977, 85–95

Wiedemann, Herbert: Sachgrundlos befristete Arbeitsverträge – Eine Rechtsfigur zum Abbau des Arbeitnehmerschutzes? in: Festschrift für Hansjörg Otto zum 70. Geburtstag am 23. Mai 2008, Berlin 2008, 609–619 (zit.: *Wiedemann*, in: FS Otto)

Wolf, Manfred: Anmerkung zu BAG 22.3.1973 – 2 AZR 274/72, AP BGB § 620 Befristeter Arbeitsvertrag Nr. 38

Wolff, Hans J.; *Bachof, Otto* (Begr.); *Stober, Rolf*; *Kluth, Winfried* (Hrsg.): Verwaltungsrecht I, 13. Aufl., München 2017 (zit.: W/B/S/K/*Bearbeiter*, Verwaltungsrecht I)

Zimmerling, Wolfgang: Kritisches zur Befristung der Arbeitsverträge von wissenschaftlichen Mitarbeitern an Universitätskliniken, öAT 2012, 9–12

Zimmerling, Wolfgang: Die Befristungsgründe des § 57b HRG, ZTR 1998, 15–21

Zimmermann, Wolfgang: Befristete Arbeitsverhältnisse an Hochschulen und außeruniversitären Forschungseinrichtungen bei Drittmittelfinanzierung, Diss. Freiburg 2001 (zit.: *Zimmermann*, Drittmittelfinanzierung)

Zippelius, Reinhold: Juristische Methodenlehre, 11. Aufl. 2012 (zit.: *Zippelius*, Juristische Methodenlehre)

www.ingramcontent.com/pod-product-compliance
Ingram Content Group UK Ltd.
Pitfield, Milton Keynes, MK11 3LW, UK
UKHW022105051026
15623UKWH00003B/681

9 783631 789476